中等职业教育"十二五"规划教材

中职中专物流类教材系列

现代物流学概论

傅锡原　主　编

王爱霞　副主编

李守斌　主　审

科　学　出　版　社

北　京

内 容 简 介

本书本着基础性、系统性和实用性的原则，系统地阐述了现代物流的理论知识，并且与实践相结合，具体内容涵盖了现代物流发展历程、现代物流的基本要素和具体分类、现代物流中的成本管理、企业物流的作用、物流技术在物流各环节的具体运用、国际物流的发展、第三方物流的发展以及供应链管理等。

本书坚持理论与实用兼备，目的是使对物流领域感兴趣的读者在理论学习和实际工作中有所参考。

本书适合作为中职中专物流管理专业及其他相关专业的教材，也可供企业相关人员自学参考。

图书在版编目（CIP）数据

现代物流学概论/傅锡原主编. —北京：科学出版社，2007
（中等职业教育"十二五"规划教材·中职中专物流类教材系列）
ISBN 978-7-03-019508-1

Ⅰ.现… Ⅱ.傅… Ⅲ.物流-专业学校-教材 Ⅳ.F252

中国版本图书馆 CIP 数据核字（2007）第 117607 号

责任编辑：任锋娟 王 琳 / 责任校对：刘彦妮
责任印制：吕春珉 / 封面设计：山鹰工作室

科 学 出 版 社 出版
北京东黄城根北街 16 号
邮政编码：100717
http://www.sciencep.com

天津翔远印刷有限公司 印刷

科学出版社发行 各地新华书店经销

*

2007 年 9 月第 一 版 开本：787 × 1092 1/16
2020 年 1 月第十二次印刷 印张：21 1/2
字数：507 000
定价：45.00 元
（如有印装质量问题，我社负责调换〈翔远〉）

销售部电话 010-62136131 编辑部电话 010-62138978-8767（SF02）

中职中专物流类教材系列
编写委员会

顾　问

姜大源（教育部职业技术教育中心研究所研究员、教授，
《中国职业技术教育》杂志主编）

任豪祥（教育部中等职业教育物流专业教学指导委员会
主任委员，物流采购与联合会副会长）

主　任

李守斌（教育部中等职业教育物流专业教学指导委员会
委员，河北经济管理学校副校长）

委　员（按姓氏笔画排序）

王国文	王爱霞	王维民	王淑荣
孙明贺	李　伟	李洪奎	李素芳
苏国锦	张立川	张月华	张秀生
陈伟明	柳和玲	侯彦国	傅锡原

序

　　教育的根本任务，在于根据人的智力结构和智力类型，采取适合的培养模式，发现人的价值，发掘人的潜能，展示人的个性。

　　长期以来，社会上普遍存在一种看法，认为职业院校的教学质量、教学水平低于普通院校，这是不公平的。因为职业教育与普通院校是两种不同类型的教育，从满足社会需求来看，职业教育重在培养生产、服务和管理第一线的应用型职业人才；而从个性需求来看，职业教育则重在培养以形象思维为主的青少年，使其同样成为国家不可或缺的人才。作为不同于普通教育的另外一种类型的教育，职业教育有着自己独特的规律和特点。教育类型不同，评价的标准也应该不同。

　　因此，职业教育的教育教学必须遵循自身的规律和特点。针对传统的建筑在学科体系理论知识基础上的教学，职业教育改革鲜明地提出了"行动导向"的全新教学观。所谓职业教育行动导向的教学，其基本意义在于：学生是学习过程的中心，教师是学习过程的组织者与协调人，遵循资讯、决策、计划、实施、检查、评估这一完整的行动过程序列，在教学中师生互动、生生互动，学生独立地获取信息、独立地制定计划、独立地实施计划、独立地评估计划，在动手中获取职业技能并掌握相关的专业知识。教学方法也从传统的课堂授课的组织形式逐步向项目教学法、案例教学法、仿真教学法、角色扮演教学法等转换。

　　但是，长期以来，对职业教育的教育教学改革至关重要的课程改革却一直止步不前，其原因在于课程微观内容的设计与编排始终远未跳出学科体系的藩篱。实践表明，职业教育课程内容的序化已成为制约职业教育课程改革的关键。在改革过程中出现的"工作过程系统化"的课程开发，很可能成为建立凸显职业教育特色的课程体系的突破口。

　　全国现代物流大会期间，我欣喜地听说科学出版社联合高职和中职院校以及相关企业的专家，在"行动导向"教学思想的指导下，共同合作开发了一套职业院校物流专业系列教材。这意味着，职业教育的课程开发正引起并成为教育界、经济界努力探索的目标，并且已经在物流行业取得了很大进展。所以，当这套物流教材的样章交给我时，我深深地感到，我们近年来在职业教育课程理论上的探究，在物流行业得到了实际的体现。特别是，以就业为导向的工学结合的办学模式，通过这套教材的开发、编写而得以"物化"。

　　伴随着物流这样一个在我国方兴未艾的行业的发展，物流管理专业也刚刚起步，无论是在理论体系还是在教学实践层面都有待完善。但正因为如此，对教育界来讲，这是一种挑战，也是一种机遇。如何针对市场的不断变化、针对物流业的实际需求，培养出满足物流企业需要的职业人才，同时又如何针对学生的智力特点、针对学生的个性需求，培养出社会需要的合格劳动者，是我们职业教育界必须正视的问题。本系列教材密切结合物流企业的实际工作，结合物流业务的真实案例，在教材编写时充分考虑了学生的学习兴趣及其能力的培养，其特色可以概括为：

一、业务案例导入

　　本系列教材选择物流行业中的实际的工作案例，引发学生的思考，让学生带着问题去学习相应的理论知识，充分调动了学生的学习积极性。鉴于职业院校的学生主要具有形象思维的智力特征，如何将抽象的逻辑建构的知识体系形象化、具体化、生活化和职业化，提高他们的兴趣，是至关重要的。因此，从物流业务的实际工作案例导入，能大大提高学生学习的兴趣，从而激发其学习动力。

二、工作流程主线

本系列教材难能可贵的是，既关注职业院校毕业生必须首先以就业为目标的根本方向，强调教材内容要有助于学生迅速适应职业工作的要求，又关注技术和社会发展对职业人才提出的新要求，强调教材要有助于学生职业能力的培养，因此，理论知识不能太抽象而必须契合职业实践。以实际工作过程为主线的课程符合这一需求，所以本系列教材结合物流企业实际业务工作过程，在将职业技能的习得与相关理论知识的学习结合方面，做出了有益的探索。

三、教学资源多元

本系列教材扩展了传统教材的界域，将其视为一个教学资源库，从而能集实践、知识与操作应用于一体，配合视频采集、图片图表，并采取情境模拟、作业发布、集体讨论、小组竞赛等多种教学方式，极大地丰富了学生的感性认识和理性认识，有利于了教与学、做与学的整合。

四、学习内容综合

本系列教材的内容具有跨专业的视野。现代物流是一个深入国民经济各方面的开放系统和动脉系统，具有跨地区、跨行业、跨部门的特征，因此本系列教材在教学内容上必然涉及多方面的专业知识，由此必须打破传统教材的学科性及学科体系的界限，而按工作过程逻辑建构教学内容，将专业的和跨专业的知识有机融合在一起。

五、学生主体凸显

本系列教材围绕基于职业实践的教学任务或单元，设计学习环境及其活动，并在各小节设置相关实训作业，旨在消除传统学科教学满堂灌的弊端，强调学生参与操作、参与思考，其内容编排要求学生采取小组学习形式，可充分发挥团队力量，既有利于学生主动探索和尝试精神的培养，又有助于学生责任感和协作精神的形成。

陶行知老先生有句话："生活即教育，社会即学校，教学做合一。" 我相信，只要我们职业教育界的各位同仁共同努力，深化改革，解放思想，追求创新，就能实现陶老的希望，创造卓越。

物流行业的发展日新月异，物流人才的需求与日俱增，物流职业教育的改革日益深入。如果说，物流职业教育的改革与发展，正迎来一个美好的春天，那么，在经历夏日的辛勤的耕耘之后，一定会有一个硕果累累的金秋。

教育部职业技术教育中心研究所研究员、《中国职业技术教育》主编

前　言

　　物流业作为一个新兴的产业正在迅猛发展。随着物流产业在全球经济中的地位不断提升，我国现代物流在经济建设中发挥出越来越重要的作用，逐渐被人们所认识和接受。许多专业人士正在被这种强大的发展趋势所吸引，潜心研究物流今后在经济发展中的趋势，并关注和预测着现代物流的发展。本书正是在这种时期，在许多关心物流发展、愿意为物流发展做出新贡献的人士的努力下出版的。

　　本书考察并搜集了许多物流企业的实际资料，结合物流发展的历史及理论，简明地概述了现代物流发展的理论，并分析了当前物流发展的趋势和未来。本书本着理论联系实际的原则，深入浅出，简明易学，图文并茂。每章开篇安排"案例导入"，资料搜集以"资料"和"知识链接"形式出现，并穿插有联系实际的社会实践建议和相关的思考题。

　　本书由傅锡原担任主编，负责整理、总纂并定稿，王爱霞担任副主编。全书内容共分为 8 章，具体的编写分工为：第 1 章由傅锡原编写，第 2 章由曹云编写，第 3、5 章由解云芝、王淑华编写，第 4 章由高凤琴编写，第 6 章由赵静编写，第 7、8 章由王爱霞编写。

　　本书在编写过程中得到了关注现代物流发展人士的大力支持和帮助，在此向他们表示感谢。由于编者专业知识水平和实践经验有限，在本书中可能会出现值得商榷的问题，敬请读者批评指正。

傅锡原

2007 年 5 月

目　　录

目　录

第 **1** 章　现代物流基础知识

学习目标

1. 了解并掌握物流、现代物流的概念及特点
2. 了解物流的地位与作用
3. 了解商流与物流的区别
4. 了解世界物流发展的趋势
5. 了解并清楚我国物流产生、发展的阶段以及发展中存在的问题
6. 掌握我国发展物流的措施
7. 具体了解和掌握现代物流的分类

案例导入

任何一个产业都不可能自动地或完全地依靠市场机制的作用自发地实现产业结构优化、比例协调、布局合理、组织完善和发展健康，政策必须进行适当的管理和调控。现代物流业的发展同样也是如此。产业政策的作用主要是为了弥补"市场失灵"，实现资源配置的优化，促进产业超常发展，增强本国产业的国际竞争力。

现代化物流业已不是传统意义上的储运业，它已经逐渐发展成为一个新兴的产业形态。纵观国际上发达国家现代化物流业的发展，不难发现，现代物流业已成为21世纪发展速度最快的产业之一。现代化物流业作为一个产业的存在，已是客观事实，众多第三方物流企业、运输企业、仓储企业及货主物流业等都承担着社会化或企业自身物流服务。尽管与发达国家相比，我国的社会化物流服务市场的规模较小，但毕竟我国现代物流业发展的历史较短。因此，在我国目前现代物流业整体发展水平较低的现状下，或从产业经济的发展过程来看，处于物流产业的萌芽和成长期阶段的我国现代物流业，如何通过构造现代物流业发展的产业政策体系及制定发展我国现代物流业的产业政策，迅速提高我国现代物流业的产业水平，是一个亟待

解决的现实问题。因为，现代物流业的发展水平，对国民经济的发展、国民经济运行的质量、国民经济的综合实力及国家安全至关重要；同时，由于物流业特殊的产业性质，使得构建现代物流业的产业政策体系与一般的产业体系不同，如果不能从理论上解决物流业产业政策的导向、产业政策体系，结合我国现代物流业的现状制定出符合并促进现代物流业发展的政策措施，其结果势必影响我国现代物流业的快速、持续、健康发展。

具有关资料统计，在 2006 年，我国社会物流总额为 59 万亿元，同比增长 17%。物流业呈稳步、快速发展态势，物流业的基础和外部环境进一步得到改善。

统计资料显示，在 2006 年，我国物流业增加值为 1.4 万亿元，比上一年增长 12.1%。2006 年运输费用为 2.1 万亿元，比上年也增长 12.1%；库存上升与配送业务增加，保管费用上升 16.7%。

通过数字显示，要了解现代物流，就要带着问题来学习。

网络化技术伴随人类进入新世纪，经济全球化、电子商务、新经济等一系列新概念、新浪潮接踵而来，使得新老世纪交替的时代分外丰富多彩。在中国，由于国民经济持续高速增长、加入 WTO 并和世界经济接轨形势要求，从政府、企业到学术界都在探索经济发展的新模式，中国也成为世界经济中最有活力的地区和国际跨国公司投资的乐园。

经过一段不长时间的探索，人们发现，要开展电子商务，要适应网络时代的要求，使中国经济在经济全球化的过程中稳定增长，关键是要建设现代化的物流系统，经济发展的瓶颈是物流，物流是国民经济持续发展的杠杆。于是在中国兴起了一股物流热，经济界、企业界、学术界都在谈物流，各行各业都在关注物流，物流研讨会、展览会不断举行，政府有关部门发表了许多与物流相关的文件，国家领导人先后对物流做出了明确的表述，使物流业的发展进入了灿烂的春天。——中国物流与采购联合会副会长吴清一

1.1　现代物流概述

 **必备的理论知识**

1.1.1　物流的产生及其概念的形成

1. 物流是人类社会的基本经济活动

物流活动同人类文明一样，有着很长的历史。自从古代人类有了剩余物资以后，人

们就开始了以物易物的交换活动，以求丰富的物质生活。后来为了物资交换的方便，就使用了一种中介物来代替所交换的物品的价值，这种中介物就是货币。最初货币使用时的替代品较多，如贝壳、羽毛等，后来随着物品交换的频繁、流通规模与范围的不断扩大，为了使货币具有更准确的价值属性，先后又出现了金属、纸币等形式，由此产生了金融活动。丰富的物质基础奠定了货币成为财富的象征。

物质是人类赖以生存的需要，"丰衣足食"的前提是有丰富的物质才能满足社会的需求，"国富民强"才能促进社会不断进步。

在很长一段历史时期中，社会经济虽然不断发展，但随之产生的物流活动没有受到必要的重视，始终被看作是生产和流通的一个组成部分，没有从生产和流通中分离出来。直到20世纪50年代，由于全球经济发展，社会产品丰富，流通成本快速上升，物流活动才开始受到人们的关注，成为社会经济中研究的热点，物流系统也在现代物流科学发展中走了出来。

也就是说，物流活动本身，作为物质资料流通活动的有机组成部分，从商品经济开始就已经存在了。物流活动是一项伴随着生产和流通而发生的经济活动。物流是社会经济活动的基础环节之一，是当代经济的主要组成部分。

2. 物流概念的形成与演变过程

第二次世界大战期间，美军后勤组织运用了一套科学方法，成功地将各种战略物资及时准确地运送到全球的各个战场，并使物资补给的费用更低、速度更快、服务更好，为美军实施全球化战略提供了保障，后来出现了"军事后勤保障"一词。第二次世界大战后，这套后勤补给理论和方法被企业和理论界认同，并广泛运用起来，他们将其称为商业物流或销售物流，以求合理有效地组织商品的供应、保管、运输、配送，而且实践证明取得了相当大的成效。

在经济理论发展过程中，"物流"一词最早源于美国。1915年阿奇·萧在《市场流通中若干问题》一书中提到物流："物流是与创造需求不同的一个问题。"因为在20世纪初，一些西方国家出现了生产大量过剩、需求严重不足的经济危机，企业因此提出了销售和物流的问题。

 知识链接

物流学科的由来

第二次世界大战后期，美军当时前方作战形势发展很快，战线经常变动，军需品供应方面产生很大的困难和矛盾，军需品的供应不足将影响战争的胜利进行，但供应到前线的军需品过量时如果随军转移会影响作战速度，但不随军转移将造成巨大的浪

费。如何组织军需品的供给，使军需品的供应基地、中间基地、前线供应点的合理配置；各种部队供应基地合理库存量的确定；由后方向各种部队供应基地运输的路线和运输工具的合理使用；等等。这些问题和矛盾成为综合研究的课题。美军军事部门运用运筹学与当时刚刚问世的计算机技术进行研究，解决了军事后勤保障中的难题。物流学科的萌芽阶段由此产生。

1935 年美国市场营销协会对物流进行了定义：物流是包含于销售之中的物质资料和服务，从生产地到消费地流动过程中伴随的种种活动。

1956 年 10 月，日本派流通技术专业考察团访问美国，将考察报告发表在日本的《流通技术》杂志上。1981 年日本综合研究所编著的《物流手册》中对物流的表述是：物质资料从供给者向需要者的物理性移动，是创造时间性、场所性价值的经济活动。从物流的范畴来看，包括包装、装卸、保管、库存管理、流通加工、运输、配送等活动。

1984 年美国物流管理协会对物流的定义为：物质资料在生产领域中各个生产阶段之间和独立于生产之外向消费领域转移的全部过程。它包括生产过程和流通过程中各种物的流动。它是运输、保管、包装、装卸、流通加工及物流信息处理等多项活动的统一。

1996 年我国台湾物流业者联谊会给出的物流定义是：物流是一种物的实体流通活动的行为，在流通过程中，通过管理程序有效结合运输、仓储、包装、流通加工、资讯等相关物流机能性活动，以创造价值，满足顾客及社会性要求。

1998 年物流的定义中出现了供应链的概念。2001 年美国物流管理协会对物流的定义又进行了补充和完善。物流是供应链运作中，以满足客户要求为目的的，对货物、服务和相关信息在产出地和销售地之间实现高效率和低成本的正向和反向的流动和储存所进行的计划、执行和控制的过程。

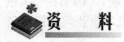 资 料

《物流术语》中的物流

2001 年中华人民共和国国家标准《物流术语》（GB/T18354——2001）颁布，其中对物流的定义是：货物从供应地向接受地的实体流动过程。根据实际需要，将运输、储存、装卸、搬运、包装、流通加工、配送、信息处理等基本功能实施的有机结合。

同时，中华人民共和国商务部和中华人民共和国交通部等六部委联合印发了《关于加快我国现代物流发展的若干意见》中明确指出：现代物流指材料、产成品从起点至终点及相关信息有效流动的全过程。

3. 物流的发展阶段

物流的发展不仅与社会经济的发展和生产力水平的提高有关，也与科学技术发展的水平有关。按照时间的顺序，全球物流的发展经历了四个阶段：

（1）物流的萌芽和初级阶段（20 世纪初至 50 年代）

这一阶段的特点是储存与运输分离，各自有独立的经营范围。

（2）物流的快速发展阶段（20 世纪 60～70 年代）

这一时期信息交换基本采用电话方式，通过产品本身的标记来实现产品的跟踪，进行信息处理的硬件平台是计算机的应用，企业一般都开发了自己的软件，用于客户的跟踪。

（3）物流合理化阶段（20 世纪 70～80 年代）

这一时期物流管理的主要内容是物流从企业内部延伸到企业外部，物流管理的重点已经转移到对物流的战略上来，电子数据交换、准时制生产、配送计划以及其他物流技术的不断涌现和应用，为企业物流管理提供了强有力的技术支持和保障。

（4）现代物流阶段（20 世纪 90 年代至今）

进一步强调了物流系统要实现的物流信息化、标准化和具体实施无纸贸易，在物流各环节中实现集约管理，信息交换采用 EDI 系统，产品跟踪应用射频标志技术，信息处理广泛应用互联网和物流服务方提供的技术软件。

想一想：

    1. 物流是怎样产生的？

    2. 物流的基本定义是什么？

    3. 物流发展分几个阶段？

1.1.2 现代物流活动的产生和特征

1. 社会生产力的发展推动物流的发展

第二次世界大战以后，随着计算机技术、信息技术等的飞速发展，供应链的思想、系统化的观念成为物流的新理念，发达国家企业又开始形成了回归主业、集中主要力量用于核心业务的潮流，从而专门从事第三方物流的服务企业大批涌现，标志着物流进入了现代物流的新阶段。

（1）现代物流的含义

现代物流应该是在广泛采用计算机信息技术和现代物流技术的基础上，实现物品从供应地向接受地的实体流动过程。根据实际需要，运用系统观念，将运输、储存、装卸、搬运、包装、流通加工、配送、信息处理、客户服务等基本功能实施有机的结合。

（2）现代物流理念

在这里提到的现代物流的理念，应该具体体现在物流的最终目的上。例如，从国民经济的角度，提高物流活动的效率，抑制物价的上涨，降低物流成本；从企业的角度，为客户提供优质的服务，提高企业的利润水平；从物流作业的角度，通过机械化作业将人们从繁重的体力劳动中解脱出来，等等。实际上促进人类生活水平的不断提高和社会福利的不断增强是现代物流的终极目标，在这个大前提下，广泛采用现代物流的组织方式和现代物流的技术，提高物流合理化的水平，降低物流成本，提供优质的物流服务成为现代物流管理的基本出发点。

2. 现代物流在发展中的新认识

现代物流是一个跨行业、跨学科、多环节、多方面的综合性概念。它是不断发展的，在不同的时期用不同的角度来观察和讨论现代物流，对物流会有不同的理解和认识。

（1）从产业的角度看

物流是一个蓬勃兴起的新兴产业，是以物流为基本生产方式并通过市场为生产和流通提供专业化的物流服务，它是从生产和流通中分离出来的，具有产业发展的基本特征。

物流产业的发展直接影响到工农业、建筑业、交通运输业、国内外贸易等各个领域的发展。

（2）从资产的角度看

物流的核心就是在供应链中流动的存货，从而控制存货的数量、形态和分布，提高存货的流动性，是企业追求的"第三利润源"。物流是对供应链中各种形态的存货进行有效的协调、管理和控制的整个过程。

（3）从管理的角度看

物流就是将包装、运输、装卸搬运、保管、配送、流通加工等各种功能性活动，用物流活动进行统筹安排和协调。

（4）从环境的角度看

物流是一个有助于企业降低资源消耗、减少环境污染、谋求可持续发展的重要途径和方法，是绿色思想、环保意识在商品交换活动中的重要体现。

（5）从服务的角度看

物流是为产品的生产和销售提供服务的，应该以产品的生产和销售为主线，以相关的信息协调供应商和客户行为作为协作性竞争体系，在整个物流系统活动中，为生产和销售和消费者提供相应的物流服务。

3. 现代物流的特征

现代物流在社会化大生产中，成为社会发展的必然产物。随着时代的不断进步，科学技术水平不断提高，在不同的发展时期，物流呈现出不同的特点并被赋予不同的内涵。现代物流首先是一个流通过程，经过包装、运输、装卸搬运、保管、流通加工、配送及信息传递等多个环节，通过计划、管理、控制等过程，把这些环节有机地结合起来，以最小的费用、最高的效率、客户最满意的服务，将产品送到客户所需要的地方，实现现代物流的最终目的。现代物流的特征具体可以概括为：

（1）物流系统化

物流系统化是系统科学在物流管理中应用的结果。在应用中现代物流不是简单地追求各项功能的效益最大化，因为物流不是运输、保管等活动的简单重叠，而是彼此之间存在着内在的联系，相互作用。通过物流各功能的最佳组合来实现物流整体的最优化目标。物流系统化是开展现代物流活动的重要基础。

（2）物流信息化

现代信息技术的发展使现代物流信息在实现物流系统化、实现物流作业一体化中发挥着重要作用。通过信息将各项物流功能活动有机的结合起来，实时、准时地把握控制物流系统按决策中的目标运行，不同企业之间的物流信息交换传递和处理保持了实物流与信息流的高度统一和对信息的实时处理，提高了物流效率和物流服务的可靠性。

（3）物流手段现代化

在现代物流活动中，由于广泛应用了各种先进手段。使运输手段专业化、高速化、集装化；装卸搬运手段机械化、自动化；包装技术单元化、个性化；仓库立体化、自动化、专业化；信息处理的计算机化、网络化等得到优化。尤其是社会交通运输网络的建立，使各企业的业务形成网络，并在空间扩展网络，企业规模和市场的扩大和用户的增加，企业联网的形成，使物流需求不断增加，形成了统一的国内市场，区域内市场，同时促进了全球市场的形成，使得物流的网络化的进程更进一步。

（4）物流成本最低化

物流经营管理追求的是物流系统的最优化，在成本管理上体现的是实现物流总成本最小化，它是物流合理化的重要标志。但是，物流要素之间存在着二律背反关系。例如，为了减少仓库数量节省了开支，但由于加大了运输距离，增加了运输时间使运输成本提高；再例如：采用高速运输线路要增加运输成本，但由于运输的速度快，使库存量降低，节约了库存成本和保管费用，物流总费用得以降低等。

现代物流应建立在物流总成本降低的意识基础之上，充分利用物流要素之间存在的二律背反关系，各环节不可能同时降低成本，必须通过物流各个功能活动的相互配合和总体协调来达到物流总成本最低化的目的。

（5）物流专业化

物流在发展过程中，逐渐形成了物流专业化。一方面，企业在经营中，物流管理作为企业一个专业部门，独立存在并承担着物流专门的职能，随着企业的发展及企业内部物流需求的增加，成为社会化的专业物流企业。另一方面，在社会经济发展中出现的专业的物流企业，为社会提供着各种不同的物流服务，进一步成为服务专业的物流企业。突出表现为第三方物流、第四方物流企业与配送中心的发展。

（6）物流服务社会化

在科学技术发展的现代社会，物流得到了充分的发展。企业物流的需求通过社会化物流服务满足的比重在不断提高。第三方物流、第四方物流形态成为现代物流的主流，加上市场营销、供应链管理、电子商务等的融入，使物流在社会中发挥着重要作用。

此外，随着当今社会消费者需求的多样化、个性化，物流需求呈现出小批量、多品种、高频次的特点，订货周期变短、时间性增强、物流的不确定性提高。物流人性化就是要以客户的物流需求为中心，对客户的需求做出快速的反应，及时调整物流作业的流程，同时要有效地控制物流成本。

4. 传统物流与现代物流的区别

随着经济的发展和科学技术的进步，现代物流与传统意义上的物流呈现了较大的区别。

传统物流一般指产品出厂后的包装、运输、装卸、仓储等活动。而现代物流则是提倡物流的系统化、整体化和综合化，以满足消费者的需求为目标。现代物流是一种先进的组织方式和管理技术，是企业在降低物资消耗、提高劳动生产率以外的重要利润源泉。现代物流与传统物流的具体区别体现在：

（1）服务功能方面

传统物流只提供简单的物资的位移。现代物流扩展了传统物流的服务功能后还提供增值服务，如为客户进行包装、分拣等，为用户创造了价值，同时也增加了本企业的利润来源。

（2）服务观念方面

传统物流只是被动服务。现代物流导入了先进的营销理念，从客户的需求出发，以创造客户满意为服务宗旨，主动服务，发现和满足客户的需求。

（3）在服务手段方面

传统物流受技术的影响，实行人工控制管理。而现代物流实施信息管理。现代物流已经建立了现代化的信息网络，大大简化了人工控制的程序，并极大地提高了信息传输，过程控制的效率，降低了劳动强度。

（4）在服务标准方面

传统物流没有统一的服务标准。现代物流实施标准化服务。现代物流已经建立了一系列的标准化服务规范，使客户对物流服务水平能够做出合理的评价。在此基础上，减少交易成本，促进物流的服务标准化。

（5）在服务范围方面

传统物流侧重于从点到点、线到线的服务。现代物流构建了全球服务网络。随着信息技术的不断进步，现代物流已经突破了点和线小范围服务，建立了全球化的服务网络，在全球范围内为客户创造出地点效用和时间效用，实现更大规模的经济发展。

比较之下，传统的物流功能比较单一，涉及的其他系统也比较简单，现代物流在传统物流的基础上拓展了服务功能和范围，使系统变得相对复杂。现代物流的管理不是单一功能和单一环节的管理，而是整个物流系统的效率优化管理。现代物流已不是传统意义上的储运业，而是一个新兴的产业形态，逐渐向社会化、信息化、集成化、网络化的方向发展。

 知识链接

不同时期的物流发展阶段的特点

从另一方面看物流的特点，如表 1.1 所示。

表 1.1　不同时期的物流发展阶段的特点

特　点	物流早期阶段	现代物流阶段
物流服务特点	各种物流功能相对分散，以第一方、第二方物流为主 价格竞争 增值服务不明显 供应链的局部环节管理 地区物流服务 供需方有短期合约 提供运输、仓储标准服务	一体化综合服务 3PL、4PL 普遍采用 应用物流中心 供应链的全面管理提供国际物流服务 供需方长期合作 以降低总物流成本为目标提供物流的增值服务 为客户提供个性化的服务
物流管理特点	没有或有有限的现代管理	全球质量管理 时间基础管理 业务过程管理

1.1.3　物流的作用

中国经济进入市场经济以后，流通在经济发展中的能动作用日益显现出来，为物流发展提供了良好的环境。国民经济现代化的标志就是发展生产力，社会生产的产品满足人们日益增长的各种需求。因此，国民经济现代化水平越高，对流通的要求也就越高。应该说，没有现代化的流通，就没有国民经济的现代化。

物流作为一种能力在企业内部及企业间进行定

想一想：
1. 现代物流的定义是什么？
2. 如何理解现代物流的特征？
3. 传统物流与现代物流的区别在哪里？

位的，它为创造客户价值的整个过程做出了贡献。当企业发展到一定阶段，物流技术高度应用成为一种核心能力时，物流的奠基石的作用就体现出来了。

物流是企业取得竞争优势的关键，在国民经济和企业生产经营中有着重要的地位，发挥着重要的作用。

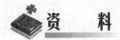 **资　料**

物流的作用

第二次世界大战以后，美国、日本、英国等国家就开始注意到物流的作用。近 40 年来，学术界、产业界都肯定了物流管理对企业竞争力的贡献。物流成本被看成是业务工作中最高成本之一，仅次于制造过程中的原材料的成本。以美国为例，其物流成本等于销售费用的 50%。在美国，产品的直接劳动成本是全部成本的 10%，全部生产过程中只有 5%的时间直接用于加工制造，95%的时间用于储存、运输等物流过程。

世界 500 强的企业，都是拥有世界一流的物流系统，通过向客户提供优质的服务获得竞争优势。

1. 物流在社会经济中的作用

物流与国民经济各个环节息息相关：第一，社会生产所需要的各种资源和要素需要物流环节的服务，才能准确地发挥作用；第二，社会商品的销售离不开物流的各个环节。

（1）商流与物流

商品流通包含商流、物流、资金流和信息流。其中资金流是在商品交易过程中通过所有权的转移完成的，从属于商流。信息流分别从属于商流和物流，物流信息属于物流。

从传统物流到现代物流，在物流理念和物流技术方面已经发生着深刻的变革，最突出的裂变在于物流概念的进一步拓宽以及物流、资金流、信息流的日益融合。

物流和商流从两个不同的侧面体现着商品流通的内容，如图 1.1 所示。

1）商流。生产者将其产品的所有权转移给消费者的活动被称为商流。通过交易实现了商品的价值，体现的是商品的社会属性。商流研究的是商品交换的全过程。

2）物流。物品从生产者到消费者在时间和空间的转移，这种转移既要通过运输或搬运来解决空间位置的变化，又要通过储存保管来调节双方在时间节奏上的差别，体现的是商品的物理属性。

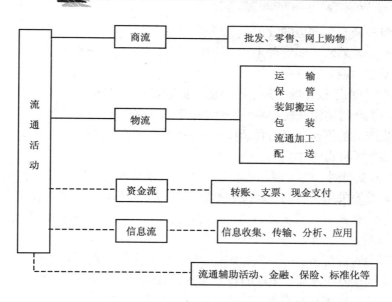

图 1.1　流通活动

3）商流和物流的关系。商流与物流的结合构成了整个商品流通，共同实现了商品在空间和时间上的转移。商流是物流的先导，物流是产生商流的物质基础。两者关系密切，相辅相成。但两者在具体的商流活动与物流活动中有各自的规律和特点。商流一般经过了一定的交易环节进行业务活动；物流不受交易环节的限制，采用物流手段使物品送到客户手中，达到降低物流成本提高经济效益的目的。所以，在商品活动中，商流与物流的分离原则是提高社会经济效益的客观需要，也是企业现代化发展中的必然。

商流与物流的具体区别如图 1.2 所示。

商流	物流
① 商品的买卖活动	① 商品的物理活动
② 解决生产者和消费者之间的分离	② 解决生产和消费之间的时空分离
③ 实现商品所有权的转移	③ 实现商品空间位置的转移，克服商品在生产和消费间的时间差异
④ 实现商品的价值	④ 实现商品的使用价值
⑤ 内容包括商品的订货、合同、供销衔接、计价结算和商流信息等活动	⑤ 内容包括商品运输、储存、装卸搬运、流通加工、包装和物流信息等

图 1.2　商流、物流的区别

（2）物流与社会生产力的发展

社会生产力发展水平制约着生产、流通和消费的变化，物流的发展水平也要与生产力的发展水平相适应。

1）在生产力水平很低的时期，产品生产的数量少、生产节奏慢、生产的产品单一，物流量也小，生产对物流系统的要求不严格；物流只是当作为生产加工的附属活动而存在。但随着生产力的不断发展、科学技术的进步，物流活动的水平也在逐步提高，各种物流机器设备在不断改进中发展。

2）生产力发展到一定时期，社会进入生产大批量阶段。这一时期各种加工设备的专门化加强，普遍采用了自动化程度较高的生产流水线作业，生产规模越来越大，产品数量急剧增加，对物流的要求提高了。这时，物流系统的现代化被重视起来，物流技术的进步也在加强。

3）当代社会，产品需求的特点是朝着多样化、个性化发展。生产的产品类型也应向多品种、小批量方向发展，生产的技术设备也从生产流水线作业向采用计算机集成制造系统转变，生产中的物流系统技术正在趋于柔性化和自动化。

2. 物流在国民经济中的作用

从以上分析来看，物流是社会经济活动的基础环节之一，物流为生产的连续性提供了保障，物流状况对生产环境和生产秩序起着决定性的影响。在生产、流通、消费之间，物流是流通的桥梁，在生产、流通和消费的过程中都离不开物流，物流正在发挥着越来越大的作用。

（1）物流是国民经济的动脉

物流与国民经济中的各个生产部门构成一个有机整体。物流的根本目标是以尽可能低的物流成本为企业提供不同的物质资料，实现物品在时间和空间的转移，为客户服务。同时，使现代物流技术得以应用，产生经济结构、产业结构和消费结构等的变化，促使物流企业的系统化、网络化的发展，带动国民经济的快速发展。

（2）物流是商流的保证

在商品流通过程中，商流、物流、资金流、信息流和人流共同构建了流通的整体。其中，物流是商流的物质内容和物质基础。商流的目的是变换商品的所有权；物流是商品变换过程中的具体体现。物流能力的强弱和大小，影响和决定着商品流通的规模和速度。物流能力是指某特定的物流系统，从接受客户需求、处理订单、分拣货物、运输到交付给客户的全过程中，在响应速度、物流成本、订单完成准时性和订单交付可靠性等方面的综合反映。作为连接生产与消费的物流，对商流起着重要的作用。

（3）物流是第三利润源

价格水平的降低有赖于成本的减少和市场规模的扩大。物流是"降低成本的宝库"。

在经济发展进程中，人们曾经经历过两个提供利润的领域：一是资源领域，通过增加产品数量，扩大生产能力，降低物料消耗来获取利润，被称之为"第一利润源"；二是人力领域，通过采用机械化、自动化等手段来节约劳动消耗增加利润，被称之为"第二利润源"。当这两个领域的潜能越来越小时，物流领域的潜力便被人们逐渐重视起来。通过物流的合理化、网络化、信息化和现代化等一系列物流活动，如在仓储、运输、配送、装卸搬运、包装等物流服务中创造价值，来降低物流成本，促进生产与消费的协调，通过物流的各个环节的服务满足消费者的需求，寻求取得更广阔的利润，被称之为"第三利润源"。对中国来讲，获取"第三利润"有着更广阔的空间，会对我国经济发展产生巨大的推动作用。

（4）物流是取得竞争优势的关键

物流是企业保证经营正常运行的关键。物流中的运输、仓储、配送等环节直接影响产品的质量、供应链的正常运转，成为企业经营正常运行的前提，也成为客户评价企业服务质量与竞争力的重要指标之一。一个拥有世界一流的物流能力的企业，可以通过向客户提供优质的物流服务获得竞争优势。随着全球经济竞争的日益加剧，企业要想获得长期发展，不仅要降低成本，更重要的还要为客户提供及时、准确、具有个性化的产品和服务。通过合理的设计、建立和管理物流的一系列系统，达到不断提高企业竞争优势的目的。

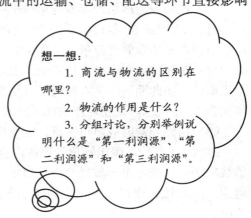

想一想：
1. 商流与物流的区别在哪里？
2. 物流的作用是什么？
3. 分组讨论，分别举例说明什么是"第一利润源"、"第二利润源"和"第三利润源"。

1.2　现代物流的发展

必备的理论知识

物流自其概念产生以来，经过几十年的变化，发展很快。新的理念、新的观点的出现不断地使物流理论更加完善。

1.2.1　国外物流的发展

"物流"被运用到商品流通以后，逐渐发展。后来其范围扩展到生产领域，即包括原材料物流、生产物流、销售物流。近年来，随着经济全球化和信息技术的发展，企业物流管理在美、日、欧等发达国家呈现了新的发展趋势，应当代表了当前物流发展的主要方向，随着世界经济和科学技术的发展，各国物流的发展也各有特点。

1. 美国物流的发展

美国最先提出了物流的概念，对物流活动和物流管理的认识已经经历了近一个世纪，是将物流付诸实践的国家之一。因此，美国对物流理论的研究和对物流的实践最为先进和完善。以有关美国的历史、经济资料和美国物流的发展为例，现代物流的发展大致分为：

（1）物流观念的启蒙阶段

进入 20 世纪，随着工业化进程的加快，大批量生产和销售的出现，人们开始意识到降低物资采购和产品成本的重要性，不仅关注生产的有效性，还提出了有关存货控制的理论和规则。在同一时期，具有一定现代意义上的物流活动也开始出现。因此，直至第二次世界大战结束的这一时期，美国物流尚处在萌芽和初始阶段。

（2）物流理论体系的形成与实践推广阶段

进入 20 世纪 50 年代以后，西方经济进一步发展，进入了大量生产、大量销售时期，现代市场营销的观念已经形成，企业意识到顾客满意是实现企业利润的主要手段，美国企业开始重视物流在为顾客提供服务上起到的重要作用，出现了最早的配送中心，提供物流服务。在此期间，学术理论界对物流的内涵也有了新的变化，应该说，20 世纪 50 年代到 70 年代末，是物流理论体系形成以及实践推广阶段。

（3）物流理论的成熟与物流管理现代化阶段

进入 80 年代，美国物流管理的内容随着世界计算机技术的发展已经转移到对物流的战略研究上来，电子数据交换（EDI）、准时制生产（JIT）等先进管理方法的开发和运用，为物流管理提供了有力的技术支持和保障。标志物流理论和物流管理进入新的阶段。

（4）物流理论、实践的纵深化发展阶段

20 世纪 90 年代，美国的物流产业发生了三大变化，即电子商务、供应链软件集成和第三方物流业务的发展，使美国的物流体系均居世界领先地位。美国物流成本占 GDP 的比重从 11.7%～11.4%下降至 10%左右，甚至更低。这一时期的物流理论对物流顾客服务战略和供应链管理战略有进一步的研究。

2. 日本物流的发展

在日本，物流的发展历史并不长，但发展速度快、规模大、现代化程度高，日本已成为现代物流管理的先进国家。其发展过程大至分为如下四个时期：

（1）物流概念的导入和形成时期

20 世纪 50 年代，日本正处于经济高速发展的时期，生产规模的迅速扩大导致流通基础设施的严重不足。1956 年从美国全面引进现代物流管理理念后，大力进行本国物流建设，物流概念的引入对日本物流的发展起到了极大的推动作用。但物流概念导入日本的过程中，"物流"一词的内涵与美国当时的物流概念有差异，指的是"物的流通"即物流包含了运输、配送、装卸、保管、包装、流通加工和信息传递等活动，突出显示物流是一种综合活动。

（2）物流近代化时期

1965 年日本政府重视各项物流基础设施的建设，强调实现物流的现代化，在全国范围内开展了包括高速公路网、沿海港湾设施、航空枢纽港、流通聚集地在内的各种基础设施建设，既拉动了本国生产的内需，又为日本扩大物流市场提供了充实的物流硬件的保证。这一时期除了加强各项物流基础设施的建设外，还强调实现运输手段的大型化、专业化和高速化以外的物流中心、配送中心等管理体系，以提高供应效率、降低物流成本、提高物流服务水平，是日本物流建设的大发展时期。

（3）物流合理化时期

20 世纪 80 年代以后，在日本政府的推动下，日本企业物流管理水平不断提高。积极推动物流管理的合理化。其物流管理合理化主要包括：缩短物流路径；扩大工厂直送；减少输送次数；提高车辆装载效率；实施计划输送；导入共同配送；改变运输手段，选择最佳运输方式；减少店内存货；彻底实行库存管理，维持正常库存；提高保管效率；包装简单化；包装材料低价格；包装作业机械化；集装箱、货台的导入与扩大；省力化机器的灵活应用。

由于企业和政府的共同努力，物流管理使日本成为物流管理发展的先进国家。

（4）现代物流综合发展时期

20 世纪 80 年代后期，日本的生产经营环境发生了重大的变化，过去大量生产、大量销售的生产经营，由于消费出现个性化、多样化、差异化的现象，受到冲击。日本面临着许多重大的物流问题。为此，日本开始调整产业结构，改善物流的途径确定新的物流战略。

进入 21 世纪，随着世界高新技术的突飞猛进和计算机网络的日益普及，日本综合现代化的物流在发展正在形成，包括：运输合理化、仓储自动化、包装标准化、装卸机械化、加工配送一体化、信息管理网络化。此外，物流中心等的各种管理系统不断增加，各种物流软件也得到应用。

3. 欧洲物流的发展概况

欧洲地区也是较早引入"物流"概念的地区之一，并较早地在物流管理中应用现代技术。欧洲地区的物流发展也处在世界的领先地位。

（1）欧洲物流的发展过程

1）20 世纪中期，欧洲各国为了降低生产成本，寻求物流合理化，便开始重视企业内部的物流信息传递，以改革传统的物料搬运。随着经济和流通的发展，这时的欧洲，许多国家的不同类型企业的管理技术还比较落后，如信息交换通过邮件、产品跟踪还采用贴标签的方式、计算机的信息处理技术还比较陈旧。这一时期物流环节中的储存与运输是分离的，各自独立经营，欧洲地区处于物流发展的初级阶段。

2）20 世纪的六七十年代，欧洲进入了经济快速发展的时期。随着货物生产和销售的进一步扩大，出现了多家联合的大集团和大公司，物流需求增多。物流企业通过与实物配送有关的一系列活动进行系统管理，注重以最低的物流成本和最快的方式管理和控制物流活动，注重物流环节，是欧洲地区物流发展的实物配送阶段。

3）20 世纪 80 年代，随着市场营销观念的普及，企业在物流配送基础上广泛采用先进的物流管理技术，使物流产业进入综合物流管理阶段。英国首先提出了地区整合的观念，因为，国际化的大型公司越来越多地愿意扩展地区性配送中心。比利时、荷兰、卢森堡三国经济联盟位于欧洲的中心地带，通往欧洲各地非常方便，当时欧洲的 900 多个配送中心就有 56%集中在荷兰。地区配送中心的建立，有利于物流的发展。80 年代后期，欧洲地区开始探索一种新的联盟型或合作式的物流新体系，即综合物流供应链管理；目的是实现最终消费者和最初供应商之间的物流与信息流的整合。这一时期欧洲物流进入供应链管理阶段，同时，欧洲地区第三方物流开始形成。

4）进入 90 年代以来，特别是近些年，欧洲一些大的跨国公司，纷纷在国外、在劳动力较为低廉的亚洲地区建立生产基地，将欧洲物流企业的需求信息直接从顾客消费地取得，采用在运输链上实现组装的方式，使库存量实现最小化。信息交换采用 EDI 系统，产品跟踪应用射频技术，信息处理广泛采用互联网和物流服务供应商提供的软件，目前，互联网和电子商务的电子物流正在欧洲地区兴起，标志着欧洲地区物流进入电子物流和网络物流时代。

（2）欧洲物流的产业特征

欧洲地区物流与美国、日本的物流业相比，欧洲物流的发展有明显的特征，尤其是 IT 技术的发展促进了欧洲物流的快速发展。从结构上看，欧洲物流市场主要由三个部分构成：第三方物流、空运和海运货代、卡车货运网络（包括拼车与整车运输）。但是，整个欧洲物流市场发展很不平衡，其结果造成的是：在不同的领域和不同的国家中提供给供应商的机会相差较远。如德国物流业务总值，占欧洲物流市场总值的 27.8%，医药、高科技、汽车和电子业德国也是最大的市场，英国处于第二位；希腊是欧洲最小的物流市场。欧洲物流外包比美国广泛，第三方物流供应商的种类和服务方式的区别也比美国更大一些。

4. 发达国家现代物流发展的共同趋势

从美国、日本、欧洲等发达国家的情况看，现代物流发展的趋势具有以下特征：

（1）物流技术高速发展，物流管理水平不断提高

国外物流企业的技术装备目前已达到相当高的水平，已经形成以信息技术为核心，以信息技术、运输技术、配送技术、装卸搬运技术、自动化仓储技术、库存控制技术、

包装技术等专业技术为支撑的现代物流装备技术格局。

（2）专业物流形成规模，共同配送成为主导

国外专业物流企业是伴随制造商经营趋向的变革应运而生的。由于制造厂商为迎合消费者日益细化、个性化的产品需求，而采取多样、少量的生产方式，因而，高频度、小批量的配送需求也随之产生。

共同配送是经长期的和探索优化出的一种追求合理化的配送形式，对提高物流运作效率、降低物流成本具有重要意义。共同配送是物流配送发展的总体趋势。

（3）物流企业向集约化、协同化、全球化的方向发展

国外物流企业向集约化、协同化发展主要表现在两个方面：一是大力建设物流园区；二是物流企业兼并与合作。

国际物流市场专家认为，世界上各行业间的国际联合与并购，必须带动国际物流业加速向全球化方向发展，而物流业全球化的发展趋势，又必然推动和促进各国物流企业的联合与并购活动。除了并购之外，另一种集约化方式是物流企业之间的合作并建立战略联盟。

1.2.2　我国的物流发展历程与现状

1. 我国的物流发展历程

我国物流的发展历程大致分为四个阶段。

（1）第一阶段：计划经济体制下的物流（1949～1977 年）

这一阶段正是新中国成立后工农业发展时期，国家长期对生产资料和主要消费量实行高度的计划生产、计划分配和计划供应。商业、粮食、供销、物资、外贸等流通部门自成系统，按计划储存和运输，分别建起了本部门的供销公司、批发零售网点和仓储、运输队伍；交通、铁路、航空等专业运输部门也各自拥有储运企业。这一时期，在大中城市的流通部门出现了许多"商物分离型"的大中型的物流企业和附属于物流企业的批发站、中转站、仓库等"商流一体型"小型物流企业，物流活动只限于储存和运输，当时还没有现代物流概念，只能是物流的蒙昧时期。

（2）第二阶段：有计划的商品经济下的物流（1978～1992 年）

这一阶段开始实行改革开放的方针政策，我国经济体制开始从计划经济向市场经济过渡，流通体制改革随着不断深化。20 世纪 70 年代末，以国家物资总局为首，中华人民共和国铁道部（简称铁道部）、中华人民共和国交通部（简称交通部）及国家经济贸易委员会研究单位组团考察了日本，将物流概念带回中国。1979～1984 年，按照计划与市场调节相结合的原则，改革长期以来全面统一管理的旧体制，扩大了市场调节范围，重点调整了农副产品和日用工业品的计划管理体制，改变了商品统购统销制度，打破了国有商业一统天下的固有局面，发展了计划购销、市场购销等多种流通渠道和购销形式，初步形成了多种经济成分和多种经营形式的流通格局。1984～1987 年，围绕建立有计划的商品经济框架，全面改革了流通领域的企业体制、批发体制、价格制度、经营制度，

扩大了企业经营自主权，促进了流通管理向市场经济的转变。1987～1992 年，根据国家建立和培育社会主义市场体系的要求，大力发展了多层次、多形式、多功能的商品批发交易市场。同时，对生产资料的经营管理体制进行了全面改革，计划管理的品种和数量大幅度减少。物资流通企业大踏步走向市场，积极开展了木材、平板玻璃、机电产品的配送试点；物流的重要性开始在物资、商业、外贸、交通、铁路、货代等各个领域引起关注；铁路、公路、港口、码头、机场、货运枢纽等物流基础设施建设投入加大。

1984 年 8 月，成立了中国物流研究会；1989 年 4 月，中国物资经济学会在北京成功地承办了"第八届国际物流会议"。1991 年 7 月，中国物资经济学会与中国物流研究会合并，成立了中国物资流通学会，物流理念和物流在国民经济发展中的重要意义开始在全国传播。这一阶段，是中国物流引进、启蒙和宣传普及时期。

（3）第三阶段：社会主义市场经济下的物流（1993～1998 年）

1993 年，党的十四届三中全会通过了《关于建立社会主义市场经济体制的若干问题的决议》，中国经济走向了一个崭新的发展阶段。国家为了加强对流通的管理，同年，组建了国内贸易部。物流理念逐步被企业人士认同，确立物流理念的原因是：体制改革的深化；物流环境的变化；全球经济的发展；科学技术的进步。

这个阶段中，我国掀起了改革开放后的经济建设热潮，生产规模和产量的迅猛扩大，导致生产与消费严重失衡，出现了库存商品的积压浪费等问题，特别是物流发展滞后的矛盾再度显露，经济的持续健康发展迫切期待物流水平的提高。经济形势发展的要求推动了物流事业的发展。这一阶段是中国物流发展成长时期。

（4）第四阶段：新经济发展形势下的物流（1999 年至今）

新经济的表现形式之一是网络经济。20 世纪 90 年代兴起的电子商务、现代信息技术迅速发展，不断丰富和发展了现代物流的内容，使人们意识到网络经济发展的基础是物流。新经济的表现形式之二是信息经济。互联网信息平台、EDI（电子数据交换）、GPS（全球卫星定位系统）、条形码和 RFID 等现代信息技术手段在物流管理和物流技术中的广泛运用，使物流现代化达到了新的水平，物流的功能和作用令人们刮目相看。新经济的表现形式之三是全球经济一体化。全球化生产、全球化流通、全球化消费格局的形成，促进了国际贸易和国际物流的大发展。

我国加入 WTO 以后，全球化的市场竞争，把我国的经济活动推向了国际化竞争的舞台，使我国企业面临前所未有的严峻考验，迫使它们不得不在接受挑战中寻出路，终于使中国企业不得不重视物流这一"第三利润源"。对外开放二十多年后的中国在新经济发展形势下，物流得以迅速发展，并受到了国家领导人和各级政府部门的重视。国家领导人多次在有关会议上对物流事业的发展表示关切；2001 年，国家经济贸易委员会、铁道部、交通部、信息产业部、对外贸易经济合作部、国家民航总局联合印发《关于加快我国现代物流发展的若干意见》的通知。我国物流领域第一个跨部门、跨行业、跨地区、跨所有制的行业组织——中国物流与采购联合会成立；我国国家标准《物流术语》

正式实施；《中国物流发展蓝皮书》出版发行；各种物流峰会、论坛、研讨会和物流机械展览会接连不断；各省、市、自治区纷纷制定物流发展规划，物流园区、物流中心、配送中心如雨后春笋般涌现。 这一阶段是中国物流大发展的年代，中国物流正在和世界经济接轨，和国际水平的差距也越来越小。

　　2. 我国物流发展现状

　　中国现代物流经过数十年的发展，已经迎来了物流业的春天。近十年来国家经济持续稳定的高速增长、电子商务的兴起、加入世贸组织等，为中国物流业激起了一个又一个的浪潮。目前由于政策环境与经济环境的改善，企业改革日益深化，为物流业发展建立了良好的宏观环境与微观基础，物流事业的发展形势越来越好。

 知识链接

　　2004 年，我国国内生产总值达到 13.65 万亿元人民币，年增长 9.5%；钢、煤、粮等许多工农业产品产量居世界首位；全国商品零售总额达到 5.39 万亿元人民币，年增长 13.3%；生产资料销售总额 11.4 万亿元人民币，增幅为 19%；进出口总额高达 1.15 万亿美元，比 2003 年增长 35.7%。我国巨大的经济总量已经产生巨大的货物流量和货物价值量。

　　随着物流的发展，我国物流产业规模逐年增长，物流发展潜力很大。目前我国物流发展的特征是：现代物流开始被重视，并作为支柱产业发展；第三方物流得到迅速发展；城市区域性物流中心规划开始起步；配送中心得到发展；传统储运业向现代化物流发展；物流标准化得以实施。

　　由此，我国物流发展情况具有如下特点：

　　（1）物流基础设施规模迅速扩大

　　1）铁路在国家交通建设中占有重要地位，近年以"八纵八横"铁路通道为路网主骨架加以重点建设。2004 年，全国新建铁路里程 1433 公里，增建铁路复线里程 352 公里，电气化铁路里程 409 公里。截至 2004 年年底，全国铁路营业里程累计 7.4 万公里。2005 年经中华人民共和国国务院常务会议原则通过的《全国中长期铁路网规划》确定了铁路网发展目标。2020 年，全国铁路营业里程将达到 10 万公里，复线率和机电气化率均达 50%，运输能力满足国民经济和社会发展需要，主要技术装备达到或接近国际先进水平。

知识链接

铁路线路的"八纵八横"

八纵：为京哈、沿海、京沪、京广、京九、大湛、包柳、兰昆通道。

八横：为京兰藏、煤运北、煤运南、陆桥、宁西、沿江、沪昆及西南出海通道。

2）公路建设成效显著，1985～2003年新增公路里程60.48万公里，年均增长3万～6万公里。到2004年底，全国公路通车总里程达到185.6万公里，新增16411公里；高速公路里程达3.42万公里，新增4476公里。2005年1月公布的《国家高速公路网规划》提出，我国将用30年时间，形成8.5万公里国家高速公路网。新路网将由7条首都放射线、9条南北纵向线和18条东西横向线组成。

3）内河水路运输线路长度2002年达到12.15万公里。到2002年底，我国沿海和内河共有生产性泊位33450个，其中深水泊位达到822个，主要港口生产性泊位比1989年增长了1.1倍。到2002年，全国港口货物吞吐量完成26.8亿吨，已有7个港口突破了100万标箱（TEU），其中上海港超过800万标箱、深圳港超过700万标箱，都进入世界集装箱大港前十名。2004年，沿海港口新扩建泊位67个，其中万吨深水泊位47个，新增吞吐能力1.2亿吨。内河港口新增吞吐能力10亿吨，改善内河航道里程691公里。

4）2003年航空运输线路总长度为174.95万公里，为1991年55.91万公里的3.13倍。2004年，中国民航行业固定资产投资总额196亿元人民币，共有82个建设项目竣工投产。全年启用新机场7个，使在用运输航班机场达到137个；增货运航线4条，平均每周增加11个货运航班，提供吨位数增加了35.4%。

5）2003年，输油管道总长度15737公里，为10年前1992年的1.84倍；输气管道总长度16855公里，为1992年的2.19倍；输油气管道总长度32592公里，为1992年的2.06倍。许多建成和在建的交通枢纽、物流园区（如以交通部45个公路主枢纽为中心的物流基地）以及地方现代物流园区的建设，都在加快进行。

（2）全社会货物运输量持续增加

在良好的宏观经济环境下，交通运输部门在继续深化体制改革的基础上，大力开展结构调整和企业重组，提高运输效率和服务质量，运输形势平稳发展，铁路、公路、水运是主要的运输方式。2004年的运输量和运输周转量有较大的发展。

2004年全年各种运输方式完成的货运总量为161亿吨，比2003年增长了10.6%。其中，铁路22亿吨，增长9%；公路121亿吨，增长9.9%；水运18亿吨，增长18%；民航273万吨，增长24.5%。

2004年各种运输方式完成货物运输周转量66698亿吨公里，比2003年增长23.8%。

其中，铁路 19289 亿吨公里，增长 11.8%；公路 7596 亿吨公里，增长 7.0%；水运 38973 亿吨公里，增长 35.7%；民航 72 亿吨公里，增长 24.0%；管道 768 亿吨公里，增长 3.9%。

2004 年全国港口完成货物吞吐量 40 亿吨，比 2003 年增长 21.3%。其中外贸货物吞吐量 11.5 亿吨，增长 18.4%。集装箱吞吐量 6150 万标箱，比 2003 年净增 1300 万标箱，增长 26%。

由于沿海的区域经济发展比较快以及对外贸易的增长，沿海主要港口吞吐量增长很快，并保持快速增长的走势。目前 7 个亿吨以上的大港口是上海、广州、宁波、大连、秦皇岛、天津、青岛。

（3）第三方物流服务方兴未艾

我国目前与物流相关的年总支出额有 19000 亿元人民币，物流成本占 GDP 的比重近年来为 21% 左右，第三方物流的市场潜力很大。根据目前企业物流执行主体的现状，说明大部分企业的自理物流将转交第三方物流运作，另一方面也说明采用第三方的企业中，物流供求关系极不稳定，第三方物流公司的市场机会广阔且变数较大，中国第三方物流市场方兴未艾。

推动中国第三方物流发展的主要因素：首先跨国企业正在将更多的业务转向中国，并通过外包来降低供应链成本；其次中国公司面临着降低成本和更加关心核心竞争力的压力，而增加了物流外包的需求；最后，政府的激励措施也是刺激中国的第三方物流市场迅速发展的重要因素。

第三方物流的发展将有利于物流的专业化、规模化、合理化，从而提高物流系统的效率和降低物流成本。发展第三方物流的途径是：通过鼓励合资、合作、兼并等整合措施，扩大现有第三方物流企业的经营规模；通过建立现代物流行业规范，促使小规模经济的物流企业转型；通过修订和完善各种法规和政府行为，打破现有各种市场条块分割的制约，促进第三方物流企业跨地区、跨行业发展；以提高服务质量，降低物流成本为核心，推动物流企业的管理和技术创新。中国经济现代化的速度加快，对现代物流系统的需求会越来越大，对物流服务水平的要求也越来越高。

（4）物流技术装备水平迅速提高

1）物流技术装备水平迅速提高。由于近年来我国企业生产规模与水平的不断提高，生产设备与物流设备的更新与现代化需求旺盛，汽车、烟草、药品、家电等行业都是物流技术装备的良好市场。2004 年，在物流技术装备中具有代表性的自动化立体仓库新建 40 座，2005 年需求还进一步扩大。

为了适应市场需求，物流技术装备厂商也不断提高产品的水平并且开发出新产品。外国企业也广泛的进入中国市场，提供了高性能的技术装备；中国企业的产品不断出现新品种，质量不断提高。

物流技术装备水平的提高为我国物流现代化提供了良好的物质基础和技术支持。

2）北京奥运会为物流发展提供了新的机遇。2008 年奥运会在物流设施规划与建设、物流组织与管理、物流技术创新与应用等方面对北京提出了很高的要求，这既给物流业带来巨大的挑战，同时也给物流业发展带来发展商机。北京奥运会使中国物流业与国际物流业同场竞技，让中国物流业找到了高水准服务的参考指标，其示范作用将进一步加快中国物流的现代化进程。

（5）政府部门对现代物流的重视程度不断提高，使物流在国家经济中的地位不断加强

2001 年 3 月，国家经济贸易委员会、铁道部、交通部、中华人民共和国信息产业部、对外贸易经济合作部和中国民用航空总局联合印发《关于加快我国现代物流发展的若干意见》，意见提出：发展现代物流的总体目标，是积极采用先进的物流管理技术和设备，加快建立全国、区域、城镇、企业等多种层次的，符合市场经济规律、与国际通行规则接轨的，物畅其流、快捷准时、经济合理、用户满意的社会化、专业化现代物流服务网络体系。

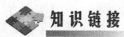 **知识链接**

现代物流服务的指导思想与总体目标

《关于加快我国现代物流发展的若干意见》中指出，我国现代物流服务的指导思想与总体目标为：

1. 积极培育现代物流服务市场。
2. 努力营造现代物流发展的宏观环境。
3. 继续加强物流基础设施的规划与建设。
4. 广泛采用信息技术，加快科技创新和标准化建设。
5. 加快对外开放步伐，学习借鉴国外先进经验。
6. 加强人才培养，促进产、学、研相结合。
7. 继续深入研究探索，不断适应现代物流发展需要。

现代物流在地区经济发展中的重要作用，也越来越为人们所认识，不少省市把发展现代物流列入了重要议事日程。总体来看，物流现代化是和经济发展水准密切相关的，预计在今后相当长的时期内，中国的经济将保持稳定快速增长，和世界经济接轨的趋势也将加强，这是物流事业发展的大环境。如果能够及时解决发展瓶颈中存在的问题，近年内将是中国物流发展的黄金时代。

3. 我国物流发展中存在的问题

尽管我国物流有很大的发展，但处于起步阶段，由于经济发展水平的影响，经济体制及物流环境的影响和限制，我国物流业在发展中仍存在许多问题。

（1）物流系统效率低，物流成本高

我国与发达国家在物流成本方面、周转速度方面以及产业化方面存在较大差距，服务水平和效率方面都比较低。我国目前每万元 GDP 产生的运输量为 4972 吨公里，而美国和日本的这一指标分别为 870 吨公里和 700 吨公里，相差 5～8 倍。

我国物流系统各环节的衔接较差，运转效率不高，反映在货物在途时间、储存时间、基础设施劳动生产率等方面均有较大改善和提高的余地。

根据调研及有关资料分析，我国许多商品总成本中，物流费用已占到 20%～40%，每年因包装造成的损失约 150 亿元，因装卸、运输造成的损失约 500 亿元，因保管不善造成的损失在 30 亿元上下，公路货运因缺乏合理的物流组织，空驶率多年来保持在50%左右；铁路因能力不足，使相当数量的商品失去销售机会或无法保证企业提供客户满意的服务；水运因运输组织方式不能适应市场需求变化，使许多产品失去了低价运输的途径。

（2）物流基础设施的配套性、兼容性差，物流技术装备水平低

我国现有的物流基础设施虽然有了很大发展，但是还比较落后。

资　料

按国土面积计算的运输网络密度，我国仅为 1344.48 公里/万平方公里，而美国为6869.3 公里/万平方公里，德国为 14680.4 公里/万平方公里，印度为 5403.9 公里/万平方公里。这方面，我们不仅落后于欧美发达国家，与印度等发展中国家相比也有较大差距，如果按人口计算则差距更大（国务院发展研究中心《调查研究报告》总 1417 期）。我国每万平方公里国土面积拥有铁路 74.89 公里，排在世界第 60 位之后，如果按人口计算则排在世界第 100 位之后。

1）在条块分割、多头管理的传统模式影响下，我国各种物流基础设施的规划和建设缺乏必要的协调。由于地区的经济利益驱动，地方管理成为地方利益的体现，助长了地方保护主义。目前，我国相当一部分省市间的市场壁垒，使网络化物流服务企业的成长变得相当困难。

2）物流基础设施的配套性、兼容性差，导致系统功能不强。各种运输方式之间、不同地区运输系统之间相互衔接的枢纽设施建设方面缺乏投入，对物流产业发展有重要影响的各种综合性货运枢纽、物流基地、物流中心建设发展缓慢。

我国物流系统由于历史背景不同，一般技术水平低，装备落后。在仓储设施和运输工具等方面，信息技术应用水平都较低，表现为：企业内部信息管理和技术手段比较落后，缺乏必要的公共物流信息交流平台，使物流信息系统没有广泛应用，物流企业开发

和使用的物流信息软件，性能水平不高，即使有些软件比较适用，但有时又与客户系统不兼容。

（3）标准化建设滞后

物流标准化程度的高低不仅关系到各种物流功能、要素之间的有效衔接和协调发展，也在很大程度上影响着全社会物流效率的提高。我国物流标准化滞后主要表现：

1）缺乏有关的标准及规章制度，同时在推行标准方面也缺乏必要的力度。例如，各种运输方式之间装备标准不统一，海运与铁路集装箱标准存在差异，在一定程度上影响着我国海铁联运规模的扩展，对我国国际航运业务的拓展、港口作业效率的提高以及进出口贸易的发展都有一定程度的影响。

2）物流器具标准不配套。如托盘标准不统一降低了托盘在物流过程中的通用性，严重影响了其他物流环节的运作。

3）产品包装标准与物流设施标准之间缺乏有效的衔接，这对各种运输工具的装载率、装卸设备的荷载率、仓储设施空间利用率方面的影响较大。

4）信息系统之间缺乏接口标准，商品信息标准化工作滞后。例如，工商企业内部物流信息系统与第三方信息系统之间缺乏有效衔接，运输信息系统、仓储信息系统、物流作业管理信息系统之间互不沟通，由于没有公共物流信息交流平台，以 EDI 互联网等为基础的物流信息系统难以得到实际应用。

（4）我国物流业管理体制和机制方面的障碍

物流产业的发展涉及基础设施、物流技术设备、产业政策、投资融资、税收、海关、服务与运输标准等多个方面，而这些问题的管理分属于不同的政府职能部门，各职能部门对现代物流认识不足和缺乏统一协调的战略思想，成为物流产业发展的主要"瓶颈"之一，阻碍了物流的快速发展。

4．加快发展我国现代物流的措施

（1）加强统一领导，建立必要的政府部门间协调机制

现代物流的管理，涉及计划、经贸、财税、工商、内贸、外贸、铁道、交通、民航、邮政、信息、海关、质检等多个部门。现代物流的运作横跨不同的行业和地区，必须协调运作才能取得预期的效果。由于物流和政府多个职能部门有关，在日本经济产业省设立专门机构物流科负责协调机构政策管理。我国如果在当前政府机构改革中明确设立物流部门或物流方面协调机构，对于物流现代化的推进具有重大意义。各级政府都应该加强对发展现代物流的统一领导，建立必要的政府部门间的综合协调机制，负责研究、制定发展现代物流的规划，并负责协调现代物流发展中的相关政策措施，为构建全国统一、高效的现代物流体系创造体制环境。

（2）实施有利于物流企业发展的相关政策

现行税收政策的某些方面对于物流行业发展有制约作用。税收要鼓励物流业务的整

合，提升物流企业的供给能力。应该利用先进的管理技术和信息系统对传统的物流资源进行整合。物流不整合就不能降低成本、提高效益。鉴于目前物流业尚处于起步阶段，普遍处于微利状态，物流整合产生的效益主要体现在用户（生产和商贸企业）身上，试行类似于增值税方式的税收制度，扣除转包的部分，仅对其增值服务的部分征税。这样，有利于国内大型物流企业在大范围内的业务整合与发展，同时，也会促进物流业务的发展，扩大税基，增加税收。

（3）大力发展第三方物流服务，培育社会化的物流市场

全球化经济的发展，促进第三方物流企业的发展。第三方物流的发展将有利于物流的专业化、规模化、合理化，从而提高物流系统的效率和降低物流成本。

发展第三方物流的途径有：通过鼓励合资、合作、兼并等整合措施，扩大现有第三方物流企业的经营规模；通过建立现代物流行业规范，促使小规模经济的物流企业转型；通过修订和完善各种法规和政府行为，打破现有市场条块分割的制约，促进第三方物流企业跨地区、跨行业发展；以提高服务质量，降低物流成本为核心，推动物流企业的管理和技术创新。要使第三方物流企业能够提供优于第一方和第二方物流的服务，同时要鼓励生产企业和流通企业更多地使用第三方物流。

（4）抓好物流标准化体系建设

针对当前物流标准化中存在的问题和国际物流标准化的发展方向，应该加快标准化建设步伐。制定物流标准体系，有步骤、有重点地对有关的物流标准进行研究、修改和制定。在做好物流用语、计量标准、技术标准、数据传输标准、物流作业和服务标准等方面基础工作的同时，要加强标准化的组织协调工作。对尚未制订的标准，要抓紧制订，以使各种相关的技术标准协调一致，与国际标准接轨，提高货物和相关信息的流转效率。

（5）充分发挥行业社团组织的作用

根据发达国家经验和我国市场经济发展、政府职能转变的实际，特别是物流产业复合性强、关联性大的特点，应该充分发挥行业社团的作用。行业社团要积极转变观念，改进工作作风和方法，牢固树立为企业服务、为行业服务、为政府服务的观念，以自己的出色工作增强凝聚力和权威性。各行业社团应打破门户之见，加强联合与合作，形成推动我国物流产业发展的合力，发挥好作为政府与企业之间的桥梁和纽带作用。

（6）加强物流人才的培养

应鼓励和允许高等院校按照市场需求开办和设置现代物流专业及课程，为现代物流培养高级管理人才和专业人才。鼓励和引导企业、行业组织及民办教育机构参与现代物流人才的培训和教育工作；借鉴国际经验，由行业社团组织来执行现代物流产业从业人员执业资格制度，逐步建立我国物流行业从业人员职业教育、培训和从业资格认证制度及相应的认证体系。我国已批准国家职业资格物流师培训标准，现在中国物流与采购联合会已建立全国培训网络，并且制定了健全的管理制度，应该以这个体系为主大力推行

物流人才的在职教育。

 相关作业

1. 试举例说明我国物流发展中的问题。
2. 物流在生产系统中起到什么样的作用？
3. 说明物流科学产生、发展的过程。
4. 说明国外物流的发展。

1.3 现代物流的分类

必备的理论知识

按照物流系统的作用、物流活动的空间范围和物流系统的性质，可以从不同角度对物流进行分类，分类的目的是为了便于研究。

1.3.1 按照物流系统的作用分类

1. 供应物流

生产企业、流通企业或消费者购入原材料、零部件或商品的物流过程称为供应物流，也就是物资生产者、持有者在需求者、使用者之间的物流。对于工厂而言，是指生产活动所需要的原材料、备品备件等物资的采购、供应活动所产生的物流；对于流通领域而言，是指交易活动中，从买方立场出发的交易行为中所发生的物流。

企业的流动资金大部分是被购入的物资材料及半成品等所占用的。供应物流的严格管理及合理化对于企业的成本有重要影响。

2. 销售物流

生产企业、流通企业售出产品或商品的物流过程称为销售物流，是指物资的生产者或持有者到用户或消费者之间的物流。对于工厂是指售出产品，而对于流通领域是指交易活动中，从卖方角度出发的交易行为中的物流。

通过销售物流，企业得以回收资金，并进行再生产的活动。销售物流的效果关系到企业的存在价值是否被社会承认。销售物流的成本在产品及商品的最终价格中占有一定的比例。因此，在市场经济中为了增强企业的竞争力，销售物流的合理化可以收到立竿见影的效果。

3. 生产物流

在制造业中，从工厂的原材料购进入库起，直到工厂成品库的成品发送为止，这一全过程的物流活动称为生产物流。生产物流是制造产品的工厂企业所特有的，它和生产流程同步。原材料、半成品等按照工艺流程在各个加工点之间不停顿的移动、流转形成了生产物流。如生产物流中断，生产过程也将随之停顿。

生产物流合理化对工厂的生产秩序、生产成本有很大影响。生产物流均衡稳定，可以保证在制品的顺畅流转，缩短生产周期。在制品库存的压缩，设备负荷均衡化，也都和生产物流的管理和控制有关。

4. 回收物流

在生产及流通活动中有一些资材是要回收并加以利用的，如作为包装容器的纸箱、塑料筐、酒瓶等，建筑行业的脚手架也属于这一类物资。还有可用杂物的回收分类和再加工，例如，旧报纸、书籍通过回收、分类可以再制成纸浆加以利用，特别是金属的废弃物，由于金属具有良好的可再生性，可以回收并重新熔炼成有用的原材料。目前我国冶金生产每年有 30Mt 废钢铁作为炼钢原料使用，也就是说我国钢产量中有 30% 以上是由回收的废钢铁重熔炼而成的。

回收物资品种繁多，流通渠道也不规则，且多有变化。因此，管理和控制的难度大。

5. 废弃物物流

生产和流通系统中所产生的无用的废弃物，如开采矿山时产生的土石、炼钢生产中的钢渣、工业废水以及其他一些无机垃圾等，如不妥善处理，会造成环境污染，如就地堆放会占用生产用地以致妨碍生产。对这类物资的处理过程产生了废弃物物流。城市垃圾的处理也是城市废弃物物流的重要形式，对废弃物物流的处理，主要考虑它具有不可忽视的社会效益。为了减少资金消耗，提高效率，更好地保障生活和生产的正常秩序，对废弃物资综合利用的研究很有必要。

1.3.2 按照物流活动的空间范围分类

1. 地区物流

所谓地区物流，有不同的划分原则。首先，按行政区域划分，如西南地区、河北地区等；其次是按经济圈划分，如苏（州）（无）锡常（州）经济区、黑龙江边境贸易区；还有按地理位置划分的地区，如长江三角洲地区、环渤海地区等。

地区物流系统对于提高该地区企业物流活动的效率，以及保障当地居民的生活福利环境，具有不可缺少的作用。研究地区物流应根据地区的特点，从本地区的利益出发组织好物流活动。

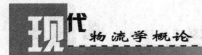

2. 国内物流

国家或相当于国家的实体，是拥有自己的领土和领空的政治经济实体，它所制订的各项计划、法令政策都应该是为其自身的整体利益服务的。

我国的物流事业是社会主义现代化事业的重要组成部分，全国物流系统的发展必须从全局着眼，对于部门分割、地区分割所造成的物流障碍应该清除。在物流系统的建设投资方面也要从全局考虑，使一些大型物流项目能尽早建成，为社会主义经济服务。

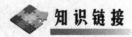 **知识链接**

天津保税区相关资料

天津保税区多年来坚持立足天津，服务环渤海辐射"三北"面向东北亚，大力发展国内国际物流。2006 年新增注册贸易企业 752 家，保税区与港口密切合作，不断完善通关环境，拓展保税物流园区功能，支持企业进一步发展国际中转、转口贸易等。美国 UPS、丹麦马士基、瑞士名门、日本川崎汽船、新加坡锦佳、叶水福、中国台湾采钉华、香港东方海外、捷成洋行、澳门振华、深圳怡亚通等国内外知名物流公司陆续入区，开展转口贸易和拆拼箱业务。今年一季度，保税物流园区完成进出区货值 21.8 亿美元，同比增长 2.6 倍。摩托罗拉、京东方、联想等多家大型 IT 企业，均将园区作为其配送中心和物流基地，业务范围扩展到进来料加工、一般贸易征税进口、进口转关等领域。

国家整体物流系统化的推进，必须发挥政府的行政作用，具体说有以下几方面：

1）物流基础设施的建设，如公路、高速公路、港口、机场、铁道的建设，以及大型物流基地的配置等。

2）制订各种交通政策法规，如铁道运输、卡车运输、海运、空运的价格规定以及税收标准等。

3）与物流活动有关的各种设施、装置、机械的标准化，这是提高全国物流系统运行效率的必经之路。

4）物流新技术的开发、引进和物流技术专门人才的培养。

3. 国际物流

当前网络时代世界的发展主流是经济全球化，国家与国家之间的经济交流越来越强化，任何国家不投身于国际经济大协作的交流之中，本国的经济技术就得不到良好的发展。工业生产也走向社会化和国际化，跨国公司在世界经济中的影响越来越大，一个企业的经济活动范畴可以遍布各大洲。国家间、洲际之间的原材料与产品的流通越来越发达。因此，国际物流的研究已成为物流研究的一个重要分支。

1.3.3 按照物流系统的性质分类

1. 社会物流

社会物流一般指流通领域所发生的物流，是全社会物流的塑体，所以有人称之为大物流或宏观物流。社会物流的一个标志是：它是伴随商品活动（贸易）发生的，也就是说物流过程和所有权的更迭是相关的。

2. 行业物流

同一行业中的企业是市场上的竞争对手，但是在物流领域中常常互相协作，共同促进行业物流系统的合理化。

例如，日本的建设机械行业，提出行业物流系统化的具体内容有：各种运输手段的有效利用；建设共同的零部件仓库，实行共同配送；建立新旧设备及零部件的共同流通中心；建立技术中心，共同培训操作人员和维修人员；统一建设机械的规格等。

又如，在大量消费品方面采用统一传票，统一商品规格，统一法规政策，统一托盘规格，陈列柜和包装模数化等。

行业物流系统化的结果使参与的各个企业都得到相应的利益。各个行业的协会或学会应该把行业物流作为重要的研究课题之一。

3. 企业物流

企业是为社会提供产品或某些服务的一个经济实体。一个工厂要购进原材料，经过若干道工序的加工，形成产品销售出去。一个运输公司要按客户要求将货物输送到指定地点。在企业经营范围内由生产或服务活动所形成的物流系统称为企业物流。

综上所述，可以从不同角度对物流系统进行分类，分类的目的是为了便于研究分析其活动规律，可以在相应的范围内组织实施物流合理化。

相关作业

1. 为什么要对物流系统进行分类？分类的原则有哪些？
2. 现代物流按作用分类可分为哪些类别？

经典案例

案例一　天津港牵手中钢国际做大港口物流

2007 年年初，天津港散货物流公司与中钢国际货运天津公司签署合作协议。双方将进一步加强港口物流项目合作，发展壮大矿石贸易、代理、仓储、加工、配送等相关服务领域功能。这一举措标志着天津港在功能建设和开发上取得新突破。

中钢集团是国务院国家资源委员会管理的大型企业集团。所属二级单位 59 家，其铁矿石进口量居全国商贸企业第一，焦炭出口位居全国第二，2006 年全年代理量达 780 万吨，其中铁矿石代理量 540 万吨，2007 年将挑战 900 万吨货运量。

天津港散货物流中心占地 12 平方公里，分商贸区、煤炭区、矿石和油品区。各项基础设施基本完善，拥有巨大的散货仓储量和加工量，具备大宗散货物流集散、储存、分拨配送等功能，已经成为中国北方最大的散货物流中心。2006 年进出库总量达到 4520 万吨，2007 年将突破 5000 万吨大关。根据这次协议，天津港将在矿石贸易交易信息平台上发布合作伙伴属权货物相关信息。物流中心为储存矿石货物提供相关港口物流支持和一站式服务。另外，全年货物吞吐量达 500 万吨以上，天津港将给予船舶货物自卸船堆存优惠。

要求：

根据以上案例，在老师的组织下，查找相关资料，具体了解天津物流园区，并通过以上数据，说明现代物流在国民经济中的地位和重要性。

案例二　中铁现代物流

中铁现代物流科技股份有限公司为国内某知名电池企业提供第三方物流服务的案例，给人们一些有益的启示。

1. 以华通物流为基础，整合、突出核心物流业务

中国铁路物资总公司是铁道部直属大型物资流通企业，其全资子公司华通物流创建于 20 世纪 90 年代初期，依靠中国铁路物资总公司在全国物资流通领域的品牌和信誉优势，华通物流开始了企业物流向物流企业的转型，涉足现代意义上的物流仓储、配送领域。经过十几年的努力，华通物流在行业内树立了较高品牌知名度。进入新世纪，中国铁路物资总公司将物流作为支柱产业，强势推进，加快发展。2002 年 9 月中国铁路物资总公司在华通物流的基础上，整合物资总公司的优质资源，突出核心业务，作为主发起人成立了中铁现代物流科技股份有限公司，作为第三方物流企业，中铁现代物流进入快速发展期。中铁现代物流的流程见图 1.3。

图 1.3　中铁现代物流的流程

2. 依托铁路，构建物流实体网

中铁现代物流科技股份有限公司具有雄厚的铁路背景。总部设在北京中关村高科技园区，在北京、上海、天津、广州、哈尔滨、大连、武汉、西安、成都、昆明等主要枢纽城市下辖 10 个区域分公司。依靠全国的铁路网络，中铁现代物流能够控制、协调遍布全国的 200 多个配送中心及作业部。依托坚实的铁路运输支撑。形成了以枢纽城市为核心、覆盖全国的物流实体网络体系。

3. 强化信息技术投入，打造物流技术信息平台

中铁现代物流高标准打造物流技术信息平台，其控股子公司——万博网迅公司专业负责中铁现代物流信息技术平台的系统开发、维护、运营技术支持。由万博网迅公司与美国 IBM 公司、我国台湾络捷公司合作开发的中同铁路物流网，搭建了性能卓越的物流信息技术平台，实现了电子商务与物流的有效结合。

思考与练习

一、名词解释

物流　　现代物流

二、填空题

1. 全球物流的发展按照时间的顺序，经历了＿＿＿＿、＿＿＿＿、＿＿＿＿、＿＿＿＿四个阶段。

2. 现代物流是一个＿＿＿＿、＿＿＿＿、＿＿＿＿、＿＿＿＿的综合性概念。

3. 物流按照其作用分为＿＿＿＿、＿＿＿＿、＿＿＿＿、＿＿＿＿、＿＿＿＿五类。

4. 按照物流活动的空间范围分为＿＿＿＿、＿＿＿＿、＿＿＿＿三类。

5. 按照物流系统性质分为＿＿＿＿、＿＿＿＿、＿＿＿＿三类。

6. 现代物流的特征具体可以概括为＿＿＿＿、＿＿＿＿、＿＿＿＿、＿＿＿＿、＿＿＿＿、＿＿＿＿等。

三、判断题

1. 物流是一种新生事物，近期才产生。　　　　　　　　　　　　（　　）

2. 物流的概念一定，对物流的理解和认识不能改变。 （　　）

3. 物流的发展只影响物流产业，对其他各行业、各个领域的发展没有影响。（　　）

四、问答题

1. 为什么说物流是社会经济的基础活动？

2. 试举例说明物流活动创造的时间价值和空间价值。

3. 说明改善物流系统是提高企业管理水平的重要途径。

4. 我国物流发展的趋势和现状是什么？

5. 发展现代物流的措施有哪些？

五、分析说明题

1. 对比分析传统物流与现代物流。

2. 分析说明物流在社会经济活动中的作用。

3. 对比分析物流与商流。

4. 查找有关资料，说明国外物流的发展过程。

第2章 现代物流要素

学习目标

1. 了解并掌握运输、仓储、装卸搬运、包装的概念
2. 理解运输的主要方式及合理化的主要方式
3. 了解装卸搬运在物流活动中的作用
4. 了解包装对物流活动的影响
5. 了解并掌握流通加工配送、物流信息
6. 了解如何做好物流客户服务，评价企业业绩

案例导入

  中国物资储运总公司是具有 40 年历史的专业物流企业。在全国中心城市和重要港口设有子公司及控股公司 100 多个，凭借巨额的存量资产、完备的硬件设施、优质的服务品牌，形成了以分布在全国主要中心城市的 64 个大中型仓库为依托，以铁路、公路、水路、航空等运输方式为纽带，覆盖全国、辐射海内外的综合物流服务网络和全天候、全方位、全过程综合配套的多维立体服务体系，以适当的储存方式、便捷的运输路线、优良的配套保障，为客户提供最佳的物流服务。

  通过整合公司内、外部资源，为国家大中型重点建设项目及各类生产企业，电子商务公司提供全方位的商品物流配送保障，包括：生产配送、销售配送、连锁店配送、加工配送等等。同时，为客户组织全程代理和门到门的货运服务。通过多年的合作，中储公司和国内外近百家大型企业建立了稳固、良好的业务关系。

  在物流业的激烈竞争中，充分发挥公司的功能优势，为社会提供全方位、多元化的物流服务。

  这种全方位、多元化的物流服务，需要具有什么样的物流功能呢？学习本章内容你可以有所收获。

社会产品的生产量和需求量之间，不可避免地存在空间和时间上的差异。由于生产布局和地区经济发展不平衡，产品生产同消费上存在时间差异等，需要流通过程加以调节。随着科学技术的发展，商品的合理流通是一项系统工程，包括信息的搜集，产品的生产、装卸搬运、储存、运输、包装、服务等。本章就物流的基本要素内容做具体介绍，希望大家带着问题进行学习。

2.1 运　　输

必备的理论知识

2.1.1 运输的意义与作用

1. 运输的概念

运输是人和物的载运及输送。本书中专指"物"的载运及输送。它是在不同地域范围间（如国家之间、城市之间、工厂之间，或一个大企业内相距较远的两车间之间），以改变"物"的空间位置为目的的活动，对"物"进行空间位移。同搬运的区别在于，运输是较大范围的活动，而搬运是货物在同一地域之内的移动，一般是指小批量、短距离的运输。

2. 运输的意义

运输是人类社会的基本活动之一，它是我们每个人生活中的重要组成部分，同时，也是现代社会经济活动中不可缺少的重要内容。人类社会由散乱走向有序，由落后迈向文明，交通运输发挥了不可估量的重要作用。作为一个行业和领域，交通运输不能有片刻的停歇，更不能出现丝毫的问题，否则，社会将陷于瘫痪。今天，大到一个国家，小到我们每一个人，都已与运输紧紧相连，密不可分。运输已经渗透到人类社会生活的方方面面，并且成为最受关注的社会经济活动。

当我们把眼光投向历史时，就会惊奇地发现，人类社会发展过程中的每一个重要进程或重要事件，几乎都与运输有关：古埃及的强大与尼罗河息息相关，是尼罗河把整个埃及连在一起，为它在商品运输、信息交流、文化传播方面提供了极大方便；世界奇观金字塔的修建，离开了运输是不可想像的；中国古老灿烂的文化与黄河、长江密切相连，水上运输为黄河、长江两岸的经济发展和文化传播奠定了最重要的物质基础；丝绸之路是古老的中国走向世界的一条漫漫长路，作为一条重要的纽带，它传播了不同国家和地区的商品及文化，加强了它们之间的沟通、交流与发展。

机械运输业的出现，对经济发展和社会进步产生了更大的影响。汽轮船的采用提高了海上运输速度、能力与平均运输距离；铁路及公路的使用与发展，使得人类在陆路上克服空间障碍的能力大大提高；航空运输的发展导致交通运输在速度方面产生了质的飞跃，从而使整个世界为之变小。"地球村"是人们对当今世界的另一种称谓，使原本广阔无比的地球变为"村落"，恰恰是发达的现代交通运输体系。

现代交通运输的意义与作用往往超出人们对它的认识和理解。其实这并不奇怪，因为现代发达的交通运输体系已经成为社会经济正常运转的重要物质基础。在正常情况下人们很难充分认识它的存在与重要作用，除非这个系统中某一部分出了问题。

3. 运输的作用

（1）运输有利于开拓市场

早期的商品交易市场往往被选择在人口相对密集、交通比较便利的地方。在依靠人力和畜力进行运输的年代，市场位置的确定在很大程度上受人和货物可及性的影响。对于多数人来说，交通相对便利，人和货物比较容易到达的地方会被视为较好的商品交换场所。久而久之，这个地方就会变成一个相对固定的市场。当市场交换达到一定规模后，人们又会对相关的运输条件进行改进，如改善道路（或通航）条件、增加一些更好的运输器具，以适应和满足市场规模的不断扩大。

随着技术的发展，运输手段不断改善，运输效率不断提高，运输费用也不断降低。运输费用的降低，使市场的引力范围不断扩大，商人可以从离市场更远的地方采购货物在市场上出售。由此，运输系统的改善既扩大了市场区域范围，也加大了市场本身的交换规模，为大规模的商品销售提供了前提条件。

（2）运输有利于鼓励市场竞争并降低市场价格

运输费用是所有商品市场价格的重要组成部分，商品市场价格的高低在很大程度上取决于它所含运输费用的多少。运输系统的改革和运输效率的提高，有利于降低运输费用，从而降低商品价格。运输费用的降低可以使更多的产品生产者进入市场参与竞争，也可以使消费者得到竞争带来的好处。因为如果没有运输，离市场近的厂商就可以影响甚至垄断市场，他们可以决定商品的市场价格，而高效的运输系统和廉价的运输可以扩大市场销售范围，使离市场更远的厂商进入市场并参与竞争。这样，商品的市场价格将通过公平竞争和市场机制决定。实际上，由于劳动分工和地区专业化的作用，商品的市场价格很可能是由远方供应者决定的，因为他的生产成本最低。因此，正是由于运输系统的存在鼓励了市场竞争，也降低了商品价格。

运输与土地利用和土地价格之间存在密切的关系。高效、廉价运输可以使土地获得多种用途，如果没有运输将产品送到远方市场，很多土地将变得无用或用途很小。运输条件的改善可以使运输延伸到的地区地价增值，从而促进该地区的市场繁荣和经济发展。

（3）运输有利于劳动的地区分工和市场专业化

运输有利于生产劳动的地区分工，一个较为简单的情形是：假设 A、B 两地各生产

想一想：
如何发挥运输在物流中的作用？

某种产品（a 和 b），A 地生产 a 的成本较低，因此价格低廉，而 B 地生产 b 的耗费也相对较低，同样能以较低的价格出售。在这种情况下，每一地区生产它最适宜生产（劳动耗费低）的货物并相互交换是对双方都有利的事情。但如果 A、B 间的运输费用非常高，以至于抵消了专门从事该种产品的生产和交换所能得到的利益，那么两地间的交换就不会发生。结果是 A、B 两地都必须拿出一部分土地、劳动力和资金来投入对方生产成本较低的那种产品的生产。这时，运输就成了地区劳动分工和贸易的障碍。然而，当 A、B 两地间存在高效、廉价的运输后，这个障碍就会被解除。由此，根据比较利益原则，运输能够促进生产劳动的地区分工。在劳动的地区分工出现后，市场专业化的趋势也会逐渐显露，这就使某一个地区的市场在产品的销售上会更加集中在某一类或某几类产品上。市场专业化将大大减少买卖双方在收集信息、管理等方面的成本支出，减少市场交易费用。

2.1.2 运输的主要方式和特点

（1）公路运输

公路运输是主要使用汽车，也使用其他车辆（如人、畜力车）在公路上进行货客运输的一种方式。

公路运输主要承担近距离、小批量的货运和水运、铁路运输难以到达地区的长途、大批量货运及铁路、水运优势难以发挥的短途运输。由于公路运输有很强灵活性，近年来，在有铁路、水运的地区，较长途的大批量运输也开始使用公路运输。

公路运输主要优点是灵活性强，公路建设期短，投资较低，易于因地制宜，对收到站设施要求不高。可以采取"门到门"运输形式，即从发货者门口直到收货者门口，而不需转运或反复装卸搬运，可以减少运输过程中的中转环节和装卸次数。公路运输也可作为其他运输方式的衔接手段。

（2）铁路运输

这是使用铁路列车运送客货的一种运输方式。

铁路运输主要承担长距离、大数量的货运，在没有水运条件地区，几乎所有大批量货物都是依靠铁路。铁路运输是在干线运输中起主力运输作用的运输形式。

铁路运输优点是速度快，运输不大受自然条件限制，长距离运输大批量货物，运价较低。主要缺点是灵活性差，只能在固定线路上实现运输，铁路一般是按照规定的时间表运营的，发货的频率比公路运输低。需要以其他运输手段配合和衔接。铁路运输经济里程一般在 1000 公里以上。

（3）水路运输

这是使用船舶运送客货的一种运输方式。

水路运输是最古老的运输方式。远洋运输是国际运输的主要方式。主要承担大数量、长距离的运输，是在干线运输中起主力作用的运输形式。在内河及沿海，水运也常作为小型运输工具使用，担任补充及衔接大批量干线运输的任务。

　　水运的主要优点是成本低，能进行低成本、大批量、远距离的运输。但是水运也有显而易见的缺点，主要是运输速度慢、周期长，受港口、水位、季节、气候影响较大，因而一年中中断运输的时间较长。水运有以下四种形式：

　　1）沿海运输。是使用船舶通过大陆附近沿海航道运送客货的一种方式，一般使用中、小型船舶。

　　2）近海运输。是使用船舶通过大陆邻近国家海上航道运送客货的一种运输形式，视航程可使用中型船舶，也可使用小型船舶。

　　3）远洋运输。是使用船舶跨大洋的长途运输形式，主要依靠运量大的大型船舶。

　　4）内河运输。是使用船舶在陆地内的江、河、湖、川等水道进行运输的一种方式，主要使用中、小型船舶。

　　（4）航空运输

　　这是使用飞机或其他航空器进行运输的一种形式。航空运输的单位成本很高，因此，主要适合运载的货物有两类：一类是高价值产品、运费承担能力很强的货物，如贵重设备的零部件、高档产品等；另一类是比成本更为主要的产品，紧急需要的物资，如救灾抢险物资等。

　　航空运输的主要优点是速度快，不受地形的限制。在火车、汽车都达不到的地区也可依靠航空运输，因而有其重要意义。但是航空运输由于受天气影响较大，可靠性有所降低。

　　（5）管道运输

　　这是利用管道输送气体、液体和粉状固体的一种运输方式。

　　其运输形式是靠物体在管道内顺着压力方向循序移动实现的，和其他运输方式重要区别在于，管道设备是静止不动的。

　　管道运输的主要优点是，由于采用密封设备，受气候条件影响很小，运输过程中可避免散失、丢失等损失，不存在其他运输设备本身在运输过程中消耗动力所形成的无效运输问题。另外，运输量大，适合于大且连续不断运送的物资，主要是原油、天然气、煤浆和流体的化学物品等。缺点是不灵活。

2.1.3　运输合理化的主要途径

　　长期以来，在我国现有生产力发展水平下，在生产实践中探索和创立了不少运输合理化的途径，在一定时期内、一定条件下取得了效果，主要采取以下措施：

1. 提高运输工具实载率

实载率有两个含义：一是单车实际载重与运距之乘积和标定载重与行驶里程之乘积的比率，这在安排单车、单船运输时，是作为判断装载合理与否的重要指标；二是车船的统计指标，即一定时期内车船实际完成的货物周转量（以"吨·公里"计）占车船载重吨位与行驶公里之乘积的百分比。在计算时车船行驶的公里数，不但包括载货行驶，也包括空驶。

提高实载率的意义在于：充分利用运输工具的额定能力，减少车船空驶和不满载行驶的时间，减少浪费，从而求得运输的合理化。

我国曾在铁路运输上提倡"满载超轴"，其中"满载"的含义就是充分利用货车的容积和载重量，多载货，不空驶，从而达到合理化之目的。这个做法对推动当时运输事业发展起到了积极作用。当前，国内外开展的"配送"形式，优势之一就是将多家需要的货和一家需要的多种货实行配装，以达到容积和载重的充分合理运用，比起以往自家提货或一家送货车辆大部空驶的状况，是运输合理化的一个进展。在铁路运输中，采用整车运输、合装整车、整车分卸及整车零卸等具体措施，都是提高实载率的有效措施。

2. 采取减少动力投入，增加运输能力的有效措施求得合理化

这种合理化的要点是，少投入、多产出，走高效益之路。运输的投入主要是能耗和基础设施的建设，在设施建设已定型和完成的情况下，尽量减少能源投入，是少投入的核心。做到了这一点就能大大节约运费，降低单位货物的运输成本，达到合理化的目的。

国内外在这方面的有效措施主要有以下几种：

1）在机车能力允许情况下，多加挂车皮。我国在客运紧张时，也采取加长列车、多挂车皮办法，在不增加机车情况下增加运输量。

2）水运拖排和拖带法。竹、木等物资的运输，利用竹、木本身浮力，不用运输工具载运，采取拖带法运输，可省去运输工具本身的动力消耗从而求得合理；将无动力驳船编成一定队形，一般是"纵列"，用拖轮拖带行驶，可以有比船舶载乘运输运量大的优点，求得合理化。

3）顶推法。是我国内河货运采取的一种有效方法。将内河驳船编成一定队形，由机动船顶推前进的航行方法。其优点是航行阻力小，顶推量大，速度较快，运输成本很低。

4）汽车挂车。汽车挂车的原理和船舶拖带、火车加挂基本相同，都是在充分利用动力能力的基础上，增加运输能力。

3. 发展社会化的运输体系

运输社会化的含义是发展运输的大生产优势，实际专业分工，打破一家一户自成运输体系的状况。

一家一户的运输小生产，车辆自有，自我服务，不能形成规模，且一家一户运量需求有限，难于自我调剂，因而经常容易出现空驶、运力选择不当（因为运输工具有限，选择范围太窄）、不能满载等浪费现象，且配套的接、发货设施，装卸搬运设施也很难有效地运行，所以浪费颇大。实行运输社会化，可以统一安排运输工具，避免对流、倒流、空驶、运力不当等多种不合理形式，不但可以追求组织效益，而且可以追求规模效益，所以发展社会化的运输体系是运输合理化的非常重要措施。

当前火车运输的社会化运输体系已经较完善，而在公路运输中，小生产生产方式非常普遍，是建立社会化运输体系的重点。

社会化运输体系中，各种联运体系是其中水平较高的方式，联运方式充分利用面向社会的各种运输系统，通过协议进行一票到底的运输，有效打破了一家一户的小生产，受到了欢迎。

我国在利用联运这种社会化运输体系时，创造了"一条龙"货运方式。对产、销地及产、销量都较稳定的产品，事先通过与铁路、交通等社会运输部门签订协议，规定专门收、到站，专门航线及运输路线，专门船舶和泊位等，有效保证了许多工业产品的稳定运输，取得了很大成绩。

4. 开展中短距离铁路公路分流、"以公代铁"的运输

这一措施的要点，是在公路运输经济里程范围内，或者经过论证，超出通常平均经济里程范围，也尽量利用公路。这种运输合理化的表现主要有两点：一是对于比较紧张的铁路运输，用公路分流后，可以得到一定程度的缓解，从而加大这一区段的运输通过能力；二是充分利用公路从门到门和在中途运输中速度快且灵活机动的优势，实现铁路运输服务难以达到的水平。

我国"以公代铁"目前在杂货、日用百货运输及煤炭运输中较为普遍，一般在 200 公里以内，有时可达 700～1000 公里。山西煤炭外运经认真的技术经济论证，用公路代替铁路运至河北、天津、北京等地是合理的。

5. 尽量发展直达运输

直达运输是追求运输合理化的重要形式，其对合理化的追求要点是通过减少中转过载换载，从而提高运输速度，省却装卸费用，降低中转货损。直达的优势，尤其是在一次运输批量和用户一次需求量达到了一整车时表现最为突出。此外，在生产资料、生活资料运输中，通过直达，建立稳定的产销关系和运输系统，也有利于提高运输的计划水平，考虑用最有效的技术来实现这种稳定运输，从而大大提高运输效率。

想一想：
1. 运输合理化的主要途径有哪些？
2. 运输的主要方式有哪些？

特别需要一提的是，如同其他合理化措施一样，直达运输的合理性也是在一定条件下才会有所表现，不能绝对认为直达一定优于中转。这要根据用户的要求，从物流总体出发做出综合判断。如果从用户需要量看，批量大到一定程度，直达是合理的，批量较小时中转是合理的。

 **社会实践建议**

在指导教师的组织下，了解当地的货物运输状况。

2.2 仓 储

必备的理论知识

2.2.1 仓储的定义与作用

在整个物流系统中，仓储是非常重要的组成部分。仓储是对进入物流系统的货物进行堆存、管理、保管、保养、维护等一系列活动。从物流系统整体效益出发，采用先进工程技术的优化方法，进行组织管理、规划设计、合理选择物流仓储设备，是提高整个物流系统水平的关键，从而实现现代物流的五个服务标准，即以合理的价格，在正确的地点和规定的时间，以正确的条件，把正确的商品送到顾客手中，对提高供应链的竞争力具有十分重要的意义。

1. 仓储的概念

所谓仓储，是指利用仓库对物资进行储存和保管。根据《中华人民共和国国家标准物流术语》的定义，储存是指保护、管理、贮藏物品；保管是对物品进行保存及对其数量、质量进行管理控制的活动。因此，仓储功能包括对进入物流系统的货物进行堆存、管理、保管、保养、维护等所需要的一系列活动。

2. 仓储在物流过程中的作用

（1）仓储是物流的主要功能要素之一

物流活动中，仓储和运输并列为物流的两大主要功能要素。在物流系统的构成因素中，仓储和运输同样重要。运输改变货物的空间状态，而仓储改变货物的时间状态。这些改变都是整个物流活动顺利进行所必需的。

（2）仓储是保证社会物质生产顺利进行的必要条件之一

商品由生产领域转向消费领域，一般都要经过仓储阶段，这主要是因为商品的生产与消费在时间、空间、数量等方面的不协调所引起的。随着生产的发展，生产的社会化、专业化程度都在不断提高，这些不协调势必愈演愈烈。只有通过合理的仓储活动，才能搞活流通，保证社会再生产的顺利进行。

在社会活动中，生产和消费之间总是存在空间、时间、品种及数量上的不均衡。生产和消费具有一定的地域限制，商品的生产和消费也存在季节性差异。仓储可以通过缓冲生产和消费之间的这种不平衡的状态，保证生产和消费的连续性，协调整个社会对于生产和消费对时间和空间上的差异。

如果把生产比作进水管，消费比作出水管，仓储在其中就是平衡双方的蓄水池。

（3）仓储可以创造"时间效应"

通过仓储的调节功能，可以使商品在不同的时间，和发挥其使用价值的最高水平，实现时间上的优化配置。比如时令性很强的水果，在大量上市时可以以较低价格批量储存，在反时令上市时可以获得溢价销售的利润。实际上，可以认为仓储是以一种特殊的形式将过剩的生产力储存起来，在另外的一个时间段将过剩的生产力重新进行转化。在这两个时间点上，生产力的价值差就是仓储的价值所在。

（4）仓储是"第三个利润源"的重要源泉之一

仓储在企业的经营过程中，往往占据流动资金的很大比例，仓库建设、维护保养、仓库作业等活动都会消耗大量的人力和物力，节约潜力很大。

通过各种手段，包括采用先进的仓储技术，实现仓储的合理化，达到减少仓储时间、降低仓储投入、加速资金周转，不但可以有效降低仓储成本，而且可以通过提高仓储的效率，提升仓储创造"时间效用"的能力。

2.2.2 仓库及其分类

1. 仓库的含义

进行仓储活动的主体设施是仓库。所谓仓库，一般是指具有储存设施，对物品（物资）进行集中、整理、保管和分发等工作的场所。在我国，最初"仓"和"库"是两个概念，"仓"是指储藏粮食的地方，"库"是指储藏兵器的库房；后来人们将二者合一，凡是储存物品的场所均称为仓库。日本对仓库的定义为："仓库是指防止物品丢失、损伤的工作场地，或为防止物品丢失或损伤作业而提供的土地、水面等用于物品储藏保管的场所。"所以，可以简洁地描述为：仓库是储藏、保管物品的场所的总称。

2. 仓库的分类

仓库可以按不同的标志进行分类，以便对不同类型的仓库实行不同的管理。

（1）按仓库在社会再生产过程中所处的位置不同划分

1）生产领域仓库，包括生产用物资储备仓库，半成品、在制品和产成品仓库。其中，物资储备仓库称为企业自用仓库，用于储备生产准备和生产周转用的物资，物资进入生产领域仓库，即结束了物资的流通阶段，进入生产准备阶段；成品库，是指存放生产企业的已经制成并经检验合格，进入销售阶段的产品和成品，但还未离开生产企业；半成品、在制品仓库，是指在企业生产过程中，处于各生产阶段之间的半成品库和在制品库，其目的在于衔接各生产阶段和保证生产过程连续不断地进行。

2）流通领域仓库，包括专业储运中转仓库和供销企业的自用仓库。其中，专业储运中转仓库又称储运仓库，一般为各部门或各地区供销企业储运货物；供销企业自用仓库，一般规模不大，但较为灵活，有的采用"前店后库"形式，适用于零散的小额供应。

（2）按仓库的主要职能的不同划分

1）企业仓库，是以储存物品为主要目的，它又可分为供应仓库（原材料库）、生产仓库（半成品库）、销售仓库（成品库）。

2）营业仓库，它的职能是以流通营业为主，进出货频繁，吞吐量大，使用效率也较高，并且是提供物流时间效用的主要承担者。

3）公用仓库，是由国家或一个主管部门修建的，为社会物流业务服务的公用仓库，如车站货场仓库、港口码头仓库等。

（3）按保管物品的不同划分

1）原料、产品仓库，主要是针对生产企业而建造的仓库，其目的是为了保持生产的连续性，是专门用来储存原材料、半成品或产成品的仓库。

2）商业、物资综合仓库，是商业、物资部门为了保证市场供应，以解决生产与消费的时差，或季节性的时差，所设置的综合性仓库。

3）农副产品仓库，是经营农副产品的企业用来专门储存农副产品的仓库，或经过短暂储存进行加工，再运出的中转仓库。

4）一般专用仓库，是指专门用来储存某类大宗货物的仓库，如粮食、棉花、水产、水果、木材等仓库以及货场等。

5）特种危险品仓库，是专门用来储存一些特殊物品，如危险品，易燃、易爆品、毒品和剧毒品等的特种仓库。

6）冷藏仓库，是专门用来储藏鲜鱼、鲜肉或其加工食品的仓库，并设有专门的冷藏设施和装备。

7）恒温仓库，是专门用来储存怕冻物品的仓库，如水果、蔬菜、罐头等。

8）战略物资储备仓库，主要是用来储备各种战略物资，以防止各种自然灾害和意外事件的发生。一般情况下这些物资属国家储备物资，军队后勤仓库就是其中的一种。

（4）按仓库建筑结构的不同划分

1）简易仓库，它的构造简单，造价低廉，一般是在仓库能力不足而又不能及时建库的情况下，采取临时代用的办法，包括一些固定或活动的简易仓棚等。

2）平房仓库，它的构造较为简单，造价较低，适宜于人工操作，各项作业也较为方便简单。

3）楼房仓库，是指两层及两层以上的仓库，它可以减少土地占用，进出库作业需要采用机械化或半机械化作业。

4）高层货架仓库，也称为立体仓库，是当前经济发达国家采用的一种先进仓库，主要采用电子计算机进行管理和控制，实行机械化、自动化作业。

5）罐式仓库，它的构造特殊，或球形或柱式，形状像一个大罐子，主要用于储存石油、天然气和液体化工产品等。

（5）按仓库所处的位置划分

1）港口仓库，以船舶发到货物为储存对象的仓库，一般仓库地址选择在港口附近，以便进行船舶的装卸作业。

2）车站仓库，以铁路运输发到货物为储存对象的仓库，通常在火车货运站附近建库。

3）汽车终端仓库，是指在卡车货物运输的中转地点建设的仓库，为卡车运输提供方便条件。

4）工厂仓库，是工厂内保管设施的总称，如按物品类别分为原材料仓库、配件仓库、产成品仓库、半成品在制品仓库等。

5）流通仓库，是流通领域内各种保管设施的总称，诸如流通中转仓库、车站码头港口仓库、供销企业的自用仓库等。

另外，还可按部门系统分类，例如，流通部门的商业仓库、物资仓库、粮食仓库、供销仓库、外贸仓库、医药仓库，各工业部门、公司、工厂的仓库，新华书店仓库以及部队的各种后勤仓库等。

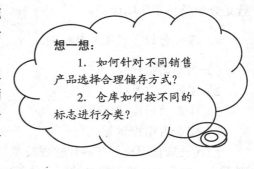

想一想：
1. 如何针对不同销售产品选择合理储存方式？
2. 仓库如何按不同的标志进行分类？

2.2.3　仓储管理

现代仓储管理是运用现代化的管理技术和方法，为整个仓储活动服务。包括的内容中有经济的也有技术。服务于整个物流活动，从整个仓储过程分析，具体包括以下几个方面：

1. 现代仓库的选址与建筑

1）现代仓库的选址原则，仓库新建、改建、扩建进行的规划等。

2）仓库的建筑面积的确定，按货物运输标准化，国际化的要求实施。

3）库内的运输道路与作业的布置。要符合现代化要求，并要考虑与库外的运输因素等。

仓库的选址和建设是仓库管理策略问题，涉及长期战略与市场环境相关联的问题研究，对经营的服务水平和综合成本产生非常大的影响，应从战略角度考虑和处理。

2. 现代仓库机械化作业的配置及仓储信息化系统

1）各类货物的作业特点，作业机械与计算机技术的运用。
2）对现代机械的选择与配置。
3）仓储管理信息系统的建立、应用和维护。

要根据仓储作业的特点和储存货物的种类及特性，恰当的选择适用的各种机器，设备将大大降低人工作业量，并保证储存货物的顺畅和质量。

3. 仓储业务管理

1）一般货物的入库验收。
2）库存位置，货物存放与保管。
3）货物出库的检查与发放。
4）特殊物品、保税物品的管理、检验和检查。

仓储作业的管理是仓库日常应做的大量的和复杂的管理工作。每一个环节的顺利进行是仓储整体工作的保证。

4. 现代仓储管理技术与控制

1）市场需求状况分析。
2）采购方式管理。
3）库存数量控制。
4）资金占用控制等。

现代仓储管理离不开现代管理技术与管理手段。选择合适的编码系统，安装仓储管理系统，实行 JIT 管理等方法，是传统物流与现代物流的主要区别之一，采用先进的信息系统，使货物的仓储信息更准确、更快捷、更方便。

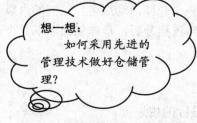

想一想：
如何采用先进的管理技术做好仓储管理？

5. 现代仓储业务考核与保税业务管理

1）仓库日常管理考核。
2）仓储成本核算及分析。
3）仓库技术管理与考核。
4）仓储货物的保税类型及监管制度。
5）申请保税仓库的一般程序及保税业务流程。

成本控制是任何企业管理的重要指标之一，仓储管理也不例外。选择适用的成本控制方法和手段，对仓储过程的每一个环节和成本都加以控制，是实现仓储换来目标的要求。

2.2.4 仓储合理化的意义和主要途径

1. 仓储合理化的意义

在社会生产与生活中，由于生产与消费节奏的不统一，总会存在现在用不上或用不了或有必要留待以后用的东西。如何在生产与消费或供给与需求的时间差距里，妥善地保持物质实体的有用性，是物流中仓储环节所要解决的问题。仓储在物流体系中是唯一的静态环节，也有人称之为时速为零的运输。随着经济的发展，需求方式出现了个性化、多样化的改变，生产方式也变为多品种、小批量的柔性生产方式。物流的特征由少品种、大批量变为多品种、少批量或多批次、小批量，仓储的功能也从重视保管效率逐渐变为重视流通功能的实现。储存相当于物流体系的一个节点。在这里，物质实体在化解其供求之间的时间上的矛盾的同时，也创造了新的时间上的效益（如时令上的差值等）。因此，仓储是物流中的重要环节，储存功能相对于整个物流体系来说，既有缓冲与调节的作用，也有创值与增效的功能。

货物的仓储活动是由货物的生产和消费之间的客观矛盾所决定的。货物在从生产领域向消费领域转移的过程中，一般都要经过货物的仓储阶段，这主要是由于货物生产和消费在时间上、空间上以及品种和数量等方面的不同步所引起的。也正是在这些不同步中，仓储管理有其重要的意义。

（1）搞好仓储活动是实现社会再生产过程顺利进行的必要条件

货物由生产地向消费地转移，是依靠仓储活动来实现的。可见，仓储活动的意义正是由于生产与消费在空间、时间以及品种、数量等方面存在的矛盾而引起的。尤其是在现代化大生产的条件下，专业化程度不断提高，社会分工越来越细，随着生产的发展，这些矛盾又势必进一步地扩大。这就不能在仓储活动中采取简单地把货物的生产和消费直接联系起来的办法，而需要对复杂的仓储活动进行精心组织，拓展各部门、各生产单位之间相互交换产品的深度和广度，在流通过程中不断进行货物品种上的组合，在数量上也不断加以集散，在地域和时间上进行合理安排。通过搞活流通，搞好仓储活动，发挥仓储活动连接生产与消费的纽带和桥梁作用，借以克服众多的相互分离又相互联系的生产者之间、生产者与消费者之间在货物生产与消费地理上的分离，衔接生产与消费时间上的不一致以及调节生产与消费在方式上的差异，使社会简单再生产和扩大再生产能在建立一定的货物资源的基础上，保证社会再生产的顺利进行。具体来讲仓储活动主要从以下几个方面保证社会再生产过程的顺利进行：

1）克服生产与消费在地理上的分离。货物的生产与消费的矛盾主要表现在生产与消费在地理上的分离。在自给自足的自然经济里，生产者同时就是自身产品的消费者，其产品仅供本人和家庭的消费。随着商品生产的发展，商品的生产者逐渐与消费者分离，生产的产品不再是为了本人的消费，而是为了满足其他人的消费需要。随着交换范围的扩大，生产与消费空间上的矛盾也逐渐地扩大。在社会化大生产的条件下。随着生产的发展，这种矛盾进一步地扩大。举例来说，为了不断地提高生产率，工业生产的规模不断扩大。生产的集中化能以更低的成本生产更多的产品，但是，这将使一种产品的生产工厂的数量不断减少。以前由各地或家庭生产的产品，现在往往是由少数的大工厂生产。产品不再是仅仅为满足本地区的需要，许多产品需要销往其他地区或者在全国范围内销售，甚至销往国外。生产的规模越大、越集中。越需要寻求更大的市场，将货物运送到更远的距离。另外，生产的社会化，使不同产品的生产在地区间形成分工。为了更加充分地利用不同地区的自然经济条件和资源，一种产品的生产逐渐趋向于在生产该种商品最经济的地区进行。这样，就必须依靠运输把产品运送到其他市场上去。社会化生产的规律决定了生产与消费的矛盾不是逐渐缩小而是逐渐扩大。随着商品生产的发展，不但需要运输的产品品种、数量在增加，而且平均运输的距离也在不断增加。货物仓储活动的重要意义之一就是通过仓储活动平衡运输的负荷。

2）衔接生产与消费时间上的背离。商品的生产和消费之间，有一定的时间间隔。在绝大多数情况下，今天生产的产品不可能马上就全部卖掉，这就需要产生产品的仓储活动。有的产品是季节生产、常年消费；有的产品是常年生产、季节消费；也有的产品是季节生产、季节消费，或常年生产、常年消费。无论何种情况，在产品从生产过程进入到消费过程之前，都需要停留一定的时间。商品在流通领域中暂时的停滞过程，形成了商品的仓储。同时，商品仓储又是商品流通的必要条件，为保证商品流通过程得以不断地继续进行，就必须有商品仓储活动。没有商品的仓储活动，就没有商品流通的顺利进行，因此有商品流通也就有商品仓储活动。为了使产品更加适合消费者的需要，许多产品在最终销售以前，要进行挑选、整理、分装、组配等工作，这样便有一定量的商品停留在这段时间内，也形成商品储存。此外，在货物运输过程中，在车、船等运输工具的衔接上，由于在时间上不可能完全一致，也产生了在途货物对车站、码头流转性仓库的需要。

3）调节生产与消费方式上的差别。生产与消费的矛盾还表现在品种与数量方面。专业化生产将生产的产品品种限制在比较窄的范围之内。专业化程度越高，一个工厂生产的产品品种就越少。但是相反，消费者却要求更广泛的品种和更多样化的商品。另一方面，生产越集中，生产的规模越大，生产出来的产品品种却较少。由于在生产方面，每个工厂生产出来的产品品种比较单一，但数量却很大。而在消费方面，每个消费者需要广泛的品种和较少的数量，因此就要求在流通过程中，不断在品种上加以组合，在数量上不断加以分散。

商品的仓储活动不是简单地把生产和消费直接联系起来，而是需要一个复杂的组织过程，在品种和数量上不断进行调整。只有经过一系列的调整之后，才能使遍及全国各地的零售商店能够向消费者提供品种、规格、花色齐全的商品。

总之，商品生产和消费在空间、时间、品种、数量等各方面都存在着矛盾。这些矛盾既不能够在生产领域里解决，也不可能在消费领域里得到解决，所以只能在流通领域，通过连接生产与消费的商品仓储活动加以解决。商品仓储活动在推动生产发展，满足市场供应中具有重要意义。

（2）搞好仓储活动是保持物资原有使用价值和合理地使用物资的重要手段

任何一种物资，当它生产出来以后至消费之前，由于其本身的性质、所处的条件以及自然的、社会的、经济的、技术的因素，都可能使物资使用价值在数量上减少、质量上降低，如果不创造必要的条件，就会不可避免地使物资受到损害。因此，必须进行科学管理，加强对物资的养护，搞好仓储活动，以保护好处于暂时停滞状态的物资的使用价值。同时，在物资仓储过程中，努力做到流向合理，加快物资流转速度，注意物资的合理分配，合理供料，不断提高工作效率，使有限的物资能及时发挥最大的效用。

（3）搞好仓储活动是加快资金周转、节约流通费用、降低物流成本、提高经济效益的有效途径

仓储活动是物质产品在社会再生产过程中必然会出现的一种形态，这对整个社会再生产，对国民经济各部门、各行业的生产经营活动的顺利进行，都有着巨大的作用。然而，在仓储活动中，为了保证物资的使用价值在时空上的顺利转移，必然要消耗一定的物化劳动和活劳动，尽管这些合理费用的支出是必要的，但由于它不能创造使用价值，因而在保证物资使用价值得到有效的保护、有利于社会再生产顺利进行的前提下，费用支出得越少越好。因此，搞好物资的仓储活动，就可以减少物资在仓储过程中的物质耗损和劳动消耗，就可以加速物资的流通和资金的周转，从而节省费用支出，降低物流成本，开拓"第三利润源"，提高社会的、企业的经济效益。

（4）仓储活动是商品流通管理工作的重要组成部分

仓储活动在商品流通管理工作中有特殊的地位和重要的作用。商品流通管理工作的全过程包括：供需预测、计划分配、市场采购、订购衔接、货运组织、储存保管、维护保养、配送发料、用料管理、销售发运、货款结算、用户服务等主要环节。各主要环节之间相互依存、相互影响，关系极为密切。其中许多环节属于仓储活动，它们与属于"商流"活动的其他环节相比，所消耗和占用的人力、物力、财力多，受自然的、社会的各种因素影响大，组织管理工作有很强的经济性。因此，仓储活动直接影响到商品流通工作的质量，也直接关系到商品价值的实现。

2. 提高仓储效率和效益的途径

（1）加强库存周转，提高资金使用效率

在现代化仓储管理中，首先应核定先进、合理的储备资金定额，加强进货管理，做好货物进货验收和清仓查库，积极处理超储积压货物，加速货物流转，从而提高仓储的经济效益。

（2）节约成本开支，降低仓储费用

仓储成本费用支出项目很多影响费用支出增减的客观因素十分复杂。在现代化仓储管理中，应不断提高仓储设施的利用率，提高劳动效率，节约各种费用开支，努力减少库存损耗，最大限度的节约开支，减少费用。

（3）加强基础工作，提高经营管理水平

仓储管理基础工作是仓储管理工作的基石，为适应仓储管理功能的变化，应相应加强各项基础工作，如：足额管理工作、标准化工作、计量工作和经济核算制等，要以经济效益为目标，从不断完善经济责任制入手，建立全面、系统的仓储管理基础工作，为提高仓储经营管理水平创造良好条件。

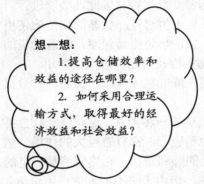

想一想：

1. 提高仓储效率和效益的途径在哪里？

2. 如何采用合理运输方式，取得最好的经济效益和社会效益？

（4）扩大仓储经营范围和内容，加强仓储增值服务项目

随着全球电子商务的不断扩张，物流行业也得到了快速的发展。仓储企业应充分利用信息面广、仓储手段先进等有利条件，发展多功能物流服务中心，开展加工、配送、包装、贴标签等多项货物增值服务业务，提高仓库在市场经济中的竞争能力，增加仓储的利润来源，提高自身的经济效益。

 社会实践建议

在指导教师的组织下，了解当地物流企业的仓储管理状况。

2.3 装卸搬运

 必备的理论知识

2.3.1 装卸搬运的概念及特点

1. 装卸搬运的概念

在同一地域范围内（如车站范围、工厂范围、仓库内部等）以改变"物"的存放、支承状态的活动称为装卸，以改变"物"的空间位置的活动称为搬运，两者全称装卸搬运。有时候或在特定场合，单称"装卸"或单称"搬运"，也包含了"装卸搬运"的完整涵义。

在习惯使用中，物流领域（如铁路运输）常将装卸搬运这一整体活动称为"货物装

卸"；在生产领域中常将这一整体活动称为"物料搬运"。实际上，活动内容都是一样的，只是领域不同而已。

在实际操作中，装卸与搬运是密不可分的，两者是伴随在一起发生的。因此，在物流科学中并不过分强调两者的差别，而是作为一种活动来对待。

搬运的"运"与运输的"运"，区别之处在于，搬运是在同一地域的小范围内发生的，而运输则是在较大范围内发生的，两者是量变到质变的关系，中间并无一个绝对的界限。

2. 装卸搬运的特点

（1）装卸搬运是附属性、伴生性的活动

装卸搬运是物流每一项活动开始及结束时必然发生的活动，因而有时常被人忽视，有时被看作其他操作时不可缺少的组成部分。例如，一般而言的"汽车运输"，就实际包含了相随的装卸搬运、仓库中泛指的保管活动，还包含了装卸搬运活动。

（2）装卸搬运是支持、保障性的活动

装卸搬运的附属性不能理解成被动的，实际上，装卸搬运对其他物流活动有一定决定性。装卸搬运会影响其他物流活动的质量和速度。例如：装车不当，会引起运输过程中的损失；卸放不当，会引起货物转换成下一步运动的困难。许多物流活动在有效的装卸搬运支持下，才能实现高水平。

（3）装卸搬运是衔接性的活动

在任何其他物流活动互相过渡时，都是以装卸搬运来衔接，因而，装卸搬运往往成为整个物流的"瓶颈"，是物流各功能之间能否形成有机联系和紧密衔接的关键，而这又是一个系统的关键。建立一个有效的物流系统，关键看这一衔接是否有效。比较先进的系统物流方式——联合运输方式，就是着力解决这种衔接而实现的。

2.3.2 装卸搬运在物流中的作用

装卸搬运是随运输和保管而产生的必要物流活动，包括：对运输、保管、包装、流通加工等物流活动进行衔接的中间环节；在保管等活动中为进行检验、维护、保养所进行的装卸活动，如货物的装上卸下、移送、拣选、分类等。装卸作业的代表形式是集装箱化和托盘化，使用的装卸机械设备有吊车、叉车、传送带和各种台车等。在物流活动的全过程中，装卸搬运活动是频繁发生的，因而是产品损坏的重要原因之一。对装卸搬运的管理，主要是对装卸搬运方式、装卸搬运机械设备的选择和合理配置与使用以及装卸搬运合理化，尽可能减少装卸搬运次数，以节约物流费用，获得较好的经济效益。

2.3.3 装卸搬运作业的分类

装卸搬运主要有以下几种类型：

1. 按作业场所不同进行分类

（1）铁路装卸

它是指在铁路车站进行的装卸搬运作业，包括汽车在铁路货物和站旁的装卸作业，铁路仓库和理货场的堆码拆取、分拣、配货、中转作业，铁路车辆在货场及站台的装卸作业，装卸时进行的加固作业以及清扫车辆、揭盖篷布、移动车辆、检斤计量等辅助作业。

（2）港口装卸

它是指在港口进行的各种装卸搬运作业，包括码头前沿的装卸船作业，前沿与后方间的搬运作业，港口仓库的堆码、拆垛作业，分拣理货作业，港口理货场的堆取用转作业，后方的铁路车辆和汽车的装卸作业以及清舱、平舱、扫车、破拱、配料、计量、分装、取样等辅助作业。

（3）场库装卸

它是指在货主处进行的装卸搬运作业，即铁路车辆和汽车在厂矿或储运业的仓库、理货场、集散点等处所进行的装卸搬运作业。

2. 按装卸搬运施行的物流设施、设备对象分类

以此可分为仓库装卸、铁路装卸、港口装卸、汽车装卸、飞机装卸等。仓库装卸配合出库、入库、维护保养等活动进行，并且以堆垛、上架、取货等操作为主。

其中，铁路装卸是对火车车皮的装进及卸出，特点是一次作业就实现一车皮的装进或卸出，很少有像仓库装卸时出现的整装零卸或零装整卸的情况，港口装卸包括码头前沿的装船，也包括后方的支持性装卸运，有的港口装卸还采用小船在码头与大船之间"过驳"的办法，因而其装卸的流程较为复杂，往往经过几次的装卸及搬运作业才能最后实现船与陆地之间货物过渡的目的。

另外，汽车装卸一般一次装卸批量不大，由于汽车的灵活性，可以少或根本减去搬运活动，而直接、单纯利用装卸作业达到车与物流设施之间货物过渡的目的。

3. 按商品形态分类

（1）单个物品装卸搬运
是以箱、袋等包装形态名称的商品装卸或者是长、大、笨、重商品的装卸搬运。

（2）集装商品装卸搬运
是为了装卸托盘、集装箱等集装商品而使用的设备名或冠以集合包装等名称的装卸搬运。

（3）散装商品装卸搬运
即对块状、粒状、粉末状或液体等物品直接向运输设备、商品装运设备或储存设备的装取与出入库的装卸搬运。

4. 按装卸搬运对象分类

可分成散装货物装卸、单件货物装卸、集装货物装卸等。（具体内容将在第五章介绍）

5. 按装卸搬运作业分类

装卸可分为与运输设备对应的"装进、卸下装卸"和与储存保管设施的"入库、出库装卸"两大类。而这两类装卸分别伴随有商品的"堆码、拆垛"、"分拣、配货"、"搬送、移送"三类基本的装卸搬运作业，这些作业由于动作和装卸机械的不同，随之出现了不同的作业方法。

（1）堆放作业

是把商品从预先放置的场所，移动到汽车之类的商品运输设备或仓库之类固定的设备的指定位置，再按要求的位置和形态放置商品的作业。

（2）拆垛作业

是堆垛作业的逆向作业。

（3）分拣作业

是在堆垛、拆垛作业的前后或在配送作业之前发生的作业，把商品按品种、出入先后、货流分类（分拣分类），再分别放到规定位置的作业。

（4）配货作业

是向汽车等运输设备装货作业前和从仓库等保管设施出库装卸前发生的作业，是把商品从所定的位置，按品种、下一步作业种类、发货对象分类（配货分类）所进行的拆垛、堆放作业。这一作业又分成：把分拣作业拣出的，按规定分类集中起来的作业；以一定批量移动到一端的分拣场所，分别送到指定位置的作业。

想一想：
1. 合理的搬卸装运对物流活动有何影响？
2. 装卸搬运主要有哪几种类型？

2.3.4　装卸搬运合理化的原则和措施

1. 装卸原则

（1）尽量不进行装卸

装卸作业本身并不产生价值。但是，如果进行了不适当的装卸作业，就可能造成商品的破损，或使商品受到污染。因此，尽力排除无意义的作业是理所当然的。尽量减少装卸次数以及尽可能地缩短搬运距离等，所起的作用也是很大的。因为装卸作业不仅要花费人力和物力，增加费用，还会使流通速度放慢。如果多增加一次装卸，费用也就相应地增加一次，同时还增加了商品污损、破坏、丢失、消耗的机会。因此，装卸作业的经济原则就是"不进行装卸"。所以，应当考虑如何才能减少装卸次数、缩短移动商品的距离的问题。

（2）装卸的连续性

是指两处以上的装卸作业要配合好。进行装卸作业时，为了不使连续的各种作业中途停顿，而能协调地进行，整理其作业流程是很必要的。因此，进行"流程分析"，对商品的流动进行分析，使经常相关的作业配合在一起，也是很必要的。如把商品装到汽车或铁路货车上，或把商品送往仓库进行保管时，应当考虑合理取卸或出库的方便。所以某一次的装卸作业、某一个装卸动作，有必要考虑下一步的装卸而有计划地进行。要使一系列的装卸作业顺利地进行，作业动作的顺序、作业动作的组合或装卸机械的选择及运用是很重要的。

（3）减轻人力装卸

就是把人的体力劳动改为机械化劳动。在不得已的情况下，非依靠人力不可时，尽可能不要让搬运距离太远。关于"减轻人力装卸"问题，主要是在减轻体力劳动、缩短劳动时间、防止成本上升、劳动安全卫生等方面推进省力化、自动化。

（4）提高"搬运灵活性"

物流过程中，常需将暂时存放的物品再次搬运。从便于经常发生的搬运作业考虑，物品的堆放方法是很重要的，这种便于移动的程度，被称之为"搬运灵活性"。衡量商品堆存形态的"搬运灵活性"，用灵活性指数表示。一般将灵活性指数分为五个等级，即：散堆于地面上为0级；装入箱内为1级；装在货盘或垫板上为2级；装在车台上为3级；装在输送带上为4级。

（5）把商品整理为一定单位

就是把商品汇集成一定单位数量，然后再进行装卸，既可避免损坏、消耗、丢失、又容易查点数量，而且最大的优点在于使装卸、搬运的单位加大，使机械装卸成为可能，使装卸、搬运的灵活性好等。这种方式是把商品装在托盘、集装箱和搬运器具中原封不动地装卸、搬运，进行输送、保管。

（6）从物流整体的角度去考虑

在整个物流过程中，要从运输、储存、保管、包装与装卸的关系来考虑。装卸要适合运输、储存保管的规模，即装卸要起着支持并提高运输、储存保管能力、效率的作用，而不是起阻碍的作用。对于商品的包装来说也是一样的，过去是以装卸为前提进行的包装，要运进许多不必要的包装材料，现在采用集合包装，不仅可以减少包装材料，同时也省去了许多徒劳的运输。

2. 装卸搬运的合理化措施

（1）不要做多余的作业

搬运本身就有可能成为玷污、破损等影响物品价值的原因，如无必要，尽量不要搬运。

（2）提高搬运灵活性

放在仓库的物品都是待运物品，因此应使之处在易于移动的状态。这种易于移运的状态被称作"搬运活性"。为提高搬运活性，应当把它们整理归堆。或是包装成单件放在托盘上，或是装在车上，放在输送机上。

（3）利用重力

利用重力由高处向低处移动，有利于节省能源，减轻劳力，如利用滑槽。当重力作为阻力发生作用时，应把物品装在滚轮输送机上。

（4）机械化

由于劳动力不足，应尽可能地使搬运机械化。使用机械可以把作业人员或司机从重体力劳动中解放出来，并提高劳动生产率。

（5）使流程不受阻滞

应当进行不停地连续作业，最为理想的是使物品不间断地连续地流动。

（6）单元货载

大力推行使用托盘和集装箱，推行将一定数量的货物汇集起来，成为一个大件货物以有利于机械搬运、运输、保管，形成单元货载系统。

（7）系统化

物流活动由运输、保管、搬运、包装、流通加工等活动组成，应把这些活动当成一个系统处理，以求其合理化。

 资　　料

2007 年我国现代物流将保持快速发展

日前，中国科学院预测研究中心的一份题为《中国物流业发展回顾与 2007 年展望》的报告预计，2007 年中国现代物流将保持快速发展，社会物流总额将达到 73.9 万亿元，同比增长 23.8%。

社会实践建议

在指导教师的组织下，参观物流企业，了解装卸搬运的各种机械（有条件的可以组织学生进行实际操作）。

2.4 包 装

 必备的理论知识

2.4.1 包装的概念与目的

1. 包装的概念

包装是不可缺少的。包装保证了分配效率，也延长了食物、产品的储存寿命。英国生命周期分析专家指出：有了包装，货品在辗转到消费者的路途中的耗损减少了达 10 倍。包装因而减少了对环境的影响。

我国《包装通用术语》国家标准中对包装明确定义为：所谓包装是指在流通过程中保护产品、方便储存、促进销售，按一定技术方法采用的容器、材料及辅助物等的总体名称。简言之，包装是包装物及包装操作的总称。

我国包装工业的历史不长，但发展迅速。随着包装工业的迅速发展，新的包装技术、包装材料和包装形式不断被开发和应用。同时，随着物流技术的不断开发和应用，尤其是把物流当作一个整体被重视和研究之后，物流对包装又提出了新的、更高的要求。包装为物流的合理化起到了非常重要的作用。当今，包装合理化正在朝着包装尺寸的标准化，包装作业的机械化，包装费用的低额化，包装形态的大型化及包装材料的省资源化方向发展。

2. 包装的目的

通常要求包装具有以下目的：

（1）防止商品的破损变形

要求商品的包装能够承受在装卸、运输、保管等过程中的各种冲击、振动、颠簸、压缩等外力的作用，形成对外力的抵抗作用。

（2）防止商品发生化学变化

为防止商品吸潮发霉、变质、生锈等化学变化，这就要求商品的包装能在一定程度上起到阻隔水分、潮气、溶液、光线以及空气中各种有害气体的作用，起到包装对商品的保护作用。

（3）防止有害生物对商品的影响

要求商品的包装必须具有阻隔霉菌、虫、鼠侵入的能力，形成对有害生物的保护作用。

（4）方便流通及消费

商品的包装还应有方便流通及方便消费的功能。商品的包装便于各种装卸、搬运机械的使用，有利于提高作业的效率。包装的规格尺寸标准化后为集合包装提供了条件，从而能极大地提高装卸效率；商品包装的各种标志，有利于仓库的管理者易于识别，易于存取，易于盘点；合适的包装规格、形状、质量等，有利于提高运输工具仓容积的吻合性，方便运输；易于开包、便于重新打包的包装方式，有利于加快验收的速度和方便消费。

（5）介绍商品、促进销售

商品经过包装后具有促销手段。由包装上的要素，使消费者认识商品的内容、品牌及品名。包装的精美装潢以及合适的外部形态是很好的宣传品。

包装合理化方法有：包装的轻薄化；包装的单纯化；符合集装单元化和标准化的要求；包装的机械化与自动化；注意与其他环节的配合；有利于环保。

2.4.2 包装的分类与要求

1. 包装的分类

现代产品品种繁多，性能和用途千差万别，对包装要求的目的、功能、形态、方式也各不相同，对不同的产品采用的包装形式，可以分为以下几类：

（1）按包装的功能分

按功能分类，包装可以分为以下几类：

1）商业包装。是以促进销售为主要目里的包装，这种包装的特点是外形美观，有必要的装潢，包装单位适于顾客的购买量以及商店陈设的要求。在流动过程中，商品越接近顾客，越要求包装有促进销售的效果。商业包装又称为销售包装，是以促进销售为主要目的的包装。

2）工业包装。工业包装又称为运输包装，是在满足物流要求的基础上使包装费用越低越好。为此，必须在包装费用和物流时的损失两者之间寻找最优的效果。

（2）按包装的作用分

按包装的作用，可分为内包装和外包装等。

（3）按包装的使用次数分

按使用次数分类，包装有一次用包装、多次用包装和周转包装等。

（4）按包装材料分

按材料分，包装有纸制品包装、塑料制品包装、金属包装、竹木器包装、玻璃容器包装和复合材料包装等。

（5）按产品种类分

按产品种类分，包装有食品包装、药品包装、机电产品包装、危险品包装等。

（6）按包装方法分

按包装方法分，包装有防震包装、防湿包装、防锈包装、防霉包装等。

（7）按包装容器（或制品）的软硬程度分

按包装容器（或制品）的软硬程度分，包装有软包装、半软硬包装和硬包装等。

（8）按产品形状分

按产品形状分，包装有粉末包装、颗粒包装、块状包装、片状包装、棒状包装和流体包装等。

（9）按包装重量分

按包装重量分，包装有小包装、中包装和大包装。

2. 包装的要求

在当今国际市场商品竞争的诸多因素中，商品质量、价格、包装设计是三个主要因素。国外一位研究市场销售的专家曾说："通往市场的道路中，包装设计是最重要的一条。包装对整体形象的促进作用并不亚于广告。"国际市场对商品的包装总体要求是：一要符合标准，二要招徕顾客。具体的要求有以下几方面：

1）名称易记。包装上的产品名称要易懂、易念、易记。

2）外型醒目。要使消费者从包装外表就能对产品的特征了如指掌。

3）印刷简明。包装印刷要力求简明。那些在超级市场上出售的商品，因为是由顾客自己从货架上挑选，因此它们的包装就要吸引人，让顾客从货架旁边走过时能留意到它，想把它从货架上拿下来看看。

4）体现信誉。包装要充分体现产品的信誉，使消费者通过产品的包装增加对产品的依赖。

5）颜色悦目。一般来说，在超级市场上销售的高档商品，多采用欧洲流行色，即淡雅或接近白色的色彩。

想一想：
包装合理化的方法有哪些？

6）有地区标志。包装应有产品地区标志或图案，使人容易识别。

7）有环保意识。国际上现在普遍重视环境保护工作。为此国际上有许多关于包装材料的新的具体规定，总的趋势是逐步用纸和玻璃取代塑料、塑胶等材料。例如，德国规定中国出口到德国的食品包装用瓦楞纸箱。

2.4.3 包装的作用

包装在整个物流活动中具有特殊的地位。在生产和流通过程中，包装处于生产过程的末尾和物流过程的开头，既是生产的终点，又是物流过程的始点。因此，包装的材料、形式、方法以及外形设计都对其他物流环节产生重要的影响。

1. 包装在装卸中的作用

对包装发生影响的第一个物流要素是装卸活动。不同的包装对装卸方式的选取产生很大影响。

（1）包装的重量对装卸的影响

采用人工装卸作业时，其包装重量必须限制在人的允许的能力下；运用机械进行装卸作业，包装的重量可以得到极大的提高。

（2）包装的外形尺寸对装卸的影响

采用人工装卸时，其包装的外形尺寸必须适合人工的操作。运用机械进行装卸作业，包装的外形尺寸可以得到极大的增大。

（3）包装的形式对装卸的影响

当包装的外形尺寸较大时，若采用人工进行装卸作业，在包装的外形中，必须考虑手搬动的手扣；若用龙门起重机和桥式起重机等运用吊钩进行起吊的情况，包装应适合吊钩的起吊；若采用叉车等机械进行作业时，则要求包装物下方有货叉进出的位置。

2. 包装在储存中的作用

包装的强度、规格尺寸及技术的选用对储存产生较大的影响。

1）合适的包装强度使仓储堆码得到很好保证。如采用高垛堆码，则要求包装抗压强度较高，以防止处于下层的物资被压损，虽然采用高垛可使仓库高度方向利用率得到提高，但包装费用增大；相反，如采用低垛，包装的抗压强度可相应减少，而仓库利用率将下降。

2）通过包装应满足储存条件。不同的储存条件应选用不同的包装技术。

3）包装规格尺寸对提高仓库的库容量有一定的影响。

4）包装有关产品及自身的信息为储存的现代化提供保障。

未来的物资仓库十分注意物品包装在仓储中的作用。

3. 包装在运输中的作用

运输包装以强化运输、保护商品、便于储存为主要目的。

1）合适的缓冲包装是保证物资在运输过程中不受损伤。

2）合适的包装尺寸可提高运输车辆的装载效率。

4. 包装在销售中的作用

包装如无声的推销员，良好的包装能引起消费者的注意，激发消费者的购买欲望。包装的销售功能是通过包装设计来实现的。优秀的包装设计，以其精巧的造型、合理的结构、醒目的商标、得体的文字和明快的色彩等艺术语言，直接刺激消费者的购买欲望，并导致购买行为。有些包装还具有潜在价值，如美观适用的包装容器，在内装物用完后还可以用来盛装其他物品。造型独特的容器，印刷精美的装饰，不但能提高商品的售价，促进商品销售，同时还可以作为艺术鉴赏品收藏。

2.4.4 包装材料的分类与包装材料的选择和使用

包装材料是指制作包装容器和满足产品包装要求所使用的材料。包装材料的选择十分重要,因为它直接关系到包装质量和包装费用,有时也影响运输、装卸搬运和保管。常用的包装材料有以下若干类:

1. 纸包装材料

利用纸进行包装的商品非常广泛,其用量最多、品种最杂,这是由于纸包装材料耐摩擦、耐冲击、质地细腻、容易粘合、无味、无毒,价格相对较低的缘故。现代包装主要用各种加工马铃薯(纸板)、复合纸、层合纸(纸板)等,如高分子材料加工纸、蜡加工纸、油加工纸、玻璃纸、羊皮纸、镀铝纸、纸/铝箔层合纸等。在运输包装中,瓦楞纸板用量最多,瓦楞纸箱、托盘几乎大部代替了木箱。蜂窝纸箱是最新的高强度纸板容器。此外,有一点应注意,镀铝纸、镀铝塑料与纸/铝箔层合材料,塑料/铝箔层合材料的内在结构、性质、成本等方面不同,应根据不同的保护要求和成本要求恰当选用。纸包装的种类很多,有的以纸张的形式制作成纸包装容器或进行包装装潢,有的以纸板的形式制造成包装箱、包装盒、包装杯等,还有的纸材料用于产品的说明和广告印刷,这类包装用纸有功能性防护包装纸、包装装潢用纸、牛皮箱板纸、白板纸和瓦楞纸板等等。在这些纸类包装材料的分类中,各种包装材料各自有各自的特点。

(1)功能性防护包装纸

1)牛皮纸。牛皮纸引起质量似牛皮那样坚韧结实而得名。牛皮纸是高级的包装纸,用途十分广泛,但是,牛皮纸大多数应用以包装工业品,同时,还应用于其他的行业。

2)纸袋纸,又称水泥袋纸。它是一种工业包装用纸,供制造水泥袋、化肥袋、农药袋等使用。

3)鸡皮纸。鸡皮纸是一种单面光的平板薄型包装纸,供印刷商标,包装日用百货、食品使用。

4)玻璃纸。同一般的纸有所不同,它是透明的,就像玻璃一样,故名玻璃纸。玻璃纸主要应用于医药、食品、纺织品、化妆品、精密仪器等的美化包装。其主要特点是透明型号、光泽性高、印刷适性好等。

5)羊皮纸。最早的羊皮纸是由动物羊皮制成的。现在的羊皮纸则主要是由植物制成。羊皮纸是一种透明的高级包装纸,被广泛的应用于机械零件、仪表、化学药品等工业产品和食品、医药品、消毒材料等内包装用纸。

(2)包装装潢用纸

1)铜版纸。它是一种涂料纸,主要是在原纸上涂布一层白色涂料而成,它是一种高级包装装潢及印刷用纸。铜版纸广泛的应用于商品包装中的高级商标纸,如各种罐头、饮料瓶、酒瓶等贴标还可应用于多种彩色包装,如高级糖果、食品、巧克力、香烟、香皂等生活用品的包装，铜版纸还可以做高级纸盒、纸箱的贴面。

2）胶版纸。胶版纸是一种高级彩色印刷品用纸，主要在胶印机上使用，其用途类似于铜版纸，但因质量较铜版纸差，所以胶版纸仅用作商品包装中的一般彩色商标及彩色包装以及纸箱挂面。

3）不干胶纸。不干胶纸基本上是由基面基材、胶黏剂、底纸三要素组成的，不干胶纸主要用来印刷各种商品商标、标签、条码等。由于他们所选用的表现基材品质都很好，所以在其上印刷的图文都很好，很清晰。

（3）瓦楞纸板

瓦楞纸板在现代包装中占有很重要的地位，因此有必要在此对其进行介绍。

瓦楞纸板是由面纸和压成波纹状的瓦楞纸用胶黏剂粘贴而成的复杂结构的纸板。它主要用来制作瓦楞纸箱和纸盒。此外，还可以用作包装衬垫缓冲材料。瓦楞纸板属于异型材料，不同的方向具有不同的性能，当向瓦楞纸板施加平面压力时，其富有弹性和缓冲性能，当向瓦楞垂直方向施加压力时，瓦楞纸板有类似于刚性材料，在压缩、拉伸和冲击状态下，瓦楞纸板的平贴层，起着固定瓦楞位置的作用。

2. 复合材料

复合材料是种类最多、应用最广的一种软包装材料。目前用于食品包装的塑料有三十多种，而含塑料的多层复合材料有上百种。复合材料一般用2～6层，但特殊需要的可达10层甚至更多层。将塑料、纸或薄纸机、铝箔等基材，科学合理的复合或层合配伍使用，几乎可以满足各种不同食品对包装的要求。例如，用塑料、纸板、铝塑、塑料等多层材料制成的利乐包装牛奶的保质期可长达半年到一年。有的高阻隔软包装肉罐头的保质期可长达3年，有的发达国家的复合材料包装蛋糕保质期可达一年以上，一年后蛋糕的营养、色、香、味、形及微生物含量仍符合要求。设计复合材料包装应特别注意各层基材的选择，搭配必须科学合理，各层组合的综合性能必须满足食品对包装的全面要求。

3. 塑料及塑料制品

塑料即可塑性高分子材料，由高聚物和各种助剂所组成。塑料具有质量小、透明性好、耐腐蚀、防水、防潮等优良的性能。因此，塑料广泛用于各类产品的包装。我国用于食品包装的塑料也多达十五六种。几种主要塑料包装材料有：聚乙烯（PE）、聚丙烯（PP）、聚氯乙烯（PVC）、聚偏二氯乙烯（PVDC）、聚苯乙烯（PS）、聚酯（PET）和塑料制品等。其中高阻氧的有 PVA、EVOH、PVDC、PET、PA 等，高阻湿的有 PVDC、PP、PE 等；耐射线辐照的如 PS 芳香尼龙等；耐低温的如 PE、EVA、POET、PA 等；阻油性和机械性能好的如离子键树脂，PA、PET 等，即耐高温灭菌又耐低温的，如 PET、PA 等。

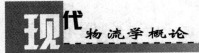

4. 玻璃包装材料

玻璃是一种历史悠久的包装材料，它具有极好的化学惰性和稳定性，几乎不和任何内容物作用，且具有极高的抗压强度和优良的光学性能。传统的玻璃瓶易破损，重量/容积比大。现代包装多采用薄壁轻瓶（轻质瓶）、这种经特殊处理或物理方法处理的容器重量可减少 1/3～1/2，但强度却大大提高，从而提高了玻璃容器在食品包装市场中的竞争力。玻璃包装的优良特性，其至今仍独霸着酒类包装市场。另外在食品、化工、医药领域也有广泛的应用。

5. 金属包装材料、金属罐

传统的金属包装主要是马口铁（镀铝薄钢板）制作的三片罐。目前主要的包装用金属有：低碳薄钢板、镀锡薄钢板、镀铬薄钢板和铝合金薄板和铝箔。罐的形式除了三片罐处，还有两片罐、异型罐、喷雾罐等。

6. 复合包装材料

复合包装材料是将几种性能不同的基材结合在一起，形成一个多层结构，以满足内容物对包装的多方面要求。复合包装材料弥补了单一包装材料保护性能的不足，以达到完美的包装。目前复合包装材料有纸-塑、纸-铝箔-塑料、塑料-塑料、塑料-无机氧化物-塑料等许多种类。

7. 纳米包装新技术

有包装材料（如塑料及复合材料）中加入纳米微粒，使其产生了除异味、杀菌消毒的作用。现在我们一些企业就是利用这一技术特性，将纳米微粒加入到冰箱内的食物大大延长了保存期。同样也可将纳米微粒加入纸、塑料及复合材料中用于包装食品，可提高包装食品的货架寿命。

在研究果蔬新鲜食品的保鲜包装时发现，在保鲜包装中，果蔬释放出乙烯，当乙烯达到一定浓度后，果蔬会加速腐烂。因此，在保鲜包装中应设法加入乙烯吸收剂，以减少包装中的乙烯含量而提高保鲜效果和延长货架寿命。可将果蔬食品释放出的乙烯加速氧化，从而达到良好的保鲜效果。用作氧化催化剂的纳米微粒主要有 Fe_3O_4、Fe_2O_3、Co_3O_4、NiO 以及 Pt、Rh、Ag、Pd 等。

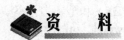 资　料

完全氧基可降解 PS 泡沫包装问世

加拿大企业 Cascades 称，目前已在全球率先开发出完全氧基可降解聚苯乙烯（PS）

泡沫包装产品。新产品加入了由加拿大温哥华 EPI 开发的完全可降解塑料添加剂（TDPA），可与食品直接接触。Cascades 称，该产品在氧气、热、紫外线或机械压力作用下可被转化成一种细粉，后者可由细菌和其他微生物分解，3 年内可降解。这种可降解发泡材料的问世，对减轻环境压力意义重大。

想一想：
1. 合理的包装技术对物流活动的影响？
2. 纸包装材料有哪些特点？

2.4.5　包装合理化的措施

1. 包装合理化的概念

所谓包装合理化，是指在包装过程中使用适当的材料和适当的技术，制成与物品相适应的容器，节约包装费用，降低包装成本，既满足包装保护商品、方便储运、有利销售的要求，又要提高包装的经济效益的包装综合管理活动。

2. 包装合理化的措施

（1）包装的合理化从产品的设计阶段开始

包装的合理化应该从源头抓起，产品设计便是包装合理化的源头。传统的工业在产品设计时，往往主要考虑产品的质量、性能、款式、原材料选用、成本、大小以及紧凑性等，不太重视包装的合理性、包装材料的节省性以及搬动、抓取、安装、拆解、装箱、捆包、仓储、运输的方便性和合理性。建筑设计，尤其是商店、商场、繁华街区的建筑物设计，更要考虑货物装卸作业的方便性。例如卡车靠近卸货台，台面高度与卡车一致以及搬运通道的宽敞及通畅等。当然，早有一些企业设计并生产折叠桌椅、可拆解家具、折叠料箱等，但这并不够，每个企业、每一位产品设计人员都应该认识到物流的重要性，在产品的设计阶段就充分考虑包装的合理性、包装模具标准化、包装模具与托盘尺寸的一致性、包装物回收以及资源再生利用等问题。

（2）包装的合理化与外围因素相协调

包装是物流中的重要环节之一，与运输、保管、装卸搬运等其他环节组成了物流系统。正由于包装只是物流系统中的其中一个环节，才需要综合、全面地考虑包装的合理性。比如包装还是不包装？简单包装还是精细包装？大包装还是小包装等问题都应该结合商品的运输、保管、装卸搬运以及销售等相关因素综合考虑，只有多种相关因素的协调一致，才能发挥整体物流效果。比如有些商品采取无包装或简易包装，比有包装或复杂包装有利，总物流成本合理；国外有的商店采取大包装或简易包装的办法，把节约下来的包装费，用来降低商品售价，吸引消费者。实际上，散装水泥物流、管道运输等都是无包装化物流的例子。无包装化物流既能节约包装费用，降低整体物流成本，又能省去包装物的回收和处理作业。

（3）科学包装、减少浪费

包装是一个重要产业，随着经济的发展和销售竞争的激烈化，包装所消耗的材料资源越来越多，浪费现象、过剩包装十分严重，因此科学包装、减少浪费应引起足够的重视。办法之一是多采用集装箱、集装罐、集装袋、集装架、仓库笼、托盘等集装单元容器，多采用通用包装形式。比如按标准模数尺寸制造瓦楞纸、纸板、木板、塑料周转箱及料盒；工厂车间、配送中心、仓库尽量多利用通用性、周转循环装货的容器；包装材料反复多次使用和回收再生利用；集装化保管、集装化运输、集装化装卸搬运等。此外，新材料、新技术在包装中的利用越来越受到重视，如真空包装、软包装、冷封口技术、负离子清洗技术等。

（4）包装要考虑人格因素和环境保护

包装本身除了考虑物流因素外，还要考虑"人格因素"和环保要求。包装的商品要适合携带、陈列、摆放，要美观、大方，兼顾装饰性，有的包装设计还考虑人的情感性、宗教信仰、民族习惯、消费心理等，如"怀旧包装"、"怪相包装"、"动物形象包装"、"拟音包装"。包装物对人体健康不能造成影响，并要便于回收和再生利用，应该强调"绿色包装"意识，提高包装的环保水平。

 **知识链接**

平遥牛肉包装设计案例

借力主题，承载千年历史的传统地方小吃"平遥牛肉"是当地著名的标志性产品，通过对市场分析后，我们认为"平遥牛肉"是一个金字招牌，是一个产品独具魅力和市场份额的品牌，任何一个招牌都无法同它相匹配，甚至都格格不入。针对这一问题，我们展开设计，将"平遥牛肉"四个字和"产品写实图片"作为主视觉形象进行应用，将产品商标"陶湘斋"作为副标题使用。结果，这样一来，包装设计的主题"平遥牛肉"和写实性的产品图片，生动地阐述了产品的品牌价值和品牌的内涵，成为对产品"百年老号、千年品牌"的具体描述。当整个方案完成时，我们看到的是，不仅重拾"平遥牛肉"千年苦心积累的品牌资产，还意想不到地得到了一笔有着几千年历史的文化遗产——陶湘斋。该产品在同类产品中，不仅利润率高，市场空间大，同时，还获得了沃尔玛全国联合采购目录的认可，可谓借题发挥，一跃千年。

> 想一想：
> 你见到过哪些包装方法和包装材料？它们都适合什么商品的包装？

2.5 流 通 加 工

必备的理论知识

2.5.1 流通加工的目的和作用

1. 流通加工概述

（1）流通加工的概念

在流通过程中辅助性的加工活动称为流通加工。我国国家标准《物流术语》中对流通加工下的定义是：物品在从生产地到使用地的过程中，根据需要施加包装、分割、计量、分拣、刷标志、拴标签、组装等简单作业的总称。加工的内容一般包括袋装、定量化小包装、拴牌子、贴标签、配货、拣选、分类、混装、刷标记等。生产的外延流通加工包括剪断、打孔、折弯、拉拔、挑扣、组装、改装、配套以及混凝土搅拌等。

（2）流通加工与生产加工的区别

流通加工是流通过程中的加工活动，与一般的生产加工相比，在加工方法、加工组织、生产管理方面差不多，但在加工对象、加工程度方面有比较大的差别。流通加工的对象是进入流通过程的商品，而且大多是简单加工。生产加工的对象不是最终产品，如原材料、零配件及半成品等，一般都是复杂加工。流通加工与生产加工的区别包括：

1）流通加工是为了弥补生产过程中的加工不足，更有效地满足用户或本企业的需要，使产需双方更好的衔接，将这些加工活动放在物流过程中完成，而成为物流的一个组成部分。

2）流通加工是生产加工在流通领域中的延伸，也可以看成流通领域为了更好地服务，在职能方面的扩大。生产商品的目的是创造价值，流通加工是在生产的基础上增加商品的附加价值。集中、大批量的生产与分散、小批量的消费之间，存在一定空间，形成规模化大生产与千家万户需要之间的场所价值的空白，促使商品的存在价值和使用价值通过流通加工来实现。

3）流通加工者在生产者和消费者之间，起着承上启下的作用。它是把分散的用户需求集中起来，使零星的作业集约化，作为广大终端用户的汇集点发挥作用。

4）从价值观点来看，生产加工的目的在于创造商品的价值及使用价值，而流通加工则在于完善商品的使用价值并在不做大改变情况下提高其价值。

流通加工有时候是以自身流通为目的，纯粹是为流通创造条件，这种为流通所进行的加工与直接为消费进行的加工从目的来讲是有区别的，这又是流通加工不同于一般生产的特殊之处。它们的关系如图2.1所示。

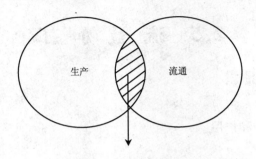

图 2.1　流通加工

2. 流通加工的目的

流通加工的目的有以下几点：

（1）为了提高运输保管效率

在物流各环节中，运输占成本比率最高。为了运输方便，一般都是把产品的零部件，如铝制门窗框架的材料、自行车车架和车轮分别集中捆扎或装箱，到达销售地点或使用地点以后，再分别组装成成品，这样不仅使运输方便而且经济。而作为加工活动的组装环节是在流通过程中完成的，以提高运输工具的装载率和仓库保管效率。

（2）满足消费者多样化的需求

由于消费者需要的多样化，必须在流通部门按用户的要求进行加工。例如，平板玻璃以及铁丝等，在商店根据顾客所需要的尺寸临时配置，不同用户对商品的包装要求也各不相同，以不同的包装加工满足消费者的不同要求。

（3）提高商品的附加值

为了综合利用，在流通中可将货物分解，分类处理。要直接面对最终用户，综合多家需求，对有的商品加工成半成品或进行集中下料，合理套裁，充分利用，可以满足消费者对商品高度化的需求，提高商品的附加值。

（4）规避经营风险，提高物流效率

在物流加工环节中，客户按实际需要进行生产。因而，加工程序必须在接到客户的订单后再进行合理加工。如：钢板、玻璃的裁剪加工的精确度高，一定按客户的具体要求进行，这样，即回避了经营风险，同时又可以促进物流效率的提高。

随着科学技术的不断进步，流通加工的技术系统也在产生变化，流通加工的目的随着也在不断地扩大。

总之开展物流过程中的主要加工活动的目的，是使流通过程更加合理；流通加工是流通过程中的加工活动，是为了方便流通、方便运输、方便储存、方便销售、方便用户以及物资的充分利用。

3. 流通加工的功能与作用

综合利用而进行的加工活动，是现代物流活动中的一个重要功能，流通加工在物流中的功能为：

（1）提高了生产效益和流通效益

通过流通加工，生产企业能够进行标准化、整包装生产，从而适应社会化大生产的特点，提高生产效率、降低包装和运输等成本；流通企业利用加工职能，方便销售、方便用户，可以促进销售，从而增加销售收入、提高流通效益。

（2）通过初级加工，方便顾客的购买和使用

有了流通加工，可以使顾客省去原来必须进行的初级加工的机器设备和人力投入，降低了成本。例如钢板预处理、整形、打孔等加工，使客户省去了对初级加工的各种投入如设备及人力的投资等，既搞活了供应，又方便了用户。

（3）增强了加工效率和物资、设备利用率

在流通领域实行集中加工，具有明显提高物资利用率的作用。如集中下料，可以优材优用、小材大用、合理套裁等。建立集中加工点，可以采用效率高、技术先进、加工量大的专用机具和设备，这样做的好处有：提高加工质量；增强加工效率；提高设备的利用率。其最终目的是降低加工费用和原材料成本。

（4）发挥各种运输手段的效率，增加商品的价值

流通加工能够充分发挥各种运输手段的最高效率，合理组织输送、配送，使物流活动更加合理。同时，流通加工可以提高产品的附加价值。在运输中按客户的要求进行多规格、小批量商品的输送，可以发挥各种输送手段的最高效率，加快输送速度，节省运力和运费。

（5）充分利用资源，提高原材料的利用率

在物流活动中，可以利用流通加工环节根据不同的客户要求进行集中下料，钢材、木材、玻璃等可以优材优用、小材大用、按需选用、合理套裁，充分利用资源，提高原材料的利用率。

资　料

在实际物流流通加工中，如温州产的许多小商品（玩具、服装）等在异地再进行简单的包装加工后，改变了产品的外观功能，使产品的价格提高了20%以上。北京等城市对平板玻璃、铝材等进行集中裁制、开片供应，进行工艺中的切断、弯曲、打眼等，可以使玻璃的利用率从60%左右提高到85%～95%。

2.5.2 流通加工的基本类型及实例

流通加工的目的和作用的不同，其类型也呈多样化。

1. 流通加工的基本类型

（1）以储存保管产品为主要目的的流通加工

在物流各环节过程中，货物直到用户投入使用前都存在着对货物保管、保护加工工作。这种加工不改变进入流通领域的货物的外形和性质。例如：水产品、蛋产品、肉产品的保鲜、保质的冷冻加工、防腐加工等；丝、麻、棉织品的防虫、防霉加工等；金属材料的防锈蚀加工等；木材的防腐朽、防干裂加工等；水泥等物品的防潮、防湿加工等；煤炭等物品的防高温自燃加工等。这种加工主要采用改装、冷冻、保温保鲜、涂油等方式。

（2）以满足需求多样化为主要目的的流通加工

为满足需求多样性和多变性的要求，对产品要进行多种类型的加工。其中，有许多是未加工的初级产品。为了满足用户对产品多样化的需要，同时又保证高效率的社会化大生产，可以通过流通加工将生产企业运来的整包装、标准化产品，分割成适合用户需要的规格、尺寸或包装的物品。如木材改制成枕木、方材、板材加工等。这样使用户节省了许多加工环节，使生产企业可以集中精力进行生产或从事具有较大优势的工作。

（3）以提高物资利用率为主要目的的流通加工

许多生产企业的初级加工由于数量有限，加工的效率不高，而且难以投入先进的技术，流通加工中集中加工的形式，解决了单个企业加工效率不高的弊病，集中下料具有明显提高原材料利用率的效果，并可促进生产水平的提高。另外，可以实现废物再生、物质综合利用的目的。例如，木屑压制成木板、边角废料改制等，都能实现废物再生利用，提高物资的利用率，节省资源，减少浪费。

（4）以降低物流损失为主要目的的流通加工

在物流流通加工过程中，为了使商品的使用价值顺利实现，以防止产品在运输、储存、装卸搬运、包装等过程中遭受损失进行的加工。例如：自行车在消费地的装配加工可以防止整车运输的低效率和高损失；造纸用木材打磨成木屑的流通加工，可以极大提高运输工具的装载效率。

（5）以实现配送为主要目的的流通加工

在干线运输及支线运输的结点上，设置流通加工环节，可以有效解决大批量、低成本、长距离干线运输和多品种、少批量、多批次末端运输与集货运输之间的衔接问题。在流通加工点与大生产企业间形成大批量、定点运输的渠道，同时又以流通加工为核心，组织对多用户的配送。例如：混凝土搅拌车。

（6）以弥补生产领域加工不足为目的的流通加工

有许多产品在生产领域的加工，由于环境、技术、生产工艺流程等因素的限制，不能完全实现最终的加工。例如，木材在产地完成全部的木制加工，能力达不到，而且并不完全符合用户的要求，进一步的下料、裁切等加工则由流通加工来完成。这种流通加工实际上是生产的延续，是生产加工的深化，对弥补生产领域加工不足有着重大的意义。

（7）以促进销售，方便物流为目的的流通加工

为了促进销售，流通加工可以从许多方面起到促进作用。例如，为了适合一次销售的小包装，可将大包装或散装的货物在不影响运输的前提下，进行改装和分装，以吸引消费者。

（8）以提高经济效益追求企业利润为目的的流通加工

在物流环节中，追求企业利润的流通加工实际上是经营的一个环节，是为了保持货物原有的使用价值。有的商家利用这种形式进行经营，可获得较好的经济效益，在满足生产和消费要求的基础上同时获取利润，在市场的需求的牵引下，使流通加工在各个领域中有效的发展。

（9）以生产与流通一体化为目的的流通加工

在物流环节中，订单式经营已成为一种发展趋势，这是依靠生产企业与流通企业的联合共同进行的流通加工，按客户需求的共同进行合理分工、合理规划、合理组织，生产与流通之间统筹安排，形成生产与流通一体化的流通加工形式，可以促成产品结构及产业结构的调整，充分发挥集团的经济技术优势，在激烈的市场竞争中形成供应链管理。

2. 流通加工实例

（1）钢卷剪切流通加工

汽车、冰箱、冰柜、洗衣机等生产制造企业每天需要大量的钢板，除了大型汽车制造企业外，一般规模的生产企业，难以解决生产过程中因用料多少产生的差异而引起的设备忙闲不均和人员浪费等问题，委托专业钢板剪切加工企业，可以解决这个矛盾。专业钢板剪切加工企业能够利用专业剪切技术和设备，按照用户设计的规格尺寸和形状进行套裁加工，精度高、速度快、废料少、成本低。这种流通加工企业不仅提供剪切加工服务和配送服务，还出售加工原材料和加工后的成品。

（2）水泥流通加工

在水泥流通服务中心，将水泥、沙石、水以及添加剂按比例进行初步搅拌，然后装进水泥搅拌车，事先计算好时间，水泥搅拌车一边行走，一边搅拌，到达工地后，搅拌均匀的混凝土直接进行浇铸。这样既可以节省搅拌的时间，又达到了合理配送的目的。

（3）玻璃流通加工

平板玻璃在运输中货损率较高，玻璃运输的难度比较大。在消费比较集中的地区建玻璃流通加工中心，按照用户的需要对平板玻璃进行套裁和开片处理，可使玻璃的利用率从 62%～65%，提高到 90%以上，大大降低了玻璃的破损率，既减少了成本，又增加了玻璃的附加价值。

（4）自行车、助力车流通加工

自行车和助力车整车运输、保管和包装，费用多、难度大、装载率低，但这类产品装配简单，不必进行精密调试和检测。所以，可以将同类部件集中装箱，批量运输和存放，在商店出售前现场组装，并按客户的要求添加零部件，还可以让消费者配备零件。这样做可以大大提高运载率，有效地衔接批量生产和分散消费，还可以在不同程度上获得零部件专业配备的品牌效应。这是一种只改变商品状态，不改变商品功能和性质的流通加工形式。

（5）服装、书籍流通加工

近年来，由于消费者要求个性化的趋势越来越明显，在材料的套裁和批量缝制之外的流通加工，退货量增加。从商场退回来的服装，一般在仓库或配送中心重新分类、整理、改换价签和包装后再进入市场，满足不同的消费者，如服装的换季商品等。

书籍的流通加工作业主要有：简单的装帧、套书壳、拴书签以及退书的重新整理、复原等。图书市场按读者的需求作为流通加工的目标。随着人们生活水平的提高，饮食结构、健康及烹饪类、服装类书籍等很有市场，在装潢上也有要求。

（6）水产品、肉类、蔬菜、水果等食品的流通加工

鱼虾等海产品的开膛、去鳞、皮；猪肉、鸡肉等肉类食品的分割、去骨等，进行加工分类后再出售。例如各类洗净的蔬菜、水果、肉末、鸡翅、香肠、咸菜等半成品都是流通加工的产物。这些商品在销售之前，已经进行了流通加工作业，包括分类、清洗、贴商标和条形码、包装、装袋等多道作业工序。加工都不在产地进行，这些加工形式节约了运输等物流成本，保护了商品质量，增加了商品的附加价值。

想一想：
流通加工的基本类型有哪些？

（7）酒类饮料流通加工

酒类、饮料是液体。从产地批量的将原液运至消费地配制、装瓶、贴商标等，包装后出售，可以既节约运费，又安全保险，以较低的成本，获得较高的价格，商品的附加值大为增加。

2.5.3 流通加工的合理化实施

流通加工是流通过程中的加工活动，与一般的生产加工相比，在加工方法、加工组织、生产管理方面差不多，但在加工对象、加工程度方面有比较大的差别。流通加工的对象是进入流通过程的商品，而且大多是简单加工。生产加工的对象不是最终产品，如原材料、零配件及半成品等，一般都是复杂加工。

1. 流通加工的合理化

所谓流通加工合理化，其含义是实现流通加工的最优配置。在流通加工过程中，使流通加工有存在的价值，而且做到最优的选择，为企业创造经济效益。因此，实现流通

加工的合理化，为实现流通加工的合理化，应采取必要的措施。

（1）流通加工和配送相结合的合理化

流通加工的场地设置在配送中心或仓库中，一方面按配送的需要进行加工，另一方面加工在配送业务流程中进行分货、拣货、配货，加工后的产品直接投入配货作业，不需要再单独设置一个加工的中间环节，使流通加工区别于独立的生产过程，而与中转环节紧密结合在一起。

（2）流通加工和配套相结合的合理化

在对配套要求比较高的商品流通中，完全配套无法全部依靠现有的生产单位来实现。进行适当的流通加工，可以有效地促成配套，提高流通效率，发挥出生产和消费之间的桥梁纽带作用。

（3）流通加工和促进销售相结合的合理化

流通加工有明显的促进销售的功能，所以这是流通加工合理化的重要内容。如简单改变包装加工、组装配装加工，可以强化销售，提高配送水平，都是有效促进销售的流通加工的途径，也是流通加工与合理商流相结合的证明。

（4）流通加工和合理运输相结合的合理化

流通加工能有效的衔接干线与支线的运输，促进两种运输形式的合理化。因为，一般流通加工环节设置在消费地，从生产企业到流通加工这一阶段输送距离较长，可以通过干线运输，如采用船舶、火车等大运量输送手段；而从流通加工到消费环节这一阶段的距离较短，可以主要通过支线运输完成。这样，可以减少运力设施的成本，大大提高运输及运输转载的服务水平。

（5）流通加工和经济效益相结合的合理化

流通加工的目的主要为了方便流通、方便储存、方便用户。对于流通加工而言，不能只追求企业的小团体利益，进行不适当的流通加工，这样不仅违背了流通加工的目的，甚至本身已经不属于流通加工的范畴。另外，节约能源、节约设备、节约人力、节约耗费等，也是流通加工的重要途径。

总之，流通加工这一环节的发展，使流通与加工总体过程更加合理化。流通加工与其他几方面的结合，有效地缓解了运输中长距离、大批量、少品种的物流与短距离、小批量、多品种物流的矛盾，实现了物流的合理流向和物流网络的最佳配置，从而避免不合理的运输，大幅度节约运输资源、减少了装卸搬运和保管中的费用，降低了商品的损失率，从而大大减少了物流总成本。

2. 流通加工管理

组织流通加工的方法和组织运输、交易等方法区别较大，许多方面类似于生产组织和管理。因此，流通加工的管理需要特殊的组织安排和管理。

（1）流通加工的生产管理

流通加工生产管理内容及项目包括很多，如劳动力、设备、动力、财务、物资等方面的管理，对于套裁型流通加工其最具特殊性的生产管理是出材率的管理。这种流通加工形式的优势就在于物资的利用率高、出材率高，从而获取的效益很好。为此，要加强定额消耗的核算及管理，并采用科学方法，如数学方法进行套裁的规划及计算，加强流通加工中的成本核算与生产管理。

（2）流通加工的质量管理

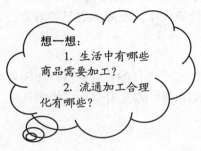

想一想：
1. 生活中有哪些商品需要加工？
2. 流通加工合理化有哪些？

流通加工的质量管理是对加工产品的质量控制。由于加工成品一般是国家质量标准上没有的品种和规格，因此，进行这种质量控制的依据，主要是用户要求。各用户要求不同，质量宽严程度也不同，流通加工点必须以国家质量标准为基础，掌握流通加工的灵活性，使流通加工的生产既能满足质量要求又要满足客户需求。此外，全面质量管理中采用的方法也可以在流通加工中采用。

2.6 配 送

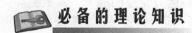

必备的理论知识

2.6.1 配送概述

1. 配送的概念与发展状况

（1）配送概念的产生与定义

自二次大战以后，为了满足当时日益增长的物资需求，一些发达国家逐步发展了配送中心，打破了仓库的传统观念，加速了库存物资的周转，逐渐形成一种新型的物流手段，在仓库业的变革和发展的基础上兴起了。

配送在美国英语中的原词是 delivery，意思是交货、送货，强调的是将货送达。日本对配送的权威解释，是在日本工业标准 JIS 中，配送被定义为"将货物从物流结点送交收货人的活动"，同时也强调了配送的主体是送货。

现代配送的雏形最早出现在 20 世纪的 60 年代初期，从形态上看，这一时期配送的特点只是一种粗放型的、单一性的活动。配送范围很小，规模不大。企业配送的目的是为了促进产品的销售和提高市场占有率，配送所起的作用是促销。

20 世纪 80 年代以后，受多种社会及经济因素的影响，配送有了很快的发展，而且以高技术为支撑的手段，形成系列化、多功能的物流配送活动。

我国国家标准《物流术语》中对配送的定义是："在经济合理区域范围内，根据用户要求，对物品进行拣选、加工、包装、分割、组配等作业，并按时送达指定地点的物流活动。"

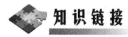 **知识链接**

发达国家配送的发展

20 世纪 80 年代以后，配送活动的范围已经扩大到省际、国际和洲际间，以商贸业立国的荷兰，配送活动的范围已经扩大到欧盟的许多国家。在日本，全国各大城市建立了多个配送中心，仅东京就建立了 5 个流通中心。发达国家普遍采用了先进的计算机技术和物流技术（如自动拣选、光电识别、条形码等）和先进的设备（如无人搬运车、自动分拣机等），工作效率提高了 5 ~ 10 倍。

在美国，"二十世纪财团"曾经组织了一次调查，结果表明：以商品零售价格为基数进行计算，流通费用所占的比率达 59%，其中大部分为物流费。针对物流费不断上升，严重阻碍生产发展和企业利润的提高。为此，美国的做法：一是，将老式仓库改为配送中心；二是，引进电脑管理网络，对装卸搬运、保管实行标准化操作，提高作业效率；三是，由连锁店共同组建配送中心，促进连锁店效益的增长。

在日本，政府在筹划建立物流中心和"物流团地"（节点）的同时，积极推行了"共同配送制度"。

（2）中国物流配送的发展及现状

在中国，20 世纪 70 年代，计划经济体制下为了提高木材的流通效率，杭州的木材流通实行按需供应的方式开始供应；为了解决平板利用率低的问题，我国一些大中城市的物资部门，开始在一个城市设置一个或几个集中套裁点，按用户的定货单配货、送货，实行集中库存，提高效率的物资流通方式，这种方式就形成了我国配送的雏形，如：天津储运公司唐口仓库实行的"定时定量配送"、河北省石家庄物资局的"三定一送"以及上海、天津等地的煤炭配送等。

80 年代是从自发运用配送阶段的过渡时期。

90 年代的实践证明，配送是一种很好的配送形式。

但是，在我国，配送进展缓慢、设备落后、信息化程度低是我国目前的基本现况。

技术落后是我国配送发展滞后的重要因素。目前，国内的配送中心的计算机信息技术的应用程度较低，具体操作的物流信息系统开发滞后，物流技术设备陈旧，整体物流技术相对都比较落后。我们应借鉴发达国家的先进经验，并结合我国的具体情况，发展符合我国国情的配送体系，是物流配送向规范化、规模化、自动化、现代化的方向发展。

（3）配送与运输的概念区别

配送与运输的概念有时难以准确划分。配送与运输的比较见表2.1。

表 2.1 配送与运输的比较

内　　容	运　　输	配　　送
运输性质	干线运输	支线运输、区域内运输、末端运输
货物性质	少品种、大批量	少批量、多品种
运输工具	大型货车或铁路运输、水路运输	小型货车
管理重点	效率优先	服务优先
附属功能	装卸、捆包	装卸、保管、包装、分拣、流通加工、订单处理等

1）从以上的概念和定义中可以把配送归纳为：配送指的是根据用户的要求，对物品进行拣选、包装、加工、组配、配备、配置、送货等各种物流作业的有机组合，是按时送达到指定地点的物流活动，不是一般性的企业之间的供货和向用户的送货。运输一般是干线输送或直达送货，批量大，品种相对单一的运输。

但是，当最终用户一样，而且区域相同时，配送与运输就难以区分了。

2）配送是相对于干线运输而言的概念，配送处于"二次运输"、"末端输送"的地位，与运输相比，更直接面向并靠近用户。应该说，从工厂仓库到配送中心之间的批量货物的空间位移称为运输。从配送中心向最终用户之间的多品种、小批量货物的空间位移是配送。配送是在规定的时间内，将商品迅速地送达到指定区域内的消费者手中的物流活动。作为配送活动的全过程，不仅包括了最后阶段的货物送达作业，而且还包括按照一切在物流结点上实施开展流通加工、订单处理、货物分拣等作业的物流活动。

2．配送在物流中的作用

配送是现代物流发展的产物，也是市场竞争的产物。物流中货物的调配、设施的配置、储存的方法及货物的合理配送形成了现代社会的配送。配送业务与运输、仓储、装卸搬运、流通加工、包装及信息处理融为一体，构成了物流系统中的功能体系。配送在物流中，实行配送有益于物流运动的快速发展。配送的作用具体表现为以下几方面：

（1）完善输送及优化物流系统

物流发展中，长距离、大批量的运输，实现了运输的低成本化。而配送环节处于支线运输，灵活性、适应性、服务性都较强，在一定范围内能将支线运输与小搬运统一起来，使运输过程得以优化和完善。

（2）提高了末端物流的经济效益

采取配送方式，可以做到通过增大经济批量达到经济地进货。它采取将各种商品配齐集中起来向用户发货，或将多个用户的小批量商品集中在一起进行发货等方式，代替向不同客户小批量发货，使末端物流经济效益得以提高。

（3）通过集中库存，可使企业实现低库存或零库存，合理配置和节约资源

生产企业可以只需保持少量保险储备，解放出大量储备资金，改善财务状态，利于物流技术的开发，使企业合理配置技术设备，增加调节能力，降低成本。

（4）简化手续、满足用户要求，方便用户

用户只需要向配送中心一处订购，就能达到向多处采购的目的，减少订货等一系列费用开支，减轻了用户的工作负担；满足不同用户的需求，实现配送合理化。

（5）提高了供应保证程度，减少经营风险

生产企业在经营中既要保持生产，又要维持库存，保证供应的程度很难提高。如果出现缺货使生产受到影响，采用配送的方式，配送中心的储备可降低用户因缺货而影响生产的风险。

配送在物流系统中占有重要的地位，在我国，目前很重视配送业务的发展。

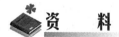 **资　　料**

有关资料表明，在我国试行配送制的生产企业，其物资库存量比过去降低了25%～70%。石家庄市实行机电产品配送以后，使参与这项活动的40余家生产企业的费用开支减少了50%。不难看出，配送对生产发展所起的促进作用是非常明显的。

2.6.2　配送的特点与种类

1. 配送的特点

虽然各国对配送没有统一的定义，但对配送的理解基本是一致的。配送具有以下几方面的特点：

1）配送是从物流据点至用户的一种送货形式。配送作为最终配置是指对客户完成最终交付的一种活动，是从最后一个物流结点到用户之间的物品的空间移动过程。其特殊性表现为：从事送货活动的是专业流通企业，而不是生产企业；配送是"中转"型送货，生产企业是生产什么送什么，配送是用户需要什么送什么。强调特定的时间、地点完成交付活动，充分体现时效性。

2）配送不是单纯的运输或输送，而是运输与其他活动共同构成的组合体。与长距离运输相比，配送承担的是支线的、末端的运输，是面对客户的一种短距离的送达服务。

3）配送不是广义概念的组织物资订货、签约、进货及对物资处理分配的供应，而是以供给者送货到户式的服务性供应，是一种"门到门"的服务。配送强调满足用户需求，配送是从用户利益出发、按用户要求进行的一种活动。

4）配送是在全面配货基础上，完全按用户要求，包括种类、品种搭配、数量、时间等方面的要求所进行的运送，是"配"和"送"的有机结合形式。对于配送而言，应当在时间，速度、服务水平、成本、数量等多方面寻求最优。

5）配送使企业实现"零库存"成为可能。企业为保证生产持续进行，依靠库存（经常库存和安全库存）向企业内部的各生产工位供应物品。如果社会供应系统既能承担生产企业的外部供应业务，又能实现上述的内部物资供应，那么企业的"零库存"就能成为可能。配送具有这种功能，由配送企业进行集中库存，取代原来分散在各个企业的库存。这点在物流发达国家和我国一些地区的实践中已得到证明。

2. 配送的种类

为了满足不同产品、不同企业、不同流通环境和不同用户的要求，可以采用各种形式的配送。配送是作为一种现代物流的组织形式，具有集商流、物流于一身的职能。由于配送者、主体、配送对象、服务对象以及物流环境的不同等，配送按不同的形式可以进行不同的分类。各种配送形式都有各自的优势，但也有其一定的局限性。配送的种类按不同的要求划分为几种：

（1）按配送的特征不同进行分类

1）少（单）品种、大批量配送。当生产企业所需物资品种较少，或只需某个品种，但需求量较大、较稳定时，可实行这种配送方式。这种配送方式由于数量大，不必与其他物资配装，使用整车运输。这种配送形式成本较低，也可以由配送中心进行配送。

2）少批量、多批次、多品种配送。在现代生产发展过程中，消费者的需求不断发生变化，市场的供求状况也随着变化。由于生产的变化，在配送方式上也应按照用户的要求，随时改变配送的品种和数量，或增加配送的次数。多品种、少批量配送符合现代消费多样化。需求多样化的新观念，是许多发达国家推崇的配送方式。

多品种、少批量配送伴随着多客户、多批次的特点，配送频度往往较高。

3）设备成套、配套配送。为满足装配企业的生产需要，按生产的进度，将需装配的零配件、部件和成套设备定时送达生产线进行组装的配送。这种配送方式，配送企业承担了生产企业大部分的供应业务，使生产企业专心致力于生产，与多品种、少批量配送的效果相同。

（2）按配送的时间及数量进行分类

1）定时配送。这是一种按固定的时间和固定的时间间隔的配送服务方式。"日配"制配送是定时配送较广泛的方式。

2）准时制物流配送（看板方式）。所谓准时制物流配送，就是按照客户的规定时间，双方协议配送。

配送时间精确，配送的品种也不轻易更改。比如为汽车装配线的零部件配送就属于这种类型的配送。采用准时制物流配送方式，生产线上只需维持 2～3 个小时的用量，基本是"零库存"。用户需求的货物是重复、大量的，或是一对一的，要求有高水平的配送系统进行实施。

3）定量配送。指按协议规定的批量在一个指定的时间范围内进行配送。这种方式数量固定，备货程序有较强的计划性，容易管理，可以按托盘、集装箱及车辆的装载能力来有效地选择配送的数量，能够有效地利用托盘、集装箱等集装方式，也可以做到整车配送，配送的效率较高。这种配送由于时间限制不严格，可以将不同用户所需货物凑整后整车进行合理配装配送，有利于人力、运力的合理调配。定量配送也有利于配送服务供给企业的科学管理。

4）定时定量配送。指按规定配送时间和配送数量进行配送。定时定量配送，兼有定时、定量两种方式的优点，是一种精密的配送方式。这种方式特殊性强、计划难度大、成本较高、适合采用的对象不多，不是一种普遍适用的配送方式。生产稳定、数量多的汽车、家电产品、机电产品的生产供应的配送采用这种方式。有时也采用看板方式来决定配送的时间和数量。

5）定时、定路线配送。指在规定的运行路线上制定到达时间表，按运行时间表进行配送，用户可按规定路线及规定时间接货并提出配送要求的一种配送方式。这种配送方式的服务对象是商业区的繁华地段，人多、路窄、交通拥挤、商店集中。

采用这种方式有利于配送企业计划安排车辆及驾驶人员，可以依次对多个用户进行共同配送，易于管理，配送成本较低。对用户来讲，可有计划地安排接货，可避免损失。但这种方式应用领域是有限的。

6）即时配送。是完全按客户突然提出的配送要求的时间和数量随即进行配送的方式。有很高的灵活性，是对各种配送方式进行补充和完善的一种配送方式。主要适用于用户由于事故、灾害、生产计划突然发生变化等而产生的需求。但这种配送成本很高，不能用于经常性的配送方式。

7）共同配送。共同配送主要指在一定区域内，为使物流合理化，有若干个定期需求的货主，共同要求某一个卡车运输企业，利用同一个运输系统完成的配送。共同配送的优点有以下几个方面：

① 降低配送成本。

② 减少车辆满载，避免交叉、重复、迂回和空驶。

③ 为了减少配送网点，节约设施费用支出。

④ 为了减轻交通拥挤和废气公害，保护环境。

（3）按实施配送结点（场所）不同进行分类

1）配送中心配送。这种配送其实施配送者是专职配送的配送中心，有的配送中心需要储存各种商品，储存量比较大。也有的配送中心专职于配送，储存量较小，货源靠附近的仓库补充。

配送中心配送是配送的重要形式，它可以承担工业生产主要物资的配送及向配送商店实行补充性配送等。其特点是配送能力强，配送距离相对较远，配送品种多，配送数量大。

2）仓库配送。这是以一般仓库为据点进行配送的形式。其特点是配送规模较小，配送的专业化程度较低，但可以利用原仓库的储存设施及能力、收发货场地、交通运输线路等，是开展中等规模的配送可选择的配送形式，也是较为容易利用现有条件而不需要大量投资的配送形式。

3）商店配送。商店配送的组织者是商业或物资的门市网点，或零售点，规模不大，但经营品种齐全，配送的组织者的实力有限，只是小量、零星商品的配送，是配送中心配送的辅助及补充。

4）生产企业配送。生产企业配送配送的组织者生产企业，尤其是进行多品种生产的生产企业，可以直接由本企业进行配送而不需再将货物运到配送中心而进行的配送。这种配送方式，在地方性较强的产品生产企业中应用较多。

（4）按加工程度的不同进行分类

1）加工配送。是一种与流通加工相结合的配送方式，在配送结点中设置流通加工环节，或流通加工与配送中心组成在一起实施配送业务，这种配送使流通加工更有针对性，通过流通加工增值取得收益。

2）集成配送。这是一种只改变产品数量组成形式，而不改变产品本身的物理、化学性质，并与干线运输配合的配送方式。

（5）按配送专业化程度不同进行的分类

1）综合配送。是指配送商品品种较多，在一个配送网点中组织不同专业领域的产品向用户配送的方式，综合性强。局限性在于：配送的产品由于性能、形状差别很大，在组织实施时难度很大。

2）专业配送。它是按产品性质和状态划分专业领域的配送方式。主要优势是可按专业的共同要求优化配送设施，提高配送效率。需专业配送的主要有：金属材料的专业配送；燃料煤的专业配送；水泥的专业配送；燃料油的专业配送；木材的专业配送；平板玻璃的专业配送；化工产品的专业配送；家具及家庭用具的专业配送；中、小杂货和生鲜食品的专业配送。

（6）按配送组织者进行分类

1）企业内部配送。企业内部的配送大体有三种情况：

① 大型企业内部配送。大型企业由于原材料、零部件采购量大，为了控制成本，减少采购费用，有效地运用资金，由企业总部统一进货、统一库存，统一向各分厂或车间配送。

② 企业在消费地建若干个配送中心，在配送中心集中的核心地区建物流基地，各生产工厂的产品先批量地运往物流基地，在物流基地经过大致分类后，再配送给周围的

配送中心，然后再从配送中心配送至终端用户。

③ 连锁型企业内部配送。由连锁企业统一进货、加工后，定点、定量地向各连锁商店配送。这种配送由于货物品种、规格、形状、包装、容器等基本一致并匹配，更容易做到有计划、低成本的配送。

2）企业之间的配送。企业对企业的配送一般有两种类型。一种类型是专业物流企业或第三方物流企业受生产企业的委托开展的配送，即将生产企业的产品或半成品配送给该生产企业指定的企业；另一种类型是生产企业的配套生产企业，按该生产企业的数量、品种、时间、地点等要求，将自己的产品供给该生产企业的各分厂或车间生产线的配送。

3）企业对消费者配送。这种类型的配送大多是日用消费品向居民或个人的配送，如向各居民用户每日的纯净水和牛奶的配送以及报纸的配送到户等。

（7）按经营形式不同进行分类

1）销售配送。是销售性企业作为销售战略而进行的促销性质的配送。这种配送随机性较强，计划性较差。其目的是增加销售数量，扩大市场占有率，取得销售收益。

2）供应配送。是客户为了自己的供应需要而采取的配送方式。是保证供应水平、提高供应能力、降低供应成本的重要方式。

3）销售-供应一体化的配送。是指销售者在销售自己产品时同时承担客户和供应者的双重职能，有利于扩大销售数量，客户可以减少配送环节的各项费用。

（8）按配送主体所处的行业不同分类

按配送主体所处的行业不同可分为：制造业配送、商业配送、农业配送、 物流业配送等。

除了上述几种配送方式外，还可以列举出其他方式。

社会实践建议

在指导教师的指导下，到物流中心或配送中心和大型超市进行调查，了解配送的具体方法。

2.6.3 配送方法和配送原则

1. 配货作业方法

配货是配送工作的第一步，根据各个用户的需求情况，先确定需要配送货物的种类和数量，然后在配送中心将所需货物挑选出来，即所谓的分拣。分拣工作可采用自动化的分拣设备，也可采用手工方法，这主要取决于配送中心的规模及其现代化的程度，配货时大多是按照入库日期的"先进先出"原则进行，配货作业有两种基本形式：

（1）分货方式

1）分货方式又叫播种方式，是将需配送的同一种货物从配送中心集中搬运到发货场地，然后再根据各用户对该种货物的需求再进行二次分配。这种方式适用于货物易于集中移动且对同一种货物需求量较大的情况。

2）播种式配货的原理和摘取式完全不同，除了单一的出货单以外，还需要有各个出库商品品类的总数量。拣货员的工作，先是按照"拣货总表"的品类总量，到指定储位下层的拣货区一次取一类货物。取完一个品类后，拖至待验区，按照出货单的代码（位置编号）将该品类应出货的数量记下。

3）播种式的配货法需要相当的空间为待验区，对于仓储空间有限的经营者而言，有相当的困难。而且出货时间必需有一定的间隔（要等到这一批的出货单全部拣完、验完），不能像摘取式配货那样可以逐单、连续出货。

（2）拣选方式

1）拣选方式又叫摘果方式，是用分拣车在配送中心分别为每个用户拣选其所需货物，此方法的特点是配送中心的每种货物的位置是固定的，对于货物类型多、数量少的情况，这种配货方式便于管理和实现现代化。

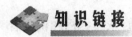 **知识链接**

拣选方式——"摘果式"

这种方式好比农夫背个篓子在果园里摘水果，从果园的这一头一路走到另一头，沿途摘取所需要的水果。因此被称为"摘果式"。

2）进行拣选式配货时，以出货单为准，每位拣货员按照品类顺序或储位顺序，到每种品类的储位下层的拣货区拣取该出货单内、该品类的数量，码放在托盘上，再继续拣取下一个品类，一直到该出货单结束后，将拣好的货品与出货单置放于待运区指定的位置后，由出货验放人员接手。

3）摘果方式的优点：以出货单为单位，一人负责一单，出错的机会较少，而且易于追查。有些配送中心以摘取式进行配货，甚至省略了出货验放的工作，而由拣货员兼任出货验放的工作。

4）摘果方式的缺点：

① 作业重复太多——尤其是热销商品，几乎每张出货单都要走一趟仓库，容易在这个地区造成进出交通拥堵、补货不及时等现象。

② 人力负荷重——出货单的品类多，每单项数量少的时候，人力作业的负担很重，每人（拣货员）拣取单数随工作时间成反比。

5）摘果式的实际应用。便利店的配送作业，就是摘果式配货作业的典范。在国外，便利店将许多商品的物流工作外包出去，自身保留周转率比较高、处理技术层次低的商品品类的配送作业，其他难度较大，如保存期限短的冷藏食品——包子、饭团、三明治等，退货率高的报纸、杂志、书籍等，通通外包。其效果反而比自己处理还要好。

（3）摘果方式和播种方式的比较

如果出货单数量不多，摘果方式和播种方式的效率与效果都没有什么差别。但是如果在同样是大量出货的情况下比较，它们的优劣可比较的前提条件是：拣货员与出货验放员数量不变，出货单数量相同。

播种式配货法在误差度上占明显的优势，而且在大多数情况中，处理时间也比摘果式节省。如果转换成人力成本来计算，应可节省17％～25％的费用或是相当的工时。

摘果式配货法在某些情况下，适用于：出货量少、频率少的商品，如书籍；品种多、数量少，但识别条件多的商品，如服装；体积小价值高的商品；如化妆品、药品、精密零件；还有牵涉批号管制但每批数量不一定的商品。

2. 配送原则

（1）车辆配装原则

1）为了减少或避免差错，尽量把外观相近、容易混淆的货物分开装载。

2）重不压轻、大不压小、轻货在上重货在下、包装强度差的在上。

3）配送中尽量做到：按客户配送顺序，距离远的后送（后卸）先装；距离近的先送（先卸）后装。

4）货与货之间、货与车辆之间应留有空隙并能适当地做些衬垫，防止货物损坏。

5）散发臭味的货物不能与具有吸臭味的食品混装，散发粉尘的货物不能与清洁货物混装。

6）包装不同的货物应分装，容易渗水的不能于易吸水的货物混装。

另外，货物性质、形状、重量、体积不同，应考虑做出弹性调整，如怕压、怕震、怕撞、怕潮等的货物。

（2）配送路线的确定原则

配送路线是指各送货车辆向各个用户送货时所经过的线路。配送路线合理与否对配送速度、车辆的合理使用和配送成本、效益等都有很大影响。配送路线的优化是物流研究中一个很重要的课题之一。采用科学的合理的方法来确定配送路线，是配送活动中非常重要的一项工作。

3. 配送合理化

（1）影响配送合理化的基本因素

综上所述，配送几乎包括了所有的物流功能要素，是物流的一个缩影或在某小范围中物流全部活动的体现。因此，要想做到合理配送，必须做到配送相关环节的合理化。

实际上，影响配送合理化的基本因素就是配送的相关环节。主要有：

1）备货。这是配送的准备工作，备货工作包括筹集货源、订货或购货、集货、进货及有关的质量检查、结算、交接等。

2）储备及暂存。配送储备是按一定时期的配送经营要求，形成的对配送的货源保证。这种类型的储备数量较大，储备结构也较完善，视货源及到货情况，可以有计划地确定储备的结构及数量。

 知识链接

暂存，是具体执行定时配送时，按分拣配货的要求，在理货场地所做的少量储存准备。

3）分拣及配货。是配送不同于其他物流形式的有特点的功能要素，也是配送合理与否的一项关键要素。分拣及配货是完善送货、支持送货的准备性工作，是不同配送企业在送货时进行竞争和提高自身经济效益的必然延伸。

4）配装。在单个用户配送数量不满（未达到车辆的有效载运负荷）时，对多个用户的货物进行搭配装载，是为了充分利用运力，需要配装。

5）配送运输。配送运输是指在配送环节中为实现将物品送达客户时所进行的运输。它属于运输中的末端运输、支线运输，是一种较短距离、较小规模、频度较高的运输形式，一般使用汽车做运输工具，形成"门到门"的配送服务。

6）送达服务。配好的货物运输到用户不是配送工作的完结，这是因为送达货和用户接货之间往往出现不协调现象。这时，要圆满地实现运到之货的移交，还应讲究卸货地点、卸货方式等。也就是还要进行送达服务工作。

7）配送加工。指在配送中，为满足用户的需求，所进行的物品的简单加工，通过一定的加工，可大大提高用户的满意程度。

总之，如果在配送中做好以上相关因素的作业，就能基本做到配送的合理化。

（2）不合理配送对物流的负面影响

配送是否合理，在决策时常常需要考虑各个因素。因此，配送决策必须是全面的综合的。决策时要避免由于不合理配送所造成的损失。但有时某些不合理现象是预想不到的或是突发的，要追求配送全面的合理化，我们要分析各种不合理配送的表现形式，让大家重视。但要提醒大家注意防止绝对化。负面影响有：

1）资源筹措的不合理。配送一般是利用较大批量筹措货源，通过筹措货源的规模效益，来降低货源筹措的成本，使配送货源筹措成本低于用户自己筹措货源的成本，从而取得优势。但如果配送企业不是集中多个用户需求进行筹措货源，而仅是为极少数企业代购代筹，则不仅不能降低货源筹措费用，相反还要多支付给配送企业一笔代筹费用。因此，这种不合理形式会给配送企业带来增加运作成本的负面影响。

2）库存决策不合理。配送应充分利用集中库存总量低于各用户分散库存总量的原理来节约社会财富，同时降低用户的实际平均费用分摊负担，吸引更多的客户。因此，配送企业必须依靠科学管理来实现较低的库存总量，节省成本。但只为了避免出现库存过大，而造成库存不足，也是一种不合理的配送，影响配送企业失去信誉和市场。

3）价格不合理。配送价格比用户自己配送的价格过高或过低，会造成失去市场或使企业加重负担和亏损。

4）配送与直送的决策不合理。当用户使用批量较大时，应采用直送的形式进行配送，如果采用配送方式，既增加用户的成本，也增加了配送企业的成本。

5）送货中运输不合理。对于小用户来讲，可以集中配装后送货，节省运力和费用。不能还采用一户一送，会极大地浪费企业的人、财、物力。

6）经营观念不合理。在配送实施中，有许多是经营观念不合理造成的影响。例如，企业利用配送手段向用户转嫁库存困难，资金紧张时长期占用用户资金等，这些都属于不合理的配送，其负面影响是极易失去企业信誉和损害用户与企业的合作关系，造成企业市场占有率下降的。

（3）实现配送合理化的基本措施

实现配送合理化的方法有许多，基本上都是在实践的基础上总结出来的经验。目前，国内外为实现配送合理化，主要有以下具体措施：

1）推行一定综合程度的专业化配送。主要是通过采用专业设备、设施及操作程序，取得较好的配送效果并降低配送的复杂化和难度，实现配送的合理化。

2）推行加工配送。主要是采用加工和配送结合的方法，充分利用本来应有的中转环节，不增加新的中转来实现合理化。同时，加工借助于配送，使加工目的更明确，与用户的联系更紧密。这两者的有机结合，可在不增加太多投入的前提下追求两个优势、两个效益，是配送合理化的重要经验。

3）推行共同配送。通过共同配送，可以以最近的路程、最低的配送成本完成配送，以实现合理化。

4）实行送取结合。在配送时，将用户所需的物资送到，同时再将该用户生产的产品同车运回，这种产品也成了配送中心的配送产品之一，或者作为代存代储的业务，免去了生产企业库存的包袱，从而实现配送合理化。

5）推行准时配送系统。准时配送是合理化的重要内容。配送做到了准时，用户需求能及时得到

想一想：
1. 影响配送合理化的基本因素有哪些？
2. 不合理配送对物流的负面影响有哪些？
3. 实现配送合理化的基本措施有哪些？

满足，并能放心地实施低库存或零库存，才能集中精力有效地安排接货的人力、物力，以追求最高效率的工作，实现双赢。另外，保证供应能力，也取决于准时供应。

6）推行即时配送。因为这是最终解决用户担心的缺供措施，是大幅度提高供应保证能力的重要手段，也是配送企业快速反应能力的具体化。

2.6.4　配送中心

1. 配送中心概念

（1）配送中心概念的含义

配送中心是指从事配送业务的物流场所或组织（国家<物流术语>定义）。是在接受生产厂家等供货商多品种大量的货物，按照多家需求者的订货要求，迅速、准确、低成本、高效率地将商品配送到需求场所的物流节点设施。

作为从事配送业务的物流场所或组织，应符合下列要求：

1）为特定的用户服务。

2）配送功能健全。

3）完善的信息网络。

4）多品种、小批量。

5）以配送为主，储存为辅。

一般来说，为了提高物流服务水平，降低物流成本，从工厂等供货场所到配送中心之间实施低成本高效率的大批量运输，在配送中心分拣后，向区域内的需求者进行配送。在配送过程中，根据需要还可以在接近用户的地方设置末端集配点，从这里向小需求量用户配送商品。

 知识链接

国外配送中心简介

据相关资料介绍，美国沃尔玛商品公司下属的配送中心，建筑面积为 12 万平方米，投资额为 7000 万美元，职工人数有 1200 名。该配送中心拥有 200 辆车头、400 节载货车厢、13 条调配货物的传送带。在配货场内设有 170 个接货口，每天能为分布在 6 个州的 100 家连锁店配送商品，经营的商品多达 4 万种。另据介绍，在欧洲，一些国家近期所建的配送中心，其占地面积至少也有数万平方米，并且，在配送场所内均配备各种先进的物流机械和专业设备。例如，德国马自达汽车配件中心，总建筑面积为 2 万 5 千平方米，经营的商品种类有 8 万余种。该中心拥有 17 台塔式起重机、10 万台运输设备和其他各式分拣设备。

（2）配送中心与保管型仓库的区别

配送中心也可以看作是流通仓库，同保管型仓库相比，流通仓库的主要功能是加快商品周转，提高流通效率，满足客户对物流的高度化需求。

据资料介绍，在制造企业的总成本中用于物料搬运的费用占 20%～50%，如果合理地进行设施规划则可以降低 10%～30%。配送中心是大批物资集散的场所，物料搬运是最中心的作业活动，合理设施规划的经济效果将更为显著。

保管型仓库与配送中心（流通型仓库）的区别，如表 2.2 所示。

表 2.2　配送中心工作流程

项　　目	仓　　库	配送中心
功能	以物资保管为主要功能	入库、验收、保管、备货、分拣、流通加工、检验、出库等均为配送中心的功能
空间	保管空间	保管空间占一半，其他功能占一半空间
设计	以保管为主体，平面摆放，通路少，未进行严格的场所管理	按照配送中心功能的流转顺序设计，利用货架实行产体序放，有严格的场所管理
信息特征	货物的状况和信息不一致	货物的状况与信息一致和信息不一致
事务处理、信息传送的系统化	基本上使用人工完成事务处理和信息的传送	利用信息系统工具和物流信息系统完成事务处理和信息传送
作业的自动化和省力化	基本上是人工作业	在信息系统的支持下实现作业的自动化和省力化
对多样化物流需求的适应力	基本上不能适应	可以适应

2. 配送中心的主要类型

配送中心是一种新兴的经营管理形态，具有满足多种市场需求及降低物流成本的作用。按经营主体，服务对象和地点等不同分类，可以划分为多种类型。

（1）按经营主体的角度划分

1）制造商型配送中心。实力雄厚的特大型生产厂家，可以通过配送中心的设立，形成具有特色的产供销一体化的经营体制，以此来增强市场竞争能力，保持市场占有率。这种配送中心的产品大多是企业自己生产的，生产后的条码和包装等都容易控制，配送的设计比较容易，但不符合社会化要求。通常，家用电器、汽车、化妆品、食品等厂家多采取这种形式。

 知识链接

日本化妆品业最大的企业——资生堂，不仅生产产品，还从事批发和零售。这样便于更好地利用自身生产的有利条件，在价格上占有优势，发挥厂家对商品性能等方面的了解，在推销上具有优势。同时，利用厂家的配送、物流系统、销售系统使销售范围不断扩大。资生堂在关东和关西地区建立起现代化的大型物流中心，并在全国各地设立营销点，使销售业务覆盖全日本。

2）批发商型配送中心。批发型配送中心是指由批发企业为主体建立的配送中心。这种配送中心的物品来自各个制造商，配送中心将货物汇总后再销售，为满足零售商日益高度化的需求，批发商必须在订货周期，送货时间等方面不断加以改进，提高服务水平。

3）零售商型配送中心。零售商型配送中心是以零售企业（包括不同业态的连锁企业和大型零售业）为主体的配送中心。为了减少流通环节、降低物流成本，把来自不同进货者的货物在配送中心集中分拣、加工等，然后按其所属的店铺进行计划配送。这种配送中心社会化程度一般。

4）物流企业型配送中心。由物流企业建设的面向货主企业提供配送服务的配送中心。以第三方物流企业为主体的配送中心。其服务对象一般比较固定，属于第三方服务形态。

5）共同型配送中心。共同型配送中心一般是由规模比较小的批发业或专业物流企业共同设立的。共同配送中心不仅负责共同配送，还包括共同理货、共同开展流通加工等活动。

（2）按配送中心的功能划分

1）流通型（分拣型）配送中心。流通型配送中心具备高效率的商品检验、拣选以及订单处理等理货和信息处理的能力，作业时一般采用大型的分货机，进货时直接进入分货机的传送带，自动化程度比较高，如立体货架、分类机械、传送设备、识别装置、无线数据传输、无人搬运车、托盘堆码机等，信息系统也比较发达。

2）储存型配送中心（商品中心）。储存型配送中心商品储存功能很强，大量采购的商品储存在这里，成为企业销售的库存支持，根据生产和销售需要由配送中心及时组织配送。这种将分散库存变为集中库存的做法，有利于降低库存水平，提高库存周转率，这种配送中心是由传统的仓储企业发展起来的。

 资　　料

美国赫马克配送中心拥有一个 163000 个货位的储存区，可储存 16.3 万个托盘。瑞士 GIBA-GEJGY 公司的配送拥有规模居世界前列的储存区。我国目前建设的配送中心，也多为储存型配送中心，库存量大。

我国 2000 年手动托盘搬运车的产量近 26 万台，而日本 1998 年电动、手动托盘搬运机托盘升降机堆垛机等机械的产量已达到 454245 台。

3）流通加工型配送中心。流通加工型配送中心是以流通加工为主要业务的配送中心。除了开展配送服务外，还根据用户的需要在配送前对商品进行简单的流通加工。还有一种情况是出于提高运输保管效率的考虑，在运输保管过程中保持散件状态，向用户配送前进行组装加工。

（3）按服务对象划分

1）面向最终消费者的配送中心。消费者在店铺看样品挑选购买后，商品由配送中心直接送达到消费者手中。

2）面向制造企业的配送中心。这种类型的配送中心承担了生产企业大部分原材料或零部件的供应工作，将生产所需的原材料或零部件，按照生产计划调度的安排，送达到企业的仓库或直接送到生产现场。减少了企业物流作业活动，也为企业实现零库存经营提供了物流条件。

3）面向零售商的配送中心。配送中心按照零售店铺的订货要求，将各种商品备齐后送达到零售店铺。包括为连锁店服务的配送中心和为百货店服务的配送中心等。

（4）按社会化程度划分

1）自有型配送中心。自有型配送中心是指包括原材料和成品库在内的各种物流设施和设备归属于一家企业或企业集团拥有的配送中心，是为满足企业自身经营而建设的配送中心。

美国大型零售企业沃尔玛商品公司的配送中心，就是沃尔玛独资建立。专为该公司所属的连锁店提供商品配送服务的自有型配送中心。

2）公共型配送中心。公共型配送中心是面向所有用户，提供物流设施及配送服务的配送中心。使用者通过租赁的方式取得配送中心的使用权，并享受配送中心方面提供的公共服务。据介绍，美国有 250 多家公共型配送中心，有的已经形成了网络体系。

（5）按服务范围划分

1）城市配送中心。城市配送中心是以城市为配送范围的配送中心。城市范围一般处于汽车运输的经济里程里，可直接配送到最终用户，采用汽车进行配送。由于运距短、反应能力强，在从事多品种、少批量、多用户的配送中有优势。但由于运力限制，辐射能力不是很强。

2）区域配送中心。区域配送中心是以较强的辐射能力和库存准备，向省（州）际、全国乃至国际范围的客户配送的配送中心。这种配送中心的配送规模较大，一般客户也较大，配送量也较大，往往是给下一级城市进行配送，城市配送就是它的二级配送。

（6）按配送货物的属性划分

根据配送货物的属性可分为：食品配送中心、日用品配送中心、医药品配送中心、化妆品配送中心、家电产品配送中心、书籍产品配送中心、服饰配送中心、汽车零件配送中心及生鲜配送中心等。

由于所配送的产品不同，配送中心的规划方向也不同。

 **知识链接**

配送技巧

生鲜处理中心主要处理的货物是蔬菜、水果和鱼肉等生鲜食品，属于低温型的配送中心，由冷冻冷藏库、鱼虾包装处理场、肉品包装处理场、蔬菜包装处理场及进出货暂存区等组成。冷冻库为零下25°，而冷藏库为0～5℃之间，又称为湿货配送中心。

书籍产品的配送中心，由于书籍有新出版、再版及补书等特性，尤其是新出版的书籍或杂志，其中的80%不上架，直接理货配送到各书店，剩下的20%左右库存在配送中心等待客户的再订货；另外，书籍或杂志的退货率非常高，约有30%～40%左右。因此，在进行书籍产品配送规划时不能与生鲜食品一样。例如，服饰产品有淡旺季及流行性等特点，而且较高级的服饰必须使用衣架悬挂。

除了以上几种基本类型以外，在国外近年还出现了礼品配送中心和售后服务型配送中心。

礼品配送中心主要是用来配送用于个人之间相互赠与的礼品，当顾客在商店挑选好礼品后，由配送中心负责包装并配送到客人手中。

售后服务型配送中心的服务除了进行商品配送以外，还负责产品的安装、调试等服务，配送对象主要是家电、家具等需要组装、安装、调试的大型商品。

对于不同种类与行业形态的配送中心，其作业内容、设备类型、营运范围可能完全不同，但方法和步骤有共同之处。配送中心的发展已逐渐由仓库为主体的配送中心，向信息化、自动化的整合型方向发展。

配送中心机械设备主要由装卸搬运设备、输送设备、拣选设备、分货设备等构成，如表2.3所示。

表2.3　配送中心的构成

功能区域		
	管理区	中心内部行政管理、信息处理、业务洽谈、订单处理以及指令发布场所.在中心的出入口
	进货区	收货、验货、卸货、搬运及货物暂停的场所
	理货区	对进货进行简单处理的场所，货物直接被分拣配送
		待加工、入库储存和不合格需退货的货物，分别送往不同的功能区
		有条形码管理的中心为货物贴条形码

功能区域	储存区	对暂时不需配送或作为安全储备的货物进行保管和养护的场所
		通常配有多层货架和用于集装单元化的托盘
	加工区	进行必要的生产性和流通性加工（分割、裁剪、改包装等）的场所
	分拣配货区	进行发货前的分拣和按订单配货
	发货区	对货物进行检验、发货、待运的场所
	退货处理区	存放进货时残损或不合格或需要确认等待处理货物的场所
	废弃物处理区	对废弃包装物（塑料袋、纸袋、纸箱等）破碎货物、变质货物、加工残屑等
		废料进行清理或回收复用的场所
	设备存放及维护区	存放叉车，托盘等设备及维护（充电、充气、紧固等）工具的场所
物流设备	储存设备	储存货架、重力式货架、回转式货架、托盘、立体仓库等
	搬运设备	叉车、搬运车、连续输送机、垂直升降机等
	分拣输送设备	分拣车辆、分拣输送机、自动分拣机等
物流管理	业务性管理	业务管理条例，如各项规章制度、各项操作标准及作业流程等
	信息管理系统	如，订货系统、出入库管理系统、分拣系统订单处理系统、信息反馈系统
辅助设施		包括库外道路、停车场、站台和铁路专用线等

3. 配送中心的作业环节

配送中心的特性或规模不同，其营运涵盖的作业项目和作业流程也不完全相同，但其基本作业流程大体相同。

由供货车到达码头开始，经进货作业确认进货后，依次将货物储存入库。为确保在库货物受到合理保管，须进行定期或不定期的盘点检查。当接到客户订单后，先将订单按性质作订单处理之后，按处理后的订单信息，将客户订购的货物从仓库中取出做分拣作业，完成后，当分拣区货物存量过低时，向储货区补货，将客户所需货物整理后准备出货，出货完成后，配送开始。

在每一个作业环节里还包含不同的作业内容，具体如图2.2所示。

配送中心的作业活动按物流环节主要包括：拣选、分货、流通加工、保管、配送、订单处理和信息处理等。

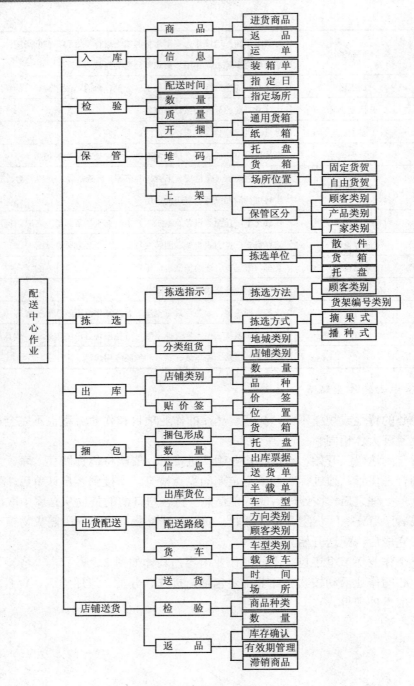

图 2.2 配送中心作业

（1）拣选

拣选是配送中心作业活动中的核心内容。所谓拣选，就是按订单或出库单的要求，从储存场所选出物品，并放置在指定地点的作业。由于配送中心所处理的商品种类繁多，而且要面对众多的服务客户，因此，要在短时间内，高效率、准确地完成上百种甚至更多品种商品的拣选，就变成一项复杂的工作。拣选工作一般难以采用机械完成，主要依靠人工作业。

（2）分货

配送中心的最终任务是按照客户的订单要求及时将商品送达到客户手中。配送中心面对众多客户提供配送服务，因此，集中拣选出来的商品要按店铺、按照配送车辆、配送路线等分组，也就是说将集中拣选出来的货物按照商店、车辆、路线分别分组码放在指定的场所。在大型配送中心和卡车中转站，一般利用大型的高速自动分拣设备完成分拣作业。

货物分组作业还存在于货物在上架之前，例如将入库的货物按照入出库的先后顺序进行分别码放，按照不同的客户分别码放，为提高下道作业效率进行合理分组码放等。

（3）流通加工

流通加工不是所有配送中心都必备的作业环节，但往往起重要作用。流通加工可以大大提高用户的满意度，并可提高配送货物的附加价值。配送中心流通加工的内容与服务对象有关。

（4）保管

配送中心保管的商品一部分是为了从事正常的配送活动保证的存货，库存量比较少；另一部分是集中批量采购形成的库存，具有储存的性质；也有供应商存放在配送中心准备随时满足顾客订货需要的存货。

（5）配送

配送是配送中心的核心功能，也是配送中心最终要完成的工作，有不同的配送方式。

（6）订单处理

订单处理是指接收订货信息、核对库存、制作各种票据，按照订货要求做好相应的作业准备工作。在配送中心每天的营运作业里，订单处理为每日必行的作业，也是一切作业的起始，因此订单处理的效率极大地影响着后续的拣货配送等作业。

（7）信息处理

配送中心作为连接供应者和需求者的桥梁，要与双方保持信息上的沟通。随着配送时效性的增强，信息的传递、处理速度必须加快，为此，配送中心必须构建高效率的信息处理和传递系统。此外，配送中心内部作业活动的效率化同样也离不开信息的支持。

2.7 物 流 信 息

 必备的理论知识

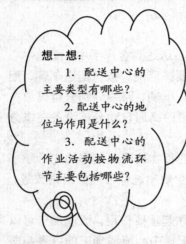

想一想：

1. 配送中心的主要类型有哪些？

2. 配送中心的地位与作用是什么？

3. 配送中心的作业活动按物流环节主要包括哪些？

1. 物流信息概述

（1）物流信息定义

信息是客观世界中各种事物及其特征的反映，是事物之间联系的表象，是由各种消息、情报、资料、信号、语言、图像、声音等组成的媒体数据。如，电闪、雷鸣、鸟语、花香反映的是大自然变化的信息，语言、文字、通讯、电波报道的是人类活动的信息。随着社会的进步和经济的发展，人们社会活动的深度与广度不断增加，信息的获取、加工、处理变得越来越重要，信息这一概念也在各个领域得到广泛的应用。物流信息是指在物流活动进行中必要的信息。

《中华人民共和国国家标准物流术语》对物流信息的定义是："反映物流各种活动内容的知识、资料、图像、数据、文件的总称。"

物流信息的定义包含两方面的内容。狭义的内容包括：物流信息是指物流活动如运输，保管、包装、装卸、流通加工等有关信息。在物流过程中，运输工具的选择、运输线路的确定、运输批量的衡量、仓库的合理利用及客户的需求等都需要准确的物流信息。广义的内容包括：物流信息还包括与其他流通活动有关的信息，如商品交易信息、市场信息等。广义的信息范围很广，并且相互交融，密切联系。不仅能起到连接整合整个供应链的作用，还在应用现代信息技术（EDI，EOS，POS，互联网，电子商务等）的基础上充分体现供应链的功能。

总之，物流信息在现代经营战略中的地位越来越重要，建立物流信息系统，提供迅速、准确、及时、全面的物流信息是现代企业在市场经济的竞争中取胜的必要条件。

（2）物流信息的特征

现代物流活动中重要组成部分为物流、商流、资金流和信息流。物流活动中的信息流是物流的共生物，它伴随着实物体的位移而流动。物流过程中的信息具有以下几个特征：

1）信息量大，分布广。物流信息随着物流活动以及商品交易活动展开而大量发生。多品种、少批量生产和多批次、小批量配送使库存、运输等物流活动的信息大量增加。随着企业间合作倾向的增强和信息技术的发展，物流信息的信息量在售后将会越来越大。

2）动态性强，更新、变动快。在物流活动中，信息不断地产生，而且随着人们消费需求而更新，速度很快。由于多品种、少批量生产，多批次、小批量配送以及利用POS系统的即时销售使得各种作业活动频繁发生，加上市场情况、用户需求的不断变化，迫使物流信息也不断更新，因而信息的价值变化的速度也快。

3）来源多样化。物流信息不仅包括企业内部的物流信息（如生产信息、库存信息等），而且包括企业之间的物流信息和与物流活动有关的基础设施的信息。企业竞争优势的获得需要供应链各参与企业之间相互协调合作。协调合作的手段之一是信息的即时交换和共享，许多企业把物流信息标准化和格式化，利用EDI在相关企业之间进行传输，实现信息的共享，使得物流信息的分类、研究、筛选等工作的难度增加。另外，物流活动往往可以利用道路、港湾、机场等基础设施进行搜集。

4）信息的不一致性。由于信息在物流活动过程中形成，信息的产生、加工在时间、地点上不一致，采集周期和衡量尺度不一致，在应用方式上也不一致。

（3）物流信息的功能

在物流系统中，各环节的相互衔接是通过信息予以沟通的，而且基本资源的调度也是通过信息的查询来实现的。例如：物流系统和各个物流环节的优化所采取的方法、措施以及选用合适的设备、设计合理的路线、决定最佳库存量等决策，都要系统联系实际。也就是说，必须依靠那些能够准确反映物流活动的信息。在整个系统的运行过程中，物流信息主要有以下作用：

1）交易功能。完成交易过程中的必要操作，包括记录订货内容、库存安排、用户查询等。该功能体现了信息记录个别物流活动的基本层次。

2）控制功能。对于提供企业物流服务水平和资源利用的管理，需要信息的控制功能，通过合理的指标体系来评价和鉴别各种方案，该功能强调了信息的控制力度。

3）决策功能。大量的信息能使管理人员全面掌握情况，协调进行物流活动的评估、比较、成本收益分析，从而做出有效的物流决策。

4）战略功能。主要表现在物流信息的支持上，有效利用物流信息，有助于开发和确立物流战略。

由于物流信息与运输、仓储等各个环节均有着密切关系，发挥着各种重要功能，在物流系统中起着举足轻重的作用。因此，应该加强物流信息的研究和利用，使物流成为一个有机整体，而不是各自孤立的活动。只有在物流的各项活动中及时搜集和传输有用信息，并通过信息有效的传递，把运输、存储、加工、配送等业务活动联系起来，才能使物流畅通化、定量化，进而提高物流整体作业效率。

2. 物流信息的分类

在处理物流信息和建立信息系统时，对物流信息进行分类是一项基础工作。

物流信息有以下若干种：

（1）按信息的特性分类

1）计划信息类。计划信息是指尚未实现但已当作目标确认的一类信息，如物流量计划、仓库吞吐量计划、车皮计划、与物流活动有关的国民经济计划、工农业产品产量计划等。许多具体工作的预计、计划安排等，甚至是带有作业性质的，如协议、合同、投资等信息，只要尚未进入具体业务操作的，都可归入计划信息之中，这种信息的特点是带有相对稳定性，信息更新速度较慢。在一段时间中，可以供相关部门重复使用而不发生质的变化。

计划信息对物流活动有非常重要的战略意义，其原因在于，掌握了这个信息，便可对物流活动本身进行战略思考，如国家标准、国际标准、专业标准、设备标准等。

2）控制及作业信息类。控制及作业信息是物流活动过程中发生的信息，带有很强的动态性，是掌握物流状况所不可少的，如库存种类、库存量、在运量、运输工具状况、物价、运费、投资在建情况、港口船舶的货物到发情况等。这类信息的特点是动态性非常强，更新速度快、信息的时效性强。

3）统计信息类。统计信息是物流活动结束后，对整个物流活动一种终结性、归纳性的信息。这种信息是一种恒定不变的信息，有较强的资料性。虽然新的统计结果不断出现，使其在总体来看，具有动态性，而对已经发生的统计信息是一个历史的记录，是恒定不变的。诸如上一年度、月度发生的物流量、物流种类、运输方式、运输工具使用量、仓储量、装卸量以及与物流有关的工农业产品产量、内外贸量等都属于这类信息。

统计信息有很强的战略价值，它的作用是用以正确掌握过去的物流活动及规律，以指导物流战略发展和制定计划。物流统计信息也是国民经济信息之一。

4）支持信息类。支持信息指能对物流计划、业务、操作具有影响或有关的文化、科技、产品、法律、教育、民俗等方面的信息，例如物流技术革新、物流人才需求等。这些信息不仅对物流战略发展具有价值，而且也对控制、操作能起到指导和启发作用，是属于从整体上提高物流水平的一类信息。

按物流的不同功能领域对信息进行分类是物流管理具体化必不可少的。

（2）按管理层次分类

根据管理层次的划分，物流信息分为战略管理信息、战术管理信息、知识管理信息、操作管理信息。

1）操作管理信息：产生于操作管理层，反映和控制企业的日常生产和经营工作，例如每天的产品质量指标，用户订货合同、供应厂商原材料信息等。这类信息通常具有量大、且发生频率高等特点。

2）知识管理信息：是知识管理部门相关人员对企业自己的知识进行收集、分类、存储和查询，并进行知识分析得到的信息。例如专家决策知识、物流企业相关业务知识、工人的技术和经验形成的知识信息等。

3）战术管理信息：是部门负责人作关系局部和中期决策所涉及的信息，如月销售计划完成情况、单位产品的制造成本、库存费用、市场商情信息等。

4）战略管理信息：是企业高层管理决策者制定企业年经营目标、企业战略决策所需要的信息，例如，企业全年经营业绩综合报表、消费者收入动向和市场动态、国家有关政策法规等。

（3）按信息来源分类

1）物流系统内信息。它是伴随物流活动而发生的信息，包括物料流转信息、物流作业层信息，具体为运输信息、储存信息、物流加工信息、配送信息、定价信息等，以及物流控制层信息和物流管理层信息。

2）物流系统外信息。它是在物流活动以外发生，但提供给物流活动使用的信息，包括供货人信息、顾客信息，订货合同信息、社会可用运输资源信息，交通和地理信息、市场信息、政策信息，还有来自企业内生产、财务等部门的与物流有关的信息。

（4）物流信息系统的类型

1）按系统功能性质分类，可分为操作型系统和决策型系统两类。

① 操作型系统。它是按照某个固定模式对数据进行固定的处理和加工的系统，它的输入、输出和处理均是不可变的。

② 决策型系统。能根据输入数据的不同，运用知识库的方法，对数据进行不同的加工和处理，并给用户提供决策的依据。

2）按系统配置分类，可分为单机系统和计算机网络系统两类。

① 单机系统。信息系统在一台计算机上运行，虽然可以有多个终端，但主机只有一个。

② 计算机网络系统。计算机网络是现代通信技术与计算机技术相结合的产物。所谓计算机网络，就是把分布在不同地理区域的计算机与专门的外部设备用通信线路互联成一个规模大、功能强的网络系统，从而使众多的计算机可以方便地互相传递信息，共享硬件、软件、数据信息等资源。

物流信息系统规划与开发过程比较复杂。建立物流信息系统，不是单项数据处理的简单组合，必须要有系统规划。因为它涉及传统管理思想的转变，管理基础工作的整顿提高以及现代化物流管理方法的应用等许多方面，是一项范围广、协调性强，人机紧密结合的系统工程。

3. 物流信息的作用

物流信息对提高经济效益起着非常重要的作用。

（1）物流信息的作用

1）中枢神经的作用。在物流过程中，信息流经收集、传递后，可成为企业决策的重要依据，对整个物流活动起着指挥、协调的作用。高效的信息系统是物流系统正常运转的必要条件。

2）支持保障作用。物流信息对全部物流活动起支持作用。如果没有信息的支持，物流设备再好，也不能正常运转，但只有这种支持，而没有物流技术水平、管理水平，物流活动也不能发挥作用，只有相互支持，才会充分发挥作用。

3）决定效益作用。物流系统优化，各个物流环节因优化所采取的各种办法，措施切合实际，依靠准确的物流信息，物流活动没有盲目性，对提高经济效益起着非常重要的作用。

物流信息管理的目的就是在信息系统的支撑下，要把物流涉及企业的各种具体活动综合起来，加强整体的综合能力。因此，必须对物流信息及其管理有足够的认识。

（2）物流信息系统实施后带来的好处

1）有效的组织跨地区的业务。作为物流服务企业其核心的业务就在于对物流进行有效的管理。例如，Internet 的物流信息理系统可以把运输的运作情况在网上分为接单、发运到站、签收几个部分。各个业务部分可以在不同的地方以不同用户身份通过互联网进入系统，然后进行业务数据的输入。其好处是对于下一站的分公司来说，可以及时地了解上一站发送货品的信息，及时地安排交通工具和仓库库位。

2）充分利用资源。仓库储存中可以对货品进行排库和盘点，系统可以提供非常可视化的货物排库功能。同时系统提供为货物的各种统计查询以及智能化的货物先进先出功能，极大地方便了仓库管理者，并且为物流企业客户提供真正的物流服务奠定了基础。这种服务就是完全按照客户对物品的调拨指令以及按照客户对于物品的调拨原则，对客户仓储的物品进行管理。

3）提高客户服务水平。对于客户来说，交货后最需要了解的是货物的流通过程以及货物是否安全准确地到达指定的地点。这一点是所有物流企业提供客户服务的关键。通过英泰奈特的物流管理系统，客户可以使用物流企业提供的用户查询口令和密码，在线查询所有交货运输中货物的状态，也就是说客户可以随时了解自己的货物是否发运、在途、到站以及签收。货物的达标率、破损率等都能够在线查询。

4）加快资金周转。资金的调拨对于所有企业都是非常重要的，通过物流管理系统，无论是物流服务企业还是客户都能够及时了解到每一批货物的签收情况，可以尽早制订资金的运作计划。实践证明，采用物流管理信息系统要比传统的结算系统平均提早 2 天时间。

5）节约通信费用。物流企业的业务具有跨地域广的特点，过去传统的联系方式都是采用电话和传真进行信息的交流，但是电话不能存底，传真的文字不能用于数据处理，而且由于需要所进行的长途通信费用对于物流企业来说是非常巨大的。英泰奈特的物流管理信息系统采用的是网络构架的信息交通系统，因此通信费用可以大大地降低。

4. 物流信息系统概述

（1）物流信息系统的概念

物流信息系统作为企业信息系统的主要组成部分，可以理解为通过对与物流相关信息的收集、加工、处理、储存和传递来达到对物流活动的有效控制和管理，并为企业提供信息分析和决策支持的物流系统。它具有实时化、网络化、系统化、规模化、专业化、集成化、智能化等特点。物流信息系统以物流信息传递的标准实时化、存储的数字化、物流信息处理的计算机化等为基本内容。物流信息系统充分利用数据、信息、科学知识等资源，实施并控制物流业务，支持物流决策，实现物流信息共享，以提高物流效率，物流信息系统的最终目的是提高企业的核心竞争力。

（2）物流信息系统的基本功能

物流系统的不同阶段和不同层次之间通过信息流紧密地联系在一起，因而在物流系统中，总存在着对物流信息进行采集、传输、贮存、处理、显示和分析的物流信息系统。它的基本功能可以归纳为以下几个方面（见图2.3）：

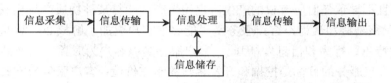

图 2.3 物流信息系统的基本功能

1）数据的收集和录入。物流信息系统首先要做的是用某种方式记录下物流系统内外的有关数据，集中起来并转化为物流信息系统能够接收的形式并输入到系统中。

2）信息的存储。数据进入系统之后，经过整理和加工，成为支持物流系统运行的物流信息，这些信息需要暂时存储或永久保存，以供使用。

3）信息的传播。物流信息来自物流系统内外有关单元，又为不同的物流职能所用，因而克服空间障碍的信息传输是物流信息系统的基本功能之一。

4）信息的处理。物流信息系统的最基本目标，就是将输入数据加工处理成物流信息。信息处理可以是简单的查询、排序，也可以是复杂的模型求解和预测。信息处理能力的强弱是衡量物流信息系统能力的一个重要方面。

5）信息的输出。物流信息系统的目的是为各级物流人员提供信息。为了便于人们的理解，系统输出的形式应力求易读易懂、直观醒目，这是评价物流信息系统的主要标准之一。

想一想：

1. 如何对物流信息进行分类？

2. 物流信息系统的概念是什么？

2.8 物流客户服务

 必备的理论知识

2.8.1 客户服务与物流

1. 客户服务的概念及构成

（1）客户服务的概念

菲利普·科特勒认为："服务是一方能够向另一方提供的基本上是无形的任何行为或绩效，并且不导致任何所有权的产生。它的生产可能与某种物质产品相联系，也可能毫无联系。"莱维特却认为，客户服务是"能够使客户更加了解核心产品或服务的潜在价值的各种特色、行为和信息"，因此，客户服务是以客户为对象，以产品或服务为依托的行为；客户服务的目标是挖掘和开发客户的潜在价值；客户服务的方式可以是具体行为，也可以是信息支持，还可以是价值导向。

在我国，普遍认为，客户服务是：在合适的时间和合适的场合，以合适的价格和合适的方式向合适的客户提供合适的产品和服务，使客户的需求得到满足，价值得到提高的活动过程。其中，为合适的客户提供合适的产品和服务，以合适的方式提供产品和服务，使客户实现合适的需求是客户服务的核心。

不同的企业，不同的客户，由于所处的角度不同，对客户服务所给的定义也不相同。我们只有从客户服务的基本内涵入手，才能较好地把握客户服务的实质。

（2）物流客户服务与特点

物流客户服务是指物流企业为促进其产品或服务的销售，发生在客户与物流企业之间的相互活动。

物流客户服务与广义上的客户服务相比，具有以下几方面特点：

1）物流客户服务是为了满足客户需求所进行的一项特殊工作，并且是典型的客户服务活动。其内容包括：订单处理；技术培训；处理客户投诉；服务咨询。

2）物流客户服务是一整套业绩评价。

2. 物流服务与企业竞争力

作为企业客户服务一部分的物流服务，最终要通过顾客的满意体现出来。客户对于企业物流服务的评价主要体现在商品的库存保有率、订货周期和配送水平等方面。

随着市场环境的变化，人们越来越深刻地认识到物流服务已经成为企业提高其竞争力的重要手段，直接影响到企业整体运作水平，是增强商品的差异性、提高商品竞争优势的重要因素。物流服务对于企业竞争力的重要性主要体现在以下几方面：

（1）物流服务已逐渐成为企业经营差别化的重要一环

在企业的营销政策上，特别是在细分化营销时期，企业物流功能不再只停留在商品传递和保管等一般性活动上，不再是企业生产和消费的附属职能。而差别化战略中的一个重要内容就是客户服务上的差异。所以，作为客户服务重要组成部分的物流服务成为企业实施差别化战略的重要方式和途径。

（2）物流服务水准的确立对经营绩效产生重大影响

决定物流服务水准是构筑物流系统的前提条件，在物流开始成为经营战略重要一环中，物流服务越来越具有经济性的特征，或者说，市场机制和价格机制的变动通过供求关系既决定了物流服务的价值，又决定了一定服务水准下的成本。所以，物流服务的供给不是无限制的，否则，过高的物流服务势必损害经营绩效，不利于企业收益的稳定。因而，制定合理或企业预期的物流服务水准是企业战略的重要内容之一。

（3）物流服务方式的选择对降低流通成本产生重要影响

低成本战略历来是企业营销竞争的重要内容，而低成本往往涉及商品生产、流通的全过程，除了生产原材料、零配件、人力成本等各种有形的影响因素外，物流服务方式等软性要素的选择对成本也具有相当大的影响力。合理的物流方式不仅能提高流通效率，而且能从利益上推动企业发展，成为企业利润的重要来源。

（4）物流服务起着重要的纽带作用

随着经济全球化、网络化的发展，企业的竞争体现为一种动态的网络竞争，竞争优势也体现于网络优势，而物流客户服务以其性质和内容，成为构造企业经营网络的主要方式之一。

2.8.2 物流服务的作用

1. 物流服务的内容

物流服务是指物流企业为其他需要物流服务的机构与个人提供的一切物流活动。物流服务是以货主的委托为基础进行的独立的物流业务活动。

物流服务的内容是满足货主需求，保障供给。物流服务的宗旨是在服务数量与品质上都要达到货主满意。具体体现在，数量上满足货主适量性、多批次、广泛性（场所分散）的需求，质量上满足货主安全、准确、迅速、经济等要求。因此，物流服务的基本内容应包括运输、配送、保管、装卸搬运、包装、流通加工等以及与其相联系的物流活动。

上述六项内容中，运输、配送与保管是物流服务的中心内容，而运输与配送是物流体系中所有动态内容的核心，保管则是唯一的静态内容。物流服务的装卸搬运、包装、流通加工与物流信息则是物流的一般内容。它们有机地结合构成了一个完整的物流服务体系。

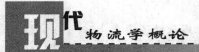

2. 物流服务的作用

目前，随着我国经济的高速发展，服务经济即第三产业也快速发展，其发展速度远远快于制造业。物流企业的工作是企业为了组织和管理原材料和产成品有秩序地流动而产生和发展的，并日益起着重要的作用。因此，现代物流企业按其性质也属于服务业。中等职业学校学生作为物流行业的后备力量，对物流服务的作用应该有较清晰的了解。

物流服务主要是围绕着客户所期望的备货保证、输送保证、品质保证而展开的，在企业经营中占据相当重要的地位。特别是随着电子商务的发展，企业间的竞争已淡化了地域的限制，其竞争的中心将是物流服务的竞争，如商品配送服务等。

物流服务过程就是围绕上述三点展开的。物流服务构成要素（见图 2.4）反映了物流服务在企业经营过程中的重要性。其主要作用体现在以下四个方面：

（1）物流服务是企业实现差别化营销的重要方式和途径

市场进入细分市场营销阶段后，市场需要多样化和分散化，企业的经营和以往任何时期都显得困难和艰巨，企业经营只有符合各种不同类型、不同层次的市场需求，并能迅速、有效地满足消费者的欲望，才能使企业在激烈的竞争和市场变化中求得生存和发展。因而，差别化经营战略是企业经营不可回避的矛盾，主要是客户服务上的差异。所以，作为客户服务重要组成部分的物流服务也相应具有了战略上的意义，换句话说，物流服务是差别化营销的重要方式和途径。

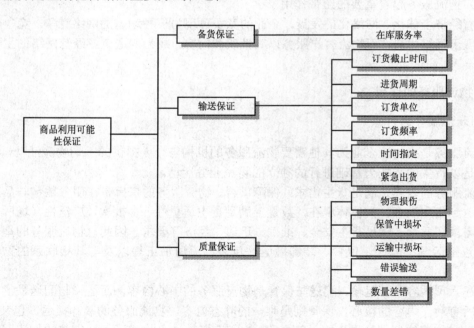

图 2.4 物流服务的构成要素

（2）物流服务水准的选择影响企业经营绩效

物流服务的供给不是无限制的。过高成本的物流服务势必损害企业经营的绩效，不利于企业收益的稳定。因而，制定合理或企业预期的物流水准是企业战略活动的重要内容之一，特别是对于一些特殊运输、紧急输送等物流服务，需要考虑成本的适当性或各流通主体相互分担的问题。

（3）物流服务方式的选择已成为企业经营战略不可分割的重要内容

企业经营活动中，物流服务方式等软性要素的选择对其经营成本具有相当大的影响力。低成本战略历来是企业追求的重要内容，而低成本的实现除了受生产原材料、零部件、人力成本等各种有形因素的影响外，合适的物流服务方式的选择，也能推动企业的发展，成为企业利润的第三大来源。特别需要说明的是，现阶段，由于消费者低价格倾向的发展，大型的零售业为降低商品购入和调拨的物流成本，正在逐步改变原有的物流系统，转而实行由零售为主导的共同配送、直送、JIT 配送等新型物流服务，以支持零售经营战展开。这从一个侧面显示了物流服务的决策已成为企业经营战略不可分割的重要内容。

（4）物流服务能有效地连接供应商、厂商、批发商和零售商，创造超越单个企业的供应链价值

物流服务作为一种特有的服务方式，以商品为媒介，将供应商、厂商、批发商及零售商有机地组成一个从生产到消费的全过程流动体系，推动了商品的顺利流动；另一方面，物流服务通过自身特有的系统设施（POS、EOS、VAN 等）不断将商品销售、库存等重要信息反馈给流通管道中的所有企业，并通过不断调整经营资源的蓄积，使整个流通过程不断协调地应对市场变化，进而创造出一种超越流通管道内单个企业的供应链价值。

3. 物流服务对于企业经营的重大意义

在以顾客需求为导向的今天，物流服务对于企业经营具有十分重大的意义：

（1）物流服务已成为企业销售差别化战略的重要内容

消费者需求呈现多样化和分散化的特征后，发展变化十分迅速。企业经营要采取差别化经营战略来满足不同层次、不同类型的市场需求。顾客服务差别化是差别化经营战略中的主要内容。

（2）物流服务水平的确立对经营绩效具有重大的影响

确定合适的物流服务水平是构筑物流系统的前提条件，在物流逐渐成为经营战略的重要组成部分的过程中，制定合理的物流服务水平是企业战略活动的当务之急。

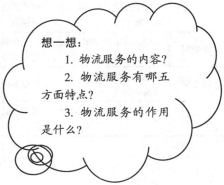

想一想：
1. 物流服务的内容？
2. 物流服务有哪五方面特点？
3. 物流服务的作用是什么？

（3）物流服务是有效联结供应商、制造商、批发商和零售商的重要手段

随着经济全球化的发展和信息技术在企业中的深入应用，企业的竞争优势不再是单一企业的优势，而是供应链整体的优势。应在经营中实现双赢。

（4）物流服务方式的选择对降低成本具有重要意义

合理的物流方式不仅能够提高商品周转，而且能够从利益上推动企业发展，成为企业的第三利润源。特别是，随着精益物流、虚拟物流、共同配送等新型物流服务的应用，能够有效地降低整个供应链的总成本。

2.8.3 客户服务的类型

1. 客户服务的分类

企业与客户的关系具有明显的生命周期特征，在不同阶段客户对企业的服务需求有所不同。企业应在不同的阶段提供具有针对性的客户服务才可能赢得客户的信赖，从而实现客户和企业的价值。下面从客户关系各阶段的客户服务需求分析客户服务的分类。

（1）客户关系的生命周期

阶段划分是客户关系研究的基础，在客户服务理论研究中，有代表性能的客户生命周期模型有两种。

1）买卖关系一般可以按了解、探察、扩充、承诺、解散五阶段模型来描述，这种观点明确强调了买卖关系的发展具有阶段性特征，这种观点已被人们广泛接受。

2）客户关系的发展也可按考察期、形成期、稳定期、退化期四个阶段来论述。

综合上述两种客户生命周期模型，结合客户服务的要求，这里将供应商与客户关系的发展划分为开发期、接触期、确立期、成熟期、反复期、消退期六个阶段。

上述客户关系各阶段的相关需求如表2.4所示。

表2.4 客户关系生命周期

阶 段	维持策略		维持成本		服务需求
	供应商	消费者	供应商	消费者	
开发期	引导消费趋势、强化宣传、吸引消费者	建产感性认识、积累消费需求	高	低	产品、服务的质量、有效信息
接触期	高度关注消费需求、积极接触、主动出击	广泛接触、深入了解、建立理性认识	较高	较高	供应商信息、客户需求
确立期	提供优质优价的产品、高质量的服务	客观地评价、积极消费	高	高	公平对称的合作、信息沟通与反馈、客观评价与协商
成熟期	高效地沟通、良好地合作	及时信息反馈、高度信任	低	低	良好的发展、合作、受益环境

续表

阶 段	维持策略		维持成本		服务需求
反复期	主动协商、态度诚恳、积极运作	理性合作、综合协调	较高	较高	理性谈判、主动让步、合作与发展
消退期	理性合作、放眼未来	巩固既往	高	高	理性合作、降低风险

（2）基于客户关系生命周期的客户服务分类

根据客户关系生命周期可以将客户服务分为六种：开发期客户服务、接触期客户服务、确立期客户服务、成熟期客户服务、反复期客户服务与消退期客户服务。各种客户服务类别特征及内容如下：

1）开发期客户服务。在开发期，供应商面对的是广大的消费者，可以采用多媒介的广告策略、产品服务免费试用、赠送、现场答问等多种手段。目的只有一个，就是在消费者中，树立良好的形象，吸引消费者并引导消费需求，从而为客户关系的建立奠定基础。

2）接触期客户服务。在接触期，供应商或消费者都可以比较主动地与对方进行接触，以便较深入地了解产品、服务的特征和优劣势以及供应商和消费者自身的资质、信誉等多方面的状况。许多企业邀请分销商、代理商进行产品信息发布，客户主动捕捉企业动态信息都属于该阶段的服务范畴。

3）确立期客户服务。在客户关系确立期，消费者最终确定产品服务的供应商，双方订立购销合同，明确基于该产品服务的权利与义务。供应商基于客户需求对产品服务进行调整和优化，客户也要求供应商从产品质量、服务递送方式、技术等方面提供支持，并部分确定服务有效性时间、响应时间、准时性目标、给定时段内可接受的最大服务中断时间、可靠性目标等服务指标值。

4）成熟期客户服务。基于供应商确立期的良好客户服务，双方关系获得快速发展，开始准备建立长期稳定的客户关系。随着双方各种协议文件的逐渐规范，双方互惠互利关系真正建立。以便双方都尽可能获取最大限度的收益。

5）反复期客户服务。因为在客户关系反复期中供应商和客户双方之间出现了一些摩擦，导致一些不愉快，双方需要客观地进行交流，发现并解决问题。供应商可以通过保持持续增值创新能力，提供比竞争对手更高的客户价值，从而维持和改善客户关系。

6）消退期客户服务。在客户关系消退期阶段，由于不可逆转的各方面原因，双方关系水平出现逆转。最好的策略是双方以友好的方式解除原来建立的良好关系，不但有利于双方相关业务处理，而且为未来新的战略伙伴关系的建立保存基础。

2. 物流增值服务

物流企业的产品就是服务。确切地说，是管理服务、物流服务，以支持所有的物流需求。目前物流企业除提供基本的物流服务外，还在向客户提供一系列附加的创新服务和独特服务延伸。

（1）物流增值服务的内容

所谓增值服务就是通过制定科学的物流解决方案，为客户提供除运输、仓储与配送等基本物流服务外的延伸服务，如分拣、包装、流通加工和信息处理、库存管理、终端客户服务等，使客户降低库存、节约费用和时间，增加效益。

增值服务是在基本服务的基础上，增加的便利性服务或支持性服务。例如，存货管理、订货管理、开票和回收货物处理等，覆盖了物流供应链的全领域；在包装箱上标明条形码，使物流链中有关各方都便于搬运和点数；建立方便的订货动态系统，使物流过程中的各方能够迅速获得有关订货执行情况的准确信息；有许多厂商还提供全套的物流服务，向托运人提供类似于包干物流服务。一体化的配送中心的配货、配送和各种提高附加值的加工服务，会使物流服务功能向协作化方向发展。随着现代物流的发展，第三方物流提供的服务应比传统储运更广泛，服务的范围不仅是仓储、联运的车队管理，而且不断延伸扩展到流通加工、单品配送、JIT 管理、产品回收、签订项、物流代理及物流信息系统的开发等领域，同时也给第三方物流企业提供了增值服务的良好商机。

资　　料

在中国香港及发达国家，许多企业把物流方面的投资和人力交由第三方来承担，以提高企业环境适应力；有的企业在采用第三方的延伸服务后成本降低 30％～40％。目前国内尚存在厂商与第三方物流公司信息沟通不畅、企业内部机密泄露、双方文化氛围冲突等问题亟待解决。从当前运行的情况看，几乎所有的企业对第三方物流公司的服务是满意的，这展示了第三方物流的增值服务有一个广阔的前景。

（2）增值服务的领域界定

增值服务的范围涉及大量刺激性的业务活动。承担增值服务的专业人员可完成以下四个主要的服务领域。

1）以客户为核心的服务。以客户为核心的增值服务向买卖双方提供利用第三方专业人员来配送产品的各种供选择的方式。例如，美国 UPS 公司开发了独特的服务系统，专门递送纳贝斯克食品公司，快餐产品到批发商店，而不是通过传统的烟糖配送商提供递送服务。这类专门化的增值服务可以被有效地用来支持新产品的引入以及基于当地市场的季节性配送。

2）以促销为核心的服务。以促销为核心的增值服务涉及独特的销售点展销台的配置以及旨在刺激销售的其他范围很广的各种服务。增值服务还对储备产品的样品提供特别介绍，甚至进行直接邮寄促销。许多以促销为核心的增值服务包括销售点广告宣传和促销材料的物流支持等。在许多情况下，促销活动中所包括的礼品和奖励货物由专业服务机构来处理和托运。

3) 以制造为核心的服务。以制造为核心的增值服务是通过独特的产品分类和递送来支持制造活动的。例如，有一家仓储公司使用多达六种不同的纸箱重新包装一种普通消费者洗碗用的肥皂，以支持各种促销方案和各种等级的贸易要求。又如，有的厂商将外科手术的成套器具按需要进行装配，以满足特定医师的独特要求。如此等等，它们在物流渠道中都是由专业人员承担的。这些专业人员能够把产品的最后定型一直推迟到接受客户定制化订单时为止。

4) 以时间为核心的服务。以时间为核心的增值服务涉及使用专业人员在递送以前对存货进行分类、组合和排序。对以时间为核心的增值服务来说，它的一种流行形式就是准时化（JIT）喂给仓库。基于时间的物流战略，是竞争优势的一种主要形式。

3. 客户服务的目的及其与成本的关系

客户服务的目的，是以适当的成本实现高质量的客户服务。一般讲，服务质量与成本是一种彼长此消的关系，客户服务质量提高，物流成本就会上升，可以说两者的关系适用于收益递减法则。具体来看，客户服务与成本的关系有四种类型：

1) 在客户服务水准一定的情况下，降低物流成本。即在既定服务水准的条件下，通过不断降低成本来追求物流改善。（服务水准一定，成本下降）

2) 要提高客户服务水准，就不得不牺牲低成本，听任其上升。这是大多数企业所认为的服务与成本的关系。（服务水准与成本同时上升）

3) 在物流成本一定的情况下，实现客户服务水准的提高。这种状况是灵活、有效利用物流成本，追求成本绩效的一种做法。（服务水准上升，成本一定）

4) 在降低物流成本的同时，实现较高的物流服务水平。（服务水准较高，成本下降）

从上述客户服务与成本的四种类型讲，客户服务的目的具体表现在改变2)中所反映的状况，经1) 和3)，最终向4)发展。显然，要实现4)中所表现出的理想状态，必须在加强成本管理的同时，明确相应的服务水准，强化客户服务管理，从而保持成本与服务之间的一种均衡关系。

> 想一想：
> 1. 在日常生活中你觉得有哪些经营性客户服务、售后服务存在问题。
> 2. 你若作为企业负责人对做好客户服务有哪些设想和措施。

2.8.4 物流服务水平的业绩分析

1. 服务水平确定

物流服务水平是物流活动的结果。这意味着每一顾客服务水平都有相应的成本水平。事实上，根据特定的物流活动组合，对应每一服务水平都有许多物流成本方案。一旦了解销售和成本之间的关系，就可以将成本与服务对应起来。

随着物流活动的提高，企业可以达到更高的客户服务水平，成本将加速增加。在大多数经济活动中，只要活动水平超出其利益最大化的点，人们将能观察到这样一种现象。

确定物流服务水平的步骤如下：

1）对顾客服务进行市场调查。通过问卷、专访和座谈，收集物流服务的信息。了解顾客提出的服务要素是否重要，他们是否满意，与竞争对手相比是否具有优势。

2）顾客服务水平设定。根据对顾客服务调查所得出的结果，对顾客服务的各环节的水平进行界定，初步设立水平标准。

3）基准成本的感应性实验。基准成本的感应性是指顾客服务水平变化时成本的变化程度。

4）根据顾客服务水平实施物流服务。

5）反馈体系的建立。顾客评定是对物流服务质量的基本测量，及时了解顾客对物流服务的反应，这可以为改进物流服务质量、采取改进措施提供帮助。

6）业绩评价。在物流服务水平试行一段时间后，企业的有关部门应对实施效果进行评估，检查顾客有没有索赔、迟配、事故、破损等。通过顾客意见了解服务水平是否已经达到标准，成本的合理化达到何种程度，企业的利润是否增加，市场是否扩大等。

7）基准与计划的定期检查。物流服务水平不是一个静态标准，而是一种动态过程，也就是说，最初顾客物流服务水平一经确定，并不是以后就一成不变，而是要经常定期核查、变更，以保证物流服务的质量。

8）标准的修正。通过对物流服务标准的执行情况和效果的分析，如存在问题，需要对标准做出适当修正。物流服务水平确定步骤，如图2.5所示。

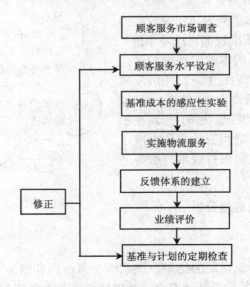

图 2.5 物流服务水平确定步骤

2. 物流客户服务内容的组成

物流客户服务的组成要素十分复杂，不同性质的行业，在物流客户服务要素上，存在很大差别。一般划分为：经济交易前、交易中和交易后。各个因素组成，见图 2.6。

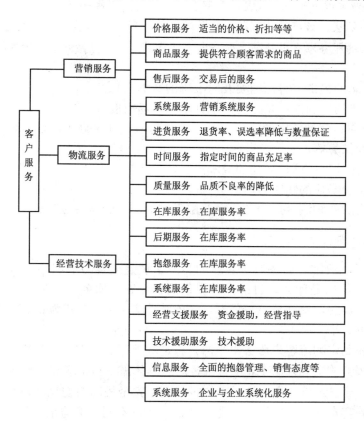

图 2.6　物流客户服务的组成

（1）存在于交易前的物流客户服务

交易前的物流客户服务偏重于政策、条款等，给客户留下稳定的感觉。

（2）存在于交易中的物流客户服务

存在于交易中的物流客户服务，对企业销售具有直接的影响。企业对此的重视程度最大。

1）缺货水平：是对企业产品供应能力的测试。

2）转运情况：为避免缺货现象，所作的配送、运输。

3）产品的替代性：当发生缺货时，客户应用的替代品的可能性。

资 料

研究显示：如果某产品的服务水平为70%，它具有一个替代品．该产品的服务水平也为70%，那么，企业可以通过该替代品将其服务水平大幅度提高到80%～90%，如果这种产品有两种替代品，那么，该产品的可获性会更高，如达到97%以上。产品的可替代性越高，企业为客户提供的服务水平也越高，但当出现缺货时，企业应做好客户的安抚工作。

4）订货信息的提供：客户需要及时准确的数据信息。

5）提交订单的便利性：是指客户下订单的难易程度。

6）订货周期、交付使用的时间包括：订单传递、订单输入、订单处理、根据订单备货、包装以及结算等。

7）特殊运输处理：这种运输的成本高于标准运输。

（3）存在于交易后的物流客户服务

存在于交易后的物流客户服务，主要用于支持产品的售后服务。

3. 物流客户服务水平的制定

什么水平的物流客户服务对于企业的客户来说是适合与恰当的？确定恰当的物流客户服务水平的依据是什么？目前企业提供的物流客户服务水平是否恰当？如果不恰当应当如何进行调整？要回答这些问题，就必须通过一定的方式为企业的客户制定适合的物流客户服务水平。

通常企业在制定物流客户服务水平时，总是基于行业标准、行业惯例或管理人员对客户所需物流服务的主观判断上，没有将客户的具体需求与市场竞争状况纳入考虑的范围之内。同时，管理人员通常会为所有的客户制定完全相同的物流客户服务水平，没有意识到对不同的客户应当进行区别对待，为他们提供不同种类与水平的服务。

这些错误的做法往往浪费了企业有限的资源，降低了企业的盈利能力，使企业制定出的物流客户服务水平缺乏竞争力，从而影响了客户满意度与信任度，是十分不可取的。

物流客户服务水平的制定有三点：

（1）以客户为导向制定物流客户服务水平

以客户为导向制定物流客户服务水平就是：以客户的需求为中心，根据客户的需求来制定企业应当提供的物流客户服务水平。

（2）以成本/收益为导向制定物流客户服务水平

"以成本/收益为导向制定物流客户服务水平"这一方法的中心思想是：企业提供的物流客户服务的水平越高，为此耗费的成本也就越高，因此，企业不能只一味地考虑客户的需求。对于企业来说适合的做法是：从企业的利益出发，将企业能从客户那里得到的收入与企业为其提供各项服务所要支付的成本进行比较，选择利润较大的物流客户服务水平作为最终的服务水平。

（3）以竞争为导向制定物流客户服务水平

随着商品经济与生产力的发展，产品与服务的供求关系正在发生变化，越来越多的产品与服务由原来的供小于求转变为供大于求，市场由原来的卖方市场转变为买方市场。产品与服务的接受者——客户有着越来越多的选择余地，产品与服务的提供者——企业不得不面对越来越多的竞争对手。

企业在制定物流客户服务水平时应当考虑竞争对手的表现与策略，因为客户会拿企业与其竞争对手作比较，有时企业要赢得客户，只要提供优于竞争对手的服务就可以了，而不需要提供令客户满意的服务。

以竞争为导向制定物流客户服务水平的核心思想是：将竞争对手或物流客户服务标杆的服务表现，纳入到企业物流客户服务水平决策的视线范围中来，通过制定恰当而经济的物流客户服务水平来获取竞争优势。

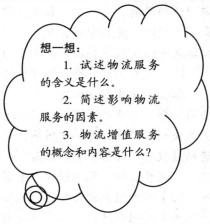

想一想：
1. 试述物流服务的含义是什么。
2. 简述影响物流服务的因素。
3. 物流增值服务的概念和内容是什么？

相关作业

在老师的指导下，调查1～3个物流企业，了解：

1. 企业经营模式如何？
2. 经营范围怎样？
3. 对当地经济发展有哪些推动作用？

经 典 案 例

山东德州资通国际物流中心
以"仓储+配送+资本运作（担保）"模式拓宽物流市场

1. 企业概况

德州资通物流中心系中国物流与采购联合会会员，地处冀鲁两省交界，素有"神京门户"、"九达天衢"之称。南依济南，北靠天津和北京，西临石家庄，距青岛港500公里，距天津港200多公里，距济南空港100多公里，京福高速公路的开通使德州市真正可以实现一小时上天，两小时人海。中心占地6.5万平方米，高标准仓库1.1万平方米，大型停车场 5000 平方米。中心的主要业务有国际货运代理、报关、报检、空运、快递、集装箱运输、集装箱场站业务和专业第三方物流等。其中集装箱场站作为鲁西北地区唯一的"内陆港",是天津港、青岛港在内地的延伸。

2. 创新模式,拓宽市场

德州资通虽然拥有先进的信息交流系统、完善的管理制度,但因步入物流业较晚,与传统的运输公司相比,在客户货源上明显不足。针对这种情况,中心领导审时度势,毅然决定以"贸易带动货源,以货源促进物流市场"的运作模式来介入物流行业,逐步将物流中心发展成鲁西北、冀东南地区的配送中心。

(1)成立德州资通商贸有限公司

该公司是集百货批发、食品、烟草、酒水、保健品、服装经营于一体的综合性商贸公司,公司下设名酒商场一家,连锁超市多处。先期以酒水为市场切入点,与四川宜宾五粮液股份有限公司、贵州茅台集团合作,建立了"蜀粮醇"和"赤水老窖"在山东市场的总代理。为两个"品牌酒"的经销商提供仓储、配送等一条龙服务。不断拓宽市场空间,逐步组织多元化经营,丰富业务种类,其业务范围辐射周边省市。

(2)与大型企业在德州的代理商合作

为其提供仓储+配送+资本运作(担保)的服务,中心着力打造全市的货运中心和区域性配送中心。

应用先进的服务理念和现代化信息管理技术,不断完善物流服务网络,目前德州资通已经在全市范围内的 11 个县市全部设立了物流配送分部。该中心在济南设立了办事处,结合青岛和天津两个分公司以及省内外的多家物流合作伙伴,已经形成了覆盖全市、辐射全省的物流服务网络,逐步建立和完善全国物流网络。

该中心利用高标准的仓储设施和完善的物流网络,为代理商提供服务项目传统的仓储和配送服务,还为终端客户提供"门到门"的配送服务。以代理商的仓储货物或其他担保方式,为其提供一定的流动资金或资金担保,不断扩大代理商的经营规模。从而达到"以贸易带动货源,以货源促进物流市场"的目的。

3. 结论

以上运作模式不仅为代理商提供充足的流动资金,而且为德州资通拓宽物流市场带来了社会效益和经济效益。

随着业务规模的不断扩大(配送体系的完善、货源的增加),德州资通最终将发展成为鲁西北、冀东南的配送中心。同时在国际货运代理方面与各方开展合作。德州资通将通过坚定不移的改革与发展,在开展各项业务的同时,不断拓宽市场,力争在 3 至 5 年的时间成为同行业的佼佼者。

(供稿:刘玉国,德州资通国际物流中心总经理)

思考与练习

一、名词解释

    储存   仓库   包装合理化   流通加工   物流信息

二、填空题

1. 流通加工是物品在从_____到_____的过程中，根据需要施加_____、_____、_____、_____、_____、_____等简单作业的总称。

2. 包装装潢用纸有_____、_____、_____三种。

3. 运输的主要方式有_____、_____、_____、_____、_____五种。

4. 配送中心的作业活动按物流环节主要包括：_____、_____、_____、_____、_____和信息处理等。

5. 装卸搬运的特点是_____、_____、_____。

6. 从事配送业务的物流场所或组织，应符合下列要求：（1）为_____用户服务；（2）_____功能健全；（3）完善的_____网络；（4）_____、小批量；（5）以配送为主，储存为辅。

7. 物流服务是指物流企业为其他需要物流服务的_____与_____提供的一切物流活动。物流服务是以_____为基础进行的_____的物流业务活动。

8. 物流信息的功能有_____、_____、_____、_____等四项。

三、简答题

1. 不合理配送对物流的负面影响？
2. 仓储合理化的意义？
3. 提高仓储效率和效益的途径？
4. 物流客户服务包括的内容？
5. 装卸搬运作业的分类有哪些？
6. 装卸搬运的合理化措施？
7. 如何做到包装合理化？
8. 包装合理化的措施？
9. 流通加工与生产加工的区别？
10. 物流信息的特征有哪些？

四、论述题

1. 流通加工与生产加工的区别是什么？

2．流通加工的基本类型如何划分？

3．配送的作用具体表现在哪些方面？

4．共同配送的优点在哪里？

5．装卸原则具体有哪些？

6．包装在不同物流环节中的作用？

五、实践题

1．在老师的指导下采用配货作业方法（播种方式、摘果方式）进行作业，体会两种基本形式的不同之处。

2．了解运用信息管理的企业应用信息系统后给物流企业带来了什么好处。

3．了解企业销售包装与生产包装的区别和要求有哪些不同。

第 3 章 企业物流管理

学习目标

1. 掌握企业物流的概念与结构，了解其合理化
2. 掌握供应物流管理，了解准时制采购
3. 掌握生产物流的作用与任务，了解生产物流管理
4. 掌握回收与废弃物物流的概念和意义，了解其技术处理
5. 掌握我国发展物流的措施

案例导入

物流管理是企业对物资流通过程进行的组织、协调和控制。在传统的物流范畴中，企业物资流通由企业各部门独立进行，各部门间有其各自的经济利益和目标，容易产生矛盾，损害企业总体利益。正是为了解决这个矛盾，企业把物流的各个环节作为一个整体，进行系统化的管理，这样就可以平衡企业各部门间的利益，减少企业内部矛盾，从而达到协调企业各环节的活动，并最终实现物流优化管理。

那么，如何组织企业物流，使企业的供应、生产、销售等有序进行呢？通过学习你要了解企业物流的各个环节及其内容。

企业物流是相对社会物流而言的，是指企业内部物品的实体流动。任何企业的经营活动都伴随着物流，物流活动贯穿在企业经营活动的全过程。本章按照企业物流流程分别对生产物流、供应物流、销售物流、回收及废弃物物流予以介绍。

本章重点：按照生产过程对每个物流阶段都进行了详细的介绍。通过学习要求学生对企业物流的分类及要求系统的了解，全面掌握其相互的关系及作用。

3.1 企业物流概述

必备的理论知识

3.1.1 企业物流的概念及结构

1. 企业物流的概念

所谓企业物流是指企业内部的物品的实体流动。它是围绕企业经营进行的物流活动。

一般来说，企业经营活动的基本结构是投入—转换—产出，相对于生产类型的企业而言是通过对原材料、设备、人力、资金等的投入，再经过制造加工而使之转换为产品或服务；相对于服务型企业而言则是投入设备、人力、管理和运营，使之转换为对用户的服务。同样物流活动也是伴随着企业的投入—转换—产出而发生的，相对于投入的是企业外供应物流或称输入物流，相对于转换的是企业内生产物流或称转换物流，相对于产出的是企业外销售物流或称输出物流。通常企业的投入、转换、产出的关系以及与之相对应的物流可如图 3.1 所示。由图 3.1 可见，在企业经营活动中，物流是渗透到各项经营活动之中的活动。

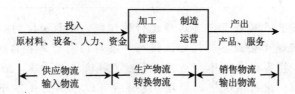

图 3.1 物流渗透到企业的各项经营活动之中

企业物流与社会物流相比较，社会物流是一种大物流、宏观物流，而企业物流是具体物流、微观物流。虽然我们可以把企业物流看成是一个独立的物流系统，但实际上它又和社会物流有着千丝万缕的联系，企业物流中的供应物流和销售物流本身就是社会物流的组成部分。因此，企业物流系统顺畅、高效与否，将直接影响社会物流系统的顺畅与高效；好的、完善的社会物流系统的建立将会为企业物流系统的高效运行创造一个良好的外部环境，对企业物流系统的高效运行起支持和促进作用，而如果社会物流渠道不畅通、网络分布不合理、技术手段落后、成本高、效率低，那么企业物流要想取得好的效果一定会难上加难。

2. 企业物流的结构

（1）企业物流的水平结构
企业物流系统的水平结构如图 3.2 所示。

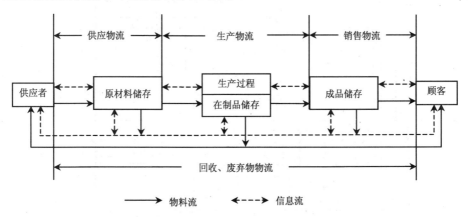

图 3.2 企业物流的水平结构

我们根据物流活动发生的先后次序，可将其划分为四部分：

1）供应物流。包括原材料等一切生产资料的采购、运输、仓储、库存管理和用料管理。

2）生产物流。包括生产计划与控制，厂内运输，在制品仓储与管理活动。

3）销售物流。包括产成品的库存管理，仓储发货运输，订货处理与顾客服务等活动。

4）回收与废弃物物流。包括废旧物资的边角料等回收利用以及各种废弃物的分类处理。

（2）企业物流的垂直结构
企业物流系统的垂直结构（见图 3.3）通常由三个层次组成：

1）管理层。其任务是对整个物流系统进行统一计划、实施和控制。其主要内容有物流系统战略规划、系统控制和成绩评定，以形成有效的反馈约束和激励机制。

2）控制层。其任务是控制物料流动过程，主要包括订货处理与客户服务、库存计划与控制、生产计划与控制、用料管理与采购等。

3）作业层。其任务是完成物料的时间和空间转移。主要包括发货与进货运输，厂内装卸搬运、包装、保管、流通加工等。

物流系统通过以上三个层次协调配合实现其总体功能。

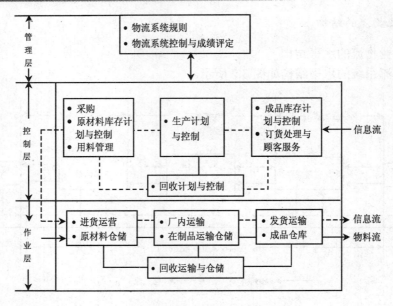

图 3.3　企业物流的垂直结构

3. 企业物流的发展趋势

（1）现代企业物流与生产的密不可分性

企业物流与生产流程或生产工艺紧密结合或融为一体。如计算机集成制造系统中的工件和刀具支持系统，现代汽车和家电生产企业中各种自动化生产线装配线上的坯料、工件、配件、组装件的运达和配送，柔性加工制造系统、机械制造业生产流程中在制品的搬运流转以及冶金联合企业生产中连铸连轧一体化等，此时，物流系统的流量、流速及作业质量都直接与生产的速率及质量相关联。

（2）现代企业生产物流的结构的多样性

现代企业物流已不是独立或封闭的系统，与社会物流分工的交叉或角色互换，如第三方物流企业、生产企业自营的物流公司的企业内外部物流业务，尤其是集成供应链模式下企业物流与社会物流在物流系统的规划、决策、计划、实施、控制、管理等方面的完全一体化。

（3）企业物流能力的综合化

即不但要求如装卸、输送、转载等物料流的运转的机械化、自动化或无人化能力、物料存储的立体化与自动化、信息流的及时性、准确性及信息的实时跟踪、交互与处理能力，而且要具有极强的内外部应变与协调能力，以满足企业的生产经营需求。

（4）现代物流是工业企业生产营销的重要支持系统

在知识经济时代、信息网络社会的大环境和迅速发展的我国工业现代化进程中，物流已成为企业生产营销重要的支持系统。现代企业物流体制变革及市场经济对企业物流要求的提高，信息网络技术对企业物流系统革新的促进，集成供应链管理模式的兴起和发展所形成的一体化物流系统，都将使企业的生产经营离不开现代物流系统的有力支持，尤其是经济全球化的发展趋势将更会加强现代物流在生产企业中的战略地位，现代物流是企业订单的加速器。

3.1.2　企业物流合理化

因为物流贯穿于企业生产和经营的全过程，所以物流的改善可以带来意想不到的利益。物流合理化被称作是"企业脚下的金矿"、"企业的第三利润源泉"，是当前企业最重要的竞争领域。

1．企业物流合理化的途径

1）各种设施在生产空间的合理布置。生产系统和服务系统的各类设施的空间布置规划与设计是物流合理化的前提。工厂内各车间的相对位置以及车间内各种设备的相对位置一经确定，物流线路也随之确定。因此，物流分析是设施布置规划与设计的重要依据，合理布置的目的是为了减少物料的迂回、交叉以及无效的往复运输，避免物料运输混乱或路线过长等现象。

2）合理控制库存。通常的流动资金大部分是被各种物资库存所占用。因此降低库存可以减少积压的流动资金，有效加速资金的周转。理论上可以证明，在制品数量与生产周期成正比，减少在制品库存即可缩短生产周期。而且，在制品的库存减少，还可以促进企业管理水平的不断提高。例如，原材料的库存管理要满足的三个目的是：

① 原材料成本下降。

② 保证供应，防止缺货。

③ 减少流动资金。

以上三点相互制约，将原材料库存控制在一定水平上。

3）均衡生产。从物流的角度看，均衡生产就是生产物流流量的均衡，这是杜绝生产中浪费现象的重要措施。均衡生产的最佳状态就是：从毛坯投入到成品产出的全过程中，在制品始终应处于不停滞、不堆积、不间断、不超越、有节奏的流动状态。

4）合理配置和使用物流机械。为提高作业效率，增强物料搬运能力，应不断地开发各种类型和规格的物流机械设备。物流的机械化、自动化水平，直接反映物流系统的能力和水平。

5）健全物流信息系统。信息系统的水平是物流现代化的标志，物流信息系统覆盖企业的整个经营过程。合理制订生产计划，控制生产物流节奏，压缩库存，降低生产成本，合理调度运输和搬运设施，这些都依赖于准确、及时的物流信息。在外部，原材料供应市场和产品销售市场信息，也是组织企业物流活动的依据。因此，必须从基础数据的收集做起，建立完善的物流信息系统，以利于管理层进行分析，使企业领导者决策时有依据。

2. 企业物流合理化的意义

1）降低物流费用，减少产品成本。物流费用在产品成本中占有相当比重，企业物流合理化可以提高物流作业效率，减少运输及仓储费用，从而直接达到降低产品成本的目的。

2）缩短生产周期，加快资金周转。据统计，原材料从进厂到形成产品出厂，只有5％的时间是被加工活动所占用，其他95％的时间是属于仓储、搬运或在加工线上的等待时间，也就是属于物流活动所占用的时间。由此可见，物流系统的改善对缩短原材料流转周期是起决定作用的。一方面可以有效加速资金周转，提高资金利用率；另一方面生产周期缩短可以更好地适应市场的变化，提高企业竞争力。

3）压缩库存，减少流动资金占用。库存控制是企业物流合理化的重要内容，库存控制的目的是通过各种控制策略和方法使企业的原材料、中间在制品和成品库存在满足生产要求的前提下，把库存控制在合理范围之内。

4）通过物流来改善、提高企业管理水平。从整体效益来看，对物流环节的任何改善都会对企业管理水平的提高起促进作用。仅就库存为例，一定量的库存是维持生产连续性的必要条件，但是库存过多不仅占用流动资金，并且掩盖了企业管理中的诸多问题，例如减少库存必须提高供应部门的工作效率，保证供货渠道畅通才能不发生"断粮"危险；如减少在制品库存，必须加强对生产线的管理，提高设备维修部门的责任心和工作效率。可以说，库存的降低促进了企业素质的提高。日本一位企业家认为，"只要看物流状况，就能判断企业的管理水平"，这是很有道理的。

5）每个企业都是供应链的一环，企业物流合理化是供应链管理的基础。供应链管理实施信息共享，提高供应链对市场的快速反应能力，就需要供应链中每个企业的信息管理系统和物流运作体系具有相应的水平和良好的配合能力。减少供应链库存也需要供应链中各个企业相互配合，企业本身库存管理也必须具有足够的水平。

 相关作业

1. 在企业中，如何进行物流活动？
2. 在实际工作中，企业还有哪些合理化途径？

3.2 供 应 物 流

必备的理论知识

3.2.1 供应物流的概念与模式

1. 供应物流的概念

供应物流是指为生产企业提供原材料、零部件或其他物品时，物品在提供者与需求者之间的实体流动。它包括原材料等一切生产资料的采购、进货运输、仓储、库存管理、用料管理和供料运输等。

供应作为生产准备工作的重要组成部分，是生产得以正常进行的首要条件或前提。供应商供应物料的数量、质量、时间直接影响到生产的连续性和稳定性，而供应过程中发生费用则直接构成产品的生产成本。

所以，供应物流是以最低成本、最少消耗、最快速度来保证生产的物流活动。

生产企业、流通企业或消费者购入原材料、零部件或其他商品的物流过程，也就是物品生产者、持有者至使用者的物流。对于生产企业而言，是指生产活动所需要的原材料、备品备件等物资的采购、供应活动所产生的物流；对于流通领域而言，是指交易活动中从买方角度出发的交易行为所产生的物流。

现代物流是基于非短缺商品市场这样一个宏观环境来研究物流活动的，在这种市场环境下，供应在数量上的保障是容易做到的，企业在供应物流领域内的竞争关键在于，如何降低这一物流过程的成本，同时有一个使用户满意的服务水平。

2. 企业供应物流的组织模式

1）委托社会销售企业代理供应物流。
2）委托第三方物流企业代理供应物流。
3）企业自供物流方式。

3. 供应物流的意义

在制造业物流中，供应物流对于企业物流总成本的降低是非常关键的，同时它也是企业均衡生产的重要保证。

1）企业物流总成本的降低取决于很多因素，但在任何情况下，供应物流的优化都是不可忽视的。这是因为原材料及零部件购入的费用在生产成本中具有最重要的地位。加强供应物流的组织管理，合理储备，对压缩储备资金、节约占用资金、加快流动资金的周转起着重要的作用。

2）供应物流合理化是决定企业能否实现均衡生产的关键因素之一。为保证市场供应和服务水平，原材料和零部件的库存不能过低，同时，企业的生产线在生产不同品种产品时需要进行调整，对生产物流的快速反应要求很高。因此，在企业物流系统中，不同功能子系统之间存在着广泛的目标冲突。供应物流的合理化，是在企业物流大系统下的合理化。它一方面要保证企业生产的物资供应，另一方面还要追求企业物流总成本的降低。

3）在企业供应链一体化的大环境下，企业之间的竞争实际上是供应商、制造商、经销商及相关合作伙伴组成的供应链联盟之间的竞争。供应物流在企业供应链战略设计中是必须优先考虑的重要环节，它不仅与企业的生产物流系统存在目标冲突，而且在供应物流内部各主体之间也存在冲突，供应商希望回款周期短，订单要求的品种少，批量大，有足够的采购提前期等，而采购方的目标却与之相反。

3.2.2 供应物流的过程

1. 取得资源

取得资源是完成以后所有供应活动的前提条件。取得什么样的资源，是由核心生产过程提出来的，同时也要按照供应物流可以承受的技术条件和成本条件辅助这一决策。物资的质量、价格、距离、供应商信誉、供应及时性等是重要的考虑因素。

2. 组织到厂物流

所取得的资源必须经过物流才能到达企业。这个物流过程是企业外部的物流过程。在这个过程中，往往要反复运用装卸、搬运、储存、运输等物流活动才能使取得的资源到达企业。这个物流过程可以由企业自身、社会公共物流部门、第三方物流企业来完成。

3. 组织厂内物流

供应物流的企业内物流是指企业所取得的资源到达企业后，经过企业物资供应人员的确认，在厂内继续流动，最后到达车间或生产线的物流过程。厂内物流一般由企业自己承担，但也有一些企业把这部分物流让给第三方物流企业承包，企业的物资仓库经常作为内外物流的转换节点。

如果企业外部物流到达企业的仓库，便以仓库作为划分企业内、外物流的界限。这种从仓库开始继续到达车间或生产线的物流过程，称作供应物流的企业内物流。

3.2.3 供应物流的管理

1. 采购的含义

（1）采购的概念

采购就是购买生产和生活所需的物资，其过程包括提出采购需求、选定供应商、谈妥价格、确定交货及相关条件、签订合同并按要求收货付款的过程。

我们研究的主要是企业采购。消费品市场采购活动往往是个人行为，而工业采购主体通常是企业、机关等单位或机构。

（2）企业采购与消费品市场采购的区别

企业采购与消费品市场采购，二者无论是在采购的目的、动机，还是采购决策与特点等方面都存在着明显的差别。

此外，企业采购与消费品采购还有一个主要的差别在于企业采购是供应商与企业之间相互依靠的过程，因而在供应商与企业之间往往会发展成长期的合作关系。

制造业不同的生产类型和环境决定了采购需求必然有所不同，采购需求直接影响采购活动的各个方面。

2. 采购的原则

在物流活动中，采购环节是重要环节之一。实际工作中，必须遵循以下原则：

（1）适价原则

大量采购与少量采购、长期采购和短期采购在价格上有差别，决定一个适合的价格要经过多渠道询价、比价、自行估价、议价等过程。适价原则即是从品质的角度保证同等品质情况下，不高于同类物资的价格。

（2）适时原则

在价格稳定的时期内，要按照生产计划进行分期采购，根据市场行情和季节的变化，在价格较低时，不失时机地购进。

（3）适质原则

采购材料的品质成本是间接的，往往被忽视，但是品质不良会造成管理费增加、生产不稳定、降低信用和产品竞争能力等后果。

（4）适量原则

采购量多，价格就便宜，但不是采购越多越好，资金的周转率、仓库储存成本都直接影响采购成本，应根据资金的周转率、储存成本、物料需求计划等综合计算出最经济的采购量。采购量的大小决定生产与销售的顺畅与资金的调度。物料采购量过大造成过高的存货储备成本与资金积压，物料采购量过小，则采购成本提高，因此适当的采购量是非常必要的。

（5）适地原则

即供应商离自己企业越近，运输费用就越低，机动性就越高，协调沟通就越方便，成本自然就越低，同时也有助于紧急订购时的时间安排。

3. 采购决策

采购决策的内容主要包括：市场资源调查、市场信息的采集和反馈、供货厂家选择和决定进货批量、进货时间间隔等。

1）企业采购决策者应对所需原材料的资源分布、数量、质量和市场供需要求等情况进行调查，作为制订较长远的采购计划的依据；同时，要及时掌握市场变化的信息，进行采购计划的调整、补充。

2）在选择供货厂家时，应考虑原材料供应的数量、质量、价格、供货时间保证、供货方式和运输方式等，根据本企业的生产需求进行比较，最后选定供货厂家，并建立供货商档案。其内容主要有：企业概况、运输材料与成本、包装材料与成本、保管费与管理费、包装箱与包装材料的回收率、交易执行状况等，完善的档案数据是选定供货商的重要依据。

3）采购批量在采购决策中是一个重要的问题。一般情况下，每次采购的数量越大，在价格上得到的优惠就越多，同时因采购次数的减少，采购费用相对能节省一些。但一次进货数量过大容易造成积压，从而占压资金，并多支付银行利息和仓储管理费用；如果每次采购的数量过小，在价格上将得不到优惠，并且因采购次数增多会加大采购费用的支出，从而承担因供应不及时而造成停产待料的风险。因此，如何控制进货的批量和进货时间的间隔，使企业生产不受影响的同时费用最省，是采购决策应解决的问题。

4. 几种新的采购方式

（1）全球统一采购

随着全球经济一体化的发展趋势日益明显，采购过程打破和淡化了时间和空间上的限制，从跨国间的咨询、报价、样品传送到订单下达等环节变得越来越简单和易于操作，整个世界成为一个紧密联系的共同经济体。全球化的采购供应、全球化的生产、全球化的销售配送成为发展趋势。现实中，许多零部件的采购需要通过国际采购完成，而且物料价值高。通常，我国企业进行国际采购的提前期为两个月，而离市场时间越长，产品的预测就越不准确，生产的风险就越大。

（2）网上采购

网络的全球化和高速化为采购提供了及时、准确的产品和需求信息，网上采购的前景看好。在中国，众多大型企业如海尔、万科等都纷纷启动了生产资料的网上采购平台。结果显示，实现网上采购的企业在盈利能力方面有了不同程度的提高。网上采购系统包括生产资料采购和非生产资料采购两种，该系统既可通过虚拟的在线商品目录迅速而实时地访问产品信息，通过价格和品质的比较选定产品供应商，也能够实现与内部采购流程无缝地集成，对供应商进行科学的管理，以及对采购业务的数据进行分析和决策等。

（3）供应链管理

供应链是指围绕核心企业，通过对信息流、物流、资金流的控制，从采购原材料开始，制成中间产品以及最终产品，最后由销售网络把产品送到消费者手中，将供应商、制造商、分销商、零售商直到最终用户连成一个整体的功能网链结构模式。供应链管理是利用计算机网络技术，全面规划供应链中的商流、物流、信息流、资金流等，并进行计划、组织、协调与控制。供应链管理的主要内容：合理供应、准时生产、高效物流、满足需求、总成本控制、信息管理以及与供应链上各环节成员的战略联盟关系管理，包括客户关系管理等。

（4）招标采购

招标采购是现代国际社会通用的采购方式，是众多供应商中选择最佳供应商的有效方法。所谓招标采购，是指采购企业作为招标方，事先提出采购的条件和要求，邀请众多企业参加投标，并按照规定的程序和标准一次性地从中择优选择交易对象。招标采购的特点是公开、公平、公正和择优。对于供需双方而言，增加透明度，体现了市场竞争优胜劣汰的原则，从而达到保证物料采购质量，降低产品总成本，提高经济效益的目的。国际上四大采购规则：《联合国采购示范法》、《WTO 政府协议》、《欧洲采购指令》、《世界银行采购指南》均主张采用招标采购这种采购方式。招标采购是一个复杂的系统工程，它涉及各个方面各个环节，一个完整的招标采购，基本可以分为五个阶段：策划—招标—投标—评标—定标。但是招标采购是一项比较庞大的活动，牵涉面广、费时间、费精力、成本高

（5）准时采购

准时采购（JIT 采购）与供应的物流体系建立在以订单为驱动力的采购流程上，物流可以从供应商生产线到制造商的生产线。当然，零库存是准时采购与供应的最高境界。JIT 采购要做到对各种物料的订货量的准确性和相应的质量保证以及批量运输的准确性和及时性。

3.2.4 准时制采购与管理

1. 准时制采购的产生

在传统的采购模式中，采购的目的很简单，就是为了弥补库存，即为库存而采购。在这种情况下，采购部门并不关心企业的生产过程，也不了解生产的进度和产品需求的变化，因此采购过程缺乏主动性，采购部门制定的采购计划也很难适应制造需求的变化。在供应链管理模式下，采购活动是以订单驱动方式进行的，制造订单的产生是在用户需求订单的驱动下产生的，然后，制造订单驱动采购订单，采购订单再驱动供应商。这种订单驱动模式使供应链系统得以准时响应用户的需求，从而降低了库存成本，提高了物

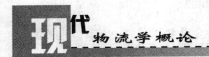

流的速度和库存周转率，被称为准时制（JIT）采购。

2. JIT采购的含义

JIT采购又称准时制采购，其基本思路是：在恰当的时间、恰当的地点、以恰当的数量、恰当的质量提供恰当的物品。它和传统的采购方法在质量控制、供需关系、供应商的数目、交货期的管理等方面有许多不同，其中关于供应商的选择、质量控制是其核心内容。

从前面的论述可以看到，供应链环境下的采购模式与传统的采购模式的不同之处体现在采用订单驱动的方式不同。订单驱动促使供应与需求双方都围绕订单来运作，以便实现准时化、同步化运作。通常要实现同步化运作，采购方式就必须是并行的，当采购部门产生一个订单时，供应商就应开始着手相关物品的准备工作。与此同时，采购部门经编制详细的采购计划，制造部门也须进行生产的准备过程，当采购部门把详细的采购单提供给供应商时，供应商应能很快地将物资在较短的时间内交给用户。当用户需求发生改变时，制造订单又令驱动采购订单发生相应的改变。

3. JIT采购的策略

（1）创建准时化采购团队

通常世界一流企业的专业采购人员有三个责任：寻找货源、商定价格、发展同供应商的协作关系并不断改进。因此专业化的高素质采购队伍对实施准时化采购至关重要。为此，首先应成立两个团队，一个是专门处理供应商事务的团队，该团队的任务是认定和评估供应商的信誉、能力，或与供应商谈判签订准时化订货合同，向供应商发放免检签证等，同时还须负责供应商的培训与教育。另外一个团队是专门从事消除采购过程中浪费现象的团队。这些团队的成员对准时化采购的方法应有充分的了解和认识，必要时要进行培训。如果这些人员本身对准时化采购的认识和了解都不彻底，就别指望同供应商的合作了。

（2）精选少数供应商，建立伙伴关系

选择供应商应从这几个方面考虑：产品质量、供货情况、应变能力、地理位置、企业规模、财务状况、技术能力、价格、与其他供应商的可替代性等。要想减少供货商的数量，最理想的情况是，对某种原材料或外购件只从一个供应商处采购，这种做法称为单源供应。单源供应的好处是：企业与供货商之间的依赖性，有利于建立长期互利合作的伙伴关系；另一方面，供货商如果获得了长期稳定的订货，就可能为采购商提供更低价格的原材料与外购件。因此选择最佳的供应商，并对供应商进行有效的管理是准时化采购成功的基石。

（3）制定计划，确保准时化采购策略有计划、有步骤地实施

主要指要制定采购合理的策略，改进当前的采购方式，减少供应商的数量，正确评价供应商，向供应商发放签证等内容。在这个过程中，要与供应商一起商定准时化采购的目标和有关措施，保持经常性的信息沟通。

（4）要搞好供应商的培训，确定共同的目标

由于准时化采购是供需双方共同的业务活动，单靠采购部门的努力是肯定不够的，还需要供应商的配合。只有在供应商也对准时化采购的策略和动作方法有了认识和理解时，它才能与采购商进行更好的配合，因此需要对供应商进行教育培训。通过培训，使大家取得一致的目标，相互之间就能够很好地协调，以做好采购的准时化工作。

（5）卓有成效的采购过程质量控制是准时化采购成功的保证

准时化采购和传统采购方式的另一个不同之处在于买方不需要对采购产品进行比较多的检验手续。要做到这一点，需要供应商做到提供百分之百的合格产品，当其达到这一要求时，即发给免检证书。

（6）实现配合准时化生产的交货方式

准时化采购的最终目标是实现企业的生产准时化，为此，就要实现从预测的交货方式向准时化适时交货方式的转变。

4．JIT 采购的意义

（1）可以大幅度地减少原材料与外购件的库存

根据国外一些实施 JIT 采购的企业的测算，其原材料与外购件的库存可降低 40％～50％。这对企业减少流动资金占用、加快流动资金周转具有重要意义。

（2）可以保证所采购的原材料与外购件的质量

既减少了采购的直接损失，又保证了生产正常有序地进行。

（3）降低了原材料与外购件的采购价格

由于供应商和制造商的密切合作以及内部的规模效益与长期订货的因素的影响，再加上因简化手续而消除浪费，可以使价格得以进一步降低。

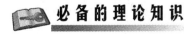 **社会实践建议**

在教师的指导下进行调查，了解实际工作中还有哪些采购方式。

3.3 生 产 物 流

必备的理论知识

3.3.1 生产物流的概念及作用

1．生产物流的概念

生产物流是指生产过程中，原材料、在制品、半成品、产成品等在企业内部的实体

流动。生产物流是制造产品的工厂企业所特有的，它和生产流程同步。

生产物流可分为：原材料、零部件、燃料等辅助材料从企业仓库或企业入口开始，进入到生产线的开始端，再进一步随生产加工过程一个个环节流动，在物流的过程中，原材料本身被加工，同时产生一些余料、废物、直到生产加工终结。如果生产物流中断，生产过程也将随之停止。

生产物流均衡稳定，可以保证在制品的顺畅流转，同时，生产同期在制品库存的压缩，设备负荷均衡化，也都和生产物流的管理和控制有关。生产物流活动是与整个生产过程相伴随的，实际上已经构成了生产过程的一部分。过去人们在研究生产活动时，主要关注一个又一个的生产加工过程，而忽视了将每一个生产加工过程串在一起的，并且又与每一个生产加工过程同时出现的物流活动。例如，不断离开上一工序，进入下一工序，便会不断发生搬上搬下、向前运动、暂时停止等物流活动。实际上，在一个生产周期内，物流活动的时间多于实际加工的时间。因此，企业生产物流研究的潜力，时间节约的潜力，劳动节约的潜力是非常大的。

2. 生产物流的作用

（1）实现价值的作用

企业生产物流和社会物流的一个最本质的不同，即企业物流最本质的特点，主要不是"实现时间价值和空间价值的经济活动"，而是实现加工附加价值的经济活动。

通常企业生产物流一般是在企业的小范围内完成的（不包括在全国或者全球范围内布局的巨型企业），因此，空间距离的变化不大。再者在企业内部的储存，和社会储存的目的也不相同，这种储存常常是对生产的保证，而不是一种追求利润的独立功能，因此，时间价值不高。

而企业生产物流往往伴随加工活动而发生，实现物品加工的附加价值，即实现企业的主要目的。所以，虽然物流空间、时间价值潜力不高，但加工附加价值却非常大。

（2）主要发挥搬运功能的作用

企业生产物流的主要功能要素也不同于社会物流。一般物流功能的主要要素是运输和储存，其他是作为辅助性或次要功能或强化性功能要素出现的。企业物流主要功能要素则是搬运活动。

许多生产企业的生产过程，实际上就是物料不停搬运的过程，在不停搬运过程中，物料得到了加工，改变了形态。

（3）保证生产工艺流程顺利进行的作用

企业生产物流是一种工艺过程性物流，一旦企业生产工艺、生产设备和生产流程已确定，企业物流也因此成了一种稳定性的物流。由于具有这种稳定性，企业物流的可控性、计划性就会增强，因此一旦进入这一物流过程，选择性及可变性就会很小。对物流的改进只能通过对工艺流程的优化，这方面和随机性很强的社会物流也有明显不同。因此生产物流必须发挥出保证生产工艺流程顺利进行的作用。

（4）满足生产过程要求的作用

企业生产物流的运行具有极强的伴生性，这决定了企业物流很难与生产过程分开而形成独立的系统。因此生产物流必须满足生产过程的要求及生产过程的变化调整的要求。

3.3.2　生产物流的组织与任务

1．生产物流的组织

生产物流区别于其他物流系统的最显著的特点是它和企业生产紧密联系在一起。只有合理组织生产物流过程，才有可能使生产过程始终处于最佳状态。如果物流过程的组织水平低，达不到基本要求，即使生产条件、设备再好，也不可能顺利完成生产过程，更谈不上取得较高的经济效益。

（1）合理组织生产物流的基本要求

1）做到物流过程的连续性。因为企业生产是一道工序一道工序地往下进行的，所以，就要求物料能顺畅地、最快、最省地走完各个工序，直至成为产品。每个工序的不正常停工都会造成不同程度的物流阻塞，进而影响整个企业生产的进行。

2）做到物流过程的平行性。一个企业通常生产多种产品，每一种产品又包含着多种零部件，在组织生产时，需要将各个零件分配在各个车间的各个工序上生产，因此，就要求各个支流平行流动，如果一个支流发生问题，整个物流都会受到影响。

3）做到物流过程的节奏性。物流过程的节奏性是指产品在生产过程的各个阶段，从投料到最后完成入库，都要能保证按计划有节奏均衡地进行，要求在相同的时间间隔内生产大致相同数量，均衡地完成生产任务。

4）做到物流过程的比例性。由于组成产品的各个物流量是不同的、有一定比例的，所以就形成了物流过程的比例性。

5）做到物流过程的适应性。当企业产品改型换代或品种发生变化时，生产过程应具有较强的应变能力。也就是生产过程应具有在较短的时间内可以由一种产品迅速转移为另一种产品的生产能力。物流过程同时应具备相应的应变能力，与生产过程相适应。

（2）企业生产物流的组织形式

1）生产物流的空间组织。生产物流空间组织的目标是如何缩短物料在工艺流程中的移动距离。通常企业有三种专业化组织形式：

① 工艺专业化，即同类生产设备集中在一起，一个车间仅能完成一个工艺阶段（同一工种），经过许多车间才能实现全部生产。

② 对象专业化，即流水线。流水线是把一个重复的过程分解为若干个子过程，每个子过程可以与其他子过程并行进行。

③ 成组工艺，成组工艺由前苏联的米特洛凡诺夫于 20 世纪 50 年代首先提出，现在演变为成组技术。目的是解决零件品种多、批量小带来的问题。米特洛凡诺夫把结构、

工艺路线相似的零件构成一个零件组，在零件组中选择一个典型零件，并根据典型零件选择配套的设备和工艺装备，通过扩大零件组的"组批量"来降低单件小批生产的成本。

2）生产物流的时间组织。生产物流的时间组织目的是加快物料流动，减少物料成批等待时间，实现物流的快节奏性、连续性。通常，企业有三种典型的移动组织方式：

① 顺序移动，即按时间先后顺序组织物料的流动。

② 平行移动，即无时间先后，同时组织物料的流动。

③ 平行顺序移动，即结合上述二者，穿插进行。

2. 生产物流的任务

（1）生产物流计划的内容

生产物流计划的核心是生产作业计划的编制工作，即根据计划期内规定的出产产品的品种、数量、期限以及外部环境的变化，具体安排产品及其部件在各工艺阶段的生产进度。与此同时，为企业内部各生产环节安排短期生产任务，协调前后衔接关系。

（2）生产物流计划的任务

1）保证生产计划的顺利完成。为了保证按计划规定的时间和数量出产各种产品，要研究物料在生产过程中的运动规律以及在各工艺阶段的生产周期，以此来安排经过各工艺阶段的时间和数量，并使系统内各生产环节内的在制品的结构、数量和时间协调。总之，可通过物流计划中的物流平衡以及计划执行过程中的调度、统计工作，来保证计划的完成。

2）为均衡生产创造条件。均衡生产是指企业及企业内的车间、工段、工作地等各生产环节，在相等的时间阶段内，完成等量或均衡数量的产品。

3）加强在制品的管理，缩短生产周期。保持在制品、半成品的合理储备是保证生产物流连续进行的必要条件。如在制品过少，就会使物流中断而影响生产；反之，又会造成物流不畅，延长生产周期。因此，对在制品的合理控制，既可减少在制品占用量，又可使各生产环节衔接、协调，按物流作业计划有节奏地、均衡地组织物流活动。

（3）生产物流作业的具体任务要求

1）注重清洁化生产过程，要求加工制造过程消耗尽量少的资源，并尽量减少对环境的污染，如有污染，应采取措施处理。

2）注重柔性化生产过程，为适应多品种、小批量生产的需要，各种物流设备都应具有相应的柔性，能较好地适应零件形状和精度的改变的需要。

3）生产过程的自动化和标准化。

4）毛坯设备的精密化，使毛坯不需或少需加工即可成为成品。

5）零件加工的高速化和精密化，以适应生产周期日益缩短、产品精度不断提高的要求。

6）在线检测及质量反馈控制，大量采用在线检测和质量反馈控制技术，实现检测自动化。

7）装配过程自动化，大力采用自动装配技术。

8）商品检验的计算机化，利用各种数字化传感器采集数据，利用计算机对结果进行处理，自动确定产品是否合格，如不合格，则自动查处原因并指出误差源。

9）库存管理的机械化、计算机化，为减少各种库存，提高资金的有效利用率，应采用计算机进行库存管理。另外，还应广泛采用各种计算机控制的立体仓库和抓取物料的堆垛机。

3. 影响生产物流的主要因素

不同的生产过程有着不同的生产物流，生产物流的构成取决于下列因素。

（1）生产类型

企业的生产类型是生产的产品产量、品种和专业化程度在企业技术、组织和经济上的综合反映和表现。它在很大程度上决定了企业和车间的生产结构、工艺流程和工艺装备的特点，生产过程的组织形式及生产管理方法，同时也决定了与之匹配的生产物流类型。不同的生产类型，它的产品品种、结构的复杂程度、精度等级、工艺要求以及原料准备不尽相同。这些特点影响着生产物流的构成以及相互间的比例关系。通常情况下，企业生产的产品产量越大，产品的品种则越少，生产专业化程度也越高，而物流过程的稳定性和重复性也就越大。反之，企业生产的产品产量越小，产品的品种则越多，生产的专业化程度也越低，而物流过程的稳定性和重复性亦越小。可见，物流类型与决定生产类型的产品产量、产品品种和专业化程度有着内在的联系，并对生产组织产生不同的程度的影响和要求。

（2）生产规模

生产规模是指单位时间内的产品产量，通常以年产量来表示。生产规模越大，生产过程的构成越齐全，物流量就越大。如大型企业铸造生产中有铸铁、铸钢、有色金属铸造之分。反之，生产规模小，生产过程的构成就没有条件划分得很细，物流量也较小。

（3）企业的专业化与协作水平

社会专业化和协作水平提高，企业内部生产过程就趋于简化，物流流程缩短。某些基本的工艺阶段的半成品，如毛坯、零件、部件等，就可由厂外其他专业工厂提供。

3.3.3 生产物流的管理

1. 生产物流管理的内容

（1）物料管理

物料管理指管理生产中所需要的各种物料，如毛坯、工具、半成品、废品和成品等。物料管理具体体现为库存管理，即对入库和出库进行管理，并协调出库与入库，以保证有足够的物料供应生产。

（2）作业管理

作业管理指根据生产加工的需要，计划和调度各种运输设备，规划运输路线，使所需的物料及时、通畅地运达指定位置。这里既包含作业计划，也包含作业控制。

（3）状态监控

状态监控指监测生产物流系统进行过程中的物流状态。生产物流系统设置各种检测装置，对系统的物流设备状态、物料状态、物流路线等进行检测，通过模拟屏或计算机屏幕实时显示各种状态，以掌握物流实际运行的情况。在出现故障的情况下，及时采取措施，排除故障，保障系统正常进行。

（4）信息管理

信息管理指对生产物流系统和各种信息进行采集、处理、传输、统计和报告。

上述主要的管理功能并非截然分开的。它们之间有着密切的联系。其中信息管理是现代生产物流管理的核心和基础。

无论是物料管理，状态监控还是作业管理都离不开物流信息。生产物流过程实际上是物料流动加信息流动的过程。

立体仓库、各类缓冲站以及从事物料搬运任务的运输设备是生产物流系统的三大要素。整个物流系统由立体仓库、各类缓冲站、运输设备以及物流控制管理系统和物流信息管理系统组成。物流系统的目标就是高效率、合理化地利用全部储存机械，对从毛坯采购入厂到成品销售出厂全过程中的物流进行控制和管理，满足生产各单元的需求，达到降低生产成本、降低物流故障率、提高生产效率、提高产品质量和优化生产过程。

2. 生产物流的管理对象

（1）仓库管理

立体仓库作为生产和销售的缓冲站，主要完成各种入库请求、出库请求并对出库任务与入库任务组合成出、入库联合作业任务。

1）入库过程按如下步骤处理：

① 确定待入库货箱应入的分区号。

② 根据分区号选择空位最多的排，如果这样的排未找到，则更换另外的分区，找到为止。若仍无这样的排，则报入库无位。

③ 在找到的排中，选择一个货位编号最小且为空的货位。

2）处理出库请求时，既可以通过指定位置来出库，也可以通过指定某种物料要求出库数量的方式来出库，并且可以保证出库量正好，或者出库量超出，但超出量最少，或者出库量不足，但不足量最少。按以下原则选择出库货位：

① 确定出库物品所在的分区号。

② 根据分区号寻找该物品最多的排，如果没有这样的排，则在全数据库范围内搜索该物品，若仍找不到，则报出库无货。

③ 在找到的排中按入库时间最早、货位最小的原则选择货位。同时可以根据任务的紧急程度，提升任务的优先级。

（2）缓冲站管理

缓冲站信息的处理与所处的生产环境紧密相关，包括刚性装配线缓冲站，加工制造缓冲站及缓冲物料库。缓冲物料库是为了协调生产节奏，确保物料及时准确的供应，由我们在车间生产工序间设置缓冲站，用于暂存生产过程中的在制品。

（3）运输设备管理

物料运输系统由若干辆小车及其调度系统组成，其任务主要是根据生产需要，将生产坯料及半成品及时地输送至目的地。各生产工位的工人可根据生产状况，及时向调度系统发出物料输送的请求信息，而调度系统则根据小车当前的位置，忙闲的状态以及申请小车工位的数目等信息，按照一定的服务规则，如各工位平均等待时间最少、生产损失最小、最迟起运时刻运输调度等准则，确定小车的服务次序及解决多小车系统的防碰撞问题，以保证系统的高效运行。

3．生产物流的管理控制程序

生产物流控制的程序对不同类型的生产方式来说，基本上都是一样的。与控制内容相适应，物流控制的程序一般包括以下几个步骤：

1）制定期量标准。物流控制从制定期量标准开始，所制定的标准要保持先进合理的水平，随着生产条件的变化，标准要定期或不定期地进行修订。

2）制定计划。依据生产计划制定相应的物流计划，并保持生产系统正常运转。

3）物流信息的收集、传送、处理。

4）短期调整。为了保证生产的正常进行，及时调整偏差，保证计划顺利完成。

5）长期调整。

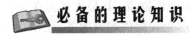
相关作业

生产物流是如何组织的？

3.4 销售物流

必备的理论知识

3.4.1 销售物流的概念及销售物流的模式

1．销售物流的概念

销售物流是指生产企业、流通企业出售商品时，物品在供方和需方之间的实体流动。

在现代社会中，市场环境是一个完全的买方市场。因此，销售物流活动便带有极强的被动性和服务性，只有以满足买方要求为前提，卖方才能最终实现销售。在这种市场前提下，销售往往以送达用户并经过售后服务才算终止。企业销售物流的特点是：通过包装、送货、配送等一系列物流方式实现销售。

销售物流是物品的生产者或持有者至客户或消费者之间的物流。通过销售物流，企业得以回收资金，进行再生产的活动。销售物流的效果关系到企业的存在的价值是否被社会承认，销售物流的成本在商品的最终价值中占有一定的比例，因此，为了增强企业的竞争力，必须重视销售物流的合理化。

2. 销售物流的组织模式

销售物流主要有三种模式：由生产企业自己组织销售物流，委托第三方组织销售物流，由购买方上门取货。

（1）企业自己组织销售物流

这是在买方市场环境下采取的主要的销售物流模式之一。也是我国当前绝大部分企业采用的物流形式。

生产企业自己组织销售物流，实际上是把销售物流作为企业生产的一个延伸或者看成是生产的一种继续，使生产企业销售物流成了生产企业经营的一个环节。而且，这个经营环节是和用户直接联系，直接面向用户提供服务的一个环节。但要在企业从"以生产为中心"转向"以市场为中心"的情况下，这个环节逐渐变成了企业的核心竞争环节，已经不再是生产的继续，而成为企业经营的中心，生产过程变成了这个环节的支撑力量。

生产企业自己组织销售物流的好处在于，可以将自己的生产经营和用户直接联系起来，信息反馈速度快、准确度高，信息对于生产经营的指导作用和目的性强。在买方市场的前提下，企业往往把销售物流环节看成是开拓市场、进行市场竞争的一个环节，从而格外看重这个环节。生产企业自己组织销售物流，就可以对销售物流的成本进行大幅度的调节，同时还能够从整个生产企业的经营系统角度，合理安排和分配销售物流环节的力量。

（2）由第三方物流企业组织销售物流

由专门的物流服务企业组织企业的销售物流，实际上是生产企业将销售物流实行外包，将销售物流社会化。由第三方物流企业承担生产企业的销售物流，其最大优点在于：由于第三方物流企业是社会化的物流企业，它可向很多生产企业提供物流服务，因此可以将企业的销售物流和企业的供应物流一体化，可以将很多企业的物流需求一体化，采取统一解决的方案。这样就可以做到：第一是实现专业化；第二是实现规模化。这两者可以从技术方面和组织方面强化成本的降低和服务水平的提高。

（3）由用户自己提货的形式

这种形式实际上是将生产企业的销售物流转移到用户头上，变成了用户自己组织供应物流的形式。对销售方来说，已经没有了销售物流的职能。这是在计划经济时期广泛采用的模式，将来除非在十分特殊的情况下，这种模式不再具有生命力。

3.4.2　销售物流的主要环节

1. 销售渠道的形式

销售渠道的形式有以下几种：

1）生产者→消费者，该渠道最短。

2）生产者→批发商→零售商→消费者，该渠道最长。

3）生产者→零售商或批发商→消费者，该渠道介于以上两者之间。

影响销售渠道选择的因素有政策性因素、产品因素、市场因素和生产企业本身因素。生产企业通过对影响销售渠道选择的因素进行研究分析以后，再结合本身的特点和要求，对各种销售渠道的销售量、费用开支、服务质量经过反复的比较后，找出最佳销售渠道。

一般来说，销售物流的组织与产品类型有关，如钢材、木材等商品，其销售渠道一般选用第一种渠道形式和第三种渠道形式；而诸如日用品、小五金等商品的销售渠道，则较多的选用第二、三种渠道形式。正确运用销售渠道，可使企业迅速及时地将商品传送到用户手中，达到扩大商品销售、加速资金周转、降低流通费用的目的。

2. 销售物流的主要环节

（1）产成品的包装

产成品的包装可视为生产物流系统的终点，也是销售物流系统的起点。包装具有防护功能、仓储功能、运输功能、销售功能和使用功能，是物流系统中不可缺少的一个环节。因此，在包装材料、包装形式上，除了要考虑物品的防护和销售外，还要考虑储存、运输等环节的方便性。包装的标准化、轻薄化以及包装器材的回收、利用等也是实现合理化需要考虑的重要问题。

（2）产成品的储存

产成品储存包括仓储作业、物品养护和库存控制。对此，主要应做好以下几点：通过改善仓储作业，可提高作业质量及作业生产率；使用科学的方法进行物品养护；成品库存控制应以市场需求为导向。由此来合理控制成品存储量，并以此指导生产。

（3）产成品的发送

根据产成品的批量、运送距离、地理条件决定运输方式。对于前述的第1）种销售渠道形式，运输形式有两种：一是销售者直接取货；二是生产者直接发货给消费者。对于前述的第2）、3）种销售渠道形式，除采用上述两种运输形式外，配送是一种较先进的形式，可以推广。在由生产者直接发货时，应考虑发货批量大小的问题，它将直接影响到物流成本费用，因此，要以发货批量达到运输费用与仓储费用总和最小为原则。

（4）产成品的装卸搬运

产成品的装卸搬运活动应主要包括产品由生产车间装卸搬运至仓库和由仓库装卸搬运至运输工具上，装卸搬运的衔接状况，直接影响到物流成本和销售物流的效率。

（5）信息处理

需完善销售系统和物流系统的信息网络，加强二者协作的深度和广度，并建立与社会物流沟通和联系的信息渠道，建立订货处理的计算机管理系统及客户服务体系。

3.4.3　销售物流的策略

为了使销售物流合理化，就应在一定的顾客服务水平下使销售物流配送成本最小化。有许多策略有助于实现这一目标，其中主要的策略有以下内容：

1. 标准化策略

标准化策略是指根据顾客的共同需求，尽可能多地采用标准零部件、模块化产品，以尽量减少因品种多变而导致的附加成本。

2. 差异化策略

差异化策略是指根据产品种类或客户群的需求差异性来确定不同的物流配送策略。产品特征不同，顾客要求的服务水平也不同。当企业拥有多种产品时，不能对所有产品按同一标准的顾客服务水平来配送，而应按产品的特点、销售水平，来设置不同的库存、不同的运输方式以及不同的储存地点，以避免或减少不必要的配送成本。例如，某公司生产化学品添加剂，为降低成本，按各种产品的销售量比重进行分类，A类产品的销售量占总销售量的70%以上，B类产品的销售量占20%左右，C类产品的销售量占10%左右。对A类产品，公司在销售网点都备有库存，B类产品只在地区分销中心备有库存，C类产品仅在工厂的仓库才备有存货。经过一段时间的运行，证明这种做法是科学的，企业总的配送成本下降了20%以上。

3. 合理布局策略

合理布局就是通过合理的空间安排来降低配送成本。有两种途径可实现这一目标：一是在规划和建设配送中心时，充分考虑配送中心与零售网点的最佳距离；二是在制定运输方案时，充分考虑配送的最佳运输路线。

4. 零库存策略

在一定条件下，销售商可选择由供货商来负责相关商品的库存和物流管理，供货商通过销售商提供的销售信息，能十分高效地排定自己的生产计划和送货计划，从而使双方都能降低库存成本。

5. 混合策略

混合策略是指将物流配送业务分为两部分，一部分由企业自身完成，而另一部分则外包给第三方物流公司完成。尽管采用完全策略（即配送活动要么全部由企业自身完成，要么完全外包给第三方完成）容易形成一定的规模经济，并简化管理，但由于产品品种多变、规格不一、销售差异情况，采用完全策略的配送方式超出一定程度后，不仅不能取得规模效益，反而会造成规模不经济。而采用混合策略，合理安排企业自身完成的配送和外包给第三方完成的配送，反而能降低成本。

6. 延迟策略

延迟策略是指对产品的外观、形状及生产、组装、配送，尽可能推迟到接到顾客订单后再确定，一旦接到订单，就迅速做出反应。在传统的配送计划的安排中，大多数库存是按照对未来市场需求的预测量设置的，这样就存在着预测风险：当预测量与实际需求量不符时，就出现库存过多或过少的情况，从而增加配送成本。延迟配送克服了传统配送的这种弊端。延迟配送适合于设计模块化、制造智能化程度较高且产品生命周期短的产品。在操作上，延迟策略分为生产延迟（形成延迟）和物流延迟（时间延迟）两种方式。在配送过程中，发生在诸如贴标签、包装、装配等环节的延迟，属于形成延迟；发生在发货、送货等环节的延迟，则属于时间延迟。

7. 协同配送策略

协同配送就是通过协调或协作，使配送作业达到最优化。协同配送包含以下两个层面：

（1）配送作业时的拼装车

配送时合理装车是降低成本的重要途径。由于产品品种繁多，它们在包装形态、储运性能、容积、比重等方面有差别。如果车上只装比重大的货物，往往是达到了载重量，但容积空余很多。若只装比重小的货物，则正好相反。看起来车装得满，实际上并未达到车辆载重量。这两种情况实际上都造成了浪费。因此，企业在安排车辆完成配送任务时，对容积、比重大小不同的货物进行合理搭配，使车辆的容积和载重量都得到充分利用，以取得最佳装车效果。有条件的企业，可在计算机和相关软件的辅助下，寻求货物配装车的最优方案。

（2）共同配送

共同配送又称为集中协作配送，是指几个企业联合，将货物集中起来，利用同一配送设施，对配送活动进行统一筹划和运作。这种配送有两种情况：其一，同一地区的中小型生产、零售企业之间分工协作，实行共同配送，以避免单个企业因运量少、车辆利用率低和人力浪费等造成的效率损失；其二，几个中小型配送中心之间的联合，针对某一地区的用户，由于各配送中心所配物资数量少而车辆利用率低等情况，几个配送中心将用户所需物资集中起来共同配送，以提高配送效益。

 社会实践建议

在教师的指导下，进行社会调查，了解当地企业采用什么方式组织销售物流，来实现物流合理化。

3.5 回收物流与废弃物物流

必备的理论知识

3.5.1 回收物流与废弃物物流的概念

生产经过流通直到消费的过程中，在企业物流的主渠道中将分离出来一些废弃物资，它们都是生产或流通中产生的排泄物，这些物资一部分可以回收并再生利用，称为再生资源，形成回收物流。另一部分在循环利用中，基本或完全失去了使用价值，成为无法在利用的最终排放物，形成废弃物物流。

1. 回收物流的概念

《中华人民共和国国家标准物流术语》（GB/T18354-2001）对回收物流的定义是：不合格物品的返修、退货以及周转使用的包装容器从需方返回到供方所形成的物品实体流动。

2. 废弃物物流的概念

《中华人民共和国国家标准物流术语》（GB/T18354—2001）对废弃物物流的定义是：将经济活动中失去原有使用价值的物品，根据实际需要进行收集、分类、加工、包装、搬运，并分送到专门处理场所时所形成的物品实体流动。

3.5.2 回收物流与废弃物物流的作用与意义

1. 回收物流与废弃物物流的作用

回收物流是社会物资循环的重要组成部分。自然界的物资不是无限的，森林的采伐、矿山的开采都是有一定限度的，对这些资源无休止地开采无论是对地球还是对我们人类自身都将是一场灾难。在资源日益枯竭的今天，人类社会越来越重视通过回收物流将可以利用的废弃物收集、加工，重新补充到生产、消费系统中去。例如废纸回收已成为造纸业原材料供应不可缺少的一环。据统计，钢铁产量有近1/3来自回收的废旧钢铁。城市垃圾中的一些成分也可以加工成肥料或燃料，甚至有些废物经过适当加工，可以直接成为商品进入消费领域。

2. 回收物流与废弃物物流的意义

（1）回收物流与废弃物物流合理化的经济意义

废弃物资是一种资源，但和自然资源不同，它们曾有过若干加工过程，本身凝聚着能量和劳动力的价值，因而又被称作载能资源，回收物资重新进入生产领域作为原材料会带来很高的经济效益。

（2）回收物流与废弃物物流合理化的社会意义

由于废弃物的大量产生严重影响人类赖以生存的环境，必须有效地组织回收物流与废弃物物流，使废弃物得以重新进入生产、生活循环，或者得到妥善处理。

当前社会最关切的问题之一就是环境问题，而环境污染的根本问题是废弃物造成的。造纸厂和化工厂的废水任其流入自然界的水源中，将污染河流、湖泊和海洋，不仅危害人类，水生动植物也将受到致命打击。城市里如果没有环卫系统的运行，数日之间将变得又脏又臭，良好的生活环境和工作环境将不复存在。

由此可见，回收与废弃物物流的合理组织对节约资源、保护环境具有极其深远的现实意义。

3. 回收物流与废弃物物流的特点

1）回收物流与废弃物物流产生的时间、地点、数量是难以预见的。
2）发生地点为分散、无序的。
3）发生的原因通常与质量、数量异常有关。
4）处理的系统和方式复杂多样，不同的处理手段对资源价值贡献有显著差异。

3.5.3 回收物流与废弃物物流的技术处理

1. 回收物流与废弃物物流技术的特点

（1）小型化、专用化的装运设备

回收与废弃物物流的第一阶段任务是收集，废弃物来源于每一个工矿、企业和家庭，由于分布广泛，因此采取多阶段收集、逐步集中的方式，广泛使用各种小型机动车和非机动车。

许多废弃物具有脏臭、污染环境的特点，在装运过程中需要专用运输车辆，例如城市生活垃圾的运输是由环卫部门专用车承担的。

废弃物的运输线路一般不长，因此，广泛使用汽车运输，有些回收物资是工业的重要原材料，如废钢铁等，也有利用火车进行长距离运输的情况。

（2）简易的储存、包装要求

这些物资是以废弃物的形态出现的，一般只要求有露天堆放场所，但也有一部分回收物资如废纸等，在堆放时需要有防雨措施，或放置在简易库房内。

废弃物一般也不需要包装，但是为了装运方便，可以捆扎或打包。在需要防止废弃物污染环境的特殊情况下，也应有必要的包装。如具有放射性的核废料，在输送过程中其包装要求是极为严格的，但包装的目的不是为了保护包装物资，而是为了防止对环境造成危害。

（3）多样化的流通加工

由于废弃物种类繁多、性质各异，故流通加工的方式也很多。废弃物流通加工的方式有：分拣、分解和分类；压块和捆扎；切碎和破碎等。

（4）低成本的要求

回收物流与废弃物物流中由于所处理的对象物价值不高，因此物流费用必须保持在低水平。对废弃物处理费用过高，将加大企业的开支，或增加社会福利开支。回收物资成本过高，将导致以回收物资为原材料的生产企业陷入困境，甚至转而寻求其他途径解决原材料问题。

2. 回收物流技术分类

废旧物资回收的目的是将其经过修复、处理和加工后再次使用。因此，研究物品复用技术是回收物流的基础和前提。一般来说，回收物流技术可概括为以下几个方面：

（1）原厂复用技术流程

原厂产生废旧物品→原厂回收→原厂分类→原厂复用。例如钢厂的废钢铁回收利用就是一个典型的例子。

（2）通用回收复用技术流程

通用化、标准化的同类废旧物品→统一回收，按品种、规格、型号分类→复用标准达到后进行通用。

（3）外厂代用复用技术流程

本厂过时及规格不符的废旧物品→外厂统一回收→按降低规格、型号、等级分类或按代用品分类→外厂验收→外厂复用。

（4）加工改制复用技术流程

需改制的废旧物品→统一回收→按规格、尺寸、品种分类→拼接→验收→复用。

（5）综合利用技术流程

工业生产的边角余料、废旧纸、木制包装容器→统一回收→综合利用技术→验收→复用。

（6）回炉复用技术流程

需回炉加工的废旧物品→统一回收→由各专业生产厂进行再生产性的加工→重新制造原物品→验收→复用。

相关作业

1. 回收物流与废弃物物流的概念是什么？
2. 回收物流与废弃物物流的特点有哪些？
3. 在老师指导下，调查一个企业如何做好环保工作？

经 典 案 例

本田美国公司与供应商建立战略伙伴关系

位于俄亥俄州的本田（HONDA）美国公司，强调与供应商之间的长期战略合作伙伴关系。本田公司总成本的大约80％都是用在向供应商的采购上，这在全球范围是最高的。因为它选择离制造厂近的供应源，所以与供应商能建立更加紧密的合作关系，能更好地保证 JIT 供货。制造厂库存的平均周转周期不到 3 小时。

1982 年，27 个美国供应商为本田美国公司提供价值 1400 万美元的零部件，而到了1990 年，有 175 个美国的供应商为它提供超过 22 亿美元的零部件。大多数供应商与它的总装厂距离不超过 150 英里。在俄亥俄州生产的汽车的零部件本地化率达到 90％（1997 年），只有少数的零部件来自日本。强有力的本地化供应商的支持是本田公司成功的原因之一。

在本田公司与供应商之间是一种长期相互依赖的合作关系。如果供应商达到本田公司的业绩标准就可以成为它的终身供应商。本田公司也在以下几个方面提供支持帮助，使供应商成为世界一流的供应商。

1）安排 2 名员工协助供应商改善员工管理。

2）40 名工程师在采购部门协助供应商提高生产率和质量。

3）质量控制部门配备 120 名工程师解决进厂产品和供应商的质量问题。

4）在焊接、模铸等领域为供应商提供技术支持。

5）成立特殊小组帮助供应商解决特定的难题。

6）直接与供应商上层沟通，确保供应商的高质量。

7）定期检查供应商的运作情况，包括财务和商业计划等。

外派高层领导人到供应商所在地工作，以加深本田公司与供应商相互之间的了解及沟通。

本田与 Donnelly 公司的合作关系就是一个很好的例子。本田美国公司从 1986 年开始选择 Donnelly 为它生产全部的内玻璃，随着合作的加深，相互的关系越来越密切（部分原因是相同的企业文化和价值观），本田公司开始建议 Donnelly 生产外玻璃（这不是 Donnelly 的强项）。在本田公司的帮助下，Donnelly 建立了一个新厂生产本田的外玻璃。它们之间的交易额在第一年为 500 万美元，到 1997 年就达到 6000 万美元。

在俄亥俄州生产的汽车是本田公司在美国销量最好、品牌忠诚度最高的汽车。事实上，它在美国生产的汽车已经部分返销日本。本田公司与供应南之间的合作关系无疑是它成功的关键因素之一。

思考与练习

一、名词解释

企业物流　　供应物流　　生产物流　　销售物流　　招标采购　　招标采购
JIT 采购　　回收物流　　废弃物物流

二、填空题

1. 企业物流是相对_____而言的，是指_____物品的实体流动。

2. 企业物流与社会物流相比较，_____是一种大物流、宏观物流，而_____是具体物流、微观物流。

3. 企业物流系统的水平结构，根据物流活动发生的先后次序，可划分为_____、_____、_____、_____四部分。

4. 企业物流系统的垂直结构通常由_____、_____、_____三个层次组成。

5. 供应作为_____的重要组成部分，是_____得以正常进行的_____。

6. 企业在供应物流领域内的竞争关键在于：_____，同时_____。

7. 企业供应物流的组织模式有_____，_____和_____。

8. 供应物流的过程包括_____，_____和_____。

9. 在物流活动中，采购环节是重要环节之一。实际工作中，必须遵循_____、_____、_____、_____和_____的原则。

10. 采购方式有_____、_____、_____、_____、_____等。

11. 生产物流是指生产过程中，_____、_____、_____、_____等在_____的实体流动。

12. _____、_____和_____影响生产物流的主要因素。

13. 生产物流管理的内容包括_____、_____、_____和_____。

14. _____、_____以及_____是生产物流系统的三大要素。

15. 物流控制的程序一般包括_____、_____、_____、_____几个步骤。

16. 销售物流是指企业在_____时,物品在_____和_____之间的实体流动。

17. 销售物流主要有_____、_____、_____三种模式。

18. 销售物流的主要包括_____、_____、_____、_____、_____等环节。

三、判断题

1. 在企业经营活动中,物流是渗透到各项经营活动之中的活动。　　　　　（　　）

2. 任何类型的企业,其投入和产出都是相同的。　　　　　　　　　　（　　）

3. 一个企业内部物流系统顺畅、高效与否,对社会物流系统没有影响。　（　　）

4. JIT 采购又称准时制采购,其基本思路是:在恰当的时间、恰当的地点、以恰当的数量、恰当的质量提供恰当的物品。它和传统的采购方法没有区别。　（　　）

5. 生产物流是制造产品的工厂企业所特有的,它和生产流程同步。　　（　　）

6. 销售物流以送达用户就终止了。　　　　　　　　　　　　　　　（　　）

7. 回收物流就是将废弃的物品回收。　　　　　　　　　　　　　　（　　）

四、简答题

1. 如何理解企业物流的概念?

2. 企业物流的水平结构如何?

3. 如何认识企业物流的发展趋势?

4. 企业物流合理化的途径有哪些?

5. 企业物流合理化的意义表现在哪几个方面?

6. 企业的供应物流有哪三种组织模式?

7. 采购决策的内容主要有哪几方面?

8. JIT 采购的策略有哪些?

9. 生产物流的作用表现在哪些方面?

10. 影响生产物流的主要因素是什么?

11. 生产物流管理的内容是什么?

12. 生产物流管理的对象是什么?

13. 销售物流的组织模式有哪几种?

14. 销售物流的主要环节有什么?

15. 如何理解回收物流和废弃物物流的作用及意义?

16. 回收物流和废弃物物流的特点表现在哪些方面?

17. 回收物流与废弃物物流技术的特点有哪些?

第章 物流成本管理

学习目标

1. 掌握物流成本的概念与构成
2. 了解物流成本的分类
3. 重点掌握降低物流成本的途径
4. 理解如何评价物流企业的经营绩效

案例导入

在福布斯排名榜上，沃尔玛的年销售额连续三年夺冠，对于一个利润率极低的零售商来说，能连续三年第一，堪称奇迹。沃尔玛所以能够迅速增长，并且成为世界 500 强之首，这些成绩的取得与沃尔玛在节省成本以及在物流运送、配送系统方面所做的努力是分不开的。沃尔玛始终把注意力放在物流运输和配送系统方面，使其成为沃尔玛公司的焦点业务。

1. 注重物流投入

沃尔玛 2003 年在物流方面的投资是 1600 亿美元，2004 年增长到 1900 亿美元，仅 2004 年用于物流配送中心建设的资金就高达 250 亿美元。而上海联华这个国内数一数二的零售商仅 100 多亿元。沃尔玛早在 20 世纪 80 年代初就花了 7 亿美元发射了一颗卫星，专门用于物流工作，通过卫星在两小时内把全球商场内的货物通通盘点一次，沃尔玛公司的新任 CEO 就来自于物流部门，由此可见物流和配送在公司中的重要性。

2. 实施"无缝点对点"

沃尔玛的经营哲学是"以最佳服务，最低的成本，提供最高质量的服务"。在物流运营过程当中，要尽可能降低成本，让利于消费者，沃尔玛向自己提出了挑战，

其中的一个挑战就是要建立一个"无缝点对点"的物流系统，能够为商店和顾客提供最迅速的服务。这种"无缝"的意思是指使整个供应链达到一种非常顺畅的链接。

3. 建立良好的循环系统

为了使成本最低，沃尔玛建立了物流循环系统。实践证明，如果物流循环是比较成功的，那么在顾客购买了某种商品之后，这个系统就开始自动地进行供货。这个系统与配送中心联系在一起，供货商只提供给配送中心，不用直接给每个商店，因此这个配送中心可以为供货商减少很多成本。

4. 完善的补货系统

沃尔玛在每一个商店都有一个补货系统。它使得沃尔玛在任何一个时间点都可以知道现在这个商店当中有多少货品、有多少货品正在运输过程当中、有多少是在配送中心等。同时它也使沃尔玛可以了解，沃尔玛某种货品前一周卖了多少、去年卖了多少，而且可以预测沃尔玛将来可以卖多少这种货品。

沃尔玛所有的货品都有一个统一的产品代码，这是非常重要的，因为可以对它进行扫描，可以对它进行阅读。在沃尔玛的所有商场当中，都不需要用纸张来处理订单。

5. 建立开放式的平台

沃尔玛每一个星期可以处理 120 万箱的产品。由于沃尔玛公司的商店众多，每个商店的需求各不相同。沃尔玛的配送中心能够根据商店的需要，自动把产品分类放入不同的箱子当中。沃尔玛所有的系统都是基于 UNIX 的一个配送系统，这是一个非常大的开放式的平台，不但采用传送带，还采用产品代码，以及自动补货系统和激光识别系统，这样，员工可以在传送带上就取到自己所负责的商店所需的商品。那么在传送的时候，他们是怎么知道应该取哪个箱子呢？传送带上有一些信号灯，有红的、绿的，还有黄的，员工可以根据信号灯的提示来确定商品应被送往的商店来拿取这些商品，并将取到的这些商品放到一个箱子当中。这样，所有这些商场都可以在各自所属的箱子当中放入不同的货品。由于供应链中的各个环节都可以使用这个平台，因此节省了拣选成本。

6. 建立自己的运输车队

众所周知，沃尔玛的产品卖得非常多，因此运输车队对物流的支持是非常必要的，在整个物流过程当中，最昂贵的就是运输这部分，运输车队省下的成本越多，那么整个供应链当中所节省的钱就越多，让利给消费者的部分也就越多。因此沃尔玛采用一种尽可能大的卡车，一般比集装箱运输卡车要更长或者更高。而且，车中的每立方米都填得满满的，这样非常有助于沃尔玛节省成本。

沃尔玛在注重车辆管理的同时还注重对员工的管理，沃尔玛采用全球定位系统，来对车辆进行定位。因此，在任何时候，调度中心都可以知道这些车辆在什么地方，离商店还有多远，同时他们也可以了解到某个产品运输到了什么地方了，还有多长时间才能运到商店，沃尔玛对事件的把握可以精确到小时。调度中心知道卡车在哪里，产品在哪里，就可以提高整个系统的效率。

从上述案例中，我们不难看出：科学合理的物流活动可以使企业提高效率、降低物流成本，而降低物流成本又为让利于消费者提供了空间，从而促使企业扩大销售额，加快资金周转，提高盈利水平。那么，什么是物流成本？物流成本由那些内容构成？物流成本在经济活动中的意义何在？怎样才能降低物流成本？这些问题都将在下面的介绍中找到答案。

物流成本管理的发展与经济发展有着密切的关系。物流成本管理是物流管理的重要组成部分。物流管理就是通过对物流各环节、物流设施和物流活动组织等进行整体优化，最终目标是在保证一定物流服务水平的前提下实现物流成本的最低化。

本章对物流各环节的物流成本进行系统介绍，要求重点掌握降低物流成本的途径。带着问题学习本章内容。

4.1 物流成本管理概述

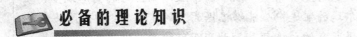 **必备的理论知识**

4.1.1 物流成本管理的产生与发展

1. 物流成本的概念

在 2001 年 8 月 1 日正式实施的中华人民共和国国家标准《物流术语》（GB/T18354-2001）中，把物流成本定义为："物流活动中所消耗的物化劳动和活劳动的货币表现"，即产品在实物运动过程中，如包装、运输、储存、流通加工、物流信息等各个环节所支出的人力、物力和财力的总和。物流成本是完成各种物流活动所需要的全部费用。

在实际工作中，由于人们对物流成本进行观察和分析的角度不同，因此对物流成本会产生不同认识，物流成本的构成也就不同。站在宏观角度，衡量一个国家物流管理水平的高低，进行社会物流的优化，就要考虑社会物流成本的问题。人们往往用物流成本占GDP 的比重来衡量一个国家物流管理水平的高低，这种物流成本指的就是社会物流成本。而站在微观角度，按实体的经营性质不同，可将物流成本分为制造企业物流成本、流通企业物流成本和物流企业物流成本。制造企业和流通企业的物流成本统称为货主企业物流成本。因此，按照人们对物流成本管理和控制的不同角度，我们把物流成本分成社会物流成本、货主企业（包括制造企业和商品流通企业）的物流成本以及物流企业的物流成本三个方面。其中，社会物流成本是宏观意义上的物流成本，而货主企业的物流成本以及物流企业的物流成本是微观意义上的物流成本。不同角度的物流成本有着不同的构成。

（1）社会物流成本

社会物流成本又可以称为宏观物流成本。宏观物流成本是指一个国家在一定时期内发生的物流总成本，是不同性质企业微观物流成本的总和。由于各国之间的经济结构不同，发展阶段不同，各国采用的研究统计方法也不同。因此，造成各国社会物流成本的构成内容及测算指标也不尽一致，各个指标的统计口径也无法完全统一。从而使物流成本占一国CDP 的比重会因为经济结构、发展阶段、测算指标和统计口径等差异存在而受到影响。目前，各国物流学术界和实务界普遍认同的社会物流成本计算的概念性公式为：

物流总成本（total logistics costs）＝运输成本＋存货持有成本＋物流行政管理成本

基于这个概念性公式，可以认为，社会物流成本由三部分构成，即：

1）运输成本（transportation cost）；

2）存货持有成本（inventory carrying cost）；

3）物流行政管理成本（logistics administration cost）。

（2）货主企业物流成本

我们这里所说的货主企业主要是指商品流通企业和制造企业。总的来说，制造企业中的物流是物流业发展的源动力，而流通企业是连接制造业和最终客户的纽带，制造企业和商业流通企业是物流服务的需求主体。

流通企业的经营活动相对于制造企业来说较为简单，以进、销、存活动为主，不涉及复杂的生产物料组织，物品实体也较为单一，多为产成品。流通企业物流成本的基本构成有：企业员工工资及福利费，支付给有关部门的服务费，如水电费等；经营过程中的合理消耗费，如储运费、物品合理损耗及固定资产折旧等；支付的贷款利息；经营过程中的各种管理成本，如差旅费、办公管理费等。

制造企业的生产经营活动较为复杂，包括供应、生产、销售三个环节。制造企业所组织的物品实体应包括产成品、半成品、原材料和零配件等，其物流过程具体包括了从生产企业内部原材料和协作件的采购、供应开始，经过生产制造过程中的半成品存放、搬运、装卸、产成品包装及运送到流通领域，进入仓库验收、分类、储存、保管、配送、运输，最后到消费者手中的全过程。这些过程发生的所有成本就是制造企业物流成本。

（3）物流企业物流成本

制造企业和流通企业是物流服务的需求主体，传统工商企业的经营模式具有"小而全"、"大而全"的特征，即企业拥有从原材料采购进货开始到最终产品入库为止的所有功能，并将企业的资源分散配置在各个环节。随着买方市场的形成和市场竞争的日益激烈，分散化物流体系低效率和高成本的劣势越来越明显。为了加强竞争力、集中力量发展核心业务，众多企业开始转换原有的经营模式，将自理物流转交专业物流企业运作。这就出现了对专业性物流服务企业的需求，由专业的物流企业来参与物流的运营管理，是社会专业化大生产的必然结果，也是提高物流效率，降低物流成本的有效途径。

物流企业在运营过程中发生的各项费用，都可以看成是物流成本。因此，可以说物流企业的物流成本包括了物流企业的所有各项成本和费用。实际上，从另一个角度看，当货主企业把物流业务外包给物流企业运营时，物流企业发生的各项支出构成了它的物流成本，而物流企业向货主企业的收费（包括了物流企业的成本费用、税金以及一定的利润）就构成了货主企业的物流成本。

在讨论物流成本的管理和控制时，应首先要明确分析的角度，理解不同角度认识物流成本的含义，在此基础上再进行深入的分析。其中，人们常说的物流成本往往主要是指货主企业的物流成本，流通企业的物流可以看成是制造企业物流的延伸，而物流企业主要是为流通企业和制造企业提供服务的，因此，物流企业的物流成本可以看成是货主企业物流成本的组成部分。社会宏观物流成本则是货主企业物流成本的综合。

2. 物流成本管理的产生与发展

（1）物流成本管理的产生

物流成本管理是物流管理的重要组成部分。物流管理起源于军事后勤，第二次世界大战中，美国海军基于巨额军用物资的调拨而首创物流管理，而后被美国陆军所推崇并广泛运用。由于在军事上的应用注重的是保证军用物资供应的可达性和及时性，是不怎么考虑成本的，因此这时物流成本管理并没有得到重视。第二次世界大战后，由于市场竞争日益激烈、物价上涨以及人工成本的提高等因素导致利润率降低，使西方发达国家各大公司效益普遍下滑。企业在平均利润率的杠杆作用下，已难以靠提高产品售价增加利润，要进一步降低产品生产成本也困难重重。在这种情况下，使得企业千方百计寻找降低成本的新途径，于是物流管理便进入了商业领域，成为继生产资料、劳动力后的第三利润源。企业注重成本管理，追求利润最大化，于是物流成本管理便应运而生，成为一种降低成本，提高服务水平的手段。

（2）物流成本管理的发展

物流成本管理的发展与经济的发展有着密切的关系，物流的发展取决于社会经济和生产力的发展水平，也取决于科学技术发展的水平。物流成本管理是随着物流管理的发展而兴起的成本管理的一个新的发展方面。物流成本管理的发展同成本管理一样，也是沿着事后管理到事中管理，再到事前管理的逻辑演进过程而不断向前发展的。

1）欧美国家物流成本管理的发展情况。从欧美国家的企业物流成本管理一般的发展过程来看，大致可以分为以下几个阶段：

① 物流成本认识阶段。物流成本管理在物流管理中占有重要的位置，"物流是经济的黑暗大陆"、"物流是第三利润源"等观点都说明了物流成本问题是物流管理初期人们关心的主要问题。所谓"物流是第三利润源"，是指通过物流合理化，降低物流成本，成为在降低制造成本和扩大销售之后企业获取利润的第三种途径。企业物流管理可以说

是从对物流成本的管理开始的。

但是,在这个阶段,人们对于物流成本的认识只是停留在概念认识的层次上,还没有按照管理的步骤对物流成本实施全面管理。

② 物流项目成本管理阶段。在这个阶段,在认识物流成本的基础上,根据不同部门、不同领域或不同产品出现的特定物流问题,组织专门的人员研究解决。但是,对于物流成本管理的组织化程度以及对物流成本的持久把握方面仍存在不足。在这个阶段,物流管理组织开始出现。

③ 引入物流预算管理制度的阶段。随着物流管理组织的设置,对物流成本有了一个统一、系统的把握,开始引入物流预算管理制度,达到控制物流成本的目的。

但是,这个阶段编制的物流预算缺乏准确性,对于成本变动原因的分析也缺乏全面性,而且对物流成本的把握仅限于运费和对外支付的费用。

④ 物流预算管理制度确立阶段。在这个阶段推出了物流成本的计算标准,物流预算及其管理有了比较客观准确的依据,物流部门成为独立的成本中心或利润中心。

⑤ 物流业绩评价制度确立阶段。物流预算制度确立后,进一步发展的结果是形成物流业绩评价制度。通过物流部门对企业业绩贡献度的把握,准确评价物流部门的工作。物流部门的业绩评价离不开其对于降低物流成本的贡献度,降低物流成本是物流部门永恒的目标。

2)日本的物流成本管理的发展情况。在不同的国家,物流发展水平不同,对物流的研究程度也各异,对物流成本管理的发展过程也存在着不同的看法。在日本,物流技术兴起于20世纪50年代,发展至今已形成了一套完整的体系,由重视功能变为重视成本,进而变为重视服务。物流成本管理一直受到日本物流界的重视,逐步向物流成本与财务结算制度相连接的方向发展。

在日本,物流成本管理的发展阶段问题存在着两种不同的学术观点。一种以神奈川大学的唐泽丰教授为代表,认为日本的物流成本管理的发展可以分为以下四个阶段:

① 明确物流成本,从物流成本与销售金额比率的角度进行管理的阶段,即主要是定量地掌握物流费用的阶段。

② 采用物流预算制度,可以对物流费用的差异进行分析的阶段。

③ 正式确定物流成本的基准值或标准值,使物流预算的提出或对物流的管理有一个客观的、恰当的标准。

④ 建立物流管理会计制度的阶段,使物流成本管理与财务会计在系统上连结起来,对物流成本进行成本模拟的阶段。

唐泽丰教授认为目前日本企业物流成本核算与管理基本停留在第三阶段。

另一种以菊池康也教授为代表,他在《物流管理》一书中阐明了自己的观点,他认为日本物流成本管理发展可分为下述五个阶段:

① 了解物流成本的实际状况(对物流活动的重要性提高认识)。

② 物流成本核算（了解并解决物流活动中存在的问题）。

③ 物流成本管理（物流成本的标准成本管理和预算管理）。

④ 物流收益评估（评估物流对企业效益的贡献程度）。

⑤ 物流盈亏分析（对物流系统的变化或改革做出模拟模型）。

菊池康也教授认为现在日本多处于第三阶段，还没有达到第四阶段、第五阶段，物流部门的管理还落后于销售和生产部门的管理。

3）我国的物流成本管理的发展情况。我国的物流管理起步较晚，1979年中国物资经济学会派代表团参加了在日本举行的第三届国际物流会议，第一次把"物流"这一概念从日本介绍到了国内。

20世纪80年代初，我国流通领域还带有很浓重的计划经济的色彩，作为生产资料流通的主要承担者——国有物资部门开始从宏观角度研究物流。而此时的商业系统还无暇顾及物流领域，使当时的商业系统对物流的研究远远落后于物资系统。这时，我国物流管理的发展基本上处在概念的引进和初级的理论研究阶段，未能引起各方面重视，没有进行深入的研究和实际的操作，对物流成本的认识也只是停留在概念认识的层次上，更谈不上对物流成本进行管理了。

90年代初，由于竞争的激烈，业态的多样化导致流通利润下降，商业系统才开始重视物流，特别是开始重视连锁经营与物流配送的关系的研究，使商业系统对物流的研究迈向了新的高度。物流成本开始进入初步的研究和试验性管理阶段，但还只是限于个别的企业和部门，并没有引起全社会对物流成本的关注。

进入90年代后期，随着中国经济体制改革的深化，企业产权关系的明确，生产企业及其他流通企业开始认识到物流的重要性。国内一些企业的内部开始设立专门的物流部门，也开始出现了不同形式的物流企业（大多物流企业是由原运输企业、仓储企业、商业企业或工业企业等改造重组而来），已有少数物流企业开始在物流理论基础上，根据物流运作规律进行组织与管理。此时，物流这个"第三利润源"引起了社会和企业的极大兴趣，大家纷纷参照国外的先进经验和技术，来加强物流管理，组织专门的人员研究降低物流成本的理论和方法，物流成本管理开始组织化。

进入新的世纪，我国的物流业又有了新的发展，特别是近几年网络经济的发展，电子商务对物流提出了新的要求，加强了我国物流业与世界物流业的合作与交流，使我国物流业发展开始走向国际化。对物流成本管理理论和方法的研究进入了一个新的阶段，出现了一些关于物流成本管理的专著和论文。一些企业开始引入物流成本预算制度，作为物流环节的运输、储存、装卸搬运等，都有了一些行业的定额指标。但是物流成本的预算缺乏准确性，国内尚无物流成本的定额指标，许多物流成本都隐藏在传统的会计统计中，没有完整列入物流成本的范畴，对于变动成本的分析更是缺乏全面性，所以对物流成本的把握仅限于运费等一些常见的基本指标以及对外支付的费用。

目前，物流成本管理的研究工作在我国尚处于起步阶段，还没有建立专门的物流成本核算体系，缺乏规范的核算，但是近几年来有不少企业已在探讨和摸索，取得了一些积极的成果。理论界也在积极探讨关于建立统一的物流成本计算标准的问题。通过对物流成本的管理来改善物流流程，降低成本，提高效益，已经成为我国物流业的核心问题。

4.1.2 物流成本管理的意义与作用

物流管理就是通过对物流系统目标、物流设施设备和物流活动组织等进行改进与调整，实现物流系统的整体最优化，其最终目标都是要在保证一定物流服务水平的前提下实现物流成本的降低。可以说，降低物流成本与提高物流服务水平构成企业物流管理最基本的课题。

物流成本管理是物流管理的重要内容，其意义在于，通过对物流成本的有效把握，利用物流要素之间的效益背反关系，科学、合理地组织物流活动，加强对物流活动过程中费用支出的有效控制，降低物流活动中的物化劳动和活劳动的消耗，从而达到降低物流总成本，提高企业和社会经济效益的目的。

　1. 物流成本管理的微观作用

从微观的角度看，物流成本在企业总成本中占有很大的比重，物流成本的高低直接关系到企业的利润水平的高低和竞争力的强弱。中国仓储协会 2000 年 3 月对中国家电、电子、日化、食品等行业中具有代表性的 450 家大中型企业进行调查，结果显示：物流成本占销售费用的比例很高，其中超过 12%的占总数的 48.5%。由此可以看出，企业通过加强物流成本管理，降低物流成本的空间是巨大的。加强物流成本管理给企业带来的经济效益主要体现在以下两个方面：

（1）降低物流成本，提高企业利润水平

由于物流成本在产品成本中占有很大比重，在其他条件不变的情况下，降低物流成本意味着扩大了企业的利润空间，提高了利润水平。

当某个企业的物流活动效率高于所属行业的平均物流活动效率，物流费用低于所属行业平均物流费用水平的时候，该企业就有可能因此获得超额利润，物流成本的降低部分就转化为企业的"第三利润"；反之，企业的利润水平就会下降。正是由于这种与降低物流成本相关的超额利润的存在，而且具有较大的空间，导致企业积极关注物流领域的成本管理，致力于降低物流成本的努力。

（2）降低物流成本，增强企业竞争优势

物流成本的降低，为降低商品的销售价格提供了条件，从而增强了企业在产品价格方面的竞争优势，企业可以利用相对低廉的价格在市场上出售自己的产品，从而提高产品的市场竞争力，扩大销售，并以此为企业带来更多的利润。

2. 物流成本管理的宏观意义

从宏观的角度看，物流成本在一国 GDP 中占有相当的比重，一般在 10% 以上。据资料显示，我国的物流成本占 GDP 的比重要远远高于其他国家，这说明我国的物流成本管理水平还很低，同时也说明我国物流成本下降的潜力很大。加强物流成本管理，降低物流成本给行业和社会带来的经济效益体现在以下三个方面：

1）如果全行业的物流效率普遍提高，物流费用平均水平降低到一个新的水平，那么，该行业在国际上的竞争力将会得到增强。对于一个地区的行业来说，可以提高其在全国市场的竞争力。

2）全行业物流成本的普遍下降，将会对产品的价格产生影响，导致物价相对下降，这有利于保持消费物价的稳定，相对提高国民的购买力。

3）物流成本的下降，对于全社会而言，意味着创造同等数量的财富，在物流领域所消耗的物化劳动和活劳动得到节约。实现以尽可能少的资源投入，创造出尽可能多的物质财富，减少资源消耗的目的。

4.1.3 物流成本管理的相关理论

1. 物流成本冰山说

"物流成本冰山说"是由日本早稻田大学的西泽修教授提出的。其含义是说人们对物流成本的总体内容并不掌握，提起物流成本大家只看到露出海水上面的冰山的一角，而潜藏在海水里的整个冰山却看不见，海水中的冰山才是物流成本的主体部分。西泽修教授指出，企业在计算盈亏时，"销售费用和管理费用"项目所列支的"运费"和"保管费"的现金金额一般只包括企业支付给其他企业的运费和仓储保管费，而这些外付费用不过是企业整个物流费用的冰山的一角。

一般情况下，在企业的财务统计数据中，只能看到支付给外部运输和仓库企业的委托物流费用，而实际上，这些委托物流费用在整个物流费用中确实犹如冰山的一角。因为物流基础设施的折旧费，企业利用自己的车辆运输、利用自己的库房保管货物，由自己的工人进行包装、装卸等自家物流费用都计入了原材料、生产成本（制造费用）、管理费用和销售费用等科目中。一般来说，企业向外部支付的物流费用是很小的一部分，真正的大头是企业内部发生的物流费用。从现代物流管理的需求来看，当前的会计科目设置使企业难以准确把握物流成本的全貌。美国、日本等国家的实践表明，企业实际物流成本的支出往往要超过企业对外支付物流成本额的 5 倍以上。

图 4.1 反映的是我国当前会计核算制度下一个典型制造企业中物流成本的核算现状。其中，整个冰山可以视同为该企业的整个物流成本部分，而露在水面之上的部分是委托的物流费用。这部分物流成本是企业可以统计出来的，而隐藏在水面之下的大部分物流成本却不能通过当前的会计核算得到统计。

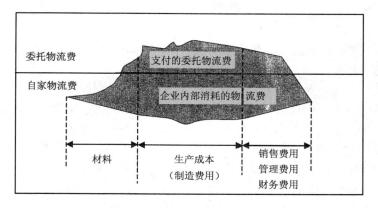

委托物流费 —— 支付的委托物流费

自家物流费 —— 企业内部消耗的物流费

材料 | 生产成本（制造费用） | 销售费用 管理费用 财务费用

图 4.1　"物流成本冰山说"示意

"物流成本冰山说"之所以成立，除了会计核算制度本身没有考虑到物流成本之外，还有三个方面的原因。一是物流成本的计算范围太大。二是运输、保管、包装、装卸以及信息等各物流环节中，以哪几种环节作为物流成本的计算对象问题。如果只计运输和保管费用，不计其他费用，与运输、保管、装卸、包装以及信息等费用全部计算，两者的费用结果差别相当大。三是选择哪几种费用列入物流成本中的问题。比如，向外部支付的运输费、保管费、装卸费等费用一般都容易列入物流成本，可是本企业内部发生的物流费用，如与物流相关的人工费、物流设施建设费、设备购置费以及折旧费、维修费、电费、燃料费等是否也列入物流成本中……此类问题都与物流成本的大小直接相关。因而我们说物流成本确实犹如海里的一座冰山，露出水面的仅是冰山的一角。

2. "黑大陆"学说

"黑大陆"学说的基本思想与"物流成本冰山说"类似。由于物流成本在财务会计中被分别计入了生产成本、管理费用、营业费用、财务费用和营业外费用等项目，因此，在损益表中所能反映的物流成本在整个销售额中只占很小的比重，因此物流的重要性当然不会被认识到，这就是物流被称为"黑暗大陆"的一个原因。

由于物流成本管理存在的问题以及有效管理对企业盈利、发展的重要作用，1962年世界著名管理学家彼得·得鲁克在《财富》杂志上发表了题为《经济的黑色大陆》一文，他将物流比作"一块未开垦的处女地"，强调应高度重视流通以及流通过程中的物流管理。彼得·得鲁克曾经指出："流通是经济领域里的黑暗大陆。"这里彼得·得鲁克虽然泛指的是流通，但是由于流通领域中的物流活动的模糊性特别突出，是流通领域中人们认识不清的地带，所以"黑大陆"学说主要是针对物流而言的。

从某种意义上看，"黑大陆"学说是一种未来学的研究结论，是战略分析的结论，带有较强的哲学抽象性，这一学说对于物流成本领域的研究起到了启迪和动员作用。

3. "第三利润源"说

"第三利润源"的说法是日本早稻田大学教授、日本物流成本学说的权威学者西泽修在 1970 年提出的。

从历史发展来看，人类历史上曾经有过两个大量提供利润的领域。在生产力相对落后、社会产品处于供不应求的历史阶段，由于市场商品匮乏，制造企业无论生产多少产品都能销售出去，于是就大力进行设备更新改造、扩大生产能力、增加产品数量、降低生产成本，以此来创造企业的剩余价值，即"第一利润"。当产品充斥市场，转为供大于求，销售产生困难时，也就是第一利润达到一定极限，很难持续发展时，便采取扩大销售的办法寻求新的利润源泉。人力领域最初是廉价劳动，其后则是依靠科技进步提高劳动生产率，降低人力消耗或采用机械化、自动化来降低劳动耗用，从而降低成本，增加利润，我们称之为"第二利润源"。然而，在前两个利润源潜力越来越小，利润开拓越来越困难的情况下，物流领域的潜力被人们所重视，于是出现西泽修教授的"第三利润源"说。

这三个利润源着重开发生产力的三个不同要素："第一利润源"挖掘对象是生产力中的劳动对象；"第二利润源"挖掘对象是生产力中的劳动者，"第三利润源"挖掘对象则是生产力中劳动工具的潜力，同时注重劳动对象与劳动者的潜力，因而更具有全面性。

从"第三利润源"学说中，人们应该认识到：

① 物流活动和其他独立的经济活动一样，它不仅仅是总体的成本构成因素，而是单独盈利因素，物流可以成为"利润中心"。

② 从物流服务角度来说，通过有效的物流服务，可以给接受物流服务的生产企业创造更好的盈利机会，成为生产企业的"第三利润源"。

③ 通过有效的物流服务，可以优化社会经济系统和整个国民经济的运行，降低整个社会的运行成本，提高国民经济总效益。

企业物流管理肩负着"降低物流成本"和"提高物流服务水平"两大任务，这是一对相互矛盾的对立关系。整个物流合理化，需要用总成本评价，这反映出企业物流成本管理的效益背反特征及企业物流对整体概念的重要性。

4.2 物流成本的分类与影响因素

4.2.1 物流成本的分类

1. 常见的分类方法

物流成本有广义和侠义之分，所谓侠义物流成本是指在物流过程中，企业为了提供有关物流服务，所占有和耗费的活劳动和物化劳动的货币表现。所谓广义物流成本包括侠义物流成本与客户服务成本。

客户服务成本

客户服务成本是指当物流服务水平令客户不满意时，产生的销售损失。客户服务成本是一种隐性成本，它不仅包括失去现有客户所产生的销售损失，还包括失去潜在客户所带来的销售损失。有调查显示，每个对服务不满意的客户平均会向 9 个人诉说自己的不满，而这种诉说可能会使听众打消选择该企业产品或服务的念头，从而使企业丧失潜在的销售机会。

企业在进行物流成本管理时，通常只考虑狭义的物流成本，而对客户服务成本关注甚少。因此，目前企业对物流成本的分类主要是针对狭义物流成本的。具体分类方法主要有以下几种：

（1）按经济内容分类

企业的生产经营过程，也是各种费用发生的过程，生产经营过程中发生的成本费用，按其经济内容分类如下：

1）固定资产折旧费。包括使用中的固定资产应计提的折旧和固定资产大修理费用。

2）材料费。包括一切材料、包装物、修理用备件和低值易耗品等。

3）燃料动力费。包括各种固体、液体、气体燃料，水费，电费等。

4）工资。包括职工工资和企业根据规定按工资总额的一定比例计提的职工福利费、职工教育经费、工会经费等。

5）利息支出。企业应计入财务费用的借款利息支出减利息收入后的净额。

6）税金。应计入企业管理费用的各种税金，如房产税、车船使用税、土地使用税、印花税等。

7）其他支出。不属于以上各要素费用支出，如差旅费、租赁费、外部加工费以及保险费等。

此种分类方法的作用在于：一是可以反映企业一定时期内在生产经营中发生了哪些费用，数额分别是多少，据以分析企业各个时期各种费用的构成和水平，还可以反映物质消耗和非物质消耗的结构和水平，有助于统计工业净产值和国民收入。二是可以反映了企业生产经营中材料和燃料动力以及职工工资的实际支出，因而可以为企业核定储备资金定额、考核储备资金的周转速度以及编制材料采购资金计划和劳动工资计划提供资料。但是，这种分类不能说明各项成本的用途，因而不便于分析各种成本的支出是否节约、合理。

（2）按经济用途分类

狭义物流成本按其经济用途分为以下类别：

1）运输成本。物流企业的运输成本主要包括以下几部分：人工费用，如工资、福利费、奖金、津贴和补贴等；营运费用，如营运车辆的燃料费、轮胎费、折旧费、维修费、租赁费、车辆牌照检查费、车辆清理费、养路费、过路过桥费、保险费、公路运输管理费等；其他费用，如差旅费、事故损失、相关税金等。

2）流通加工成本。流通加工成本构成内容主要有：流通加工设备费用、流通加工材料费用、流通加工劳务费用以及流通加工的其他费用。除上述费用外，在流通加工中耗用的电力、燃料、油料以及车间经费等费用，也应加到流通加工费用之中去。

3）配送成本。配送成本是企业的配送中心在进行分货、配货、送货过程中所发生的各项费用的总和，其成本由以下费用构成：配送运输费用、分拣费用、配装费用。

4）包装成本。包装成本构成一般包括以下几方面：包装材料费用、包装机械费用、包装技术费用、包装辅助费用、包装的人工费用。

5）装卸与搬运成本。装卸搬运成本构成内容主要有以下几方面：人工费用、固定资产折旧费、维修费、能源消耗费、材料费、装卸搬运合理损耗以及其他如办公费、差旅费、保险费、相关税金等。

6）仓储成本。仓储成本主要包括以下几个方面：仓储持有成本、订货或生产准备成本、缺货成本和在途库存持有成本。

成本按经济用途的分类，反映了企业不同职能的费用耗费，有利于企业对成本进行计划、控制和考核，便于对费用实行分部门管理和监督。

（3）按成本与业务量的关系分类

物流成本按其与业务量之间的依存关系，可以分为固定成本与变动成本两大类。

1）固定成本。固定成本是指其总额在一定时期和一定业务量范围内，不受业务量增减变动影响而保持不变的成本。例如，按直线法计算的固定资产折旧、管理人员的工资、机器设备的租金等。

应当指出的是，固定成本总额只是在一定时期和一定业务量范围内才是固定的。这里所说的一定范围，通常称为相关范围。如果业务量超过了相关范围，固定成本也会发生变动。所以，固定成本必须和一定时期、一定业务量相联系。

2）变动成本。变动成本是指其总额随着业务量的变动而成正比例变动的成本。如直接材料、直接人工、包装材料等都属于变动成本。

变动成本的概念，也是就其总额而言的。若从单位业务量的变动成本看，它又是恒定的，即它不受业务量增减变动的影响。

应当指出的是，变动成本也存在着相关范围问题。也就是说，在相关范围之内，变动成本总额与业务量之间保持着完全的线性关系，在相关范围之外，它们之间的关系，可能是非线性的。

变动成本还可以反映成本与业务量之间的依存关系，即所谓成本习性（亦称成本性态）。研究成本与业务量之间的依存性，考察不同类型成本与业务量之间的特定数量关系，把握业务量变动对各类成本变动的影响，有利于进行本量利分析和短期决策，加强成本控制和科学地进行成本分析，可以简化成本的计算，对于正确地进行经营决策，挖掘内部潜力，提高企业经济效益有着重要的意义。

（4）根据狭义物流成本计入营业成本的方式分类

狭义物流成本按其计入成本对象的方式分为直接成本和间接成本。

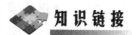 知识链接

成本对象

成本对象是指在成本计算过程中为归集和分配费用而确定的产品，即费用的承受者。成本对象可以是一件产品、一项服务、一项设计、一个客户、一种商标、一项作业或者一个部门等。

1）直接成本。直接成本是指被某一特定的成本对象所消耗，可直接计入该成本对象的成本。一种成本是否属于直接成本，取决于它与成本对象是否存在直接关系，并且是否便于直接计入。因此直接成本也可以说是与成本对象直接相关的成本中可以用经济合理的方式追溯到成本对象的那一部分成本。大部分的直接材料和直接人工成本属于直接成本。

2）间接成本。同直接成本相反，间接成本是指与某一特定成本对象没有直接联系的成本，它被几个成本对象所共同消耗，不能直接计入某一特定成本对象的成本。例如厂房的折旧费等大多属于间接成本。间接成本是与成本对象相关联的成本中不能用一种经济合理的方式追溯到成本对象的那一部分成本。例如，总经理的工资很难分辨出每种成本对象应分担的数额，不能合理地追溯到成本对象。间接成本应当先按地点或用途进行归集，然后按照适当合理的标准进行分配，计入各种成本对象。小部分的直接材料、直接人工成本、制造费用和期间费用通常属于间接成本。

狭义物流成本按其计入成本对象的方式分为直接成本和间接成本，这种分类的目的是为了经济合理地把成本归属于不同的成本对象。一项成本可能是直接成本，也可能是间接成本，要根据成本对象的选择而定。

（5）狭义物流成本按其转化为费用的不同方式分类

在实务中，按照现行财务会计制度规定，生产经营成本按其盘存性质可划分为产品成本与期间成本。划分产品成本和期间成本，是为了贯彻配比原则。

1）产品成本。产品成本是指可计入存货价值的成本，包括按特定目的分配给一项产品的成本总和。对外财务报告使用的产品成本内容，由统一的会计制度规定。在实务

中，产品成本包括以下四个成本项目：直接材料，指直接用于产品生产、构成产品实体的原料及主要材料、外购半成品、有助于产品形成的辅助材料以及其他直接材料；直接人工，指参加产品生产的工人工资以及按生产工人工资总额和规定的比例计提的职工福利费；燃料和动力，指直接用于产品生产的外购和自制的燃料及动力费；制造费用，指为生产产品和提供劳务所发生的各项间接费用。

2）期间成本。期间成本指不计入产品成本的生产经营成本，包括除产品成本以外的一切生产经营成本。期间成本在发生当期立即转为费用，是"不可储存的成本"，正因为期间成本的这一特性，因此也称之为"期间费用"。按照我国的企业会计制度的规定，企业的期间成本包括营业费用、管理费用和财务费用。

营业费用是指企业在销售商品过程中发生的费用，包括企业销售商品过程中发生的运输费、装卸费、包装费、保险费、展览费和广告费，以及为销售本企业商品而专设的销售机构（含销售网点、售后服务网点等）的职工工资及福利费，类似工资性质的费用、业务费等经营费用。商品流通企业在购买商品过程中所发生的进货费用也包括在内。

管理费用是指企业组织和管理企业生产经营所发生的管理费用，包括企业的董事会和行政管理部门在企业的经营管理中发生的，或者应当由企业统一负担的公司经费（包括行政管理部门职工工资、修理费、物料消耗、低值易耗品摊销、办公费和差旅费等）、工会经费、失业保险费、劳动保险费、董事会费、聘请中介机构费、咨询费（含顾问费）、诉讼费、业务招待费、房产税、车船使用税、土地使用税、印花税、技术转让费、矿产资源补偿费、无形资产摊销、职工教育经费、研究与开发费、排污费、存货盘亏或盘盈（不包括应计入营业外支出的存货损失）、计提的坏账准备和存货跌价准备等。

财务费用是指企业为筹集生产经营所需资金等而发生的费用，包括应当作为期间费用的利息支出（减利息收入）和汇兑损失（减汇兑收益以及相关的手续费等）。

营业成本和期间成本都必须从营业收入中扣除，因为它们都是对生产经营的耗费。不同的是，产品成本要待产品销售时才能扣除，期间成本则从当期收入中直接扣除，两者的扣除时间是不同的。

产品成本和期间成本的划分是相对的，所有生产经营成本，如果不列入产品成本，就必须列入期间成本。计入产品的成本范围越大，期间成本的范围就越小，反之亦然。

2. 物流成本的重新分类

以上的狭义物流成本分类方法，在一定程度上满足了企业统计计算物流成本的需要。但是值得注意的是：客户服务成本是企业在进行物流成本管理时必须要考虑的成本要素，各类物流成本之间具有此消彼长的关系，试图减少单个活动的成本也许会导致总成本的增加，管理层必须考虑所有物流成本的总和，才能实现有效的管理和真正的成本节约。由于现有的物流成本分类方法不但忽略了客户服务成本，而且不能清楚地反映各类物流成本之间的背反关系，因此，为了提升企业物流成本的管理效率，必须将物流成本管理的视角扩展到广义物流成本的范畴，并进行重新分类。广义物流成本一般可分为：客户服务成本、运输成本、仓储成本、订单处理成本与信息系统成本、批量成本、库存持有成本和包装成本。

以上对广义物流成本的分类，将物流看成是一个完整的系统，并以给定企业的客户服务目标为前提。这种分类方法从各种物流活动和成本的关系出发，分析成本产生的原因，将总成本最小化，实现有效的物流管理和真正的成本节约。

社会实践建议

在老师的指导下，了解在实际工作中，企业对物流成本是怎样进行分类的。

4.2.2　物流成本的特点与影响因素

长期以来，物流一直被认为是企业的"第三利润源"，在不少企业中，物流成本在企业销售成本中占了很大的比例，因而加强对物流活动的管理关键是控制和降低企业各种物流费用。但是要加强物流成本管理，应先明确企业活动中物流成本的特征及影响因素。

1. 物流成本的主要特点

从当今企业的物流实践中反映出来的物流成本的特征如下：

1）在通常的企业财务决算表中，物流成本核算的是企业对外部运输业所支付的运输费用或向仓库支付的商品保管费等传统的物流成本，对于企业内与物流中心相关的人员费、设备折旧费、固定资产税等各种费用则与企业其他经营费用统一计算，因而，从现代物流管理的角度来看，企业难以正确把握实际的企业物流成本。先进国家的实践经验表明，实际发生的物流成本往往要超过外部支付额的 5 倍以上。

2）在一般的物流成本中，物流部门完全无法掌握的成本很多，例如，保管费中过量进货、过量生产、销售残次品的在库维持以及紧急输送等产生的费用都是纳入其中的，从而增加了物流成本管理的难度。

3）物流成本削减具有乘数效应，例如，如果销售额为 100 万元，物流成本为 10 万元，那么物流成本削减 1 万元，不仅直接产生了 1 万元的利益，而且因为物流成本占销售额的 10%，所以间接增加了 10 万元的利益，这就是物流成本削减的乘数效应。

4）从销售关联的角度来看，物流成本中过量服务所产生的成本与标准服务所产生的成本是混同在一起的，例如，很多企业将销售促进费都算在物流成本中。

5）物流在企业财务会计制度中没有单独的项目，一般所有成本都列在费用一栏中，较难对企业发生的各项物流成本做出明确、全面的计算与分析。

6）对物流成本的计算与控制，各个业通常是分散进行的，也就是说，各企业根据自己不同的理解和认识来把握物流成本，这样就带来了一个管理上的问题，即企业间无法就物流成本进行比较分析，也无法得出产业平均物流成本值。例如，不同的企业外部委托物流的程度是不一致的，由于缺乏相互比较的基础，无法真正衡量各企业相对的物流绩效。

7）由于物流成本是以物流活动全体为对象，所以，它是企业唯一的、基本的、共同的管理数据。

8）各类物流成本之间具有背反关系，一类物流成本的下降往往以其他物流成本的上升为代价。

综合以上物流成本的特点可以看出，对于企业来讲，要实施现代化的物流管理，首要的是全面、正确地把握包括企业内外发生的所有物流成本在内的企业整体物流成本，也就是说，要削减物流成本必须以企业整体成本为对象。另外，物流成本管理应注意不能因为降低物流成本而影响对用户的物流服务质量，特别是流通业中多频度、定时进货的要求越来越广泛，这就要求物流企业能够适应流通发展的这种新趋向。例如，为了符合顾客的要求，及时、迅速地配送发货，企业需要进行物流中心等设施的投资，显然，如果仅仅为了减少物流成本而放弃这种投资，就会影响企业对顾客的物流服务水平。

2. 影响物流成本的因素

（1）竞争性因素

企业所处的市场环境充满了竞争，企业之间的竞争除了产品的价格、性能、质量外，从某种意义上来讲，优质的客户服务是决定竞争取胜的关键。而高效物流系统是提高客户服务的重要途径。如果企业能够及时可靠地提供产品和服务，则可以有效地提高客户服务水平，这都依赖于物流系统的合理化。而客户的服务水平又直接决定物流成本的高低，因此物流成本在很大程度上是由于日趋激烈的竞争而不断发生变化的，企业必须对竞争做出反应。影响客户服务水平的主要方面有以下几个因素：

1）订货周期。企业物流系统的高效必然可以缩短企业的订货周期，降低客户的库存，从而降低客户的库存成本，提高企业的客户服务水平，提高企业的竞争力。

2）库存水平。存货的成本提高，可以减少缺货成本，即缺货成本与存货成本成反比。库存水平过低，会导致缺货成本增加。但库存水平过高，虽然会降低缺货成本，但是存货成本会显著增加。因此，合理的库存应保持在使总成本最小的水平上。

3）运输。企业采用更快捷的运输方式，虽然会增加运输成本，却可以缩短运输时间，降低库存成本，提高企业的快速反应能力。

（2）产品因素

产品的特性不同也会影响物流成本，主要有：

1）产品价值。产品价值的高低会直接影响物流成本的大小。随着产品价值的增加，物流活动的成本都会增加，运费在一定程度上反映货物移动的风险。一般来讲，产品的价值越大，对其所需使用的运输工具要求越高，仓储和库存成本也随着产品的价值的增加而增加。高价值意味着存货中的高成本以及包装成本的增加。

2）产品密度。产品密度越大，相同运输单位所装的货物越多，运输成本就越低。同理，仓库中一定空间领域存放的货物也越多，库存成本就会降低。

3）产品废品率。影响物流成本的一个重要方面还在于产品的质量，也即产品废品率的高低。生产高质量的产品可以杜绝因次品、废品等回收、退货而发生的各种物流成本。

4）产品破损率。产品破损率较高的物品即易损性物品，对物流成本的影响是显而易见的，易损性的产品对物流各环节如运输、包装、仓储等都提出了更高的要求。

5）特殊搬运。有些物品对搬运提出了特殊的要求。如对长大物品的搬运，需要特殊的装载工具；有些物品在搬运过程中需要加热或制冷等，这些都会增加物流成本。

（3）环境因素

环境因素包括空间因素、地理位置及交通状况等。空间因素主要指物流系统中企业制造中心或仓库相对于目标市场或供货点的位置关系等。若企业距离目标市场太远，交通状况较差，则必然会增加运输及包装等成本。若在目标市场建立或租用仓库，也会增加库存成本。因此环境因素对物流成本的影响是很大的。

（4）管理因素

管理成本与生产和流通没有直接的数量依存关系，但却直接影响着物流成本的大小，节约办公费、水电费、差旅费等管理成本相应可以降低物流成本总水平。另外，企业利用贷款开展物流活动，必然要支付一定的利息（如果是自有资金，则存在机会成本问题），资金利用率的高低，影响着利息支出的大小，从而也影响着物流成本的高低。

4.3 物流成本的核算

 必备的理论知识

4.3.1 物流成本的构成

对于不同经营性质的企业来说，其物流成本的构成内容是不一样的，分别介绍如下：

1. 商品流通企业物流成本的构成

商品流通企业主要是指商业批发企业、商业零售企业和连锁经营企业等。流通企业的物流成本是指在组织商品购进、运输、仓储、销售等一系列活动中所消耗的物化劳动和活劳动的货币表现，由以下内容构成：

1）人工费用。包括与物流相关职工的工资、奖金、津贴以及福利费等。

2）营运费用。指物流运营中的能源消耗、运杂费、折旧费、办公费、差旅费、保

险费等。

3）财务费用。指经营活动中发生的存货资金使用成本支出，如利息、手续费等。

4）其他费用。如与物流相关的税金、资产损耗、信息费等。

2. 制造企业物流成本的构成

制造企业的物流过程一般包括采购供应物流、生产物流、产品销售物流以及回收和废弃物物流等。制造企业的物流成本是指企业在进行供应、生产、销售、回收等过程中所发生的运输、包装、仓储、配送、回收方面发生的费用。与商品流通企业相比，制造企业的物流成本大多体现在所生产的产品成本中，具有与产品成本的不可分割性。制造企业的物流成本一般包括以下内容：

1）供应、仓储、搬运和销售物流环节的职工工资、奖金、津贴以及福利费等。

2）生产材料的采购费用，包括运杂费、保险费、合理损耗等。

3）产品销售过程中的物流费用，如运输费、物流信息费、外包物流费用等。

4）仓储保管费，如原材料和产成品仓库的维护费、搬运费、合理损耗等。

5）有关设备和仓库的折旧费、维修费、保管费等。

6）营运费用，如与物流相关的能源消耗费、物料消耗费、办公费、差旅费、保险费、劳动保护费等。

7）财务费用，如仓储原材料、在产品和半成品、产成品等所占用的资金利息。

8）回收废品发生的物流成本等。

3. 物流企业的物流成本

物流企业是为货主企业提供专业物流服务的，它可以包括一体化的第三方物流服务企业，也包括提供功能性物流服务的企业，如仓储公司、运输公司、货代公司等。物流服务企业通过专业化的物流服务，来降低货主企业物流运营的成本，并从中来获得利润。可以说，物流企业的整个运营成本和费用实际上就是货主企业物流成本的转移。物流企业的全部运营成本费用都可以看作广义上的物流成本。

按照我国会计制度的规定，物流企业的成本费用项目包括营业税金及附加、经营费用、管理费用三大类。

（1）营业税金及附加

物流企业的营业税金及附加主要包括营业税、城市维护建设税和教育费附加等。

营业税是以企业营业收入为课税对象的一个税种。其计算公式为

$$应交营业税＝营业收入×适用营业税税率$$

城市维护建设税是根据应交纳的营业税税金总额，按照税法规定的税率计算交纳的一种地方税。计算公式为

$$应交城建税＝营业税税金总额×适用城建税税率$$

教育费附加也是根据交纳营业税税金总额，按规定比例计算交纳的一种地方附加费。计算公式为

$$应交纳教育费附加＝营业税税金总额×适用教育费附加费率$$

（2）经营费用与管理费用

除了交纳的税金之外，物流企业的各项一般可以归为经营费用和管理费用两大类。经营费用可以看成是与企业的经营业务直接相关的各项费用，如运输费、装卸费、包装费、广告费、营销人员的人工费、差旅费等；而管理费用一般是指企业为组织和管理整个企业的生产经营活动而发生的费用，包括行政管理部门管理人员的人工费、修理费、办公费、差旅费等。

4.3.2　物流成本的核算对象

物流成本的核算对象应根据物流成本计算的目的及企业物流活动的特点来确定。一般来说，物流成本核算的对象有如下几种：

1）以某种物流功能为核算对象。即根据需要，以包装、运输、储存等物流功能为对象进行计算。这种核算方式对于加强每个物流功能环节的管理，提高每个环节作业水平，都具有重要的意义。

2）以某一物流部门为核算对象。如以仓库、运输队、装配车间等部门为对象进行计算。这种核算对加强责任中心管理，开展责任成本管理方法以及对于部门的绩效考核是十分有利的。

3）以某一服务客户作为核算对象。这种核算方式对于加强客户服务管理、制定有竞争力且有盈利性的收费价格是很有必要的。特别是对于物流服务企业来说，在为大客户提供物流服务时，应认真分别核算对各个大客户提供服务时所发生的实际成本。

4）以某一产品为核算对象。这主要是指货主企业在进行物流成本核算时，以每种产品作为核算对象，计算为组织该产品的生产和销售所花费的物流成本。据此可进一步了解各产品的物流费用开支情况，以便进行重点管理。

5）以企业生产经营的某一过程为核算对象。如以供应、生产、销售、退货等某过程为对象进行计算。它的主要任务，是从材料采购费及企业管理费中抽出供应物流费，如材料采购账户中的外地运输费、企业管理费中的市内运杂费、原材料仓库的折旧修理费、保管人员的工资等。从基本生产车间和辅助生产车间的生产成本、制造费用以及企业管理费等账户中抽出生产物流费，如人工费部分按物流人员比例或物流工时比例确定计入，折旧费、大修费按物流固定资产占用资金比例确定计入等；从销售费用中抽出销售物流费，如销售过程中发生的运输、包装、装卸、保管、流通加工等费用和委托物流费等。这样就可以得出物流费用的总额，可使企业经营者一目了然地概观各范围（领域）物流费用的全貌，并据此进行比较分析。

6）以某一物流成本项目为对象。把一定时期的物流成本，从财务会计的计算项目

中抽出，按照成本费用项目进行分类计算。它可以将企业的物流成本分为企业自家物流费、委托物流费和外企业代垫物流费等项目分别进行计算。其中，企业自家物流费包括按相应的分摊标准和方法计算的为组织物流活动而发生的材料费、人工费、燃料费、办公费、维护费、利息费、折旧费等；委托物流费包括企业为组织物流向外单位支付的包装费、保管费、装卸费等；外企业代垫物流费包括在组织原材料（商品）采购和商品销售过程中由外单位（企业）代垫的物流费用。

7）以某一地区为对象。计算在该地区组织供应和销售所花费的物流成本，据此可进一步了解各地区的物流费用开支情况，以便进行重点管理。

8）以某一物流设备和工具为对象。如以某一运输车辆为对象进行计算。

9）以企业全部物流活动为对象进行计算。确定企业为组织物流活动所花费的全部物流成本支出。

4.3.3 物流成本的核算方法

1. 会计方法的物流成本核算

会计方法的物流成本核算，是要通过凭证、账户、报表的完整体系，对物流耗费进行连续、系统、全面地记录的核算方法。这种核算方法又可分三种具体形式：

（1）独立的物流成本核算体系

它是把物流成本核算与财务会计核算体系截然分开，单独建立起物流成本的凭证、账户和报表体系。具体做法是：对于每项物流业务，均由车间成本核算员或者基层成本核算员根据原始凭证编制物流成本记账凭证一式两份，一份连同原始凭证转交财务科，据以登记财务会计账户，另一份留基层成本核算员据以登记物流成本账户。这种计算模式的优点是提供的成本信息比较系统、全面、连续、准确、真实。同时，两套计算体系分别按不同要求进行，向不同的信息需求者提供各自所需要的信息，对现行成本计算的干扰不大。但这个计算模式的工作量较大，在目前财会人员数量不多，素质有限的情况下容易引起核算人员的不满。另外，基层核算员财务核算知识的缺乏，也会影响物流成本核算的准确性。

（2）结合财务会计体系的物流成本计算

它是把物流成本核算与企业财务会计和成本核算结合起来进行，即在产品成本计算的基础上增设一个"物流成本"科目，并按物流领域、物流功能分别设置二级、三级明细账，按费用形态设置专栏。当费用发生时，借记"物流成本"及有关明细账，月末按照会计制度规定，根据各项费用的性质再还原分配到有关的成本科目中去。这种计算模式，所提供的成本信息比较全面、系统、连续；且由于与产品成本计算结合，从一套账表中提供两类不同的信息，可以减少一定的工作量。其缺点是：为了实现资料数据的共享，需要对现有的产品成本计算体系进行较大的甚至是彻底的调整；为了保证产品成本计算的真实性和正确性，需要划分现实物流成本、观念物流成本（如物流利息）的界限，划分应否计入产品成本的界限，如人员素质不高则较困难；责任成本、质量成本等管理成本都要与产品成本相结合，再将物流成本也与之结合，其难度更大。

（3）物流成本二级账户（或辅助账户）核算形式

这是指在不影响当前财务会计核算流程的前提下，通过在相应的成本费用账户下设置物流成本二级账户，进行独立的物流成本二级核算。这里以制造企业为例，提出在当前财务会计系统下，进行货主物流成本核算的二级账户核算方法。流通企业的物流成本核算与制造企业相比相对更加容易，可以参照本方法来设计执行。

在制造企业的各级含有物流成本的一级科目下设供应物流成本、生产物流成本、销售物流成本等二级科目或增设费用项目，或者在编制记账凭证时设置"物流成本"辅助账户，在各二级账户（或辅助账户）下按物流功能设置运输费、保管费、装卸费、包装费、流通加工费、物流信息费和物流管理费等三级账户，并按费用支付形态（如人工费、材料费等）设置专栏。在按照财务会计制度的要求编制凭证、登记账簿，进行正常的财务会计成本核算的同时，根据记账凭证上的二级科目或辅助账户，登记有关的物流成本辅助账户及其明细账，进行账外的物流成本计算。将各种物流成本归入二级科目或辅助账户中，最后将各物流成本的二级科目分类汇总即可求得总的物流费用。

这些物流成本账户不纳入现行成本计算的账户体系，是一种账外计算，具有辅助账户记录的性质。这种计算模式的优点是，物流成本在账外进行计算，既不需要对现行成本计算的账表体系进行调整，又能提供比较全面、系统的物流成本资料，其计算方法也较简单，易为财会人员所掌握。

制造企业的物流成本一般包括的内容及下设的二级科目可以是：

1）销售人员的工资及福利费，一般计入营业费用，故可在营业费用中下设销售物流费用的二级科目，将其归入其中。

2）生产要素的采购费用，包括运输费、保险费，一般计入材料采购，只需在材料采购下设供应物流费用的二级科目将其归入其中。

3）企业内部仓库保管费，如维护费、搬运费，一般归入管理费用，可下设供应物流成本的二级科目进行归集。

4）采购人员的工资、差旅费、办公费等，一般计入管理费用，应在管理费用科目下设供应物流成本二级科目，将其归入其中。

5）生产过程中的搬运费等，一般计入制造费用，可以在制造费用科目下设生产物流成本二级科目，归集生产过程中的物流成本。

6）有关设备、仓库的折旧费，按其不同属性，分别归入供应物流费用、生产物流费用和销售物流费用、废弃物物流费用二级科目中。

7）物流信息费按照归属，在摊销时计入相应的物流成本二级科目中。

8）存货资金占用贷款利息，在财务费用下设二级科目，分别归入相应物流成本二级科目中。

9）回收废弃物发生的物流费，计入相应的物流支出的二级科目等。

通过以上二级科目或辅助账户的应用，可以有效地核算和归集出货主企业的物流成本，并在此基础上实施有效的管理和控制。

2. 统计方法的物流成本核算

统计方法的物流成本核算，是指在不影响当前财务会计核算体系的基础上，通过对有关物流业务的原始凭证和单据进行再次的归类整理，对现行成本核算资料进行解剖分析，从中抽出物流成本的部分，然后再按物流管理的要求对上述费用按不同的物流成本核算对象进行重新归类、分配、汇总，加工成物流管理所需的成本信息。

由于统计计算不需要对物流成本作全面、系统和连续的反应，所以运用起来比较简单、灵活和方便。但是由于不能对物流成本进行连续、系统和全面的追踪反应，所以得到的信息的精确程度受到很大影响，而且易于流于形式，使人认为，物流成本管理是权宜之计，容易削弱物流管理的意识。另外，在期末一次性地进行物流成本的归类统计，花费的时间也较多，对于财务会计人员来说，一次性工作量大。如果在日常会计处理过程中没有做相应的基础工作，按不同物流成本核算对象进行成本归集时，有时也无法确定某项成本的具体归属。

社会实践建议

在老师的指导下，深入企业，了解不同企业在实际工作中，对物流成本是如何进行核算的。

4.4 物流成本的控制与评价

必备的理论知识

4.4.1 物流成本控制

物流成本控制是物流成本管理的中心环节，是指企业在物流活动中根据物流成本标准，对实际发生的物流成本进行严格地审核，发现浪费，进而不断采取降低物流成本的措施，以实现既定的物流成本目标。进行物流成本控制，应根据物流成本的特性和类别，在物流成本的形成过程中，对其事先进行规划，事中进行指导、限制和监督，事后进行分析评价，总结经验教训，不断采取改进措施，使企业的物流成本不断降低。

需要注意的是：现代物流成本控制不只是孤立的降低物流成本，而是要在降低物流成本的同时兼顾收益，其目的是从成本与效益的对比中达到物流成本的最小化。这才是现代的物流成本控制意识，其具体表现是：一方面将降低物流成本的工作扩展到供应、生产和设计等各个部门，形成全企业、全员式的降低物流成本格局，形成贯穿企业各部门的物流成本控制意识；另一方面将降低物流成本从战略布局的高度加以定位，即从选择开发项目种类、进行可行性研究起就注入对物流成本的思考，确立具有长期发展观的成本意识。这种成本效益理念可通俗的表述为"为了省钱而花钱"，也就是为了未来获取更多收益应该支出某些短期看来似乎昂贵的费用。比如引进新型物流设备可能导致一笔较大的支出，但是在今后设备使用期间内，因设备利用效率的提高而增加的效益加上设备维修费用降低的综合效益，可能抵补引进设备的支出并有剩余，这样就总体而言，企业的效益有所增加。

1. 物流成本控制的基本程序

物流成本控制应贯穿于企业生产经营的全过程。一般来说，物流成本控制应包括以下几项基本程序：

（1）制定成本标准

物流成本标准是物流成本控制的准绳，是对各项物流费用开支和资源耗费所规定的数量限度，是检查、衡量、评价实际物流成本水平的依据。物流成本标准应包括物流成本计划中规定的各项指标，但物流成本计划中的一些指标通常都比较综合，不能满足具体控制的要求，这就必须规定一系列具体的标准，确定这些标准可以采用计划指标分解法、预算法、定额法等。

（2）监督物流成本的形成

这就是根据控制标准，对物流成本构成的各个项目，经常地进行检查、评比和监督。不仅要检查指标本身的执行情况，而且要检查和监督影响指标的各项条件，如物流设施、设备、工具及工人技术水平和工作环境等。所以，物流成本日常控制要与企业整体作业控制等结合起来进行。物流成本日常控制的主要方面有：物流相关直接费用的日常控制、物流相关工资费用的日常控制和物流相关间接费用的日常控制。上述各种与物流相关联的费用的日常控制，不仅要有专人负责和监督，而且要使费用发生的执行者实行自我控制，还应当在责任制中加以规定。这样才能调动全体职工的积极性，使成本的日常控制建立在群众基础之上。

（3）及时揭示并纠正不利偏差

揭示物流成本差异即核算确定实际物流成本脱离标准的差异，分析差异的成因，明确责任的归属。针对物流成本差异发生的原因，分别情况，分清轻重缓急，提出改进措施，加以贯彻执行。对于重大差异项目的纠正，一般采用下列程序：

1）提出降低物流成本的课题。从各种物流成本超支的原因中，提出降低物流成本的课题。这些课题首先应当是那些成本降低潜力大、各方关心、可能实行的项目。提出课题的要求，包括课题的目的、内容、理由、根据和预期达到的经济效益等。

2）讨论和决策。课题选定以后，应发动有关部门和人员进行广泛的研究和讨论。对重大课题，要提出多种解决方案，然后进行各种方案的对比分析，从中选出最优方案。

3）确定方案实施的办法、步骤及负责执行的部门和人员。

4）贯彻执行确定的方案。在执行过程中也要及时加以监督检查。方案实现以后，还要检查方案实现后的经济效益，衡量是否达到了预期的目标。

（4）评价和激励

评价物流成本目标的执行结果，根据物流成本控制的业绩实施奖惩。

2. 物流成本控制必须遵循的原则

为了有效地进行物流成本控制，必须遵循以下原则：

（1）经济原则

这里所说的"经济"是指节约，即对人力、物力和财力的节省，它是提高经济效益的核心，因而，经济原则是物流成本控制的最基本原则。

（2）全面原则

在物流成本控制中实行全面性原则，具体说来有如下几方面的含义：

1）全过程控制。物流成本控制不限于生产过程，而是从生产向前延伸到投资、设计，向后延伸到用户服务成本的全过程。

2）全方位控制。物流成本控制不仅对各项费用发生的数额进行控制，而且还对费用发生的时间和用途加以控制，讲究物流成本开支的经济性、合理性和合法性。

3）全员控制。物流成本控制不仅要有专职物流成本管理机构和人员参与，而且还要发挥广大职工群众在物流成本控制中的重要作用，使物流成本控制更加深入和有效。

（3）责、权、利相结合原则

只有切实贯彻责、权、利相结合的原则，物流成本控制才能真正发挥其效益。显然，企业管理当局在要求企业内部各部门和单位完成物流成本控制职责的同时，必须赋予其在规定的范围内有决定某项费用是否可以开支的权力。如果没有这种权力，也就无法进行物流成本控制。此外，还必须定期对物流成本业绩进行评价，据此实行奖惩，以充分调动各单位和职工进行物流成本控制的积极性和主动性。

（4）目标控制原则

目标控制原则是指企业管理当局以既定的目标作为管理人力、物力、财力和完成各项重要经济指标的基础，即以目标物流成本为依据，对企业经济活动进行约束和指导，力求以最小的物流成本，获取最大的盈利。

（5）重点控制原则

所谓的重点控制，简言之，就是对超出常规的关键性差异进行控制，旨在保证管理人员将精力集中不偏离标准的一些重要事项上。企业日常出现的物流成本差异成千上万、头绪繁杂，管理人员对异常差异重点实行控制，有利于提高物流成本控制的工作效率。重点控制是企业进行日常控制所采用的一种专门方法，盛行于西方国家，特别是在对物流成本指标的日常控制方面应用得更为广泛。

3. 物流成本控制的内容

物流成本控制按控制的时间来划分具体可分为物流成本事前控制、物流成本事中控制和物流成本事后控制三个环节。

1）物流成本事前控制是在物流活动或提供物流作业前对影响物流成本的经济活动进行事前的规划、审核，确定目标物流成本，它是物流成本的前馈控制。

2）物流成本事中控制是在物流成本形成过程中，随时对实际发生的物流成本与目标物流成本进行对比，及时发现差异并采取相应措施予以纠正，以保证物流成本目标的实现，它是物流成本的过程控制。物流成本事中控制应在物流成本目标的归口分级管理的基础上进行，严格按照物流成本目标对一切生产经营耗费进行随时随地的检查审核，把可能产生损失浪费的苗头消灭在萌芽状态，并且把各种成本偏差的信息，及时地反馈给有关的责任单位，以利于及时采取纠正措施。

3）物流成本事后控制是在物流成本形成之后，对实际物流成本的核算、分析和考核，它是物流成本的后馈控制。物流成本事后控制通过实际物流成本和一定标准的比较，确定物流成本的节约或浪费，并进行深入的分析，查明物流成本节约或超支的主客观原因，确定其责任归属，对物流成本责任单位进行相应的考核和奖惩。通过物流成本分析，为日后的物流成本控制提出积极改进意见和措施，进一步修订物流成本控制标准，改进各项物流成本控制制度，以达到降低物流成本的目的。

物流成本的事中控制主要是针对具体各个物流成本费用项目进行实地实时的分散控制。而物流成本的综合性分析控制，一般只能在事后才可能进行。物流成本事后控制的意义并非是消极的，大量的物流成本控制工作有赖于物流成本事后控制来实现。从某种意义上讲，控制的事前与事后是相对而言的，本期的事后控制，也就是下期的事前控制。

4.4.2 物流成本绩效评估

绩效评估是物流成本管理系统中的一个非常重要的环节，在整个企业管理系统中绩效评估也处于重要地位，一个设计良好的绩效评估系统能够帮助和协调决策。我们常说："你无法评估的，也就是不能管理的。"所谓绩效，是业绩和效率的总称，它包括活动过程的效率和活动的效果两层含义，指的是一定经营期间的企业经营效益和经营者的业绩。企业绩效评估也称绩效评价，是指运用数理统计和运筹学的方法，采用特定的指标体系，对照统一的评估标准，按照一定的程序，通过定量定性对比分析，对企业一定经营期间的经营效益和经营者业绩，做出客观、公正和准确的综合评判。它是在会计学和财务管理的基础上，运用计量经济学原理和现代分析技术而建立起来的剖析企业经营过程，真实反映企业现实状况，预测未来发展前景的一门科学。

有效的绩效评价与管理是企业经营管理程序中不可分割的重要组成部分，它通过定期或不定期地对企业的生产经营活动进行评估，以事实为依据，帮助发现企业经营管理中的薄弱环节，提出改进措施和目标，使企业取得长足进步。

1. 绩效评估的意义

在物流企业开展绩效评估能够正确判断企业的实际经营水平，评判企业经营成果和企业经营者的贡献，促进改善企业经营管理，提高经营者素质，加强外部监督，提高企业的整体效益。其意义主要表现在：

1）物流企业绩效评估是实施科学的绩效管理的基础。绩效管理是以考查经营者业绩和企业运营效率为核心内容的企业整体经营的集合性管理，是世界范围内现代企业的一种新兴管理模式，是现代企业管理制度的核心内容。绩效管理的基础和核心是要有一个全面、科学、有效的绩效衡量系统，通过绩效评估，能够就企业财务效益、资本运营能力、偿债能力等进行全面、客观的评价和分析，展示物流企业发展的真实情况，找出企业发展中存在的问题，深入解析问题成因，并公正评判企业所存在差距。

2）企业绩效评估是促进建立企业激励与约束机制的重要手段。绩效评估是企业考核制度的重大改革，评价的核心是对企业的全面经营管理实绩，按照量化和非量化的双重指标，对照一定的标准进行对比分析，判断企业优劣，作为奖惩依据。开展全面的绩效评估，通过对经营者的业绩进行全面、客观、正确的评价，能剔除影响企业绩效的干扰因素，促进企业改善经营管理，向先进水平看齐，推动企业建立自我发展的激励和约束机制。

3）科学地评估企业绩效。有助于促进企业经营观念与发展战略的转变。企业绩效评估是对企业财务分析和成长研究的进一步深化和拓展，其根本目的就是通过全面和深入地了解影响企业当前经营和长远发展的诸多因素，促进企业经营者更加注重投入产出对比分析，在充分利用现有资源的基础上实现企业效益最大化。

4）科学的绩效评估有利于企业有限资源的合理运用。绩效评估包括企业获利能力、资本运营、债务状况、经营风险、企业竞争地位的变化、持续发展能力、客户满意度等多方面的内容评价，可以全面系统地剖析影响企业目前经营和长远发展的诸方面因素，能够全方位地判断企业的真实状况，因此，通过评价可以促使企业对有限的资源进行合理的配置，将企业的近期利益与长远目标结合起来。

2. 绩效评估的程序

物流企业的绩效评估系统属于企业管理控制系统的一部分，它与各种行为控制系统、人事控制系统共同构成企业管理控制体系。企业管理控制体系是企业战略目标实现的重要保障。对企业绩效的评估，应遵循以下步骤：

（1）确立绩效评估的目的

绩效评估系统的目标是整个系统运行的指南和目的，它服从和服务于企业的目标，应当由企业目标决定，由于相关利益主体不同，企业的目标因利益相关主体的不同可从多个方而加以描述，如利润最大化、股东财富最大化、投资收益率最大化、职工工资增长最大化，销售收入最大化等，但无论哪个利益相关主体，其目标的实现都要取决于企业的长期稳定发展和企业总价值的不断增长。

（2）确定评价对象

企业绩效评估的对象简单地说就是对什么进行评价。评估对象可以从两方面考察：一是企业，二是经营管理者，两者既有联系又有区别。由于企业实际追求的目标是由管理者确定的，隐含在管理者的管理行为中，而管理者基于自身的利益需求，在实施管理行为过程中追求的目标与企业往往并不完全相同，也正因为如此，对管理者进行业绩评价才有其必要性。

（3）选定评价指标

绩效评估指标是指将要对评价对象的哪些方面进行评估。作为物流企业战略管理的有用工具，绩效评估系统关系的是评估对象对企业战略成败密切相关的各个方面，即所谓的关键成功因素。这些评估指标包括财务方面的，如投资报酬率、销售利润率、每股利润等；也包括非财务方面的，如售后服务水平、产品质量、创新能力等。

（4）选择评估标准

绩效评估标准是指判断评估对象业绩优劣的标准。选择什么标准作为评估的标准取决于评估的目的，有效的标准应具备几个特点：即标准要具有挑战性，不能轻易达到；标准在经过努力后可以实现；标准有透明度，被评价者可以理解和接受；另外，标准应将刚性和弹性相结合。

在企业绩效评估中常用的标准通常有：

1）绝对标准，代表当前能够实现的最佳业绩，这是一种期望获得的理想绩效，如质量管理中的零次品率目标。

2）目标业绩，这是一个比较现实的目标，得到了制定目标的管理者们的认可，该目标是可以实现的，但具有一定的难度。例如，对于每周收到的客户投诉数量，绝对标准是零而目标业绩也许是3或4。

3）历史标准，它代表过去实际实现的绩效。因为任何组织都是不断寻求改进的，所以我们可以将历史标准视为可以接受的最差绩效。

4）竞争者标准，它代表其竞争者实际实现的绩效。这是一个组织要保持其竞争力所必须实现的最低绩效水平。

为了全面发挥绩效评估的系统功能，同一个系统应同时使用这几类不同的标准。

（5）分析报告

绩效评估分析报告是绩效评估系统的结论性文件，是该系统的输出信息，绩效评估人员通过会计信息系统及其他信息系统，获取与评估对象有关的信息，经过加工整理后得出绩效评估对象的评估指标数值或状况，再与预先确定的评价标准进行对比，通过差异分析，找出产生差异的原因、责任及影响，得出被评估对象绩效优劣的结论，形成绩效评估报告。通过绩效评估报告的使用，绩效评估系统的功能才可以得到发挥。

绩效评估报告是企业内部管理控制过程的重要项目，能传达各绩效评估对象的信息，协助管理当局深入了解企业各个层面的工作效率。而且由于绩效评估报告揭示了个人或某部门的经营效率的高低，因而对企业成员的行为产生重大的影响，所以，绩效评估报告的设计与编制应谨慎，使其充分发挥正面效果。

4.4.3　降低物流成本的途径

1. 树立现代物流理念，健全企业物流管理体制

降低物流成本首先要从健全企业物流管理体制入手，这就要求企业设立公司物流管理的部门，从组织上保证物流管理的有效进行，实现物流管理的专门化。管理者要摒弃传统观念，树立现代物流理念，重新审视企业的物流系统和物流运作方式，吸收先进的物流管理方法，结合企业自身实际，寻找改善物流管理，降低物流成本的切入点。

2. 树立物流总成本观念，增强全员的物流成本意识

追求物流总成本的最小化是现代物流管理的一个重要特征，通过优化企业的物流系统降低物流成本，以提高经济效益的观念已达成共识，但是，在实践中有不少企业把降低物流成本的努力只是停留在某一项功能活动上，而忽视了对物流活动的整合，其结果导致：虽然在某一项物流活动上支付的费用降低了，但总体物流成本并没有因此下降，甚至反而有所增加。因此树立物流总成本的观念是至关重要的。

3. 优化企业物流系统，降低物流成本

高效的物流系统可以提高营销效率、减少浪费、减少损耗，从而提高企业的经营效益。因此要对企业的物流系统进行优化，结合企业的经营现状寻找适当的物流运作方式。物流系统优化可以提高企业的竞争能力和盈利水平，应该得到企业领导的高度重视，从战略角度规划企业的物流系统；同时还要协调好各部门之间的关系，使各个部门在优化物流系统的过程中相互配合，为降低企业的物流成本共同做出贡献。

 相关作业

企业还可以通过哪些途径降低物流成本，提高经济效益？

经 典 案 例

安利公司是如何降低物流成本的

同样面临物流资讯奇缺、物流基础设施落后、第三方物流公司资质参差不齐的实际情况，国内同行物流成本居高不下，而安利（中国）的储运成本仅占全部经营成本的4.6％。2003年1月21日，在安利的新物流中心正式启用之日，安利（中国）大中华区储运/店营运总监许绍明透露了安利降低物流成本的秘诀：全方位物流战略的成功运用。

1. 非核心环节通过外包完成

据许绍明介绍，安利的"店铺＋推销员"的销售方式，对物流系统有非常高的要求。安利的物流系统，其主要功能是将安利工厂生产的产品及向其他供应商采购的印刷品、辅销产品等先转运到位于广州的储运中心，然后通过不同的运输方式运抵各地的区域仓库（主要包括沈阳、北京及上海外仓）暂时储存，再根据需求转运至设在各省市的店铺，并通过家居送货或店铺等销售渠道推向市场。与其他公司所不同的是，安利储运部同时还兼管着全国近百家店铺的营运、家居送货及电话订货等服务。所以，物流系统的完善与效率，在很大程度上影响着整个市场的有效运作。

但是，由于目前国内的物流信息极为短缺，他们很难获得物流企业的详细信息，如从业公司的数量、资质和信用等，而国内的第三方物流供应商在专业化方面也有所欠缺，很难达到企业的要求。在这样的状况下，安利采用了适应中国国情的"安利团队＋第三方物流供应商"的全方位运作模式。核心业务如库存控制等由安利统筹管理，实施信息资源最大范围的共享，使企业价值链发挥最大的效益。而非核心环节，则通过外包形式完成。如以广州为中心的珠三角地区主要由安利的车队运输，其他绝大部分货物运输都是由第三方物流公司来承担。另外，全国几乎所有的仓库均为外租第三方物流公司的仓库，而核心业务，如库存设计、调配指令及储运中心的主体设施与运作则主要由安利本身的团队统筹管理。目前已有多家大型第三方物流公司承担安利公司大部分的配送业务。公司会派员定期监督和进行市场调查，以评估服务供货商是否提供具竞争力的价格，并符合公司要求的服务标准。这样，既能整合第三方物流的资源优势，与其建立稳定的合作伙伴关系，同时又通过对企业供应链的核心环节——管理系统、设施和团队的掌控，保持安利的自身优势。

2. 仓库半租半建

从安利的物流运作模式来看至少有两个方面是值得国内企业借鉴的。

首先，是投资决策的实用主义。在美国，安利仓库的自动化程度相当高，而在中国，很多现代化的物流设备并没有被采用，因为美国的土地和人工成本非常高，而中国这方面的成本比较低。两相权衡，安利弃高就低。"如果安利中国的销售上去了，有了需要，才考虑引进自动化仓库。"许绍明说。刚刚启用的安利新的物流中心也很好地反映出安利的"实用"哲学。新物流中心占地面积达 40 000 平方米，是原来仓库的 4 倍，而建筑面积达 16 000 平方米。这样大的物流中心如果全部自建的话，仅土地和库房等基础设施方面的投资就需要数千万元。安利采取和另一物业发展商合作的模式，合作方提供土地和库房，安利租用仓库并负责内部的设施投入。只用了 1 年时间，投入 1 500 万元，安利就拥有了一个面积充足、设备先进的新物流中心。而国内不少企业，在建自己的物流中心时将主要精力都放在了基建上，不仅占用了企业大量的周转资金，而且费时费力，效果并不见得很好。

3. 核心环节大手笔投入

其次，是在核心环节的大手笔投入。安利单在信息管理系统上就投资了很多钱，其中主要部分之一，就是用于物流、库存管理的 AS400 系统。它使公司的物流配送运作效率得到了很大的提升，同时大大地降低了各种成本。安利先进的计算机系统将全球各个分公司的存货数据联系在一起，各分公司与美国总部直接联机，详细储存每项产品的生产日期、销售数量、库存状态、有效日期、存放位置、销售价值、成本等数据。有关数据通过数据专线与各批发中心直接联机，使总部及仓库能及时了解各地区、各地店铺的销售和存货状况，并按各店铺的实际情况及时安排补货。在仓库库存不足时，公司的库存及生产系统亦会实时安排生产，并预定补给计划，以避免个别产品出现断货情况。
（http://www.asen.com.cn/Transport/DetailTransport knowlege.aspx?ID=232）

思考与练习

一、名词解释

物流成本　　　物流成本交替损益　　　物流成本控制

二、填空题

1. 按照人们对物流成本管理和控制的不同角度，物流成本可分成＿＿＿、＿＿＿以及＿＿＿三个方面。

2. ＿＿＿挖掘对象是生产力中的劳动对象；＿＿＿挖掘对象是生产力中的劳动者，＿＿＿挖掘对象则是生产力中劳动工具的潜力，同时注重劳动对象与劳动者的潜力，因而更具有全面性。

3. 狭义物流成本按其经济用途分为＿＿＿、＿＿＿、＿＿＿、＿＿＿、＿＿＿、＿＿＿类。

4. 物流成本按其与业务量之间的依存关系，可以分为＿＿＿和＿＿＿两大类。

5. 狭义物流成本按其计入成本对象的方式分为＿＿＿和＿＿＿两大类。

6. 影响客户服务水平的主要方面有＿＿＿、＿＿＿和＿＿＿三个因素。

7．加强物流成本管理给企业带来的经济效益主要体现在_____和_____两个方面。

三、判断题

1．要削减物流成本只以物流成本为对象，不考虑企业整体成本。　　　（　　）

2．货主企业物流成本里所说的货主企业，主要是指物流企业。　　　（　　）

3．物流成本管理是随着物流管理的发展而兴起的成本管理的一个新的发展方面。

（　　）

4．我国从 20 世纪 70 年代末引入物流概念时起，就开始对物流成本进行管理。

（　　）

5．降低物流成本是构成企业物流管理最基本的课题。　　　（　　）

四、问答题

1．物流成本管理的意义有哪些？

2．物流成本管理有什么作用？

3．物流成本的主要特点有哪些？

4．影响物流成本的因素有哪些？

5．简述流通企业和制造企业物流成本的构成。

6．物流成本核算对象有哪几种？

7．会计方式的物流成本核算有哪几种形式？

8．如何控制物流成本？

9．什么物流成本绩效评估？有何意义？怎样进行？

10．降低物流成本的途径有哪些？

五、分析说明题

1．分析说明"物流成本冰山"说、"黑大陆"说和"第三利润源"说。

2．举例说明物流功能之间的效益背反。

第**5**章 现代物流技术

学习目标

1. 了解并掌握物流技术的概念及性质、类型
2. 理解物流技术在物流系统中的地位与物流技术装备配置的原则
3. 掌握各物流技术及装备的相关知识
4. 了解并清楚我国物流产生、发展的阶段以及发展中存在的问题
5. 掌握我国发展物流的措施
6. 具体了解和掌握现代物流的分类

案例导入

在集装箱流动过程中，港口是一个重要结点，它既是海运和陆运的中转枢纽，也是重箱和空箱转换的必经之路，这是形成了港口集装箱流。港口集装箱流是指集装箱从到达至离开港口过程中形成的流。集装箱船舶到港后，集装箱经过"进入泊位—桥吊卸货—集卡运输—龙门吊卸下—堆场堆存—提箱"（进口）以及"货物进场—堆场堆存—龙门吊装货—集卡运输—桥吊装船—离泊"（出口）的流动过程，形成了一个港口内部集装箱物流系统。

物流管理离不开物流技术与设备的应用，本章重点介绍了物流各环节的技术与设备。并对现代化物流技术的使用进行重点说明。

5.1 现代物流技术概述

必备的理论知识

在物流活动中，人们只有运用各种物质手段、工具、措施方法和管理技能，才能实现物流系统的功能，物流活动才能创造时间价值和空间价值。这里提到的物质手段、工具、措施方法、管理技能可统称为物流技术。所以物流技术是与物流活动的全过程紧密相关的，物流技术水平的状况直接关系着物流活动的各项功能的完善和效率的高低。

5.1.1 物流技术的概念

1. 物流技术的概念

物流技术是指在物流活动中所采用的自然科学与社会科学方面的理论、方法以及设施设备、装置与工艺的总称。它包括物流的各个作业环节所使用的各种设施设备和工具以及由科学知识和劳动经验总结发展而成的各种作业程序、作业方法和管理技能。

2. 物流技术和生产技术的不同

生产技术是为社会生产某种产品，为社会提供有形物质的技术；而物流技术是把生产出的商品进行输送、储存，为社会提供无形服务的技术。也就是说，物流技术的作用是把各种商品从生产者一方转移给消费者一方。所以，物流技术和生产技术相比，其对象范围、环境条件和目的更为复杂多样。生产技术直接与科学技术新动向相适应，而物流技术面向多样化需求是被动的、间接的。

3. 物流技术的性质

物流是一个综合系统，它的活动不仅涉及到生产和流通领域，而且物流活动的运输、仓储、包装、信息等作业环节的活动涉及到多个行业。因此，严格地讲，物流技术不是一种独立的技术，它是物流活动所涉及到的不同行业、不同领域的技术的综合运用，但它又不是物流活动所涉及的各种技术的简单相加和直接搬用，而是针对物流的实际需要和特点进行改造、开发所形成的综合性的物流技术。在物流技术中选择和运用合适的设施设备和管理方法很重要，从这个观点出发，可以说物流技术是一种应用技术。再者，因为物流技术必须与多样化需求相适应，需要制定规划以促进设施设备的开发，因此，物流技术也有开发技

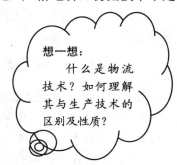

想一想：

什么是物流技术？如何理解其与生产技术的区别及性质？

术的性质。

5.1.2 物流技术的类型

现代物流技术内容丰富，覆盖面广泛，可以有多种不同的分类方法。

1. 按物流技术的形态分类

按物流技术的形态分类，物流技术有以下两类：

（1）物流硬技术

物流硬技术是指构成物流系统的基础设施设备以及实现物流功能所运用的各种机械设备、工具及材料。

物流硬技术的构成包括以下几个方面：

1）基础设施：铁路、公路、航道、管道和航线等线路，通道设施以及仓库、场站、港口、机场、物流中心、物流园区等节点设施。

2）载运工具：汽车、铁路机车车辆、船舶、飞机、集装箱及其他集装器具。

3）机械设备：运输机械、装卸搬运机械、包装机械、仓储机械、流通加工机械、计量设备等。

4）信息设备：信息采集、传输、跟踪处理等使用的设备，如计算机。

5）材料：包装材料、集装材料、加固材料等。

（2）物流软技术

物流软技术是指物流活动中运用的各种作业方法、操作程序、管理方法等。

物流软技术的构成包括以下几个方面：

1）物流系统规划技术：包括物流设施布置规划技术、物流系统仿真技术、物流系统优化技术等。其目的是对流通形态与硬技术进行规划研究与改进。

2）现代物流管理技术：包括运输工具、装卸方法的合理选择与使用、运输线路的确定、车辆的配载配装方法、库存的管理方法等。

3）物流系统评价技术：包括效率、效益的确定、成本计算等。

4）物流信息化技术：包括物流信息标识及识别技术、电子数据交换（EDI）技术、射频（RF）应用技术、地理信息技术（GIS）、全球卫星定位系统（GPS）应用技术、物流信息系统化技术等。

2. 按物流技术门类分类

按物流技术门类分类，物流技术有以下三类：

1）物流机械技术。如装卸搬运技术、自动分拣技术等。

2）物流电子信息技术。如物流信息管理的订货系统、库存管理系统。

3）物流管理中的数学方法。如最佳经济批量的确定方法、ABC 分类方法、订购点的确定方法等。

3. 按照物流系统的功能要素分类

现代物流技术包括：运输技术、仓储技术、装卸搬运技术、包装技术、配送技术、流通加工技术、信息技术及管理技术等，而每一项物流技术中又包括相应的硬技术和软技术两个组成部分。

想一想：
物流技术可从哪几个方面进行分类？分类的结果如何？

5.1.3 物流技术在物流系统中的地位

物流技术及其装备是构成物流系统的重要组成要素，担负着物流作业的各项任务，影响着物流活动的每一环节，在物流活动中处于十分重要的地位。离开物流技术及其装备，物流系统就无法运行或服务水平及运行效率就可能极其低下。

1. 物流技术及其装备是提高物流系统效率的主要手段

物流技术是推进科技进步，加快物流现代化的重要环节，也是内涵式提高物流效率的根本途径。许多新物流技术的研制开发，为现代物流的发展作出了积极的贡献。实践证明，先进的物流技术和先进的物流管理是提高物流能力，推动现代物流迅速发展的两个车轮，二者缺一不可。

2. 物流技术及其装备是反映物流系统水平的主要标志

物流技术与现实物流活动紧密相关，在整个物流过程中伴随着包装、运输、装卸、储存等功能作业环节及其他辅助作业，这些作业的高效完成需要不同的物流技术及其装备。因此其水平的高低直接关系到物流活动各项功能的完善和有效实现与否，决定着物流系统的技术含量。物流技术及其装备的应用和普及程度如何，直接影响着整体物流技术水平。因此，物流技术及其装备是物流系统水平先进与否的主要标志。

想一想：
如何理解物流技术在物流系统中的重要地位？

3. 物流技术及其装备是构筑物流系统的主要成本因素

现代物流技术及其装备既是技术密集型的生产工具，也是资金密集型的社会财富。现代物流技术装备购置投资相当可观。同时，为了维持系统正常运转、发挥设备效能，还需要继续不断地投入大量的资金。物流技术与装备的费用对系统的投入产出分析有着重要的影响。

5.1.4 物流技术装备配置的原则

物流技术的应用及其装备的配置必须根据物流系统的成本目标、服务水平和质量进

行综合考虑。

1. 物流技术装备配置的合理性原则

1）机械化系统可以大大改善劳动条件，减轻劳动强度，增强安全作业，提高作业效益和效率。但是在机械化的过程中要考虑系统目标和实际情况。一般情况下，对于作业量很大，特别是重、大货物，启动频率高、重复、节拍短促而有规律的作业，适宜采用机械化系统。对于要求作业效率高、精度高，或影响工人的健康、有危险的作业场合，适宜采用自动化系统。

2）合理选用物流技术及其装备。设备先进程度、数量多少要以适用为主，使设备性能满足系统要求，以保证设备充分利用，防止设备闲置浪费。为此要对物流技术及其装备进行科学规划，要认真研究分析设备需求种类、配置情况、技术状态，做出切实可行的配置方案，并进行科学合理地选用，充分发挥物流机械设备的效能。

3）集成化与配套使用。在物流系统中，不仅要注意物流技术及其装备单机的选择，更重要的是整个系统各环节的衔接和物流技术及其装备合理匹配。如果设备之间不配套，不仅不能充分发挥设备的效能，而且经济上可能造成很大的浪费。

2. 物流系统运作的快速性、及时性、准确性和经济性原则

合理利用物流技术及其装备，以最低的物流成本，提供高效、优质的服务，是赢得持久竞争优势的关键。生产系统为保证生产需要，有时需要快速地供应生产所用的材料产品。这对物流技术及其装备提出了更高的要求，要求其快速、及时、准确和经济地把物料或货物运送到指定场所。快速性是为了满足生产和用户需要，以最快时间运送。及时性是按照生产进度，合理运用物流设备，把物料及时地送到指定场所。无论是生产企业各车间工序间物的流动，还是企业外各种物的流动，都要根据生产的需要及时地进行，否则生产就会受到影响，这就要求物流设备随时处于良好状态，能随时进行工作。准确性要求在仓储、运输、搬运过程中确保物流技术及其装备可靠、安全，防止由于物流设备的故障造成货物的损坏、丢失。对物流技术及其装备进行科学管理，是保证设备货物安全的前提。经济性是在完成一定的物流任务的条件下，投入的物流技术及其装备最佳，即最能发挥设备的功能，消耗的费用最低。

3. 选用物流器具和设备的标准化原则

在物流系统中，采用标准化物流技术及其装备、器具，可以降低设备和器具的购置和管理费用，提高物流作业的机械化水平，提高物流系统效率和经济效益。特别是选用标准化集装单元器具，有利于搬运、装卸、储存作业的统一化和设施设备的充分利用。

4. 具有较强的灵活性、适应性原则

在物流系统中，所采用的物流技术及其装备应能适应各种不同物流环境、物流任务和实际应用的需要，应满足使用方便、符合人体工程学原理等要求。例如，物流技术及其装备的使用操作要符合简单、易掌握、不易出错等要求。

5. 充分利用空间的原则

利用有效的空间，进行物流作业。如架空布置的悬挂输送机、立体库、梁式起重机、高层货架等；使用托盘和集装箱进行堆垛，向空中发展，这样可减少占地面积，提高土地利用率，充分利用空间。

6. 减少人力搬运的原则

从人机工作特点来看，有些地方还需要人搬运，但要尽量减少体力搬运，减少人员步行距离，减少弯腰的搬运作业。例如，最简单的可用手推车减少体力搬运，可用升降台减少或不用弯腰进行搬运作业。应尽量减少搬运、装卸的距离和次数，减少作业人员上下作业、弯腰的次数和人力码垛的范围和数量。

想一想：

1. 配置物流技术装备还应考虑哪些因素？

2. 物流技术装备配备的原则有哪些？

5.2 物 流 技 术

 必备的理论知识

5.2.1 运输技术

运输是指用设备和工具将物品从一个地点运送到另一个地点的物流活动。运输承担了改变物品空间状态的主要任务，是物流的主要功能。

1. 运输技术的概念

运输技术是运输活动中所使用的各种设施、设备和工具以及由科学理论知识和实践经验发展而成的各种运输方法、技术与技能等。它一般由运输方法的选择、运输合理化、运输线路和运输设备的运用等内容组成。

2. 运输技术

（1）公路运输的设施与工具

公路运输有广义和狭义之分。广义的公路运输是指货物或旅客借助一定的交通工具（人力车、畜力车、拖拉机和汽车）沿着公路（一般土路、有路面铺装的道路、高速公路）的某个方向作有目的的移动的过程，狭义的公路运输是指汽车运输。作为现代运输方式之一的公路运输一般是指汽车运输。

1）公路及公路等级。公路是一种线形工程构造物，主要包括路基、路面、桥梁、涵洞、隧道以及交通标志、路面标线和其他辅助建筑物等。

公路等级指公路根据其作用及使用性质，可分为国家干线公路（国道）、省级干线公路（省道）、县级干线公路（县道）、乡级公路（乡道）以及专用公路五个等级，实行分级管理。根据交通量及其在交通网中的意义，可分为高速、一级、二级、三级、和四级公路五个等级。我国公路工程标准规定，各级公路所适应的交通量、使用任务和性质主要有：高速公路、一级公路、二级公路、三级公路、四级公路。

2）公路运输工具。公路货物运输的工具主要是汽车。汽车是指不用轨道，具有独立的原动力驱动装置和载运装置的轮式陆路运输工具。运输货物的汽车简称为载货汽车。载货汽车主要有以下几种：

① 普通货车。普通货车按其载重量的不同可以分为轻型、中型、重型货车。

- 轻型货车是指一般载货吨位在 2 吨以下的货车。它的货台低，人力装卸比较方便，主要用于批量小的市区内的集货、配送方面的运输。

- 中型货车是指一般载货量在 2～8 吨的货车。它的载货适用范围比较广，既可以用于市区内的货物运送，也可以在城乡之间进行货物的运输。

- 重型货车是指载货吨位在 8 吨以上的货车。它的货台较高，要借助一定的设施装卸货物。它主要用于大批量的、长途干线货物的运输。

② 厢式货车。厢式货车是指具有独立式封闭结构货厢的货车，它具有防雨、封闭等功能，安全性好，可防止货物散失，多用于价值较高的货物运输。按货厢高度的不同可分为低货厢车和高货厢车；按开门的方式不同可分为后开门、侧开门、侧后双开门、顶开门和翼式等类型。

③ 集装箱货车。集装箱货车是指具有集装箱紧固装置或锁上装置，专门用于运输集装箱的货车。

④ 自卸式货车。自卸式货车是指安装有可使货箱自动向后或向两侧倾斜卸货装置的货车。

⑤ 专用货运车。专用货运车是用于专门运送特定种类货物的汽车。由于一些货物自身的特点和运输装卸操作时的特殊性，需要用专门的车辆进行运输，才能保证货物的质量、性能、安全等，如冷藏车、保温车、油罐车、混凝土搅拌车。

（2）铁路运输的设施与工具

铁路运输是使用铁路列车运送客货的一种运输方式。铁路运输是在干线运输中起主力运输作用的运输形式。

1）铁路线路的构成。铁路线路是列车运行的基础，它是由路基、桥隧建筑物和轨道组成的一个整体工程结构。

2）铁路机车及车辆。机车是铁路运输的基本动力，车辆是运输旅客和运载工具。车辆本身没有动力装置，需要把车辆连挂在一起由机车牵引运行。

① 铁路机车。铁路机车按运用分为客运机车、货运机车和调车机车。客运机车要求速度快，货运机车需要功率大，调车机车应具有灵活机动的特点。按牵引动力可分为蒸汽机车、内燃机车和电力机车。

② 铁路车辆。车辆种类，铁路车辆按用途可分为客车和货车两大类，货车又可分为棚车（见图5.1）、敞车（见图5.2）、平车，此外，还有砂石车、罐车及保温车等；按制作材料可分为钢骨车和全钢车两类；按轴数可分为四轴车、六轴车和多轴车等；按载重量可分为50吨、60吨、75吨、90吨等多种，以60吨车为主。

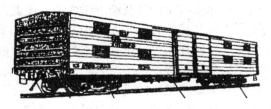

图5.1　棚车

图5.2　敞车

（3）水路运输的设施与工具

水路运输是指使用船舶及其他航运工具在江、河、湖、海、运河上完成旅客与货物运送的一种运输方式，是交通运输的重要组成部分。水路运输的优势较大，特别适于运距长、运量大、时间要求不严格的大宗货物的运输。

水路运输大体可以分为江河运输和海洋运输两大类，其基础设施是港口和航道，运输工具和装备是船舶和装卸机械。

目前，水路运输发展的主要趋势是船型大型化、专业化、经营联营化、管理信息化、运输全球化、泊位深水化、码头专业化和装卸机械自动化。

1）水路运输的设施。

① 港口的作用。港口是具有一定面积的水域和陆域，供船舶出入和停泊和货物集散的场所。它是一个国家或地区的门户，是交通运输的枢纽和水陆运输的衔接点，又是货物的集散地，还是对外贸易的重要通道。

港口的任务是为船舶提供安全停靠的设施，及时完成货物由船到岸、由岸到船以及由船到船的转运，并为船舶提供补给、修理等技术服务和生活服务。港口具有运输、生产和贸易等多种功能，是一个国家和地区的重要经济资源。

② 港口的分类。港口按用途分类，一般分为以下六类：

商港：商港是以一般商船和货物运输为服务对象的港口，也称贸易港。如我国的上海港、大连港、天津港、广州港和湛江港等均属商港，国外的鹿特丹港、安特卫普港、神户港、伦敦港、纽约港和汉堡港也是商港。

渔港：渔港是为渔船停泊、鱼货装卸、鱼货保鲜、冷藏加工、修补渔网、渔船生产及生活物资补给的港口，如舟山的定海港。

工业港：工业港供大型企业输入原材料及输出制成品而设置的港口。如大连地区的甘井子化工码头、上海市的吴泾焦化厂煤码头及宝山钢铁总厂码头均属工业港。

避风港：避风港是供船舶在航行途中，或海上作业过程中躲避风浪的港口。一般是为小型船、渔船和各种海上作业船设置的。

军港：军港是供舰船停泊并取得供给的港口。

旅游港：旅游港是为海滨休憩活动的海上游艇设置的港口。

2）水路运输的工具。水路运输的工具主要是船舶。船舶的类型主要有客船、客货船、货船之别。其中货船是专门运输各种货物的船只，主要有以下几种类型：

① 杂货船：杂货船是装载一般包装、袋装、箱装和桶装的普通货物船。

② 多用途干货船，既可运载一般的包装杂货，又可装运散货和集装箱货等。

③ 散货船：散货船是专门用来装运煤、矿砂、盐、谷物等散装货物的船舶，散货船的驾驶室和机舱都设在尾部，货舱口大，内底板和舷侧用斜边板连接，使货物能顺利地向舱中央集中，有较多的压载水舱，作为空载返航时压载之用。

④ 集装箱船：集装箱船是专门装运规格统一的标准货箱的船舶。适应于货源充足而平衡的航线。半集装箱船一部分货舱设计成专供装载集装箱，另一部分货舱可供装载一般杂货，适应于集装箱联运业务不太多或货源不甚稳定的航线。兼用集装箱船，又称集装箱两用船，既可装载集装箱也可装其他包装货物和汽车等。

⑤ 载驳船：载驳船又称子母船，是将一定尺寸的载货驳船装到一艘大的货船上，由载驳货船将货驳运至目的地后，卸至水面，由拖船拖走。

⑥ 滚装船：滚装船是将载货汽车或拖车直接从船的大舱里开到码头或由码头直接开进大舱里，进行装卸货物。此外，还有油船、冷藏船、其他船舶。

（4）航空运输的工具

航空运输是指使用航空器运送人员、行李、货物和邮件的一种运输方式。

航空运输是一种科技含量高而密集的运输方式。航空科技成果和大型、高速运输飞机的发展，先进通信、导航设备和技术的应用，新一代空中交通管制的实施，机场及其设备的现代化以及运输管理系统的信息化等都是航空运输发展新水平的体现，也是21世纪航空运输进一步发展的趋势和目标。目前，世界航空事业已成为一个规模庞大的行业。以世界各主要城市为起讫点的世界航线网已经遍及各大洲。

1）飞机的类型。飞机是由动力装置产生前进推力，靠固定机翼产生升力，在大气层中飞行的运载工具。

① 按用途分类。飞机按用途主要可分为军用机与民用机两大类。民用机又可分为客机、货机、客货两用机、教练机、农业机、林业机、体育运动机和多用途轻型机等。货机是运载货物的飞机。在这种飞机上，主舱和下舱均用于装载货物。货机载重较大，有较大的舱门，便于装卸货物。

② 按构造分类。飞机按推进装置可分为螺旋桨飞机和喷气式飞机。螺旋桨飞机按发动机类型可分为活塞式飞机和涡轮螺旋桨飞机；喷气式飞机可分为涡轮喷气式飞机和涡轮风扇喷气式飞机。按发动机数目可分为单引擎飞机、双引擎飞机、三引擎飞机和四引擎飞机。

③ 按性能特点分类。飞机按最大飞行速度分为亚音速飞机和超音速飞机。亚音速飞机又分为低音速飞机和高亚音速飞机。大多数喷气式飞机都属于高亚音速飞机。

2）航空集装设备。空运货物多数采用集装运输形式。航空集装设备（unit load device，ULD）主要是指能够使用飞机内的滚轮系统进行传递和固定的集装箱、集装板等与之配套使用的装运设备。

① 集装板。集装板也称托盘，是一块用胶合板或硬板制成的平滑底板，上面装载与机体货舱断面相当的货物，并用货网加以固定组成一个单元进行运输。为了控制集装板上所装货物的体积和形状，可以使用一个与飞机货舱横断面轮廓一样大小的模型架来限制板上所装的货物。集装板制造简单，成本较低，使用方便，但对装载货物的整体形状有一定的要求。通常与集装棚、集装罩结合使用。

② 航空集装箱。航空集装箱是一种外形、体积与飞机货舱断面轮廓相吻合的集装箱。它与飞机上的装载和固定系统直接结合，不需要任何附属设备。

（5）管道运输技术

管道运输是货物在管道内借助高压气泵的压力，输往目的地的一种运输方式。管道运输的工具本身就是管道，管道是固定不动的，只是货物本身在管道内移动，它是运输通道和运输工具合二为一的一种专门运输方式。

为了增加运量，加速周转，现代管道管径和气压泵功率有很大增加，管道里程越来越长，长达数千公里，行程通过几个国家的管道已不少见。目前，管道运输已成为一种独立的重要运输工具。

1）管道运输的特点。管道运输与其他运输相比具有与众不同的特点。

① 运输通道与运输工具合二为一。

② 高度专业化，适于运输气体和液体。

③ 运量大，成本低。

④ 不受气候影响，可连续作业。

⑤ 便于长期运输，安全性高，货损货差率低。

管道运输的不足之处在于，灵活性小，只限于单向运输，货物过于专门（液体、气体），一次性投资大。

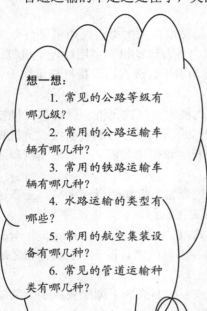

想一想：

1. 常见的公路等级有哪几级？

2. 常用的公路运输车辆有哪几种？

3. 常用的铁路运输车辆有哪几种？

4. 水路运输的类型有哪些？

5. 常用的航空集装设备有哪几种？

6. 常见的管道运输种类有哪几种？

2）管道运输的种类。

① 管道运输按其运送对象的不同可分为液体管道运输、气体管道运输、和浆液管道运输。液体管道运输也称输油管道，主要用来输送原油和成品油。输油管道是连接相互间距离较长的油田、炼油厂、用油单位或海运港口的长距离的液体管道。

气体管道运输，气体管道也是天然气管道，主要用来输送从气田采出的天然气。由于天然气的液化成本较高，所以天然气在管道内通常以气体形态运输。

浆液管道运输是将待输送的煤、铁矿石、磷矿石、铜矿石和石灰石等固体物料粉碎成粉粒状，与适量的液体，如水、燃料油和甲醛等配制成可流动的浆液，在管道中经泵压输往目的地，然后浆液经脱水后送至用户。

② 管道运输按管道所设位置分为架空管道、地面管道、地下管道。

5.2.2 装卸搬运技术

装卸搬运是物流过程中的重要环节。它在各个物流环节中起着连接和转换作用。物流的装卸搬运技术水平直接影响到装卸搬运的工作数量、工作质量、影响到整个物流系统的效率和效益。

1. 装卸搬运技术的概念

装卸搬运技术是指装卸搬运活动中所使用的各种装卸搬运设备和工具，以及由科学理论知识和实践经验发展而成的各种装卸搬运方法、技能与作业程序等，它一般由装卸搬运方式的选择、装卸搬运合理化、装卸搬运设备的运用等内容构成。

2. 装卸搬运设备

（1）装卸搬运设备的概念和用途

1）装卸搬运设备的概念。装卸搬运设备是用来搬移、升降、装卸和短距离输送物料或货物的机械。它是物流机械设备中重要的机械设备。例如以提升重物为主的称起重机械，以搬运或短距离运输为主的称搬运机械。然而，在生产上装卸与搬运任务往往是同时出现的，难以分开。

2）装卸搬运设备的用途。装卸搬运设备可以减轻或代替人们的笨重体力劳动，提高劳动生产率，保证作业质量，降低生产成本，并且使某些生产过程的特殊工艺操作实现机械化和自动化。因此，装卸搬运设备广泛地应用在工业、农业、交通运输业、采矿业和国防工业中，在现代化建设中起着重要作用。

装卸搬运设备不仅用于完成船舶与车辆货物的装卸，而且又完成库场货物的堆码、拆垛、运输以及舱内、车内、库内货物的起重、输送和搬运。

装卸搬运设备是实现装卸搬运作业机械化的基础。因此，合理配置和应用装卸搬运设备，对于安全、迅速、优质地完成货物装卸、搬运、堆码等作业任务，实现装卸搬运机械化、提高物流现代化具有重要意义。

（2）装卸搬运设备的类型

1）简易起重机械。简易起重机械分为千斤顶和滑车两种，前者是起重机械中唯一不用绳索而能举升重物的轻小型机械，广泛用于设备检修和安装；后者则是以绳索吊升重物时必需的起重工具，可单独使用，也可与绞车等配合使用，是许多起重机械提升机构的基本组成部分。

2）葫芦。葫芦分为手动葫芦和电动葫芦。它们都是小巧轻便的起重机械，可单独使用，也可作为其他起重机的提升机构。

3）单轨起重机。单轨起重机分为手动单轨起重机和电动单轨起重机。它们不仅能提升货物，而且能完成一定距离的搬运工作。

4）桥式起重机。桥式起重机又称天车，分为手动梁式起重机、电动梁式起重机、电动桥式起重机。三者共同点是有横跨车间或库房上空的起重架，桥架可按轨道运行。区别是分别以手动葫芦（或手动卷扬机）、电动葫芦和电动卷扬机小车为提升机构。它们广泛用于室内外仓库、厂房、码头、露天储料场等处的搬运和安装。

5）堆垛起重机。堆垛起重机分为桥式和卷道式起重机。它们用货叉或串杆攫取、搬运和堆垛或从高层货架上存取货物，是一种仓储设备，能与计算机配合，实现仓库机械化、自动化的装卸作业。

6）冶金起重机。冶金起重机是指在冶金部门中炼钢、轧钢和热加工车间专用的桥式起重机。其基本结构与电动桥式起重机相似，但采用耐热钢材和特殊装置。

7）龙门起重机。龙门起重机是一种露天贮料场、船坞、电站、港口和铁路货场等地用于搬运和安装作业的大型起重机械。龙门起重机的桥架设置在两条高大的支腿上，构成门架形状，并沿地面铺设的轨道运动，也构成一个矩形工作范围。装卸桥是由龙门起重机加大跨度发展而成的，又称运载桥。用于露天贮料场、港口和铁路货场等地装卸作业。

8）臂架起重机。臂架起重机又称回臂吊。这类起重机没有桥架而有臂架，臂架作圆周运动，因而构成一个圆形工作范围，主要用于局部装卸作业。臂架起重机中还包括随车起重机（又称随车吊），它是在载重汽车的中部或尾部安装起重臂架，可在非固定地点进行装卸作业。

9）升船机。升船机是对船舶进行升降作业的专用起重机械。分为垂直升船机和斜面升船机。

10）输送机。输送机是在一定的线路上连续输送货物的运输机械，又称连续输送机。输送机可进行水平、倾斜、垂直输送，也可组成空间输送线路。

11）搬运车辆。搬运车辆是用于短途搬运货物的无轨车辆，又称工业车辆，是广泛应用的运输机械。分为叉车、内燃小机车和窄轨矿车。

12）装卸机。装卸机分为装载机、卸载机、翻车机和堆取料机。它们均用于为车、船或其他设备进行装卸作业。其特点是能自行取物。

13）给料机。给料机分为板式给料机、电磁振动给料机和圆盘给料机。

以上 13 大类机械中，习惯上将 1～9 类称为起重机械，10～13 类称为搬运机械。此外，还有一些起重机划为别的产品范围。例如，将汽车起重机、轮胎起重机、履带起重机、塔式起重机、建筑卷扬机和简易起重机划归工程机械，将矿用卷扬机划归矿山机械，将电梯划归建筑设施。

在实际工作中，应用最多的是一些典型的设备。

（3）典型的装卸搬运设备

1）桥式起重机。桥式类型起重机在起重机械中，用途最广、数量最多，通用化程度最高。从 20 世纪 60 年代以后称为"定型化"时期，它的设计、制造、试验、检验、性能指标等，目前都已规范化。

桥式类型起重机指由能运行的桥架结构和设置在桥架上能运行的起升结构组成的起重机械。属于桥式类型的起重机有梁式起重机、电动桥式起重机、龙门起重机、装卸桥、冶金桥式起重机和缆索起重机等。这类起重机多是固定式，完成固定短行空间的吊、运作业，适用于所有的工矿企业、仓库、露天场地等，进行物料的装卸、搬运、吊运等。

桥式起重机一般是由大车和小车两部分组成（如图 5.3 所示）。小车上装有起重机构和小车运行机构，整个小车沿装于主梁架盖板上的小车轨道运行。大车部分则是由起重机桥架（大车桥架）及司机室等组成。在大车桥架上装有大车运行机构和小车输电滑触线或小车传动电缆及电气设备等。司机室又称操纵室，其内装有起重机控制装置及电气保护柜、照明开关板。

图 5.3 桥式起重机

2）龙门起重机。龙门起重机又称龙门吊或门式起重机，它是由支撑在两条刚性或一刚一柔支腿上的主梁构成的门形框架得名（如图 5.4 所示）。

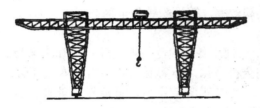

图 5.4 龙门起重机

它的起重小车在主梁的轨道上行走，而整机则沿着地面轨道行走，为了增加作业面积，主梁两端可以具有外伸悬臂。

龙门起重机具有场地利用率高，作业范围大，适应面广，通过性强等特点，在库场、车站、港口、码头等场所，担负着生产、装卸、安装等作业过程中的货物装卸搬运任务，是企业生产经营活动中实现机械化和自动化的重要生产力。龙门起重机运用十分广泛，其使用数量仅次于桥式起重机。

3）门座起重机。门座起重机是装在沿地面轨道行走的门形底座上的全回转臂架起重机，是码头前沿的通用起重机械之一。其门架下面可通行铁路车辆或其他无轨运输工具（如汽车）等。半门座起重机的门架靠陆侧没有支腿，由架设在仓库墙壁或斜坡上的轨道支承，其他机构与门座起重机相同，随着港口吞吐量增加和码头前沿场地加宽，这种机型已渐被淘汰。

门座起重机的工作地点相对比较固定，不像轮胎起重机那样变动较大。门座起重机依靠其高大的金属结构提供活动空间，依靠其比较完善的工作机构协调工作，以较高的生产率来完成船-岸、船-车、船-船之间等多种装卸作业。

我国各港口使用的门座起重机极大多数是国产的。国内生产港口门座起重机数量和型号最多的专业港机厂是上海港机厂。该厂自 1960 年生产我国第一台 5 吨门座起重机以来，已生产了十多种型号。其他许多厂家如南京港机厂、广州港机厂等也生产门座起重机。

4）叉车。叉车是装卸搬运机械中应用最广泛的一种。按 ISO（国际标准化组织）分类，叉车属于工业起升搬运自装载车辆。它种类很多，用途广泛。它机械地把水平方向的搬运和垂直方向的起升紧密结合起来，有效地完成各种装卸搬运作业。

自托盘发明使用、集装运输开始，叉车（包括室内、室外叉车）作为物料运搬的主要工具，在未来的很长一段时期内，不断实现功能创新、自动化程度越来越高的叉车亦将仍然在搬运的领域占据主导地位。叉车由自行式轮胎底盘和能垂直升降、前后倾斜的货叉、门架等组成，主要用于件货的装卸搬运，是一种既可作短距离水平运输，又可堆拆垛和装卸载货车、铁路平板车的机械，在配备其他取物装置以后，还能用于散货和多种规格品种货物的装卸作业。

叉车在物流装卸作业中除了和港口的其他起重运输机械一样，能够减轻装卸工人繁重的体力劳动，提高装卸效率，缩短船舶与车辆在港停留时间，降低装卸成本以外，还具有它本身的一些特点：

① 机械化程度高。在使用各种自动的取物装置或在货叉与货板配合使用的情况下，可以实现装卸工作的完全机械化，不需要工人的辅助体力劳动。

② 机动灵活性好。叉车外形尺寸小，重量轻、能在作业区域内任意调动，适应货物数量及货流方向的改变，可机动地与其他起重运输机械配合工作，提高机械的使用率。

③ 可以"一机多用"。在配备与使用各种工作属具，如货叉、铲斗、臂架、串杆、货夹、抓取器、倾翻叉等以后，可以适应各种品种、形状和大小货物的装卸作业。

④ 能提高仓库容积的利用率，堆码高度一般可达 3～5 米。

⑤ 有利于开展托盘成组运输和集装箱运输。

⑥ 与大型起重机械比较，它的成本低、投资少，能获得较好的经济效果。

叉车是一种无轨、轮胎行走式装卸搬运车辆。主要用于厂矿、仓库、车站、港口、机场、货场、流通中心和配送中心等场所，并可进入船舱、车厢和集装箱内，对成件、包装件以及托盘、集装箱等集装件进行装卸、堆码、拆垛、短途搬运等作业，是托盘运输、集装箱运输必不可少的设备。

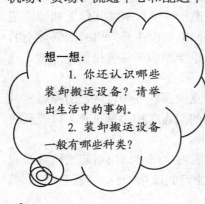

想一想：

1. 你还认识哪些装卸搬运设备？请举出生活中的事例。

2. 装卸搬运设备一般有哪些种类？

5）牵引车。牵引车是指具有牵引装置，专门用于牵引载货挂车进行水平搬运的车辆。牵引车没有取物装置和载货平台，不能装卸货物，也不能单独搬运货物。牵引车根据动力大小可分为普通牵引车和集装箱牵引车。普通牵引车可以拖挂平板车，用于装卸区内的水平搬运；集装箱牵引车用于拖挂集装箱挂车，用于长距离搬运集装箱。当平板车或集装箱挂车被拖到指定的地点装卸货物后，牵引车就会拖开这些挂车与其他的挂车结合。

5.2.3 仓储技术

1. 仓储技术的概念

仓储技术是指在仓储作业过程中所采用的作业方法、操作规程及所使用的设备等。仓储设备一般包括仓库、货架、各类装卸搬运输送机械。

2. 现代仓库设备的类型

现代仓库设备可分为五大类。

1）装卸搬运分拣设备。主要包括：

① 装卸堆垛设备，主要有起重机、堆垛机、叉车、托盘等。

② 搬运传送设备，主要有输送机、自动导引搬运车等。

③ 分拣输送设备，主要有自动分拣机等。

2）保管养护设备。是用于储存、保管、养护作业的设备。主要包括各种货架、吸湿器、擦锈机、烘干机、温湿度控制器、自动喷淋设备等。

3）计量检验设备。是用于商品的入库验收、在库检查和出库交接过程中使用的度量衡称量设备和量具及检验商品的各种仪器仪表。称量设备包括地中衡、轨道衡、磅秤、汽车磅秤以及自动称量装置等。量具包括直尺、卷尺、卡钳、线规、游标卡尺和千分卡等。检验商品的仪器仪表有测湿仪、拉力机、硬度机、显微镜、原子吸收分光度计、光谱仪、矽钢片测试仪、光学分析仪器等。

4）通风、照明、保暖设备。常见的这类设备有：联动开窗机械、抽风机、各式电扇、普通加罩电灯、探照灯、防爆式电灯、暖气装置、防护火炉等。

5）消防设备。为了保证现代仓库的安全，必须根据储存商品的种类配备相应的消防设备。常见的有消火栓、灭火器等。

3. 库存管理技术

（1）库存管理的目标

库存管理的目标就是在确保仓储安全的前提下，通过综合分析，使库存费用、订货费用、缺货损失之总和最小。因为从保管的角度去分析，订货次数多，就可以减少库存量，从而减少库存费用；从订货的角度去分析，订货次数减少就能节省订费用，因而每次的订货量应大些；从缺货的角度去分析，为了减少缺货损失，则应增加库存。因此，库存管理既要满足消费者的需要，又要面对这些损益背反的问题，必须综合考虑以上三个因素，找出库存量最佳点，使库存总费用减少到最低程度，这就是库存管理的目标。

（2）库存管理的类型

库存管理按不同分类标志可以有不同的类型：

1）按库存决策的重复性，可分为一次性订货和重复性订货管理。

一次性订货（又称单周期订货）是指货物一次订购齐全，通常情况下不再重订，如装修材料、季节性订货等。

重复订货（又称周期订货）是指多次重复订购同一货物，如超市、百货商店的日用百货的订货等。

2）按供应来源，可分为内部供应和外部供应两种。

内部供应是指公司本身生产某种商品，另一部门在生产的过程中又需要该种商品，而提出向生产部门订货的请求。内部供货应注意库存与生产节奏相协调。

外部供应是指由公司外部单位供货，须将订购单送给供应商。

3）按需求对象，可分为企业生产需求、市场销售需求及供应链管理需求。

① 企业生产需求是指库存中的原材料、零配件、在制品等均为满足企业内部生产的需要而订购的，因而在生产率已知的前提下，其需求量常为确定型的，订货的前置时间也是可知的，其库存管理的核算方法较为单一、确定。

② 市场销售需求是指库存中的商品均为满足市场销售的需求而订购的，因为市场需求的变化较大，所以需求量常为风险型或不确定型的，订货的前置时间也往往是可变的，因而库存管理的难度较大，核算方法较为复杂。

③ 供应链管理需求是指将视野从一个经营实体扩大到由制造商、供应商、批发商、零售商等组成的供应链整体来考虑库存需求量，进行现代化的库存管理。供应链库存管理需要供应链中各经营者之间相互协调，信息共享，降低库存，从而大大提高用户的满意程度。目前，世界上一些先进的库存管理方法和技术的出现，为实现供应链库存管理奠定了基础。

（3）库存管理方法

库存管理方法主要有以下三种：

1）ABC库存控制方法。在仓储经营管理活动中，要面对几千、几万乃至十几万种商品的保管和养护，有重的，也有轻的；有体积大的，也有体积小的；有金额大的，也有金额小的；有批量多的，也有批量少的。尽管商品品种繁多，但对仓储经营活动起主导作用的只能是其中少数的几种商品，因此，有必要对库存商品进行ABC重点管理。

ABC分类法是将库存商品按品种和占用资金的多少分为：特别重要的库存（A类）、一般重要的库存（B类）和不重要的库存（C类）三个等级，然后针对不同等级分别进行管理和控制。

这种方法是根据库存商品在一定时期内的价值、重要性及保管的特殊性，通过对所有库存商品进行统计、综合、按大小顺序排列、分类，找出主要矛盾，然后抓住重点进行管理的一种科学有效的库存控制方法。它把品种少、占用资金多、采购较难的重要商品归为 A 类；把品种较多、占用资金一般的商品归为 B 类；把品种多、占用资金少、采购较容易的次要商品归为 C 类，然后分别采取不同的管理方法。

A 类商品在进货时间、订货批量、库存储备等方面，采用最经济的方法，实行重点管理、定时定量的方法供应，严格控制库存；B 类商品采用一般控制的方法，实行定期订货，批量供应；C 类商品则采用固定订货量等简便的方法进行管理。

ABC 分类法的理论基础是：如何复杂的事物，都存在着"关键的少数和一般的多数"这样一种规律。事物越复杂，这一规律就越显著。例如，在市场销售活动中，少数销售人员的销售量占了绝大比重；在工厂中，少数产品占生产量的极大部分；在库存商品中，少数几种商品的库存量及资金占了大部分等。由此可以得出这样的结论，在一个系统中，少数事物具有决定性的影响作用，而其余的绝大部分却影响不大。很显然，如果我们将有限的精力，主要集中用于解决那些具有决定性作用的少数事物，而不是将精力平摊到全部事物中去，库存管理的成效将会更大，取得了事半功倍的效果。

2）定量订货方式（FQS）。当库存量下降到预定的最低的库存数量（订货点）时，按规定数量（一般以经济订货批量为标准）进行订货补充的一种库存管理方式。

① 订货点的确定。订货点的确定主要取决于需要率和订货、到货间隔时间这两个因素。

② 经济订货批量（EOQ）模型。

● 基本原理。不考虑缺货成本，库存成本由产品成本、存储成本和订货成本三部分构成。如果每次订货的数量越大，订货次数就会减少，相应的订货费用就会降低，而存储费用就会增加；相反，如果每次订货的数量越少，订货次数就会增加，相应的订货费用就会上升，而存储费用就会降低。因此需要用费用权衡方法来确定经济订货批量（EOQ）。

● 假定条件。第一，需求量已知并且稳定不变，库存量随着时间均匀地下降。第二，不允许缺货，瞬时补货。第三，不存在批量优惠。第四，存贮费用以平均库存为基础进行计算。第五，单次订货成本以及订货提前期均为常数。

3）定期订购控制法（FIS）。所谓定期订购控制法是指按预先确定的订货间隔期按期订购商品，以补充库存的一种库存控制方法。

一般仓库可以根据库存管理目标或历年的库存管理经验，预先确定一个订货间隔周期，经过一个订货间隔周期就进行订货。每次订货的数量应视实际情况而定，可以不相同。

定期订购控制方法中订货量的确定方法：

订货量＝最高库存量－现有库存量－订货未到量＋顾客延迟购买量

定期订购控制法的优点：因为订货间隔期确定后，多种商品可以同时采购，这样既可降低订单处理成本，而且还可以降低运输成本。其次，这种库存控制方式，需要经常地检查库存和盘点，这样便能及时了解库存的情况。

想一想:

1.什么叫 ABC 库存控制方法?一般如何操作运用?

2.什么是定量订货方式?经济订货批量如何确定?

3.什么是定期订货方式?

5.2.4 包装技术

1. 包装技术的概念

包装技术是指在流通过程中,保护产品、便于储运、促进销售,按一定的技术方法而采用的容器、材料及辅助物等的总体名称及为了达到上述目的而在采用容器、材料和辅助物的过程中施加一定技术方法等的操作活动。

2. 包装技术

（1）包装技术的种类

常用的包装技术主要有以下几种:

1）防潮包装技术。采用防潮包装技术的目的主要有两个方面:其一是为了阻隔外界水分的侵入;其二是为了减少和避免由于外界温度、湿度的变化,有可能引起包装内部产生返潮、霉变等现象。那么防潮包装所使用的包装材料就应该具有抵御外力作用,防止水分进入内部两种保护性能,要求防潮、防水应由两种材料构成:一种是抵御外力的框架外壁材料;一种是具有防湿、防水性能的内衬材料。

2）防霉包装技术。防霉包装技术是指在流通过程中,为了防止霉变侵袭包装及其内装产品而采取的一种保护包装。这种包装能够使包装及其内装产品处于霉菌被抑制的特定条件下,保持其质量完好和延长其保存期限。防霉技术的应用,要根据产品、包装的性能和要求的不同,采取不同的防霉变途径和措施。可以从使用的材料、产品和包装三个方面着手分别加以解决。其中可以使用的材料有:抗霉的材料包括金属的钢铁、铝、铜和非金属的钙塑瓦楞箱;抗霉效果次之的材料主要指塑料及复合材料。而棉、麻、丝、毛、木材、芦苇等自然纤维及其纺织品、纸张、纸板、绳索等都属于不能抗霉的材料。

在进行防霉包装的过程中,应保持内装产品和包装容器的整洁,要避免手上汗渍和其他污染物的污染。同时还应当注意,操作防潮包装的环境要保持清洁、干燥、无积水和无有害介质。主要的防霉防腐包装技术有五种:

① 冷冻包装技术。冷冻包装技术是将货物置于冷冻箱中,减缓微生物的新陈代谢活动和化学变化的过程,以延长储存期,但这种包装技术不能完全消除食品的变质。

② 高温杀菌包装技术。高温杀菌包装是在包装过程中用高温杀灭引起食品腐烂的微生物。

③ 干燥防霉包装技术。干燥防霉包装是将货物干燥后,再加以密封包装,防止水汽侵入,破坏霉菌的生存环境。

④ 真空包装技术。真空包装就是将物品装入气密性容器后，将货物与包装物之间的空气抽掉，使密封后的容器内基本没有空气的一种包装技术。真空包装不但可以避免或减少脂肪氧化，而且使空气中的各种有利于霉菌生长的条件也消失了，抑制了霉菌和细菌的生长。同时，在对其进行加热杀菌时，由于容器内部气体已排除，因此加速了热量的传导，提高了高温杀菌的效率，也避免了加热杀菌时，由于气体的膨胀而使包装容器破裂。

⑤ 充气包装技术。充气包装就是采用二氧化碳气体或氮气等不活泼气体置换包装容器中空气的一种包装技术，因此也被称为气体置换包装技术。这种包装技术是根据好氧化性微生物需氧代谢的特性，在密封的包装容器中改变气体的组成成分，降低氧气的浓度，抑制微生物的生理活动、酶的活性和鲜活物品的呼吸强度，达到防霉、防腐和保鲜的目的。

另外，还有一种是继真空包装和充气包装之后出现的新型除氧包装技术，即脱氧包装。脱氧包装是在密封的包装容器中，使用能与氧气起化学作用的脱氧剂与之反应，从而除去包装容器中的氧气，以达到保护内装物品的目的。脱氧包装技术适用于那些对氧气特别敏感的物品，适用于那些即使有微量氧气也会促使品质变坏的食品包装中。

3）防震包装技术。防震包装又被称作缓冲包装，在各种包装方法中占有重要的地位。所谓防震包装就是指为减缓内装物品受到冲击和振动，保护其免受损坏所采取的一定防护措施的包装。物品从生产出来被包装到开始使用，要经过撤除包装以及一系列的运输、保管、堆码和装卸过程，置于一定的环境之中。在任何环境中都会有力作用在产品上，并使物品发生机械性损坏。一般来讲，堆积过程主要受静压力作用，运输过程主要受震动作用，装卸过程主要受冲击力作用。为了防止物品遭受损坏，就要设法减小外力的影响，克服静压力对物品的影响主要靠包装容器、包装材料的强度，克服震动和冲击的影响主要靠防震措施。

常用的防震包装技术一般有三种：

① 全面防震包装技术。全面防震包装技术是指包装的内装物品和外包装之间全部用防震材料填满进行防震的包装方法。

② 部分防震包装技术。对于整体性好的物品和有内装容器的物品，仅在物品或内包装的拐角或局部地方使用防震材料进行衬垫即可。所用包装材料主要有泡沫塑料防震垫、充气型塑料薄膜防震垫和橡胶弹簧等。

③ 悬浮式防震包装技术。该技术属于缓冲防震包装技术，要根据内装物品的特点，用较少的缓冲防震材料，在最适当的部位进行衬垫，力求获得最好的防震效果，既能获得技术上的良好效果，又能得到经济上的良好效益。因此防震包装技术广泛应用于电视机、电冰箱、洗衣机以及大批量生产的仪器、仪表的包装上。

4）防破损包装技术。缓冲包装有较强的防破损能力，是防破损包装方法中十分有效的一类。

5）防锈包装技术。一般的防锈包装技术是先将包装的金属制品表面进行清洗处理，再涂封防锈材料，然后选用透湿率小的且易封口的防潮包装材料进行包装。其包装容器接缝处的透湿率不应大于包装材料本身的透湿率，包装的表面积要尽可能小，以减少与外界大气的接触面。可以采用防锈油和气相缓蚀剂两种包装技术来防止被包装的金属制品被锈蚀。

① 防锈油防锈蚀包装技术。大气锈蚀是空气中的氧、水蒸气及其他有害气体等作用于金属表面引起化学作用的结果。防锈油包装技术就是根据这一原理将金属表面涂封，防止锈蚀的。用防锈油封装金属制品，要求油层要有一定厚度，油层的连续性好，涂层完整。不同类型的防锈油要采用不同的方法进行涂封。

② 气相防锈包装技术。气相包装技术就是用气相缓蚀剂（即挥发性缓蚀剂），在密封包装容器中对金属制品进行防锈处理的技术。气相缓蚀剂是一种能减慢或完全停止金属在侵蚀性介质中的破坏过程的物质，它在常温下即具有挥发性，它在密封包装容器中，在很短的时间内挥发或升华出的缓蚀气体就能充满整个包装容器内的每个角落和缝隙，同时吸附在金属制品的表面上，从而起到抑制大气对金属锈蚀的作用。

6）防虫包装技术。防虫包装技术常用的方法是使用驱虫剂，即将有一定毒性和气味的药物放入包装中，利用药物在包装中挥发气体杀灭和驱除各种害虫。常用的驱虫剂有：苯以及它的合成物、樟脑精等。也可以采用真空包装、充气包装、脱氧包装等技术，使害虫没有生存环境，从而防止虫害。

此外，为了防止虫害，用于包装的材料和包装容器，应当注意不用被虫蛀的木材；竹片和条筐必须经过消毒或蒸煮，糊纸盒的浆糊应放入防腐剂，防止蛀虫的孳生。

7）危险品包装技术。危险品有上千种，按其危险性质，交通运输及公安消防部门将其分为十大类，即爆炸性物品、氧化剂、压缩气体和液体气体、自燃物品、遇水燃烧物品、易燃液体、易燃固体、毒害品、腐蚀性物品、放射性物品等，有些物品同时具有两种以上危险性能。

危险品包装就是根据危险品的特点，按照有关法令、标准和规定专门设计的包装。在其包装上，尤其是运输包装上必须表明不同类别和性质的危险货物标志。

对于易燃、易爆物品，例如有强烈氧化性的，遇有微量不纯物或受热即急剧分解引起爆炸的物品，防爆炸包装的有效方法是采用塑料桶包装，然后将塑料桶装入铁桶或木箱中，每件净重不超过 50 千克，并应有自动放气的安全阀，当桶内达到一定气体压力时，能自动放气。

对黄磷等易自燃物品的包装，宜将其装入壁厚不少于 1 毫米的铁桶中，桶内壁须涂耐酸保护层，桶内盛水，并使水面浸没物品，桶口严密封闭，每桶净重不超过 50 千克。再如遇水引起燃烧的物品如碳化钙，遇水即分解并产生易燃乙炔气，对其应用坚固的铁桶包装，桶内充入氮气，应装置放气活塞。

对有腐蚀性的物品，要注意物品和包装容器所使用的材质会发生化学变化。金属类的包装容器，其容器内壁要涂上防腐涂料，防止腐蚀性物品对包装容器的腐蚀。一些易挥发出腐蚀气体的货物，应装入耐腐蚀的陶瓷坛、玻璃瓶或塑料桶中，严密封口，然后再装入坚固的木箱或金属桶中。

对有毒物品的包装要明显地标明有毒的标志。防毒的主要措施是包装严密，不漏、不透气。例如，重铬酸钾（红矾钾）和重铬酸钠（红矾钠），为红色带透明结晶，有毒，应用坚固铁桶包装，铁桶口要严密不漏，制桶的铁板厚度不能小于1.2毫米。对有机农药一类的物品，应采用沥青麻袋包装，缝口严密不漏。如用塑料袋或沥青纸袋包装的，外面应再用麻袋或布袋进行包装。用作杀鼠剂的磷化锌有剧毒，应用塑料袋严封后再装入木箱中，箱内用两层牛皮纸、防潮纸或塑料薄膜衬垫，使其与外界隔绝。

8）收缩及拉伸包装技术。收缩包装就是用收缩薄膜包裹物品（或内包装件），然后对薄膜进行适当加热处理，使薄膜收缩而紧贴于物品的包装技术。收缩薄膜是一种经过特殊拉伸和冷却处理的聚乙烯薄膜，由于薄膜在定向拉伸时产生残余收缩应力，这种应力受到一定热量后便会消除，从而使其横向和纵向都发生急剧收缩，同时使薄膜的厚度增加，收缩率通常为30%～70%，收缩力在冷却阶段达到最大值，并能长期保持。

拉伸包装可以捆扎单件物品，也可用于托盘包装之类的集合包装。

（2）包装的机械设备

1）包装机械含义。包装机械应用范围甚广，涉及食品、医药、化工、邮电、出版、机械、电子、纺织、钢铁、冶金以及军工等各个领域，其以食品行业应用最多，约占50%。

广义地讲，供包装工业使用的机械技术设备均属包装机械范畴，它包括：包装材料制造及包装容器加工机械；包装装潢印刷机械；直接完成产品包装过程的包装机械。由于行业的交叉与发展，通常将包装机械仅限定在完成包装过程机械的范围内，即完成全部或部分包装过程的机器称为包装机械。

2）包装过程。包装过程包括充填、裹包、成形、封口等主要包装工序，以及与其相关的前后工序，如清洗、堆码和拆卸等。此外，包装过程还包括盖印、计量等附属设备。包装机械就是完成全部或部分包装过程的机器。如真空包装机、贴体包装机、液体灌装包装机、粉末包装机等都属于包装机械。

3）包装机械的分类。包装机械有多种分类方法，如果按包装材料和容器分，可分为塑料包装机、纸袋包装机、玻璃包装机和马口铁罐头包装机等。如果按被包装物的物理性能分，可分为液体、粉料及颗粒料包装机，粘稠体包装机等。如果按应用行业分，可分为食品包装机、医药包装机、粮食包装机等。如果按包装工艺方法分，可分为真空包装机、收缩包装机、拉伸包装机等。

常用的分类方法是按包装工序来进行划分的。可以划分为主要包装机械和辅助包装机械。完成裹包、灌装、充填等包装工序的包装机械称为主要包装机械或称为包装主机，完成洗涤、烘干、检测、盖印、计量、输送和堆垛工作的包装机械称为辅助包装机械。

2. 包装材料

（1）包装材料应具备的性能

1）包装材料的保护性能。保护是包装的基本性能，也是维护商品质量的重要功能。商品从生产领域到流通领域再到消费领域，此间要经过运输、储存、销售、使用等环节，在每个环节里商品或包装材料都会发生物理、化学和生物方面的变化，在这期间重要的一条就是包装要根据商品的性能、商品所处的环境，选择适宜的包装材料、容器和包装方法，防止商品溶化、渗漏、挥发、污染、破损、变形、散失，以至因商品或包装材料伤害人身健康。

2）包装材料的加工操作安全性能。加工操作安全性是指包装材料易加工、易包装，并在使用商品时保护人身安全。

3）包装材料的外观装饰性能。包装还要起到美化商品、美化环境、易于商品陈列等效果。包装材料与商品融合在一起，不但可以激发消费者的购买欲望，还可以增加商品价值。随着新的包装材料、新的包装技术的不断完善，相信包装会向着精美、实用等方向蓬勃发展。

（2）常用的包装材料

1）草类材料。这是比较落后的一种包装材料，它的主要来源是各种天然生的草类植物。将这些草类植物经过梳理，编织成诸如草席、蒲包、草袋等包装材料。

2）纸制材料。纸与纸板可做大包装、小包装、包装衬里、商标，它是应用最广泛的包装材料。纸制包装材料的优点是：重量轻，成本低，可折叠存放，节约仓储运输费用；有一定的弹性和较高的耐压性；易加工、印刷，利于产品的宣传和销售；便于密封、捆扎、搬运；公害小，废旧纸板可回收利用。纸制材料还可与其他材料做复合包装，以纸为基材，和铝、塑料、蜡等多种材料复合，再加上各种涂料，可以使包装具有防潮、防漏、防菌、防紫外线、防破碎等多种功能。

3）木制材料。木制材料具有较高的强度，生产加工简便，便于运输和储藏等优点。它是最常见的包装材料，几乎所有的木材都可以作为包装材料，比如用木材、胶合板或纤维板制成的木箱、木桶、木笼子等包装物。

4）纤维材料。它是指各种纤维制作的包装材料，主要有黄麻、红麻、大麻、青麻、罗布麻、棉花、合成树脂、玻璃纤维等，用它们可制成如麻袋这样的麻制品包装物。

5）金属材料。金属包装材料主要是薄钢板、马口铁、镀锌铁皮、铝及铝合金等。它们的特点是：强度好，密封性好，易加工成型，易焊接，易涂饰和印刷，耐腐蚀性好，基本无毒害。广泛用于金属圆桶、白铁皮罐、储气瓶、金属丝、网等包装物的制作。

6）陶瓷、玻璃材料。陶瓷具有耐风化、不变形、耐热、耐酸、耐磨等优点。玻璃属无机硅酸盐制品，它透明、清洁、美观，有一定的机械强度和良好的化学稳定性，易封闭，价格较便宜，可以多次周转使用，原料来源丰富。陶瓷、玻璃制作的包装容器，尤其适合各种流体货物的包装，而且容易洗刷、消毒、灭菌，能保持良好的清洁状态。

同时，它们还可以回收再利用，有利于包装成本的降低。

7）塑料包装材料。塑料包装材料也就是合成树脂包装材料，主要有聚乙烯、聚丙烯、聚氯乙烯、聚苯乙烯、酚醛树脂、氨基塑料等。塑料包装的优点是：光学性能好，透明；质轻，富有弹性，耐折叠；密封性好，防水，防潮；耐酸碱，防虫害，防污染；加工简单，易着色等。塑料在包装材料应用中越来越显得重要，塑料瓶、塑料袋、塑料箱等包装物被广泛应用于销售包装、运输包装等领域。目前，塑料正向复合化方向发展，作为包装材料，其前景更为广阔。

（3）包装容器

1）传统包装容器。传统包装容器包括以下几种：

① 包装袋。包装袋可用纸、塑料薄膜等材料制成，可以是单层的，也可以是多层同种材料或不同材料复合而成。一般包装袋的形状采用筒管状结构，一端预先封死，包装结束后再封装另一端，操作方法一般采用充填操作。常用的包装袋一般有三种类型。

大型包装袋，也就是集装袋。这是一种大容积的运输包装袋，一般可容纳 1 吨以上的货物，适用于吊装吊卸，散装货物如矿砂、水泥等多使用集装袋。近年来发展很快，普遍适于运输包装。

中型包装袋，也就是一般运输包装袋。这类包装袋的容纳重量是 5～100 千克，大部分是由植物纤维或合成树脂纤维纺织而成的织物袋，适于外包装及运输包装，主要包装粉状、粒状和个体小的货物。

小型包装袋，也就是普通包装袋。这类包装袋容纳重量较少，通常用单层材料或双层材料制成，也有用多层不同材料复合而成。液状、粉状、块状和异型物等都可以采用这种包装，它的适应范围较广，普遍用于内包装、单包装和销售包装。

② 包装盒。包装盒是一种刚性或半刚性容器，它一般呈规则的几何形状，多数为长方形，也有尖角形和其他形状的。包装盒所用的材料通常是纸板、金属、硬质塑料以及复合材料，它们都有一定的刚性，而且不易变形，有较高的抗压强度，其刚性高于袋装材料。

包装盒一般整体强度不大，包装量也不大，不适合做运输包装，适合做销售包装、内包装，适合包装块状及各种异形物品。

③ 包装箱。包装箱的结构类似于包装盒，只是容积、外形都大于包装盒，包装箱整体强度较高，抗变形能力强，包装量也较大，适合做运输包装、外包装，主要用于固体杂货包装，应用范围较广。

在流通领域常用的有木箱和塑料箱。木箱因使用材料不同，可以分为木板箱、胶合板箱、纤维板箱，木箱还有许多不同的箱型。

塑料箱在流通中经常使用，它的防潮性能好，耐蚀性好，搬运方便，能满足反复使用的要求，可装载多种商品，可以代替瓦楞纸箱作为商品的外包装，也可以加工成各种易碎商品的周转箱，如啤酒周转箱、饮料周转。

④ 包装瓶。包装瓶的包装量一般不大，用于包装瓶的材料要有较高的抗变形能力，刚性、韧性要求一般也较高，适合美化装潢，主要做商业包装、内包装使用。主要包装液体食用商品、化妆品和粉状货物。

⑤ 包装罐（筒）。包装罐容器是刚性包装的一种，一般对包装材料的强度要求较高，罐体的抗变形能力要强，可做运输包装、外包装，也可做商业包装、内包装。

2）现代包装容器。现代包装容器包括以下几种：

① 瓦楞纸箱。瓦楞纸箱是用瓦楞形纸板为材料，采用具有空气结构经成型工艺制成的箱形包装容器。瓦楞纸箱具有较好的防震性能，适合于易碎货物、家用电器等商品的外包装。

② 托盘。托盘是内外贸易运输中普遍采用的一种搬运货物工具。也称为垫板和集装托盘，是一种特殊的包装形式。托盘的下边设有插口，供铲车的插入，将包装好的货物放在托盘上进行装卸，载重1～2吨。为了防止货物散落，需用收缩或拉伸薄膜将货物包固定在托盘上，组成托盘组合包装。

托盘组合包装可以保护商品，提高装卸、运输效率，降低包装成本，促进装卸、运输作业的机械化及包装的标准化、系列化、规格化。

③ 集装箱。集装箱是用钢材或铝材制成的大容积物流装运设备，从包装角度看，也属一种大型包装箱，是用于货物运输、便于使用机械装卸的集合包装容器，归属于运输包装种类，也是大型反复使用的周转型包装。

集装箱包装运输在物流领域里创造了独特的社会经济效益。

在运输、仓储环节上，凡采用集装箱或集合包装的货物，能提高装载量和仓储量，节省车皮和船舱，降低货物流通费用。

想一想：
1. 如何理解包装技术的概念？
2. 常用的包装技术有哪些？

（4）包装用的辅助材料

包装容器是包装的主体，起到保证产品安全的作用，除此之外，还需要研究包装所用的辅助材料。

1）黏合剂。黏合剂主要用于包装袋和包装箱的封口等。

2）黏合带。按接合方式不同，可分为橡胶带、热敏带、黏结带三种。

3）捆扎材料。捆扎作用表现在打捆、压缩、缠绕、包扎、保持形状、提高强度、封口防盗、便于处置、防止破损等。传统的捆扎材料主要为天然材料，如草绳、麻绳、纸绳等。目前，几乎都采用塑料材料。

5.2.5 配送技术与设备

1. 配送的分拣技术与设备

在配送的实践中，采用正确的方式和手段完成分拣、配货作业，利用现代化的设备、设施进行分拣配货作业，对于配送的效率、效益的提高有十分重要意义。

（1）分拣配货作业的方式

分拣配货作业是将储存的货物按发货要求拣选出来，放到发货场所指定位置的作业活动的总称。分拣配货工作可采用自动化的分拣设备，也可采用手工方法，这主要取决于配送中心的规模及其现代化的程度。分拣配货作业可采取拣选方式（摘果方式）和分货方式（播种方式）两种基本的方式。

在实际工作中，为降低成本，提高效益，实现合理配货，配送企业可以根据企业自身和配送货物的具体情况分别选用两种分拣配货方式，也可以将两种方式结合使用。

（2）拣货路径

拣货作业的关键是规划拣货路径，发出拣货指令。不同层次的单品（小件商品、箱装商品、托盘装商品）要采用不同的拣货路径。有两种类型的拣货路径可供选择。

1）无顺序的拣货路径。无顺序的拣货路径就是由分拣配货作业人员自行决定在存储区域内各通道拣货顺序的方式。

2）顺序的拣货路径。顺序的拣货路径是最常用的拣货路径。它是按产品所在货位号的大小从储存区域的入口到出口秩序来确定拣货路径。

无论采用何种拣货路径，均要考虑如何准确、快速、低成本的将货物拣出，同时还要使拣货操作方便、行走路程缩短等。由此可见，货架的排列与编号、商品储存货位的安排对拣货作业的影响较大。

（3）拣货指令发布方式

当关于拣货的所有信息（拣货区域，通道、位置、商品数量时间）都已确定后，配送企业的控制部门要向拣货人员发出拣货指令。根据配送企业现代化程度不同，拣货指令的发布可以采取不同的方式。

1）人工打印拣货单。这种方式适用于拣货品种和数量较少的情形。在该拣货单上，按商品事先列出了配送企业的所有拣货货位，及储存商品的信息；每一次对应留有两个空格，拣货指令发布时，必须由拣货指令发布人员根据用户订单在拣货单对应的商品区的一个空格内，填写上用户订货数量，并将该拣货单交给拣货员，拣货员按拣货单所指示的货位、数量等信息拣出商品。然后在拣货单上对应的另一个空格内划上拣货标记。这种方式的缺点是容易产生误拣，手法繁琐，不适合于成批拣货，但优点是，拣货投资少，拣货人员易于操作。

2）机器打印拣货单。机器打印拣货单是指由计算机打印出拣货单，每个拣货单只打印一种商品的所有拣货信息：日期、时间、区域、货位、商品编号、拣货数量等，不需要人工填写订单数量，这样就可以减少拣货失误，但需要一些设备投资。

3）无纸拣货指令。这种拣货指令可用于对任何层次单品的拣货。可有三种具体形式。即人工控制的无纸拣货指令，计算机控制的无纸拣货指令及语音控制的无纸拣货指令。

（4）货物分拣的基本方法。

货物分拣的基本方法通常有两种：一是手工分拣、二是自动分拣。

1）手工分拣。手工分拣是目前我国大多数配送企业仍采用的一种方法。此种方法操作简单，设备投资少，但需要较大的分拣场地，且效率低下，仅适用于货物流量较小的情况。

2）自动分拣。自动分拣需要装配自动化分拣设施设备，能大大提高分拣作业的劳动效率。自动分拣系统目前已成为发达国家大中型物流中心不可缺少的一部分。

（5）自动化分拣系统的组成及特点

1）自动化分拣系统的组成。自动化分拣系统一般由控制装置、分类装置、输送装置及分拣道口组成。

① 控制装置。控制装置的作用是识别、接收和处理分拣信号，根据分拣信号的要求指示分类装置，按商品品种、送达地点或货主的类别对商品进行自动分类。

② 分类装置。分类装置的作用是根据控制装置发出的分拣指示，当具有相同分拣信号的商品经过该装置时，该装置动作，使商品改变在输送装置上的运行方向进入其他输送机或进入分拣道口。分类装置的种类很多，一般有推出式，浮出式，倾斜式和分支式几种。

③ 输送装置。输送装置的主要组成部分是传送带或输送机。其主要作用是使待分拣的商品鱼贯通过控制装置、分类装置，在输送装置的两侧，一般要连接若干分拣道口，使分好类的商品滑下主输送机（或主传送带）以便进行后续作业。

④ 分拣道口。分拣道口是使已分拣商品脱离主输送机（或主传送带）进入集货区域的通道。一般由钢带、皮带、滚筒等组成滑道，使商品从主输送装置滑向集货站台。

以上四部分装置通过计算机网络联结在一起，配合人工控制及相应的人工处理环节构成一个完整的自动分拣系统。

2）自动分拣系统的特点：能连续、大批量地分拣货物；分拣误差率极低；分拣作业基本实现无人化。

国外建立自动分拣系统的目的之一就是为了减少人员的使用，减轻员工的劳动强度，提高人员的使用效率，因此自动分拣系统能最大限度地减少人员的使用，基本做到无人化。

2. 配送的运输技术

配送运输与一般的运输有所不同，其作为配送的核心——送货的现象表现形态，在具体的运作过程中应当注意车辆的配载配装、车辆的调度使用及运送线路的优化。

（1）车辆的配装方法

合理配装是充分利用运输车辆容积、载重量、降低物流成本的重要手段。为了避免运力浪费，推行轻重货物配装，实现满载满容。

1）轻重货物合理装配的基本办法。此方法也称为轻重货物合理配装的理论方法，由于主要考虑容积和重量两个因素，所以又称为容重法。

在货物运输的车辆装载中，一般比重大的货物（如钢板）往往达到了车辆载重量时，而容积空间剩余较大，一般比重小的货物（如棉纱、服装等）看似满满的，但实际上并未达到车辆载重量。上述情况均造成运力浪费。因此采用容重法将货物进行配装是一种最常用的配装方法。

基本方法：以车辆的最大容积和载重量为限制条件，并根据各种货物单件重量和体积建立相应的数学模型，通过计算求出最佳方案。

2）车辆配装的实践做法。对于按理论方法计算出车辆配装的方案，实践中要结合需装配货物的实际情况，对方案进行修正。因为配装的货物是两种或两种以上时，货物的尺寸组合不能全等车辆内部尺寸，装车后可能存在无法利用的空间以及货物之间有时要留有一定的间隙以安放支撑物保证货物的安全，所以车辆容积空间的利用率不可能完全达到100%。同时载重量的利用率有时也不能达到100%。

在实际工作中，常常不可能每次都求出配装的最优方案，所以寻求最优方案的近似方案。将问题简单化，节约计算力量及时间，简化配装要求加快装车速度，也可以获得综合的效果。

应当注意，配装只是配送时要考虑的一个方面。如果货物性质及装运方面有特殊要求时，就不能单纯从配装的满载满容的角度来考虑和解决问题。

（2）配送路线的确定方法

配送路线的确定涉及到的是货物合理运输问题。配送路线是否合理，直接影响到配送效率和配送效益。确定配送路线的方法很多，有综合评价法、线性规划法、网络图法、经验法、车辆调度程序规划法——节约里程法等，其中主要是车辆调度程序规划法——节约里程法。配送中心最佳运送路线的规划方法，国外大部分企业使用的是车辆调度程序（VSP）规划法。在我国习惯称为节约里程法。这是 IBM 公司最初开发的计算机软件。当从某个配送中心向众多的用户运送货物时，所需车辆数、所需时间、运距、配送量等是做规划时必需的数据。最佳的配送路线应是车辆高效率运行而且所需车辆最少、运距最短、所需时间最少、配送成本最低。

想一想：

1. 分拣配货的作业方式有哪些？

2. 自动化分拣系统的组成及特点如何？

3. 如何理解车辆配装的容重法和实践方法？

实际上如果给众多的用户运送货物，应首先计算包括配送中心在内的相互之间的最短距离；然后计算各用户之间的可节约运行距离；按照节约运行距离的大小顺序连接各配送点并规划出配送路线。

5.3 物流现代化技术

 必备的理论知识

5.3.1 集装化技术

1. 集装化的概念和特点

（1）集装化的概念

集装化是指将两个以上重量轻、体积小的同种或异种货物组成重量和外形都一致的组合体，也称单元化或成组化。货物集装化的过程可通过集装器具或采用捆扎的方法来完成，通过货物的集装化以加快装卸、搬运、储存、运输等物流活动的速度，提高作业效率。

（2）集装单元化的原则

为了充分发扬货物集装单元化的优越性，降低物流费用，提高社会的经济效益，在实现集装单元化时，必须遵循下列几个基本原则：

1）通用化。通用化要求集装化要与物流全过程的设备与工艺相适应。

2）标准化。标准化是指集装化术语的使用。不同形式的集装化之间，其标准应互相适应、互相配合。

3）系列化。集装单元化技术的内容很广。

（3）集装单元化的特点

1）便于装卸搬运，易于实现物流功能作业的机械化，自动化。

2）物品移动简单，减少重复搬运次数，从而减少了物流过程中的货损、货差。

3）改善劳动条件、降低劳动强度，提高劳动生产率和物流载体利用率。

4）便于衔接，简化物流过程各个环节的交接手续，促进不同运输方式间的联运，提高物流管理水平。

5）便于堆码，灵活地运用空间，提高库场的储存能力。

6）货物包装简单，节省包装材料和费用并能避免货物对作业场所的污染，改善环境状态。

2. 集装化技术

（1）集装箱

1）集装箱的概念。集装箱（container）是指能装载包装货或非包装货进行运输，并便于用机械设备进行装卸搬运的一种成组工具的总称，是指有一定容积，适合在不同的运输方式中转运，具有一定强度、刚度能反复使用的箱子。

知 识 链 接

对于集装箱应具备的基本条件，国际标准化组织 ISO/R830-1968《集装箱术语》中给出了规定：

1）具有足够的强度，能反复长期使用。

2）适合一种或多种方式运输，中转时，箱内货物不必换装。

3）可以进行快速装卸和搬运，特别便于从一种运输方式转移到另一种运输方式；

4）便于货物装满和卸空。

5）容积大于 1 立方米。

我国国标 GB1992-85《集装箱名词术语》中对集装箱作的规定，完全符合以上基本条件。

2）集装箱的种类。为了适应装载不同种类货物的需要，出现了不同类型的集装箱。集装箱因用途不同，制造材料不同而有不同种类。

① 按集装箱的用途分，有如下几种：

• 干货集装箱。干货集装箱又称杂货集装箱。箱体设有箱门，箱门锁闭后成密封状态。用以装载除液体货物、需要调节温度货物及特种货物以外的一般件杂货，这种集装箱使用范围极广。使用时应注意箱子内部容积和最大负荷，对装入这种集装箱的货物要求有适当的包装，以便充分利用集装箱的箱容。

• 通风集装箱。通风集装箱在其侧壁或端壁设有通风口，其他结构同杂货集装箱相差不多，箱体是密闭式。这种集装箱主要用来装运有一定通风和防汗湿要求的杂货，对一些新鲜货物也有一定的防腐作用（见图 5.5）。

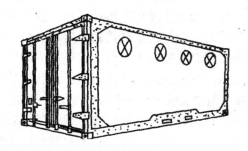

图 5.5 通风集装箱

• 散货集装箱。散货集装箱专供颗粒或粉状的散装货物，如面粉、谷物、食盐、硼砂、树脂等。箱顶设有装货口，端壁门下部设有卸货口，为便于卸货，也有将箱底制成漏斗型的（见图 5.6）。

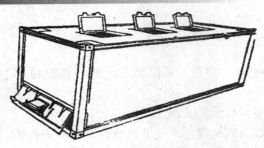

图 5.6 散货集装箱

散货集装箱的使用有严格要求，如每次卸空后，要进行清扫，使箱底、两侧保持光洁。为防止汗湿，箱内金属部分尽可能少外露。有时需要熏蒸，集装箱应具有气密性。在负载时，除了由箱底主要负重外，还应考虑到将货物重量向两侧分散。箱子的结构易于洗涤。

使用集装箱运散货，一方面提高了装卸效率，另一方面提高了货物质量，减少了粉尘对人体和环境的侵害。

- 开顶式集装箱。开顶式集装箱的箱顶可以开启，目的在于可利用机械从箱顶方向装卸货物。箱顶有硬顶和软顶两种。硬顶是用薄钢板制成的，利用起重机械进行装卸作业。软顶一般是用帆布、塑料布或涂料布制成，开顶时只要向一端卷起就可以了。其他结构与干货集装箱类似。开顶集装箱在集装箱种类中属于需求增长较少的一种，主要原因是货物装卸量上不去，在没有月台、叉车等设备的仓库无法进行装箱，在装载较重的货物时还需使用起重机。利用起重机从顶部吊入箱内不易损坏货物，而且也便于在箱内固定。目前，开顶集装箱仅限于装运较高货物或用于代替尚未得到有关公约批准的集装箱种类。
- 台架式集装箱。台架式集装箱没有箱顶和侧壁，甚至连端壁也去掉，而只有底板和四个角柱的集装箱。台架式集装箱的主要特点是：为了保其纵向强度箱底较厚。箱底的强度比普通集装箱大，而其内部高度则比一般集装箱低。在下侧梁和角柱上设有系环，可把装载的货物系紧。这种集装箱可以从前后、左右及上方进行装卸作业，适合装载长大件和重货件。由于这种箱子没有箱顶和侧壁，水密性、怕水湿的货物不能装运。通过海上运输时必须装载舱内运输，在堆场存放时也应用毡布覆盖。同时，货物本身的包装也应适应这种集装箱。这种集装箱的采用，打破了过去一直认为集装箱必须具有一定容积的概念（如图 5.7）。
- 平台式集装箱。平台式集装箱是在台架式集装箱上再简化而只保留底板的一种特殊结构集装箱，该集装箱装卸作业方便，适于装载大、重型货物。
- 罐式集装箱。罐式集装箱是一种专供装运各种液体货物的集装箱，装货时货物由罐顶部装货孔进入，卸货时由排货孔流出或从顶部装货孔吸出。

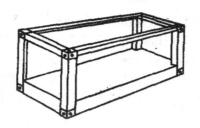

图 5.7　台架式集装箱

- 冷藏集装箱。目前国际上采用的冷藏集装箱基本上分两种：一种是集装箱内带有冷冻机的叫机械式冷藏集装箱；另一种箱内没有冷冻机而只是有隔热结构，即在集装箱端壁上设有进气和出气孔，箱子装在船舱中，由船舶的冷冻装置供应冷气，这种箱子叫做离合式冷藏集装箱。在运输过程中，启动冷冻机使货物保持在所要求的指定温度，箱内顶部装有挂肉类、水果的钩子和轨道，适用于装载冷藏食品、新鲜水果或特种化工产品等。

- 汽车集装箱。这种集装箱无侧壁，仅设有框架和箱底，为了防止汽车在箱内滑动，箱底专门设有绑扎设备和防滑钢板。根据汽车高度，可装载一层或二层。

- 动物集装箱。动物集装箱是专门为装运动物而制造的特殊集装箱，为了避免阳光照射，动物集装箱的箱顶和侧壁是用玻璃纤维加强塑料制成。另外为了保证箱内有较新鲜的空气。侧面和端面都有铝丝网制成的窗，以求有良好的通风。侧壁下方设有清扫口和排水口，并配有上下移动的拉门，可把垃圾清扫出去，还装有喂食口。动物集装箱在船上一般应装在甲板上，以利于通风，清扫和照顾（见图 5.8）。

② 由于集装箱在运输途中常受各种力的作用和环境的影响，因此集装箱的制造材料要有足够的强度和刚度。应尽量采用质量轻、强度高、耐用、维修保养费用低的材料，并且材料既要价格低廉、又要便于取得。

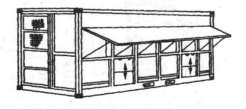

图 5.8　动物集装箱

目前，世界上广泛使用的集装箱按其主体材料分类为：

- 钢制集装箱。钢制集装箱其框架和箱壁皆用钢材制成。强度高，结构牢固，水密性好，能反复使用，价格低廉。主要缺点是自重大，抗腐蚀性差。

- 不锈钢集装箱。一般用不锈钢制作罐式集装箱。这种集装箱不生锈，耐腐蚀性好，强度高，但价格高，投资大。

- 铝合金集装箱。这种集装箱自重轻，从而提高了集装箱的装载能力，具有较强的防腐能力、弹性好，但造价高，焊接性不如钢制集装箱，受碰撞时易损坏。
- 玻璃钢制集装箱。玻璃钢制集装箱是在钢制框架上装上玻璃钢复合板构成的。其隔热性、防腐性和耐化学性均较好，强度大，刚性好，能承受较大应力，易清扫，修理简单，集装箱内容积较大等，但自重较大，造价较高。

3）集装箱装卸搬运设备。

① 岸壁式集装箱装卸桥。在现代化的集装箱港站上。目前从事港站前沿集装箱起落舱作业的设备普遍采用的是岸壁式集装箱装卸桥。它是一种体积庞大，自重非常重，价格昂贵的集装箱港站专用设备。临海侧有外伸的悬臂，用以装卸船；在陆侧有内伸壁，上面设有平衡装置，以保持装卸桥的平衡与稳定；外伸壁是活动式的，以方便船舶靠离码头；装卸桥可以在地面轨道上自由行走，这样能方便地进行装卸船作业。

岸壁式集装箱装卸桥主要起升机构。小车运行机构，前大梁俯仰机构和大车运行机构以及集装箱专用吊具和其他辅助设备。有些岸壁集装箱装卸桥，还有吊具减摇装置等。

② 底盘车。底盘车方式是由陆上拖车运输发展起来的，是指将集装箱连同起运输集装箱作用的底盘车一起存放在堆场上。作业时，无需借助其他机械设备，就可用拖车将集装箱拖离堆场。故底盘车方式比较适合于门-门的运输方式，特别是海运部门承担的短途运输，也是一种效率提高的港站堆场作业方式。由于集装箱堆存高度只有一层，而且需要留有较高的车辆通道。因此，需要占用较大的堆场面积，使堆场面积的利用率较低。

③ 跨运车。跨运车是集装箱码头前沿和库场之间短途运输以及堆码集装箱的专用机械（见图5.9）。

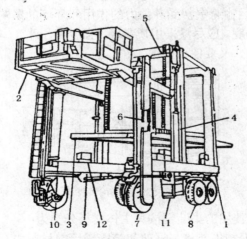

1——底架；2——平台；3——集装箱吊具；4——升降油缸；5——起升链；6——驱动链；
7——驱动轮；8——从动轮；9——转向装置；10——制动器；11——燃油柜；12——保持水平装置

图5.9 跨运车

跨运车方式又称"麦逊公司方式"，是一种具有搬运、堆垛、换装等多功能的集装箱专用设备。它以门形车架跨在集装箱上，由装有集装箱吊具的液压升降系统吊起集装箱进行搬运和堆码，可将集装箱堆码 2～3 层高，还可用于货场上集装箱底盘车的装卸。因此，它比集装箱龙门起重机具有更大的机动性。

④ 集装箱叉车。集装箱叉车是用于装卸、搬运和堆码集装箱的一种专用机械，是从普通型叉车逐渐发展成为适应集装箱装卸作业需要的专用叉车。它具有机动性能强和使用范围广等优点。

叉车搬运集装箱可以采用两种方式：一是吊运方式，即采用顶部起吊的专用吊具吊运集装箱；二是叉运方式，既利用集装箱底部的叉孔用货叉起运集装箱。

⑤ 集装箱龙门起重机。集装箱龙门起重机是一种在集装箱场地上进行集装箱堆垛和车辆装卸的机械。集装箱龙门起重机按运行方式分为轨道式龙门起重机和轮胎式龙门起重机（见图 5.10）。

（2）托盘

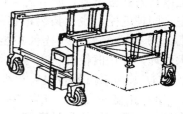

图 5.10　轮胎式龙门起重机

1）托盘的概念。托盘是为了使物品能有效地装卸、运输、保管，将其按一定数量组合放置于一定形状的台面上，这种台面有供叉车从下部叉入并将台板托起的叉入口。以这种结构为基本结构的平台和各种在这种基本结构基础上所形成的各种形式的集装器具都可统称为托盘。

托盘是一种重要的集装器具，是在物流领域中适应装卸机械化而发展起来的一种集装器具，托盘的发展可以说是与叉车发展同步。

托盘最初是在装卸领域出现并发展的，在应用过程中又进一步发展托盘作为储存设施，作为一个运输单位，使托盘成为物流系统化的重要装备机具，对现代物流的形成，对物流系统的建立起了不小的作用。同时托盘的出现也促进了集装箱和其他集装方式的形成和发展。现在，托盘已是和集装箱一样重要的集装方式。

2）托盘标准。由于世界各国使用托盘的历史不同，各国的托盘尺寸均有不同。根据《联运通用平托盘重要尺寸及公差》规定，目前使用的托盘有五个系列。

① 1200 系列（1200mm×800mm 和 1200mm×1000mm）：1200mm×800mm 托盘也称欧洲托盘，它的应用范围最广；1200mm×1000mm 托盘多用于化学工业。

② 1100 系列（1100mm×1100mm）：这个尺寸系列是由发展较晚的国际集装箱最小内部宽度尺寸 2330mm 确定形成的。

③ 1140 系列（1140mm×1140mm）：是对 1100 系列的改进，目的是为了充分利用集装箱内部空间。

④ 1219 系列（1219mm×1016mm，即 48 英寸×40 英寸）：是考虑北美国家习惯以英寸为单位制定的系列。

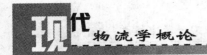

知识链接

我国于 1982 年制定了联运平托盘外形尺寸系列的国家标准。将联运托盘即平托盘的平面尺寸定为 800mm×1200mm、800mm×1000mm 和 1000mm×1200mm 三种。

3）托盘的主要优点：

① 自重小。因而用于装卸、运输，托盘本身所消耗的劳动较小。

② 自返空容易，返空时占用运力很少。由于托盘造价不高，又很容易互相代用，互以对方托盘抵补，所以无需像集装箱那样必须有固定所有者，也无需像集装箱那样返空。即使返空，也比集装箱容易。

③ 装盘容易。不需像集装箱那样深入到箱体内部，装盘后可采用捆扎、紧包等技术处理，使用时简便。

④ 装载量虽然较集装箱小，但也能集中一定数量，比一般包装的组合量大得多。

4）托盘的类型。托盘的装载面可集合一定数量的货物，便于货物的装卸、运输和仓储。由于货物的品种繁多，性质不一，规格尺寸多样，形态各异，与之相对应的托盘种类也有多种多样。如果按托盘的材料不同，可分为木托盘、钢托盘、铝托盘、纸托盘、塑料托盘、胶合托盘和复合材料托盘；按结构不同，可分为平托盘、柱式托盘、箱式托盘和轮式托盘等。下面介绍各种托盘。

① 平托盘。平托盘没有上层结构，用途广泛，是托盘中使用量最大的一种，一般泛称的托盘主要是指平托盘。平托盘按照不同标准还可以进一步分类（如图 5.11 所示）。

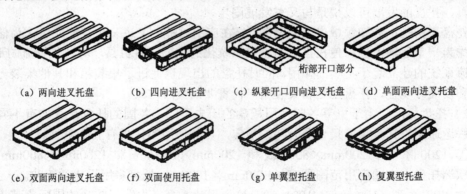

（a）两向进叉托盘　　（b）四向进叉托盘　　（c）纵梁开口四向进叉托盘　　（d）单面两向进叉托盘

（e）双面两向进叉托盘　　（f）双面使用托盘　　（g）单翼型托盘　　（h）复翼型托盘

图 5.11　平托盘的类型

② 柱式托盘。柱式托盘是在平托盘的四个角安装四根立柱后形成的，立柱可以是固定的，也可以是可拆卸的。根据德国专利 DIN15142 的定义，这种托盘也归于平托盘。柱式托盘多用于包装件、桶装货物、棒料和管材等的集装，还可以作为可移动的货架、货位。该托盘因立柱的顶部装有定位装置，所以堆码容易，堆码的质量也能得到保证；

而且多层堆码时，因上部托盘的载荷通过立柱传递，下层托盘货物可不受上层托盘货物的挤压（如图 5.12）。

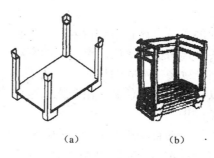

（a）　　　　　　　　（b）

图 5.12　柱式托盘

③ 箱式托盘。箱式托盘是在平托盘基础上发展起来的，多用于装载一些不易包装或形状不规则的散件或散状货物，也可以装载蔬菜、瓜果等农副产品，金属箱式托盘还用于热加工车间集装热料。这种托盘的下部可叉装，上部可吊装，可使用托盘搬运车、叉车、起重机等作业；并可进行码垛，码垛时可相互堆叠四层；空箱可折叠。箱壁可以是平板或网状构造物，可以有盖或无盖。有盖的箱式托盘常用于装载贵重物品。

④ 轮式托盘。轮式托盘是在平托盘、柱式托盘或箱式托盘的底部装上脚轮而成，既宜于机械化搬运，又宜于短距离的人力移动。适用于企业工序间的物料搬运；也可在工厂配送中心装上货物运到商店，直接作为商品货架的一部分。

⑤ 专用托盘。专用托盘是一种集装特定货物（或工件）的储运工具。它和通用托盘区别在于它具有适合特定货物（或工件）的支承结构。如：平板玻璃集装托盘（平板玻璃集装架），这种托盘能支撑和固定平板玻璃，在运输途中，平板玻璃顺向放置

想一想：
　1. 什么是集装化？其特点表现在哪几方面？
　2. 什么是集装箱？常见的有哪些类型？

以保持托盘货载的稳定性；油桶专用托盘，专门装运标准油桶的翼型托盘，一般是双面型，两面皆有稳固油桶的波形表面或侧栏板，油桶卧放于托盘之上，由于波形表面或栏板的作用，固定后不会发生滚动，通常有几层叠垛，从而解决了桶形物难以堆高码放的困难，也方便了储存；尺寸物托盘，专用于装放长尺寸材料的托盘。

5.3.2　现代物流信息技术

1. 物流的条码技术

（1）条码的含义及特点

条形码（bar code）简称条码，是利用光电扫描阅读设备来实现数据输入计算机的

一种代码。它是由一组按一定编码规则排列的条、空符号，它隐含了一定的字符、数字及符号信息，用于表示物品的名称、产地、价格、种类等，是世界通用的商品代码的表示方法。

条形码是一组黑白相间的条纹，这种条纹由若干个黑色的"条"和白色的"空"的单元所组成。其中，黑色条对光的反射率低，而白色的空对光的反射率高，再加上条与空的宽度不同，就能使扫描光线产生不同的反射接受效果，在光电转换设备上转换成不同的电脉冲，便形成了可以传输的电子信息。由于光的运动速度极快，所以，可以准确无误地对运动中的条形码予以识别。

条形码技术是为实现对信息的自动扫描而设计的，是一种对物流中的物品进行核识和描述的方法，借助自动识别技术，是实现 POS 系统、EDI 等技术的基础。

条形码技术的特点如下：

1）简单。条码符号制作容易，扫描操作简单易行。

2）信息采集速度快。普通计算机的键盘录入速度是 200 字符/min，而利用条码扫描录入信息的速度是键盘录入的 20 倍。

3）采集信息量大。利用条码扫描，一次可采集几十位字符的信息，而且可以通过选择不同码制的条形码增加字符密度，使录入的信息量成倍增加。

4）可靠性高。键盘录入数据，出错率约为 1/3000，利用光学字符识别技术，出错率约为 1/10000，而采用条形码扫描录入方式，误码率仅有 1/1000000，首读率可以达到98%以上。

5）设备结构简单，成本低。

（2）条码的类型及选用

1）条形码的类型。条形码种类很多，大致可分为以下几类：

① 按材料不同，可分为纸质条形码、金属条形码和纤维织物条形码。

② 按条形码有无字符符号间隔，可分为连续型条码和非连续型条码两种。

③ 按字符符号个数固定与否，可分为定长条码（如 UPC 码、EAN 码等）和非定长条码（如三九条码、库德巴条码等）两种。

④ 按扫描起点划分不同，可分为双向条码和单项条码。双向条码是起始符和终止符两端均可作为扫描起点的条码（如三九条码、库德巴条码）；单项条码是扫描起点在起始符的条码。

⑤ 按条码的码制不同，可分为 UPC 码、ENA 码、三九码、库德巴码、二五码、交叉二五码、11 码、四九码、ENA-128 码等几十种。

⑥ 按条形码形成的空间不同，可分为一维条码、二维条码和复合码。由于一维条码信息密度小，需要占用较大面积等缺点，二维条码作为一种新的信息存储和传递技术从诞生之时起就受到国际社会的广泛关注。经过几年的努力，现已经应用在国防、公共安全、交通运输、医疗保健、工业、商业、金融、海关及政府管理等多个领域。

2）条形码的选用。目前国际上通用和公认的条形码有三类：ITF-14、UCC/EAN-128 条形码和 EAN-13 条形码。

① 选用条形码时，要根据货物和商品包装的不同，采用不同的条形码制。单个大件商品，如电视机、电冰箱、洗衣机等商品的包装箱往往采用 EAN-13 条形码；储运包装箱常采用 ITF-14 条形码或 UCC/EAN-128 应用标识条形码。包装箱内可以是单一或多件小包装商品，也可以是不同的商品。

② EAN-13 条形码是企业最常用的商品条形码，它是由 13 位数字码及相应的条形码符号组成的。在较小的商品上也可以采用 8 位数字码及其相应的条形码符号。EAN-13 条形码一般是由四部分构成的：前缀码，它由三位数字组成，是国家的代码，我国为 690，是国际物品编码会统一决定的；制造厂商代码，它由四位数字组成，我国物品编码中心统一分配并统一注册，一厂一码；商品代码，它由五位数字组成，表示每个制造厂商的商品，由厂商确定，可标识 10 万种商品；检验码，它由一位数字组成，用以校验前面各码的正误。

（3）条码的识别技术设备

1）条形码自动识别系统。条形码识别采用各种光电扫描设备，扫描器作为一种快速输入设备，大体上可分为接触式、非接触式、手持式和固定式扫描器等。目前，常用的扫描器有光笔扫描器、台式扫描器、手持式扫描器和激光快速扫描器。

2）条形码识别设备的选择。

① 光笔条形码扫描器。光笔条形码扫描器是一种轻便的条形码读入装置。在光笔内部有扫描光束发生器及反射光接收器，笔头装有发光元件。扫描方式为：手持笔式扫描器以一定的速度在条码符号上从左向右或从右向左移动笔式扫描器进行读取。这种扫描器在阅读条码信息时，扫描器与待识读的条码接触或离开一个极短的距离（一般为 0.2～1mm 左右）。光笔扫描器的优点是成本低、耗电低、耐用，可读较长的条码符号；缺点是光笔对条码有一定的破坏性。目前已逐渐被 CCD 所取代。

② 手持式扫描器。手持式扫描器具有小型方便使用的特点。扫描器内部一般都装有控制扫描光束的自动扫描装置。阅读条形码时不需要与条码接触，只需将读取头接近或轻触条码即可进行自动读取。因此，对条码标签没有损伤。扫描头与条形码标签的距离短的在 0～20mm 范围内，长的可达到 500mm 左右。手持式扫描器具有以下优点：不需移动即可进行自动扫描，读取条码信息；条码符号缺损对扫描器识读的影响很小；弯曲面（30 度以内）商品的条码也能读取；扫描速度 30～100 次/秒，读取速度快。它与其他条码扫描器相比，具有体积小、耗电省、价格便宜等优点。

③ 台式扫描器。台式扫描器适用于不方便使用手持式扫描器的场合。台式扫描器的用途很广，一般固定安装在某一位置上，用来识读在某一范围内出现或通过的条码符号。台式扫描器可以用于超级市场 POS 系统，对有条码标签的商品进行全方位扫描；或安装在工厂生产自动流水线传送带旁的某一个固定位置，对经过的待测物体进行扫

描，从而对自动化流水线进行控制。

④ 激光扫描器：激光扫描器最大的优点是扫描光照强，可远距离扫描；扫描景深长；扫描速度快。扫描器内部光学系统可以单光转变成十字光或米字光，从而保证被测条码从多个不同角度进入扫描范围时都可以被识读。

2. 条形码技术在物流中的应用

条形码技术在物流中有较广泛的应用，主要在以下几个方面：

1）销售信息（point of sales，POS）系统。POS系统是一个商业销售点实时系统，该系统以条码为手段、计算机为中心，实现对商店的进、销、存的管理，快速反馈进、销、存各个环节的信息。在商品上贴上条码就能快速、准确地利用计算机进行销售和配送管理。其过程为，对销售商品进行结算时，通过光电扫描读取并将信息输入计算机，然后输进收款机，收款后开出收据。同时通过计算机处理，掌握进、销、存的数据。

2）库存系统。在库存物资上应用条形码技术时，尤其是规格包装、集装、托盘货物上，入库时自动扫描并输入计算机，由计算机处理后形成库存的信息，并输出入库区位、货架、货位的指令，出库程序则和POS系统条形码应用相同。

3）分拣配货系统。在商品配送时，需要快速处理大量的货物，在传统的作业流程中，分拣、配货要占全部所用劳力的60%，且容易发生差错。在分拣、配货中应用条码，能使拣货迅速、正确，并提高作业效率。条码配合计算机应用于作业流程管理中，不仅有助于提高作业的自动化水平和作业效率，也有利于提升配送中心的竞争力。

此外，条码技术还广泛应用于交通管理、金融文件管理、商业文件管理、病例管理、血库血液管理以及各种分类技术方面。条码技术作为数据标识和数据自动输入的一种手段已被人们广泛利用，渗透到计算机管理的各个领域。

 社会实践建议

在指导老师的组织下，到企业实地了解申请物品条码的途径和方法。

3. 电子数据交换（EDI）技术

EDI技术是企业间业务往来的商业交易资料用标准的格式以电子方式在计算机之间自动进行的传递，并按照国际统一的语法规则对报文进行处理。EDI是随着网络技术及数据库技术的发展，企业信息系统日趋成熟而产生的用于商务管理的新技术。由于使用EDI能有效地减少甚至消除贸易中的纸面文件，因而EDI也被俗称为"无纸贸易"，这种无纸化的贸易被誉为一场"结构性的商业革命"。

（1）EDI的含义及特点

1）EDI的含义。EDI是指按照统一规定的一套通用标准格式，将标准的经济信息通过网络传输，在贸易伙伴的电子计算机系统之间进行数据交换和自动处理。它是实现信息交换的有效手段，其目的在于利用现有的计算机及通信网络资源，提高贸易伙伴之间的通信效率，降低成本。

2）EDI 的特点。EDI 的特点主要有以下几个方面：

① 提高处理速度及运作效率。EDI 与邮寄（或其他形式的实际传递）有关的时间延迟被消除了。在全球范围内发送一份电子单证最快只需几秒钟。由于数据通过电子网络传输，订单能更快地被接收，发票能在更短的时间内投递，数据能立即进行处理。采用 EDI 之后，订购、制造和货运之间的周期被大大缩短，减少了库存开销。EDI 同时也是一种改善对客户服务的手段，它巩固了 EDI 贸易伙伴之间的市场和分销关系，提高了办事效率，加快了对客户需求的反应。

② 提高准确性及减少错误。商业文件中的一个错误可能要付出很大的代价，订单遗失也会给企业带来损失。EDI 的使用减少了数据重新输入及抄写，意味着更准确的数据，实现了数据标准化及计算机自动识别和处理，消除了人工干预和错误。EDI 软件一般具有编辑查错功能，一些信息源上的数据输入错误可以很早就被发现，加上 EDI 在收到信息后就会回发给信息发送者一份收到通知，这就可以及时发现漏发信息或信息中途遗失的情况。虽然 EDI 不能消除所有的错误，但它确实可以更早，并且用更少的代价去改变错误。

③ 降低成本。EDI 的一个重要特征便是它把有关文件的数据，以机器可以处理的形式，由计算机网络来传送，而不必像纸质文件那样需要手工处理。由于 EDI 系统中的各种文件是用电子的形式传送及储存的，因此极大地节省了纸张费用，去除了对纸质文件的打印、审核、修改、邮寄等花费。同时 EDI 系统还减少了电话、传真、电传的费用，降低了成本。

（2）EDI 的结构

EDI 主要由三个部分组成：EDI 标准、EDI 软件硬件及通信网络。实现 EDI 需要相应的软件和硬件，EDI 软件将用户数据库系统中的信息翻译成 EDI 的标准格式，以供传输和交换。通信网络是实现传输和交换的必要条件。同时 EDI 需要标准的数据格式。

1）EDI 数据标准化。在电子报文系统中，实现互通的关键是将电子票据格式标准化。EDI 标准是指报文在国际网络与多个系统之间传递的标准协议。主要包括 EDI 行业标准、EDI 处理标准、EDI 报文标准和 EDI 数据通信标准。目前国际上有关 EDI 的标准主要有两个：EDI 报文标准和 EDI 数据通信标准，即 EDI 通信协议是建立在同种通信协议之上，以保证各类用户之间的互联。

2）EDI 软硬件。EDI 的软件和硬件包括以下方面：

① EDI 软件具有将用户数据库中的信息，转换成 EDI 的标准格式以供传输和交换。

虽然 EDI 标准具有足够的灵活性，可以适应不同行业的需求，但每个公司有其自己规定的信息格式，当需要发送 EDI 电文时，必须用某些方法从公司的专用数据库中提取信息，并把它翻译成 EDI 标准格式进行传输，这就需要 EDI 软件来完成。EDI 软件可分为转换软件、翻译软件和通信软件三类。

② EDI 所需的硬件设备。EDI 所需的硬件设备有：计算机、调制解调器（modem）及电话线。

③ 通信网络。通信网络是实现 EDI 的主要手段，一般采用的通信线路是电话线路。如果对传输的实效性和传输量有较高要求，则可以考虑租用专线。EDI 通信的方式主要有两种：一是直接通信方式。二是通过第三方网络进行通信。直接通信方式主要用于贸易伙伴数量较少的情况，随着贸易伙伴数量的增多，各贸易企业由于所使用的计算机厂家不同，通信协议不同及工作时间相异等问题，会造成双方通信的巨大障碍，采用第三方网络就可以克服这些障碍，它类似邮局，为双方维护邮箱，并提供存储传送、记忆保管、通信协议转换、格式转换、安全管制等功能。通过增值网络，可大幅降低相互传递资料的复杂程度和困难度，从而大大提高 EDI 效率。

（3）EDI 技术在物流中的应用

EDI 技术是现代物流的重要发展方向，是将商业或行政事务处理，按照一个公认的标准，形成结构化的处理或报文数据格式，再从计算机到计算机的数据传输方法。实现物流中所用的电子数据交换主要是应用于单证的传递、货物送达的确认等。

1）物流企业使用 EDI 的三个前提条件。物流企业和供应商、零售商都拥有 EDI 信息系统、都有计算机化的记录、它们之间建立了电子数据交换的伙伴关系。

2）EDI 系统可处理的物流单证类型：

① 运输单证。运输单证包括提单、订仓确认书、多式联运单证、货物运输数据、铁路发货通知单、运单、空运单、联运提单、货物仓单、装货清单、集装箱装货单和到货通知单。

② 贸易单证。贸易单证包括订单、发票、装箱单、尺码单和装船通知。

③ 海关单证。海关单证包括报关单、海关发票、海关转运报关单、海关放行通知等。

④ 检验检疫证单及其他单证。

4. 全球卫星定位系统（GPS）

（1）GPS 的组成

全球卫星定位系统整体运作上由太空部分（GPS 卫星）、控制部分（地面监控部分）和用户部分（GPS 接收机）三个部分组成。

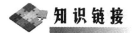 知识链接

全球卫星定位系统的由来

GPS 是英文 global positioning system 的缩写，意即全球定位系统。原是美国国防部为其"星球大战"计划投资 100 多亿美元而建立的。其作用是为美国军方在全球的舰船、飞机导航并指挥陆军作战。它是利用卫星星座、地面控制部分和信号接收机对对象进行动态定位的系统。由于 GPS 能对静态、动态对象进行动态空间消息的获取，快速、精度均匀、不受天气和时间的限制反馈空间消息，因此 GPS 广泛应用于船舶和飞机导航、对地面固定目标和移动目标的精确定时和精密定位、地面及空中交通管制、空间与地面灾害监测、地质测绘等。在物流领域，GPS 技术可以应用于汽车自动定位、跟踪调度，用于船队的最佳航程和安全航线的测定、铁路运输管理、空中和机场交通管理以及军事物资等。

1）太空部分。按目前的方案，全球定位系统的空间部分使用 24 颗高度约 2 万千米的卫星组成卫星星座，由 21 颗卫星和三颗在轨备用卫星组成。

2）控制部分。地面控制部分是整个系统的中枢，由美国国防部 JPO 管理，它由分布在全球的一个主控站、三个信息注入站和五个监测站组成。

3）用户部分。用户部分主要由以无线电传感和计算机技术支撑的 GPS 卫星接收机、GPS 数据处理软件和用户设备构成。它的作用是接收 GPS 卫星所发出的信号，利用这些信号进行导航定位等工作。

（2）GPS 在物流中的应用

随着我国物流业的发展，物流在现代经济发展中发挥着越来越大的作用。在物品从供应地向接受地的流动过程中，经常要涉及到物品的仓储、运输、配送等环节，传统的货物运输过程是一个暗箱，调度中心无法获得运输车辆的准确位置。GPS 技术在物流中的应用使暗箱现象消失，整个运输过程透明化。

1）GPS 在货物运输系统中的应用。车辆 GPS 定位管理系统有车载 GPS 自主定位，结合无线通信系统，对车辆进行定位和调度管理。具体构造和原理如下：在运输车辆上装有卫星通信天线、GPS 接收器及车载信息终端。GPS 接收机实时定位并将实时位置信息在车载信息终端上显示出来，同时，通过无线通信系统把车辆实时位置信息和运输状况发向监控中心。监控中心通过对各种信息进行综合分析后，发送调度指挥命令，在车载信息终端上显示或发出语音。

2）网络 GPS 在物流中的应用。

① 实时监控。在任意时刻通过发出指令查询运输工具所在的地理位置，并在电子地图上显示出来。

② 车辆导航。通过通信或图示为装有 GPS 接收终端的车辆进行导航服务，车载导

航器可以接收到堵车信息、道路向导及停车场信息等，驾驶员可以回避堵车，选择最佳路线，以便准时送货。

③ 动态调度。调度人员能在任意时刻通过调度中心发出文字调度指令，并得到确认信息。可进行运输工具待命计划管理和运输管理。运输工具待命计划管理是指操作人员通过在途信息的反馈，在运输工具未返回车队前即做好待命计划，可提前下达运输任务，减少等待时间，加快运输工具的周转速度。

④ 双向通信。网络 GPS 用户可以使用 GSM 的语音功能与司机进行通话或使用本系统安装在运输工具上的移动设备的汉字液晶显示器进行汉字消息收发对话。驾驶员通过按下相应的服务、动作键，将该信息反馈到网络 GPS，质量监督员可在网络 GPS 工作站的显示屏上确认其工作的正确性，了解并控制整个运输作业的准确性。

⑤ 进行数据存储、分析。实现路线规划和路线优化，事先规划车辆的运行路线、运行区域，并将该信息记录在数据库中，以备查询、分析使用。

5. 地理信息系统（GIS）

（1）地理信息系统的概念及类型

1）GIS 的概念。GIS 是 20 世纪 60 年代开始迅速发展起来的以计算机为基础的地理学研究技术，是多种学科交叉的产物。

地理信息系统是以地理空间数据库为基础，采用地理摸索分析方法，集遥感应用、数据统计分析、地理学专家分析和计算机制图为一体，适时提供多种空间的和动态的地理信息，为相关地理研究和地理决策服务的计算机技术系统。地理信息系统可以对空间数据按地理坐标或空间位置进行各种处理、对数据的有效管理、研究各种空间实体及相互关系。通过对多种因素的综合分析，它可以迅速地获取满足应用需要的信息，并能以地图、图形或数据的形式表示处理的结果。

2）GIS 的类型。地理信息系统按其应用功能划分，包含专题地理信息系统、区域性地理信息系统和综合性地理信息系统；按使用对象来划分，有应用于政府部门的公用事物 GIS 和应用于企业部门的商业 GIS 两类。

（2）GIS 的特点

1）进行空间查询和分析。地理信息系统可以对空间数据进行快速搜索和具有复杂的查询能力。并将空间和属性信息有机地结合起来，从空间和属性两个方面对实现对象进行查询、检索和分析，将结果以各种直观的形式准确、形象地表达出来。

2）提高系统集成能力。采用 GIS 可最大限度地对机构的信息资源加以利用，GIS 通过地理相关性将不同数据集成在一起，使部门间、个人和企业的数据共享及交流成为可能，从而提高数据的利用价值，降低拥有成本，共享成果。

3）辅助决策。数据集成，空间分析、可视化表达广泛应用于区域综合治理、宏观规划。GIS 拥有快速有效的信息获取、加工处理手段。通过地理信息系统可以对跨地域的资源数据进行观察、探索，揭示其中隐含的模式、发现内在的联系和发展趋势，而这些在统计资料和图表里并不是很直观地表示出来的。

4）自动制图。GIS 系统可以将不同地区某一指标的比较结果，以颜色、柱状图、饼图、点密度图等多种方式反映在地图上。图件在 GIS 中占有重要的一席之地。GIS 的制图方法比传统的人工或自动绘图方法要灵活得多，它开始于数据库的创建。已经存在的纸张图件可以进行数字化，并可以把计算机兼容的信息转换到 GIS 中。以 GIS 为基础的图形数据库是可以延续的，比例尺也不受限制。图件可以以任何地点为中心，比例尺任意，使用突出效果的特殊字符有效地显示所选择的信息。

（3）GIS 在物流中的应用

在全球化协作的商业时代，85%以上的企业决策数据与空间位置相关，例如，客户的分布、市场的地域分布、原料运输、跨国生产、跨国销售等。传统的方法缺乏直观性和决策的可视化，而 GIS 能够帮助人们进行空间可视化分析，实现数据可视化、地理分析与主流商业应用的有机集成，从而满足企业决策多维性的要求。物流主要是指物体在空间和时间上的活动，对空间数据有很大的依赖性。传统的物流信息系统的数据是非空间数据，无法对空间数据进行管理，更谈不上分析了。把 GIS 应用于物流管理中，可以实现车辆定位、路线分析、最短路线设计及无线通信技术等相结合，可实现汽车和自动搬运车的无人驾驶。

> 想一想：
>
> 1. 什么是条形码？它的特点是什么？
>
> 2. 如何理解条形码技术在物流中的应用？
>
> 3. 什么是 EDI 技术？
>
> 4. 什么是 GPS 系统？如何理解其在物流中的应用？
>
> 5. 什么是 GIS 系统？

完整的 GIS 物流分析软件集成了车辆路线模型、最短路径模型、网络物流模型、分配集合物流模型和设施定位模型。

5.3.3 企业自动化物流系统

1. 企业自动化物流系统的含义

企业自动化物流系统是信息化的物流系统，是集光机电信息技术为一体的系统工程，适应企业单机自动化、过程自动化、物流自动化、企业信息化，是能够适应信息、物流、商流的集成和分流，适应电子商务，适应发达工业社会和知识经济时代特征的自动化物流系统。它的目标和作用是增强快速反应能力，增强创新能力和竞争能力、提高效益和质量。

2. 企业自动化物流系统包括的内容

企业自动化物流系统主要包括：自动化立体仓库系统、自动输送系统、自动导引搬

想一想：
　企业的自动化物流系统涉及到哪些方面？

运车系统（AGVS）、机器人作业系统、自动控制系统、消防自动报警喷水灭火系统、实时监控系统、计算机模拟仿真系统及计算机集成管理系统等。它可使各种物料或货物最合理、最经济、最有效的流动，并使物流、信息流、商流在计算机的集成控制管理下，实现物流的自动化、智能化、快捷化、网络化、信息化。它是众多高技术的集成工程，涉及的领域有巷道堆垛机等物流设备技术、条码技术、模拟仿真、图像识别、网络通讯、数据库系统、数据采集、实时监控、无线通讯、激光定位、激光导引、电磁导引、惯性导航、机器人技术等。自动化物流系统广泛应用于生产、流通以及国民经济的各个领域。

5.4　电子商务与现代物流

电子商务带来了物流的巨大需求，加快了物流现代化的步伐，而现代化的物流是电子商务发展的关键环节，没有现代化的物流，电子商务与传统商务相比就没有优势。因此，电子商务与现代物流两者相互依存，共同发展。

5.4.1　电子商务概述

1. 电子商务的定义

关于电子商务到目前为止还未形成一个统一的定义。各国政府、学者、企业界人士都根据自己所处的地位和对电子商务的参与程度而给出了许多表述不同的定义。

在此仅介绍两个比较有影响的定义。一是世界电子商务会议关于电子商务的定义。1997年11月6～7日，国际商会在法国首都巴黎举行了世界电子商务会议。全世界商业、信息技术、法律等领域的专家和政府部门的代表，共同探讨了电子商务的定义问题。他们认为，电子商务是指实现整个贸易活动的电子化。从涵盖的范围方面可以定义为交易各方以电子交易方式而不是通过当面交换或直接面谈方式进行的任何形式的商业交易；从技术方面可以定义为电子商务是一种多技术的集合体，包括交换数据（如电子数据交换、电子邮件）、获得数据（如共享数据库、电子公告牌）以及自动捕获数据（如条形码）等。这是迄今为止电子商务最具有权威的定义。二是美国最著名的 IBM 公司给出的电子商务定义：电子商务是指采用数字化电子方式进行商务数据交换和开展商务业务的活动。

2. 电子商务的运行特征

电子商务之所以得到广泛的运用，在于它相对于传统的商务活动运动有许多特征和优点。

（1）交易虚拟化

电子商务通过 Internet 为代表的计算机网络进行交易，贸易双方从贸易磋商、签订合同到资金支付等，无需当面进行，均通过计算机互联网络完成，整个交易过程完全虚拟化，对卖方来说，可以利用网络管理机构中申请域名、制作自己的主页，让产品的信息上网。电子商务通过虚拟现实等新技术的发展，使买方能够根据自己的需求选择广告，并将信息反馈给卖方。通过信息的相互交流，签订电子合同、完成交易、并进行电子支付。整个交易都在网络这个虚拟的环境中进行。

（2）交易透明化

电子商务交易的双方从洽谈、签约、货款的支付以及交货通知等整个交易过程都在网络上进行。通畅快捷的信息传递可以保证各种信息之间相互核对，可以防止伪造信息的流通。例如，在典型的许可证 EDI 系统中，由于加强了发证单位和验证单位的通信、核对，所以假的许可证就不易漏网。海关 EDI 也帮助杜绝边境的假出口、骗退税等假行径。

（3）交易效率化

由于电子商务的互联网贸易中的商业报文标准化，使商业报文能在世界各地瞬间完成传递与自动处理活动。而传统的贸易方式用信件、电话、传真传递信息，必须有人的参与，每个环节都要花费不少的时间。有时由于人员合作和工作作息等问题，会延误传输失去最佳商机。电子商务克服了传统贸易方式的不足，极大地缩短了交易的时间，使整个交易非常快捷与方便。

（4）交易成本低

电子商务使买卖双方的交易成本大大降低，具体表现在以下几个方面：

① 买卖双方通过网络进行商务活动，无须中介者参加，减少了交易的有关环节。

② 卖方可通过互联网进行产品介绍、宣传，避免了在传统方式下做广告、发印刷品等大量的费用。

③ 电子商务实行"无纸贸易"，可减少文件处理费用。

④ 信息传递在网上进行，其成本相对于信件、电话、传真更低。

⑤ 互联网使得买卖双方即时沟通供需信息，使无库存生产和无库存销售成为可能，从而使库存成本可以降为零。

⑥ 通过互联网把公司总部、代理商以及分布在其他国家的子公司、分公司联系在一起。及时地对各地市场做出反应，即时生产，采用高效快捷的配送公司提供交货服务，从而降低成本。

⑦ 传统的贸易平台是地面店铺，而电子商务平台是网吧和办公室。

3. 电子商务的条件

（1）电子商务的必要条件

1）掌握现代信息技术及商务管理与实务的人才。电子商务是人与电子工具交合的有机系统，而人是起决定作用的关键条件；电子商务是现代高科技的结晶，要保证系统硬件的安全、可靠的运行，没有一批高技术人才是办不到的；电子商务活动是商务活动与现代电子技术的有机结合，都必须需要既懂商务理论与实践、又懂电子应用的复合型人才。

2）电子通讯工具的现代化。电子商务的开展要依赖于电子通讯工具，电子通讯网络的支持。

3）电子商务软件的开发。电子商务软件是指提供管理者、使用者使用标准化、安全、可靠、易操作的计算机软件。

4）商品信息化。所谓商品信息化是指将商品的各种特征、属性信息化，用一组数据，如：大件类、品名、规格、型号、单价、厂家、品牌、使用说明、使用期限等来描述，还可以用图形、图像、声音、等多媒体等来描述。如果没有商品信息化，就不可能进行互联网上的商品信息传递，就不可能开展真正的电子商务活动。

（2）电子商务的充分条件

必要条件具备了就可以开展电子商务工作。但要很好地开展电子商务活动还必须具备一些充分条件。

1）商品信息标准化。商品信息的规范化和标准化的数据格式，便于收、发双方理解和认可，这样才不至于发生误解或双方理解不一致，才便于商品信息的使用、统计，使管理者口径一致，做好各方面的工作。

2）商品交易规范化。电子商务的规范化要比人工商务规范化要求高得多。这是因为电子商务速度快、实效强、交易时间大大缩短，买卖双方一旦做出决定后即需确认，确认后不允许后悔，故交易的规范显得尤为重要。电子商务的透明性，也要求建立健全规程，否则交易者容易出现失误和出现混乱及交易中的纠纷。

想一想：
1.如何理解电子商务的概念？
2.电子商务的运行特征是什么？

3）安全保证必须令人信服。网上交易安全性是一个至关重要的问题。要做到安全应满足以下几方面：交易双方身份的确认；保证信息在网上传输过程中未被篡改；保证敏感信息的隐私权；确信买方不能假称已经支付或卖方假称未支付等。

以上电子商务的必要条件和充要条件奠定了电子商务开展的基础。

5.4.2 电子商务与物流的关系

电子商务将给人类带来一次史无前例的产业革命，这场革命的结果是将人类真正带入信息社会。然而，在电子商务的发展过程中，人们发现作为支持有形商品网上商务活动的物流，不仅已成为有形商品网上商务活动的一个障碍，而且也已成为有形商品网上商务活动能否顺利进行的一个关键因素。

1. 物流是电子商务的重要组成部分

电子商务的本质是商务，商务的核心内容是商品的交易，而商品交易会涉及到四方面：商品所有权的转移，货币的支付，有关信息的获取与应用，商品本身的转交。即商流、资金流、信息流、物流。其中信息流既包括商品信息的提供、促销行销、技术支持、售后服务等内容，也包括诸如询价单、报价单、付款通知单、转账通知单等商业贸易单证，还包括交易方的支付能力、支付信誉等。商流是指商品在购、销之间进行交易和商品所有权转移的运动过程，具体是指商品交易的一系列活动。资金流主要是指资金的转移过程，包括付款、转账等过程。在电子商务环境下，这四个部分都与传统情况有所不同。商流、资金流与信息流这三种流的处理都可以通过计算机和网络通信设备实现。物流，作为四流中最为特殊的一种，是指物质实体的流动过程，具体指运输、储存、配送、装卸、保管、物流信息管理等各种活动。对于少数商品和服务来说，可以直接通过网络传输的方式进行配送，如各种电子出版物、信息咨询服务等。而对于大多数商品和服务来说，物流仍要经由物理方式传输。

2. 物流是实现电子商务的保证

物流作为电子商务的重要组成部分是实现电子商务的重要保证。离开了现代物流，电子商务过程就不完善。

（1）物流保证生产的顺利进行

无论在传统的贸易方式下，还是在电子商务下，生产都是商品流通之本，而生产的顺利进行需要各类物流活动的支持。生产的全过程从原料的采购开始，便要求有相应的供应物流活动将所采购的材料到位，否则，生产就难以进行；在生产的各工艺流程之间，也需要有原材料、半成品的物流过程，即所谓的生产物流，以实现生产的流动性；部分余料、可重复利用的物资的回收，也需要所谓的回收物流；废弃物的处理需要废弃物物流。相反，缺少了现代化的物流，生产将难以顺利进行，无论电子商务是多么便捷的贸易形式，仍将是无米之炊。

（2）物流服务于商流

在商业活动中，商品所有权在购销合同签订的同时，便由供方转移到了需方，而商品实体并没有因此而到达需方。在电子商务条件下，顾客通过网络购物，完成了商品所有权的交割过程，但电子商务活动并未结束，只有商品和服务真正到达顾客手中，商务活动才告终结。在整个电子商务中，物流实际上是以商流的后续者和服务者的姿态出现的。没有现代化的物流，轻松的商务活动只会退化为一纸空文。

（3）物流是实现以"顾客为中心"理念的根本保证

电子商务的出现，极大地方便了最终消费者。他们不必到拥挤的商业街挑选自己所

想一想：
试分析电子商务与物流的关系。

需的商品，而只要坐在家里，上网浏览、查看、挑选，就可以完成购物活动。但试想，他们所购商品迟迟不能到货，抑或商家送货非自己所购，那消费者还会上网购物吗？物流是电子商务实现以顾客为中心理念的最终保证，缺少现代化物流技术与管理，电子商务给消费者带来的便捷等于零，消费者必然会转向他们认为更为可靠的传统购物的方式上。

5.4.3 电子商务的应用

1. 我国电子商务与物流的发展战略

随着我国加入 WTO，外国物流企业将涌入中国市场，这将给我国的物流业带来很大的竞争压力。能否形成完善的社会电子化物流体系将直接关系到我国物流业在国际竞争中的胜败，也会影响到我国网络企业在产品的价格、交货、服务等方面是否拥有竞争优势。为此，必须制定可行措施和有力对策，缩小与发达国家物流业之间的差距，满足我国电子商务发展的需要。

（1）必须提高全社会对电子商务物流的认识

要把电子商务与电子商务物流放在一起进行宣传，电子商务是商业领域内的一次革命，而电子商务物流则是物流领域内的一次革命。要改变过去那种重商流、轻物流的思想，把物流提升到竞争战略的地位，把发展社会电子化物流系统安排到日程上来。

（2）国家与企业共同参与，共建电子化物流系统

形成全社会的电子化物流系统，需要政府和企业共同出资，政府要在高速公路及铁路、航空、信息网络等方面投入大量资金，以保证交通流和信息流的通畅，形成一个覆盖全社会的交通网络和信息网络，为发展电子商务物流提供良好的社会环境。物流企业要投资于现代物流技术，要通过信息网络和物流网络，为客户提供快捷的服务，提高竞争力。要吸引更多的制造企业和商业企业上网，通过上网提高企业的竞争力和盈利水平，促进电子商务的发展，从而促进电子商务物流的发展。

（3）结合我国的实际情况，多方面吸取经验

我们可以吸取别国物流管理研究的成果，向电子商务物流发达的国家学习，鼓励理论界和实务界研究电子商务物流中的难题，少走弯路，尽量走捷径，加快我国电子商务物流的发展步伐。

（4）加强电子商务物流人才的培养

电子商务物流人才是一种复合型的高级人才，这种人才既懂电子商务，又懂物流；既懂技术，又懂管理。一方面，可以引进电子商务物流人才；另一方面，可以把有潜力的人才派出去学习。

2. 电子商务物流业的发展趋势

电子商务时代，由于企业销售范围的扩大，企业和商业销售方式及最终消费者购买方式的转变，使得物流业的发展有了广阔的前景。

（1）多功能化是现代物流业的发展方向

在电子商务时代，物流发展到集约化阶段，一体化的配送中心不单单提供仓储和运输服务，还必须开展配货、配送和各种提高附加值的流通加工服务项目，也可按客户的需要提供其他服务。现代物流业的发展，使未来的产业分工更加精细，产销分工日趋专业化，大大提高了社会的整体生产力和经济效益，使现代物流业成为整个国民经济活动的中心。

（2）优质服务是现代物流业追求的目标

在电子商务下，现代物流业是介于供货方和购货方之间的第三方，是以服务作为第一宗旨。从当前物流的现状来看，物流企业不仅要为本地区服务，而且还要进行长距离的服务。因为客户不但希望得到很好的服务，而且希望服务点不是一处，而是多处。因此，如何提供服务的高质量便成了物流企业管理的中心课题。

（3）信息化是现代物流业的发展之路

在电子商务时代，要提供最佳的服务，物流系统必须要有良好的信息处理和传输系统。良好的信息系统能提供及时的信息服务，帮助了解客户在想什么、需要什么，以赢得客户的信赖。在电子商务环境下，由于全球经济的一体化趋势，当前的物流业正向全球化、信息化、一体化发展。商品与生产要素在全球范围内以空前的速度自由流动。EDI（无纸贸易）与 Internet 的应用，使物流效率的提高更多地取决于信息管理技术；电子计算机的普遍应用提供了更多的需求和库存信息，提高了信息管理科学化水平，使产品流动更加容易和迅速。物流信息化，包括商品代码和数据库的建立，运输网络合理化、销售网络系统化和物流中心管理电子化建设等等，目前还有很多工作有待实施。可以说，没有现代化的信息管理，就没有现代化的物流。

（4）全球化是现代物流业的竞争趋势

20 世纪 90 年代早期，由于电子商务的出现，加速了全球经济的一体化，致使物流企业的发展达到了多国化。它从许多不同的国家收集所需要资源，再加工后向各国出口。随着我国加入 WTO 融入世界经济的大潮，越来越多的外国企业登陆我国，同时，越来越多的国内知名企业走向世界，这都必将涉及物流配送的问题。例如，海尔物流近年来得到了迅速的发展。全球化战略的趋势，使物流企业和生产企业更紧密地联系在一起，形成了社会大分工。生产厂集中精力制造产品、降低成本、创造价值；物流企业则花费大量时间、精力从事物流服务。物流企业的满足需求系统比原来更进一步了。

3. 现阶段物流行业不能满足电子商务发展的主要原因

（1）物流的配送方面的人才短缺

国外物流和配送的教育和培训非常发达，形成了比较合理的物流和配送人才的教育培训系统。相比较而言，我国在物流和配送方面的教育还非常落后，在高等院校中设物流专业和课程的仅有 10 所左右，仅占中国全部高等院校的 1%；研究生层次教育刚刚开始起步；博士生方面远未开始；职业教育更加贫乏，通过委托培训方式培训员工的企业也不多见。

（2）物流和配送发展所需的制度环境还有待进一步深化

制度环境主要是指融资制度、产权转让制度、人力使用制度、市场准入或退出制度、社会保障制度等。企业在改善自身物流效率时，必须要涉及到各种物流资源在企业内部和企业与市场之间重新配置。而由于上述制度改革尚未到位，企业根据经济合理原则对物流资源的再配置就会受阻碍。

4. 我国发展电子商务物流的思路

（1）自己组建物流公司

因为国内的物流公司大多是由传统的储运公司转变过来的，还不能真正满足电子商务的物流需求，因此，今后将会有一批为电子商务服务的物流公司组建成立。因为电子商务的信息业务与物流业务是截然不同的两种业务，企业必须对跨行业经营产生的风险进行严格的评估，新组建的物流公司必需按照物流的要求来运作才有可能成功。

（2）外包给专业物流公司

将物流外包给第三方物流公司是跨国公司管理物流的通行作法。按照供应链的理论，将不是自己核心业务的业务外包给从事该业务的专业公司去做，这样从原材料供应到生产，再到产品的销售等各个环节的各种职能，都是由在某一领域具有专长或核心竞争力的专业公司互相协调和配合来完成，这样所形成的供应链具有最大的竞争力。可以认为，将物流、配送业务外包给第三方是电子商务经营者组织物流的可行方案。

（3）第四方物流的发展

随着我国近年来的发展，一些有志之士们把目光都投向了中国的物流，目前我国的物流公司已经达到供大于求的地步，于是有人提出，必须有人来管理和第三方提供商的关系。前不久又出来了一个概念——第四方物流。

第四方物流其实是一个供应链的集成商，由他来整合社会的资源，达到物流信息的充分共享，在网络经济的今天，第四方物流不是更大规模的物流公司，他是通过国际互联网建立网络信息平台，实现及时、高效、广泛的信息传递，达到资源的共享，同时又减少了交易的成本，又使得所有物流资源得到了合理的配置。其产生有其自身的必然性。

想一想：
1. 我国电子商务的发展情况如何？
2. 现阶段物流行业不能满足电子商务发展的主要原因？
3. 我国发展电子商务中，物流的思路是什么？

虽然说我国电子商务物流具有很好的发展前景，但机遇和挑战同在。随着我国加入WTO，外国物流企业将涌入中国市场，这将给我国的物流业带来很大的竞争压力。能否形成完善的社会电子化物流体系将直接关系到我国物流业在国际竞争中的胜败，也会影响到我国网络企业在产品的价格、交货、服务等方面是否拥有竞争优势。为此，必须制定可行措施和有力对策，缩小与发展达国家物流业之间的差距，满足我国电子商务发展的需要。

经 典 案 例

案例一　沃尔玛物流体系及运作

2000 年，沃尔玛以 1900 亿美元的销售额第一次超出通用公司，成为全球 500 强第一位，世界经济也从制造业为王的年代，进入了零售为王的新纪元。沃尔玛的成功，不仅有其在经营理念、运作方式等方面的因素，物流的成功也是其不可或缺的原因。沃尔玛前任总裁大卫·格拉斯曾说过："配送设施是沃尔玛成功的关键之一，如果说我们有什么比别人干得好的话，那就是配送中心。"正是有了灵活、高效的物流配送系统，才使得沃尔玛达到最大销售量和低成本的存货周转的最佳经营效果。

在美国，沃尔玛利用配送系统把货品送到商店的物流成本占销售额的 2.5% 左右，而其竞争对手做同样的事情一般要付出 5% 的成本；在该公司提供的将近 8 万种商品中，85% 由物流中心配送，而其竞争对手仅能达到 50%~65% 由配送中心集中配送。正是因为在物流配送方面的成本和费用的优势，使沃尔玛在同业竞争中处于有利地位，确保了其在经营当中"天天平价"战略的实施。另外，沃尔玛不仅在配送方面有其优势，而且在物流管理方面也令同行业望尘莫及。沃尔玛建立了强大的配送中心系统，拥有全美最大的私人卫星通讯系统和最大的私人运输车队，所有分店的电脑都和总部相连，配送中心从收到店铺的订单到向生产厂家进货和送货，只要 2 天的时间。据介绍，美国另两家大型折扣商店凯玛特和达格特则需要 5 天，沃尔玛的物流费用率比后者低 60% 以上。

沃尔玛的物流效率之所以高，还因为他们运用了最先进的信息技术。该公司专门从事信息系统工作的科技人员有 1200 多人，每年投入信息技术方面的资金不下 5 亿美元。20 世纪 90 年代初，沃尔玛就在公司总部建立了庞大的数据中心，全集团的所有店铺、配送中心也与供应商建立了联系，从而实现了快速反应的供应链管理。厂商通过这套系统可以进入沃尔玛的电脑配销系统和数据中心，直接从 POS 得到其供应的商品流通动态状况，如不同店铺及不同商品的销售统计数据、沃尔玛各仓库的存货和调配状况、销售预测、电子邮件及付款通知等等，以此作为安排生产、供货和送货的依据。生产厂商和供应商都可通过这个系统查阅沃尔玛产销计划。这套系统为生产商和沃尔玛两方面都带来了巨大的利益。

沃尔玛的物流不仅在理念上、管理上有其独到之处，而且在整体运作上也充分考虑到现代连锁商业企业的具体要求，体现出他的个性。以美国沃尔玛商品公司的配送中心为例，该配送中心是沃尔玛公司独资建立的，专为本公司的连锁店按时提供商品，确保各店稳定经营，是典型的零售型配送中心。该中心的配送设备包括200辆车头、400节车厢、13条配送传送带，配送场内设有170个接货口。中心24小时运转，每天为分布在纽约州、宾夕法尼亚州等6个州的100家沃尔玛连锁店配送商品。该中心设在100家连锁店的中央位置，商圈为320公里，服务对象店的平均规模为1.2万平方米。中心经营商品达4万种，主要是食品和日用品，通常库存为4000万美元，旺季为7000万美元，库存年周转24次。

另外，沃尔玛还具备了完整的物流信息系统。沃尔玛在全球的4000多家门店通过网络可在1小时之内对每种商品的库存、上架、销售量全部盘点一遍。该系统还可处理工资发放、顾客信息和订货—发货—送货，并达成了公司总部与各分店及配送中心之间的快速直接通信。在公司的卫星通信室里看上一两分钟，就可以了解一天的销售情况，可以查到当天信用卡入账的总金额，可以查到任何区域或任何商店、任何商品的销售数量，并为每一商品保存长达65周的库存记录。在利用商品条码上，沃尔玛凭借自己的计算机网络通信系统又走在了其他零售商前面。采用商品条码可代替大量手工劳动，不仅缩短了顾客结账时间，更便于利用计算机跟踪商品从进货到库存、配货、送货、上架、售出的全过程。据沃尔玛方面说，在对商品的整个处置过程中总计节约了60％的人工。从20世纪80年代，沃尔玛还开始利用电子数据交换系统（EDI）与供应商建立自动订货系统。到1990年，沃尔玛已与它的5000余家供应商中的1800家实现了电子数据交换，成为EDI技术的全美国最大用户。

到20世纪80年代末期，沃尔玛配送中心的运行完全实现了自动化。每个配送中心面积约10万平方米。每种商品都有条码，由十几公里长的传送带传送商品，由激光扫描器和电脑追踪每件商品的储存位置及运送情况。沃尔玛的送货车队可能是美国最大的，沃尔玛通常为每家分店的送货频率是每天一次，而凯玛特平均5天一次。沃尔玛的5000辆运输卡车全部装备了卫星定位系统。

案例二　海尔电子商务概况

1. 电子商务是海尔的必由之路

网络经济时代的到来，传统企业如何发展，是一个崭新而迫切的问题。1999年达沃斯"世界经济论坛"提出了"企业内部组织适应外部变化、全球知名品牌的建立、网上销售体系的建立"三条原则。对应于这种新趋势，海尔从1999年4月就开始了"三个方向的转移"。第一是管理方向的转移（从直线职能性组织结构向业务流程再造的市场链转移）；第二是市场方向的转移（从国内市场向国外市场转移）；第三是产业的转移（从制造业向服务业转移）。这些都为海尔开展电子商务奠定了必要的基础。所以，进军电子商务是海尔国际化战略的必由之路。也正是基于这种认识，海尔在近期搭建了自己的电子商务平台。

2. 三个月增长 10 倍速的海尔电子商务

2000 年 3 月 10 日，海尔投资成立电子商务有限公司。4 月 18 日，海尔电子商务平台开始试运行，6 月份正式运营。截止到 7 月 10 日，在海尔的 B2B 采购与 B2C 销售的电子商务平台上的交易额达到 60000 万。保持了 3 个月 10 倍速的增长率！按此速度算下来，海尔今年的网上交易额可超过 10 亿元。为什么会有如此快的发展，可以看这样几个例子：

例一：我要一台自己的冰箱

青岛用户徐先生是一位艺术家，家里的摆设都非常有艺术气息，徐先生一直想买台冰箱。他想，要是有一台表面看起来像一件艺术品但又实用的冰箱就好了。徐先生从网上看到"用户定制"模块，随即设计了一款自己的冰箱。他的杰作很快得到了海尔的回音：一周内把货送到。

例二：从网上给亲人送台冰箱

北京消费者吴先生的弟弟下个月结婚，吴先生打算买一台冰箱表达做哥哥的情意。可是弟弟住在市郊，要买大件送上门，还真不太方便。海尔作为国内同行业中第一家做电子商务的信息传来后，吴先生兴冲冲地上网下了一张订单，弟弟在当天就收到了冰箱。弟弟高兴地打来电话说，他们家住 6 楼，又没有电梯，但送货人员却把这么大的冰箱送到了家里，太方便了，今后他买家电再也不用跑商场了，就在海尔网站上买！

3. 海尔电子商务的主要内容和运作方式

海尔集团公司在 1999 年物流和商流为核心的业务流程重组的基础上于 2000 年 3 月正式启动电子商务工程。包括 B2B 和 B2C 两部分。在目前的网上业务量中 90% 是 B2B 业务，10% 是网上零售，其中有一部分是原来的电话订购转化来的。送货一般在 5 天以内可以实现。B2B 业务实行会员制，采购业务以招标方式在网上自动进行。结算目前是采用招行、建行的线上支付系统，可以进行即时的网上结算。B2C 主要搭建应用因特网技术而开发的适应现代网络经济为核心的面向直接消费者为对象的产品分销系统，包括 www.haier.com 和 www.ehaier.com 两个网站，一个响应的后台支撑体系，包括配送体系、信息传递体系及同相关银行的在线支付体系，其功能定位主要有个性化定制、网上智能专家导购、用户的客户关系管理等功能。海尔是国内大型企业中第一家进入电子商务业务的公司，率先推出了电子商务业务平台。海尔不是为了概念和题材的炒作，而是要进入一体化的世界经济，为此海尔累计投资 1 亿多元建立了自己的 IT 支持平台，为电子商务服务。

4. 后台的支持系统

张瑞敏首席执行官提出海尔实施电子商务靠"一名两网"的优势："名"是名牌，品牌的知名度和顾客的忠诚度是海尔的显著优势。"两网"是指海尔的销售网络和支付网络，海尔遍布全球的销售、配送、服务网络以及与银行之间的支付网络是解决电子商务的两个难题的答案。目前，在集团内部有内部网、有 ERP 的后台支持体系。集团现在有七个工业园区，各地还有工贸公司和工厂，相互之间的信息传递，没有内部网络的支持是不可以想像的。各种信息系统（比如物料管理系统、分销管理系统、电话中心等等）的应用也日益深入。海尔以企业内部网络、企业内部信息系统为基础，以因特网（外部网，海尔从 1996 年底起就建立了自己的网站）为窗口，搭建起了真正的电子商务平台。在管理转移方面，传统企业的金字塔式的管理体制绝不适应市场发展的需要，所以在管理机制上把"金字塔"扳倒建立了以市场为目标的新的流程，企业的主要目标由过去的利润最大化转向以顾客为中心，以市场为中心。物流作为"第三利润源泉"直接从国际大公司采购，降低了成本，提高了产品的竞争力；商流通过整合资源，降低费用，提高了效益；资金流则保证资金流转顺畅。

海尔拥有比较完备的营销系统，在全国大城市有 40 多个电话服务中心，1 万多个营销网点，甚至延伸到 6 万多个村庄。这就是为什么有些网站对订货的区域有限制而海尔是可以在全国范围内实现配送的原因。

海尔电子商务最大的特点就是个性化。去年内部就提出与客户之间是"零距离"，而此前客户的选择余地是有限的，这对厂家有利，现在一上网，用户要定制他自己的产品，这并不是所有的企业都可以满足的，海尔则可以。所以说上网后企业的优劣势被无情放大。

5. 初步效果与发展前景

海尔电子商务自 2000 年 4 月 18 日运行以来，到 7 月中旬，实现电子商务交易额达 60000 万元，其中 B2C 部分月交易额超过 120 万元，效果比较好，系统运行平滑正常。用户在海尔网站上进行采购和个性化定制的数量与日俱增，采购成本下降 4%～5%。海尔的个性化定制改变过去的批量生产为批量定制，B2B 供应链的建设，吸引了国际上的供应商到青岛建厂，成为海尔供应链上的一环。这不仅降低了企业的运行费用，而且加快了企业的创新速度。

海尔的电子商务平台将发展成为面向全球的电子商务公用平台，建立面向全世界用户 B2C、面向全球分供方的物流采购和分销的 B2B 平台，不仅可以销售海尔的产品，也将销售其他各类的产品；不仅可以为海尔的自身的采购需求服务，也将为第三方采购和配送服务，进一步完善海尔的配送体系和队伍，完善与用户零距离的配送和服务网络体系，海尔将保持和强化两个优势：

1）以"一名两网"为基础，与用户保持零距离，快速满足用户的个性化需求。

2）利用网络放大海尔的优势，减低成本和培植新的经济增长点。

海尔电子商务系统还处在进一步的建设和完善中，我们将充分利用海尔的"一名两网"的优势，通过网络连接用户，大力推进客户关系系统（CRM）的建立，以具有充分个性化的产品和特色服务拢住原有、新、潜在的用户，以及供应商和采购商，提供完善的服务。在新经济时代保持和发扬企业的优势，加快海尔的创新机制，缩短进入的国际化进程，并朝着世界500强的目标前进。

思考与练习

一、名词解释

物流技术　　ABC 库存控制方法　　安全库存量　　订货点与订货批量
集装化　　条形码　　EDI 技术　　GPS 系统　　GIS 系统

二、填空题

1. 按物流技术的形态分类，物流技术有_____和_____两类。

2. _____和_____是构成物流系统的重要组成要素。

3. 运输技术一般由_____、_____、_____和_____等内容组成。

4. 载货汽车主要有_____、_____、_____、_____和_____等几种。

5. 铁路货车车辆有_____、_____、_____、_____、_____和_____等几种。

6. 货船有_____、_____、_____、_____、_____和_____等几种类型。

7. 航空运输是指使用航空器运送_____、_____、_____和_____的一种运输方式。

8. 管道运输按其运送对象的不同可分为_____、_____和_____运输。

9. 物流仓储设备主要有_____、_____、_____、_____和_____作用。

10. 现代仓库设备可分为_____、_____、_____、_____和_____五大类。

11. 库存管理的内容主要包括_____、_____和_____三个方面。

12. 常用的防震包装技术一般有_____、_____和_____三种。

三、判断题

1. 物流技术是指物流的各个作业环节所使用的各种设施设备和工具的技术。（　　　）

2. 装卸搬运设备只是用于完成船舶与车辆货物的装卸。　　　　　　　　（　　　）

3. 运输技术是运输活动中所使用的各种设施、设备和工具以及由科学理论知识和实践经验发展而成的各种运输方法、技术与技能等。　　　　　　　　　　（　　　）

4. 装卸搬运设备只能用于完成船舶与车辆货物的装卸。　　　　　　　　（　　　）

5. 仓储设备一般包括仓库、货架。　　　　　　　　　　　　　　　　　（　　　）

6. 库存管理的目标就是在确保仓储安全的前提下，通过综合分析，使库存费用、订

货费用、缺货损失之总和最小。 （　　　）

四、问答题

1. 如何理解物流技术与生产技术的区别及性质？
2. 物流技术可从哪几个方面进行分类？分类的结果如何？
3. 如何理解物流技术在物流系统中的重要地位？
4. 物流技术装备配备的原则有哪些？
5. 常见的公路等级有哪几级？
6. 常用的公路运输车辆有哪几种？
7. 常用的铁路运输车辆有哪几种？
8. 水路运输的类型有哪些？
9. 常用的航空集装设备有哪几种？
10. 常见的管道运输种类有哪几种？
11. 装卸搬运设备一般有哪些种类？
12. 一般 ABC 库存控制方法如何操作运用？
13. 什么是定量订货方式？经济订货批量如何确定？
14. 什么是定期订货方式？
15. 如何理解包装技术的概念？
16. 常用的包装技术有哪些？
17. 分拣配货的作业方式有哪些？
18. 自动化分拣系统的组成及特点如何？
19. 如何理解车辆配装的容重法和实践方法？
20. 集装化特点表现在哪几方面？
21. 什么是集装箱？常见的有哪些类型？
22. 条形码的特点是什么？
23. 如何理解条形码技术在物流中的应用？
24 如何理解 GPS 系统在物流中的应用？
25. 企业的自动化物流系统涉及到哪些方面？
26. 如何理解电子商务的概念？
27. 电子商务的运行特征如何？
28. 试分析电子商务与物流的关系。

第6章 现代物流管理

学习目标

1. 了解并理解第三方物流产生的历史条件
2. 掌握第三方物流的概念及第三方物流服务的作用
3. 掌握企业采用第三方物流的正、负面效应
4. 理解企业在第三方物流决策时的参考因素
5. 了解我国及世界物流的发展现状，掌握我国物流的发展思路
6. 掌握物流质量管理的定义及特点，理解库存质量管理方法
7. 掌握物流标准化的方式方法，了解物流标准的分类

案例导入

　　2007年物流业发展面临许多有利条件。我国经济增长已经连续四年达到或略高于10%，预计2007年国民经济增长势头会有所回落，但不会低于8%～10%的增长目标。而且，国家明确提出要重点加快发展服务业，支持服务业关键领域、薄弱环节和新兴行业的发展。此外，世界经济仍处于较快增长区间。当然也有一些不确定因素，如国际能源价格高位波动，全球经济失衡矛盾突出，贸易保护主义加剧，地缘政治形势更加复杂，以及国内经济结构不合理，增长方式粗放，体制机制不完善。

　　综合判断，物流业作为服务业中的重要产业，2007年仍然将快速发展，但与国民经济一样，也要求"又快又好"。

　　根据2006年全国物流统计调查资料，制造业物流外包特别是销售物流外包明显加大，增长速度在5%-10%左右，运输与仓储外包的增长速度在10%～15%左右。其中，2005年企业运输业务委托第三方的比例为67.1%，比2005年同期提高2.5个百分点。由于专业化分工加快，第三方物流市场逐步细分，专业化程度提高。产

业细分，形成专业化物流市场，专门化物流公司。如超市物流、家电物流、服装物流、汽车物流、钢铁物流、烟草物流、医药品物流、粮食物流、冷链物流、图书物流等等。

根据 2006 年全国企业物流调查，2005 年物流业务收入比 2004 年增长 29.2%，其中，仓储型物流企业增长 43.4%，运输型物流企业增长 28.8%，综合服务型物流企业增长 24.9%。

随着中国加入 WTO，市场竞争日趋激烈，企业都面临着缩短交货期、控制库存、降低成本和改进服务的压力。现代企业，如果想在激烈的市场竞争中保持竞争力，各种现代管理手段的应用是必不可少的。现代物流管理是一门新兴科学，并在企业的产品生产、管理、竞争中不断发展完善。在这样的背景下，第三方物流以其独立化、专业化的特征改变了传统的物流模式，并为企业加强管理、提高竞争力创造了条件。

6.1　第三方物流

 **必备的理论知识**

6.1.1　第三方物流的产生与兴起

1. 第三方物流产生的历史条件

（1）企业竞争环境的不断变化，迫使企业不断占领市场，赢得竞争的主动权

进入 20 世纪 90 年代，由于科学技术不断进步和经济不断发展，全球信息网络和全球化市场形成以及技术变革加速，围绕新产品的市场竞争日趋激烈。技术进步和需求多样化，使得产品寿命不断缩短，企业面临着缩短交货期、提高产品质量、降低成本和改进服务的压力。所有这些都要求企业对不断变化的市场做出快速反映，源源不断地开发出满足用户需求的、定制的"个性化产品"，去占领市场以赢得竞争的主动权。

（2）企业对核心竞争力的关注，使企业立志要有某些方面是最优秀的

企业要向在严峻的市场竞争环境下生存发展，必须提高资源配置的效率，以赢得竞争的优势；而要提高资源配置的效率，必须让企业的竞争优势集中在比竞争对手更低的成本、更快的速度上。由于任何企业所拥有的资源都是有限的，它不可能在所有业务领域，都获得竞争优势，因而必须将有限的资源集中在核心业务上。

知识链接

核心竞争力，是指企业借以在市场竞争中取得并扩大优势的决定性力量。例如，本

田公司的引擎设计及制造能力，联邦航空公司的追踪及控制全世界包裹运送能力，都使它们在本行业及相关行业的竞争中立于不败之地。

企业对核心竞争力的关注，表现为根据企业自身特点专门从事某一领域、某一专门的业务，当然也表现在将企业非核心竞争力的业务委托其他企业完成。

（3）企业自营物流的现实不容乐观，迫使企业改变思维，重新调整物流战略

在生产力水平不高和企业以"纵向一体化"思维为主导时，企业对物流的需求是以自我提供的方式来实现的，"自给自足"是企业早期物流活动的重要特征。当企业认为自己在供应链中企业物流不是最好的，而且不是企业核心竞争优势时，企业对自营物流的认识也发生了变化。企业从事物流活动需要投入大量的资金用来建设物流的设施、购买物流设备，这对于缺乏资金的企业，特别是中小企业来说，是个沉重的负担。企业自己从事物流活动会有或多或少的弊端。比如会因生产规模过小，或生产的季节性等原因，降低物流效率；大量的物流投资，可能带来风险；企业的物流手段有限，无法承担大规模的集装箱运输、铁路运输或国际间运输等活动；对物流系统的高度要求，使企业利润不是增加而是减少，等等。

2. 第三方物流的兴起

"第三方"物流来源于物流服务提供者作为发货人（甲方）和收货人（乙方）之间的第三方这样一个事实。物流服务公司在货物的实际物流链中，并不是一个独立的参与者，而是代表甲方或乙方来执行的。目前，提供这类服务的公司数量大增，并有继续增加的趋势。在这一行业中既有许多小的专业公司，也有一些大的公司存在。

知识链接

在美国，一些大的物流公司提供第三方物流服务，如 FedEx Logistics Service，UPS Worldwide Logistics，Excel Logistics，GATX Logistics，Roadway Logistics Service 等。

第三方物流是运输、仓储等基础服务行业的一个重要的发展。从经营角度看，第三方物流包括提供给物流服务使用者所有物流。此外，从战略重要性角度看，第三方物流的活动范围和相互之间的责任范围，较之一般的物流活动都有所扩大。

随着发达国家先进企业的物流模式向第三方物流方向转变，国外第三方物流服务商的规模越来越大。就美国而言就有 400 多个第三方物流供应商，其中大多数公司并不一开始就是第三方物流公司，如仓储业、运输业、快递、空运、海运、货代、公司物流部等。

6.1.2 第三方物流的概念形成及作用

1. 第三方物流的概念

"第三方物流"一词于 20 世纪 80 年代后期开始盛行。最早提出是在 1988 年美国物流管理委员会的一项顾客服务调查中,这种新思维被纳入到顾客服务职能中。它被描述为"物流服务提供者"。合同制物流(contract logistics),也是指物流职能外包。从更大范围看,不仅仅包括仓储、运输和 EDI 信息交换,也包括订货履行、自动补货、选择运输工具、包装与贴标签、产品组配、进出口代理等。对上述提及的服务和其他许多服务,企业正愈加转向合同制供应商来提供。至今,第三方提供的主要物流职能(运输、仓储、物料管理与辅助性管理),已占物流业的 20%以上,而在 20 世纪 80 年代还不到 10%。

中国国家标准(GB/T18345)《物流术语》中给出了第三方物流的定义是:"第三方物流是指由供方与需方以外的物流企业提供物流服务的业务模式。"

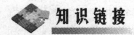 **知识链接**

其他第三方物流的概念

- 第三方物流指的是用外部公司,完成传统上由组织内部完成的物流功能,这些功能包括全部物流功能或所选择的部分功能。
- 第三方物流类似于外包物流或契约物流。
- 一公司使用另一公司进行所有或部分物流管理和产品分销。
- 外协所有或部分公司的物流职能,相对于基本服务,契约物流服务提供复杂、多功能物流服务,以长期互益的关系为特征。

2. 第三方物流服务所体现的优越性是多方面的

1)有利于社会物流设施的充分利用,进行合理的资源优化配置,减少不必要的投资。中国的社会物流设施已经具备一定规模,但与满足物流配送的实际需要相比,仍有较大的距离。实行第三方物流配送,有利于物流配送社会化,充分利用已有的物流设施。发达国家企业间产品竞争很激烈,但在物流方面却争取更大范围的合作,通过社会化物流配送,充分利用社会物流设施,以降低各自的物流成本。这同中国家家建仓库、户户办运输,大而全、小而全的状况形成鲜明对比。实行社会化物流中心配送后,流通与生产企业,就没有必要都投巨资建设仓库、购置物流设备,以及配备大批人员从事物流工作。这样不仅可以有效地提高土地资源和设备利用率,而且能降低企业生产、流通成本,对整个社会资源配置都是极大的节约。

2)专业化物流配送,利用快速反应系统,及时为用户服务,使产销紧密结合。第三方物流配送是专业化物流机构,设施比较先进,专业人才比较多,凭借其优势,有能力建立快速的反应系统，承诺在 24 小时或 48 小时内就能将货物送到用户手中。同时，有条件建立自动化物流配送系统，方便用户订货、查询、结算、退货等，大大提高服务质量。在市场经济条件下，由于市场需求"多品种、小批量、更新快"的特点，因此，原有的大生产模式必须富有一定的弹性，形成弹性生产系统或准时生产系统的实施，都必须建立在社会化物流配送中心，及时提供市场信息的基础上才能进行。物流配送中心联系众多的供应商、制造商、销售商，通过搜集整理大量的市场信息，及时传递，能使生产厂家生产的产品与市场消费需求紧密结合。

3）有利于企业实现规模化经营，提高规模效益。第三方物流的配送对象多、流通渠道广，可以把千家万户的流通量集零为整，按大生产流水作业线的生产方式形成规模流通，获得规模效益。

6.1.3　第三方物流企业决策与管理

近年来，采用第三方物流企业，实现物流外包正越来越受到工商企业的青睐。一项对欧洲第三方物流使用者的调查表明，企业对第三方物流总体的评价是肯定的。

1. 企业采用第三方物流的正面效应

（1）集中精力发展核心业务

企业能够实现资源优化配置，将有限的人力、财力集中于核心业务，如产品研发、市场开拓、技术改进等。有些企业甚至只从事产品研发和市场拓展两项业务，它们通过外包的形式获得物流和其他资源。如著名的耐克（NIKE）公司就是典型的成功案例。

（2）减少投资，降低风险

现代物流领域的设施、设备及信息系统等的投入是相当大的，通过将物流外包，企业可以减少对此类项目的建设与投资，从而变固定成本为可变成本。而且，由于物流需求的不确定性和复杂性，导致投资具有巨大的财务风险，通过外包，企业可以将这种财务风险转移给第三方。当需求不确定或者有波动的时候，如果采取第三方物流，货主就可以很容易地把成本调整到物流活动所需要的水平，这也克服了需求高峰期企业自身物流能力不足的问题。

（3）节省费用，降低成本

专业的第三方物流提供商利用规模生产的专业优势和成本优势，通过提高各环节能力的利用率来实现费用节省，使企业能从分离费用结构获益。根据对工业用车的调查结果，企业解散自有车队而代之以公共运输服务的主要原因就是为了减少固定费用，这不仅包括购买车辆的投资，还包括和车间仓库、发货设施、包装器械以及员工有关的开支。

（4）减少库存

企业不能承担多种原料和产品库存的无限增长，尤其是高价值的部件要被及时送往转配点，实现零库存，以保证库存的最小量。第三方物流提供者借助精心策划的物流计划和适时运送手段，最大限度地减少库存，改善了企业的现金流量，实现成本优势。

（5）提高物流水平

由于第三方物流的提供商都是专业的以物流为核心业务的企业他们所提供的服务具有更高的效率和更高的水平。

 **知识链接**

第三方物流提高企业物流水平的表现

1. 运用新技术

随着现代物流管理和技术水平的提高，物流领域的新技术、新设备层出不穷，第三方物流提供商为了提高自己的竞争能力和专业化水平，经常会采用最新的技术和手段。采用第三方物流，可以使企业在不增加投入的情况下，不断地获得最新的技术服务。

2. 熟悉法规与政策

目前在物流领域存在着一些政府的相关的法规与政策的约束，作为一般的工商企业，对此并不一定应对自如。而利用第三方物流公司的专业优势，就可以帮助企业熟悉相适应政府的相关法规与政策，并与政府保持良好的关系。同时，对于某些物流还处于管制状态的区域，利用第三方物流服务，可以开展自身无法从事的物流业务。

3. 更好的信息处理能力

信息化是当前经济发展的重要趋势，信息的获得以及处理和分析技术已经成为企业提高竞争能力的重要手段。第三方物流企业也将信息的挖掘和处理作为重要的新型增值服务项目。将物流外包给第三方，可以利用第三方物流的信息技术、信息分析管理的能力，将原始数据转化为可指导工作的有效信息。

4. 加快市场反应速度

采用第三方物流，有助于更快地对市场需求变化做出反应，适应产品生命周期越来越短的挑战。

（6）提升企业形象

第三方物流提供商与客户之间是战略伙伴或者联盟的关系，他们从客户的角度出发管理物流业务，通过全球信息网络使客户的供应链管理完全透明化；他们利用完备和训练有素的员工对整个供应链实现完全的控制，减少物流复杂性；他们通过遍布全球的运送网络大大缩短了客户的交货期，帮助客户改进服务，树立自己的品牌形象；他们为客户定制低成本高效率的物流方案，使其在同行业中脱颖而出，为企业在竞争中取胜创造了有利的条件。

2. 采用第三方物流的负面效应

上述第三方物流确实能给用户带来多方面的利益，但这并不意味着物流外包就是所有用户的最佳选择，事实上，第三方物流也不可避免地存在着一些负面效应。

（1）对物流的控制能力降低

在采用物流外包的情况下，由于第三方物流提供商介入企业的采购、生产、分销、售后服务等各个环节，成为企业的物流管理者，这使得企业自身对物流的控制力下降，在双方协调出现问题的情况下，则可能会出现物流失控的风险。即第三方物流服务商不能完全理解并按照企业的要求来完成物流业务，从而使企业的客户服务水平降低。

另外，原来由企业内部沟通来解决的问题，在外包的情况下由于外部服务商的存在，容易产生企业内相互推诿的局面，影响物流的效率。

（2）客户关系管理的风险

在第三方物流服务的合作中，直接面对企业客户的往往是第三方物流服务商；同时他们通常也拥有全面的客户信息，甚至包括潜在客户的信息。因此，在客户关系的管理中，至少存在着下列两类风险：

1）企业与客户之间的关系被削弱。由于生产企业是通过第三方来完成产品的配送及售后服务工作，同客户直接接触、观察客户反应和听取客户意见的机会就会减少，这对建立稳定密切的客户关系是非常不利的。

2）客户信息有被泄露的风险。在激烈的市场竞争中，客户信息对企业而言是最重要的资源之一，如果客户资料被泄露，带来的损失是难以计算的。尽管在第三方物流服务关系中，提供商与用户之间对彼此的商业信息保密是重要的合作基础；但由于第三方提供商通常并不只是面对一个客户，当信息在更好的企业间共享的时候，企业的商业秘密被泄露的可能性就会增大。

（3）公司战略机密泄露的风险

物流是一个企业发展战略的重要组成部分，第三方服务商由于承担着执行这一战略的职能，通常对企业的战略都会有很深的认识，从采购渠道的调整到市场策略，从经营现状到未来预期，从产品转型到客户服务策略，第三方服务商都可能得到相关的信息。因此，使用第三方物流，使企业核心战略被泄露的风险增加。

（4）出现连带经营风险

第三方物流是基于合同的比较长期的合作关系，如果第三方服务商自身经营不善，则可能会影响使用方的经营；但如果要解除合同关系又会产生很高的成本。特别是企业选择新的物流服务商并建立起稳定的合作关系，往往需要较长时间的磨合期。在磨合期内，企业将不得不面对新服务商因为对产品不熟悉、信息系统结合不好等造成的低质量服务。

因此，在企业考虑是否外包物流的过程中，不能只看到第三方物流带给企业的利益，多考虑一些负面的效应也是必需的。只有对它的正反面效益都有了清醒的认识和慎重的分析衡量之后，企业才能够做出正确的适合自身发展的决策。

3. 企业选择第三方物流的具体参考因素

以上分析了企业采用第三方物流所可能具有的利益和风险，这些是企业做出正确的物流决策所必不可少的知识基础。而涉及到决策时有哪些具体的因素可以参考，将在下面做出一个基本的分析。

（1）企业规模

一般而言，大中型企业在资金、实力、规模上都具有优势，有能力自建物流体系，可以根据自己的实际需要，制定适合公司发展的物流计划，保证物流服务质量。而小企业受人员、资金和管理资源的限制，采用第三用物流服务应该是比较合理的选择。

（2）企业物流活动的性质和地位

如果企业的物流活动规模较小，频率、数量都较少，而且操作简单，则可以考虑外包。如果物流活动复杂多样，范围较广，环节众多，网络严密，而且具有相当大的特殊性，则需要慎重考虑。如果要外包给第三方，则要在提供商考察，合同洽谈、执行监控及业绩考核等方面都要十分仔细，尽量避免管理漏洞。

（3）企业对物流的管理能力

这是指企业的内部是否有专门的人才和管理经验，能够对供应链有全局的把握。从企业的外部环境来说，需要考虑以下问题：市场是否成熟？是否有足够合适的服务商可供选择？交易成本和交易风险有多高？第三方提供的服务是否出于企业可以控制的范围之内，等等。

（4）成本与服务水平的衡量

随着市场竞争的激烈，同类企业间在产品、制造、营销甚至广告方面都出现同质化的趋势。仅仅依靠产品质量已经不足以构成领先优势。越来越多的企业认识到客户服务的重要性，因此，许多企业将提高服务作为公司的长期战略目标。但是，在通常情况下服务水平的提高与成本的降低之间存在着效率背反性。

在把物流委托给第三方的情况下，成本通常都会降低；但是如果一味地压低物流提供商的报价，积压其利润空间，必然导致服务质量下降。从长期看来，这会对企业造成相当不利的影响。因此，企业需要考虑短期成本和长期成本，以达到综合的平衡。

（5）物流职能与企业内部其他业务之间的关系

这其实也是物流职能由内部向外部剥离的难易程度。如果物流职能相对独立，而且形成了一定的可量化的衡量参数，则外包的过程相对容易。而如果物流职能与其他业务密不可分，接口多而复杂，业务流程相互交叉，并且有很多无法量化的职能夹杂在里面，这样的物流活动就不好剥离出去。

（6）公司的长期发展目标

公司的业务范围、业务量和业务重点不是一成不变的，需要随着内外部因素的变化而不断调整，以适应瞬息万变的市场。这样，企业的灵活性变得非常重要。而物流模式也需要随着企业目标的调整而变化，它不光是要满足当前的服务要求，而且需要和企业的长期目标保持一致。

想一想：
企业选择第三方物流的具体参考因素有哪些？

具体到企业面临选择时，需要考虑的细节非常多，具体情况需要具体分析。以上是一些基本的决策依据，根据这些因素，企业可以大致清楚自己的物流模式处于什么阶段，是否既有外包的可能性，然后再结合具体的数据，进行周密的分析和慎重的决定。

6.2　第三方物流发展现状及趋势

必备的理论知识

第三方物流是由物品供方和需方以外的物流企业提供物流服务的业务模式，是在物流渠道中，由专业物流企业以合同的形式在一定期限内提供用户所需的全部或部分物流服务。第三方物流企业的利润不是来自运费、仓储费等直接费用收入，而是来源于现代物流管理科学的推广所产生的新价值。

6.2.1　国际第三方物流发展现状及趋势

现代意义上的第三方物流是一个约有 10～15 年历史的行业。在美国，第三方物流业被认为尚处于产品生命周期的发展期；在欧洲，尤其在英国，普遍认为第三方物流市场有一定的成熟程度。欧洲目前使用第三方物流服务的比例约为 76%，美国约为 58%，且其需求仍在增长。研究表明，欧洲 24% 和美国 33% 的非第三方物流服务客户正积极考虑使用第三方物流服务；欧洲 62% 和美国 72% 的第三方物流服务客户认为他们有可能在 3 年内增加对第三方物流服务的需求。一些行业观察家已对市场的规模做出估计，整个美国第三方物流业有相当于 4200 亿美元的市场规模，欧洲最近的潜在物流市场规模估计约为 9500 亿美元。

由此可见，全世界的第三方物流市场具有潜力大、渐进性和高增长率的特征。这种状况使第三方物流业拥有大量服务提供者，大多数第三方物流服务公司是从传统的"内物流"业为起点而发展起来的，如仓储业、运输业、空运、海运、货运代理和企业内的物流部等，它们根据客户的不同需要，通过提供各具特色的服务取得成功。美国目前有几百家第三方物流供应商，其中大多数公司开始时并不是第三方物流服务公司，而是逐渐发展进入该行业的。第三方物流的服务内容现在大都集中于传统意义上的运输、仓储范畴之内，运输、仓储企业对这些服务内容有着比较深刻的理解，对每个单项的服务内有都有一定的经验，关键是如何将这些单项的服务内容有机的组合起来，提供物流运输的整体方案。

6.2.2 我国第三方物流发展现状及未来

1. 我国第三方物流发展现状

20 世纪 90 年代中期，第三方物流的概念开始传到我国，它是运输、仓储等基础服务行业的一个重要发展。近几年，随着市场经济体制的完善和企业改革的深入，企业自我约束机制增强，外购物流服务的需求日益增大。特别是随着外资企业的进入和市场竞争的加剧，企业对物流重要性的认识逐渐深化，视其为"第三利润源泉"，对专业化、多功能的第三方物流需求日渐增加。

我国较早的第三方物流企业是传统仓储和运输企业转型而来的，如上海友谊集团物流有限公司是由原上海商业储运公司经过分离和改制后组建的，20 世纪 90 年代初便为国际上最大的日用消费品公司——联合利华提供专业物流服务，业务由最初的仓储和运输服务，发展到今天提供运输、仓储、配送、流通加工、信息反馈等多功能个性化服务，双方建立了良好的战略合作伙伴关系；1993 年成立的中远集团，1995 年对陆上货运企业进行整合，成立了中远国际货运有限公司，建立起全国统一的货运网络，2001 年又通过合资方式，与广东科龙公司、无锡小天鹅公司成立安泰达物流公司。

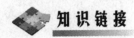 **知识链接**

第三方物流企业的形成结构

1. 传统仓储、运输企业经过改造转型而来

这种类型的第三方物流企业占主导地位，占据较大市场份额。中远国际货运公司、中国对外贸易运输（集团）总公司（简称中外运）、中国储运总公司等都属于这种类型，它们凭借原有的物流业务基础和在市场、经营网络、设施、企业规模等方面的优势，不断拓展和延伸其他物流服务，正在向现代物流企业逐步转化。

2. 新创办的国有或国有控股的新型物流企业

它们是现代企业改革的产物，管理机制比较完善，发展比较快。例如，中海物流公司成立于 1993 年 11 月，从仓储开始发展物流业务，现发展成能为国际大型知名跨国公司提供包括仓储、运输、配送、报关等多功能物流服务的第三方物流企业。

3. 外资和港资物流企业

它们一方面为原有客户——跨国公司进入中国市场提供延伸服务，另一方面用它们的经营理念、经营模式和优质服务吸引中国企业，逐渐向中国物流市场渗透，如丹麦有利物流公司主要为马士基船运公司及其货主企业提供物流服务，深圳的日本近铁物流公司主要为日本在华的企业服务。

4. 民营物流企业

它们由于机制灵活、管理成本低等特点，发展迅速，是我国物流行业中最具朝气的第三方物流企业。如广州的宝供物流集团，是从 1992 年承包铁路货物转运站开始，1994年成立广东宝供储运公司，当年承接世界上最大的日用消费品生产企业——美国宝洁公司在中国市场的物流业务，经过几年的开拓创新，已成为在澳洲、泰国、香港及国内主要城市设有 40 多个分公司或办事处，为 40 多个跨国公司和一批国内企业提供国际性物流服务的物流集团公司。

从提供的服务范围和功能来看，我国的第三方物流企业仍以运输、仓储等基本物流业务为主，加工、配送、定制服务等增值服务功能处在发展完善阶段。像宝供、中海这样功能完善的第三方物流企业目前为数不多，规模也不是很大。中远集团、中外运集团、中国储运总公司这样大型的运输、仓储企业虽已向第三方物流企业转化，但它们的传统运输、仓储业务仍占主要部分，第三方物流的功能还不完善。中国仓储协会的调查也说明生产企业和商业企业的外包物流主要集中在市内配送、单纯仓储和干线运输。其中生产企业的外包物流中，单纯仓储占 21%、干线运输占 36%、市内配送占 28%、包装占 4%；商业企业的外包物流中，单纯仓储占 37%、干线运输占 21%、市内配送占 43%、包装占14%。而且，生产企业使用第三方物流企业的数量通常有 2～10 家，商业企业使用第三方物流企业的数量一般在 10 家以上，可见生产企业和商业企业外包物流主要以"分包"为主，即将不同功能的业务分别委托给不同的企业，这从物流供给的角度看，第三方物流企业为用户提供一揽子服务的比重不大。

目前，我国第三方物流的服务对象主要集中在外资企业，其次是民营企业和少数改制后的国有企业。如中海物流的客户主要有 IBM、美能达、诺基亚、三洋、东芝、三星、华为、联想等企业；宝供物流公司服务的对象是宝洁、飞利浦、雀巢、沃尔玛、联想等。

总之，随着物流热的兴起，第三方物流得到长足发展，2005 年第三方物流企业营业额达 12500 亿元，工业与流通企业物流外包明显增加，有 60%左右的企业选择部分或大部分物流外包。预计 2006 年第三方物流市场规模将比上年增长 30%左右。目前我国第三方物流市场规模还较小，而且高度分散，在有 1 万至 1.5 万多家第三方物流企业中，没有一家企业能占到 2%以上的市场份额。国内绝大多数第三方物流公司只是局限在供应链功能的一小部分，甚至还只是一个运输或者仓储公司，无法满足客户的一体化物流服务需求。第三方物流企业在激烈的竞争中不断整合。外资企业继续在中国谋划布局，通过兼并收购等多种手段，完成在中国内地的网络布局，为其独资运作做最后准备；而内资企业则通过对内重组、对外合作，努力提升能力，巩固既有市场份额，并寻机向外扩张。

2. 我国第三方物流的未来

为提高盈利水平和竞争能力，第三方物流市场按照行业、地域、产品不断细分，服务趋向多元化和专业化；企业并购和整合趋势增强。兼并和收购已经成为很多大型第三方物流企业实现利润增加的主要途径；由于全球化趋势的影响，第三方物流业务重心正在由区域范围转向国家范围，由国家范围转向全球范围；核心竞争力转向供应链管理。传统 3PL 执行者的角色正在向战略伙伴、战略顾问方面转化，其核心竞争力正在从提供服务，转到供应链管理设计能力方面。

未来物流需求尤其是第三方物流需求规模将越来越大，预测到 2010 年中国物流行业的产值将达到 12000 亿元，2008 年北京奥运会的总体物流需求约为 2760 亿元人民币。中国第三方物流市场空间广阔。中国依据加入 WTO 的承诺全面开放物流市场。第三方物流市场在增长中细分，第三方物流企业在竞争中整合，第三方物流政策环境进一步改善，中国第三方物流将在新的起点上快速发展。

中国加入 WTO，使国内市场国际化，会有更多的外资物流供应商进入国内物流市场，对我国第三方物流业形成严峻的挑战。当务之急是利用较短的时间，采取切实有效的措施，加快我国第三方物流的发展，缩小与发达国家的差距。

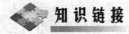 **知识链接**

发展第三方物流的措施

1）加快产权制度改革，激发企业活力。
2）信息技术应用为核心，加强网点建设。
3）培育具有国际竞争力的物流集团，实行集约化经营。
4）强化增值服务，发展战略同盟关系。
5）要重视物流人才培养，实施人才战略。

6.2.3 第四方物流的兴起

在经济全球化和信息技术不断发展的情况下，传统的生产和仓储企业以及 3PL 已经不能更好的降低交易和寻找费用。因为它们不能充分利用现有的信息技术，也不具有对物流活动中所有环节进行整合的能力，尤其是不能协调物流环节各参与方的利益冲突，为了使商品流通在新的环境下在时间上和空间上更有效率，必须诞生一种新的物流方式来整合整个社会的物流资源，即 4PL。

第四方物流是在第三方物流的基础上发展起来的，第四方物流具有很多的优势：能给客户提供最接近要求的完美服务；能提供一个综合性的供应链解决方案；能利用第四方的信息资源、管理资源和资本规模为企业打造一个低成本的信息应用平台；能为企业提供低成本的信息技术。

第四方物流（4PL）是一个供应链集成商，调集和管理组织自己及具有互补性服务提供的资源、能力和技术，以提供一个综合的供应链解决方案。

第四方物流不仅控制和管理特定的物流服务，而且对整个物流过程提出方案、并通过电子商务将这个程序集成起来，因此第四方物流商的种类很多，变化程度亦可以十分大。

第四方物流的关键在于为客户提供最佳的增值服务，即迅速、高效、低成本和个性化服务等。而发展第四方物流需平衡第三方物流的能力、技术及贸易流畅管理等，但亦能扩大本身营运的自主性。

与第三方物流相比，第四方物流（4PL）有两个最显著的特点：

1）提供一整套完善的供应链解决方案。它能更加有效地适应需方多样化和复杂的需求，集成所有资源为客户完美地解决方案。同时进行供应链再建、功能转化、业务流程再造和实施第四方物流。

2）通过影响整个供应链来获得价值。这主要包括有利润增长、运营成本降低、工作成本降低和提高资产利用率。

第四方物流与第三方物流的显著区别在于：第四方物流偏重于通过对整个供应链的优化和集成来降低企业的运行成本，而第三方物流则是偏重于通过对物流运作和物流资产的外部化来降低企业的投资和成本。

第三方物流主要是为企业提供实质性的具体的物流运作服务。主要的是本身的技术水平不高，能为客户提供的技术增值服务比较少。4PL刚好相反，4PL的专长是物流供应链技术，它具有丰富的物流管理经验和供应链管理技术、信息技术等。它的不足在于自身不能提供实质的物流运输和仓储服务。4PL的思想必须依靠3PL的实际运作来实现并得到验证；3PL又迫切希望得到4PL在优化供应链流程与方案方面的指导。因此，只有二者结合起来，才能更好地、全面地提供完善的物流运作和服务。3PL和4PL联合成为一体以后，将3PL与4PL的外部协调转化为内部协调，使得两个相对独立的业务环节能够更和谐、更一致的运作，物流运作效率得到明显地改善，进而增大物流成本降低的幅度，扩大物流服务供应商的获利空间。

6.3 现代物流质量管理

 必备的理论知识

物流是发展和维持全面质量管理的主要组成部分，物流的一个重要的目标是质量的持续改善。当质量不合格时，像物流这样的典型服务就会被否定，就必须重新做一遍。

物流本身必须履行一定的质量标准。

6.3.1 质量管理的定义

物流质量管理是指以全面质量管理的思想，运用科学的管理方法和手段，对物流过程的质量及其影响因素进行计划、控制，使物流质量不断得以改善和提高的过程。

物流质量管理的概念既包含物流对象质量，又包含物流手段、物流方法的质量，还包含工作质量，因而是一种全面的质量观。

6.3.2 质量管理的特点

物流质量管理归结起来具有"三全"的特点：管理对象全面、管理范围全面和管理人员全面。

1. 管理对象全面

物流质量管理不仅管理物流对象本身，而且还管理工作质量和工程质量，最终对成本及交货期起到管理作用。因此，其对象是广泛的，涉及到物流的各个方面。

2. 管理范围全面

物流质量管理既是对流通对象的包装、装卸搬运、储存、运输、配送、流通加工等若干环节进行的全过程质量管理，同时又是对产品在社会再生产全过程中进行全面质量管理的重要一环。在这全过程中，必须一环不漏地进行全过程管理，才能保证最终的物流质量，达到目标质量。

想一想：

1. 在实际工作中物流质量管理还有哪些？

2. 在老师的指导下，联系实际到物流企业调查物流质量管理情况。

3. 全员参加管理

物流质量的管理不是依靠哪个部门和少数人能搞好的，它涉及到与此相关部门所有人员，因此要求全员参加管理。这是由物流的综合性、物流质量问题的重要性和复杂性所决定的，它是质量管理的客观要求。

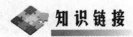 **知识链接**

物流质量管理的内容

物流质量管理的内容包括以下几个方面：

1）商品的质量保证与改善。

2）物流服务质量。

3）物流工作质量。

4）物流工程质量。

6.3.3　库存质量管理

1. 库存质量管理概述

库存质量管理的目标是在满足客户服务要求的前提下通过对企业的库存水平进行控制，力求降低库存水平、提高物流系统的效率，以强化企业的竞争力。企业库存管理的目标根据要求和情况的不同有不同的目标，如库存成本最低的目标、库存保证程度最高的目标、不允许缺货的目标、限定资金的目标和快捷的库存目标等。

企业要实现以上库存目标并不容易。在企业经营过程的各个环节都存在库存，不同的部门对库存存在不同的看法。库存质量管理部门力图保持最低的库存水平以减少资金占用、节约成本；销售部门愿意保持较高的库存水平和尽可能备齐各种商品来避免发生缺货现象，以提高顾客满意度；采购部门为降低单位购买价格往往采用数量折扣的优惠来一次采购大量物料；制造部门愿意对同一产品进行长时间的大量生产来降低单位产品的固定费用；运输部门倾向于大批量运送来降低运输成本。对库存质量管理部门确实与其他部门的目标存在冲突，为了实现最佳库存，需要协调和整合各个部门的活动，使每个部门不仅是以有效实现本部门的效益为目标，更要以实现企业的整体效益为目标。

2. 库存管理方法

库存质量管理的方法是随着对库存管理理论研究的发展和通信技术的发展而不断变化的。它分为传统库存管理方法和现代库存管理方法。传统的库存管理方法以 ABC 分类法和经济订货批量（EOQ）为经典，现代库存管理方法有物料需求计划（MRP）、准时制（JIT）、企业资源计划（ERP）、快速响应（QR）和有效顾客反应(ECR)等方法。

（1）传统的库存管理方法

传统库存管理方法是以单个企业为对象，主要目的是对企业的库存进行分类及重点管理，同时确定订货的时间以及订货数量，使该企业的库存总成本最低。

 知 识 链 接

ABC 分类管理法

一般来说，企业的库存物流种类比较繁多，为了使有限的时间、资金、人力、物力等企业资源能得到更有效的利用，应对库存物资进行分类，将管理的重点放在重要的库存物资上。ABC 分类管理就是将库存物品按品种和占用资金的多少分为特别重要的库存（A 类）、一般重要的库存（B 类）和不重要的库存（C 类）三个等级，然后针对不

同等级分别进行管理和控制（如表 6.1 所示）。ABC 分类管理分为两个步骤：一是如何分类，二是如何管理。

在对库存进行分类后，接着就是根据企业的经营策略对不同级别的库存进行不同的管理和控制。具体的管理和控制可以通过下表提供的标准来进行。

表 6.1　ABC 分类法

项目/级别	A 类库存	B 类库存	C 类库存
控制程度	严格控制	一般控制	简单控制
库存量计算	以库存模型详细计算	一般计算	简单计算或不计算
进出记录	详细记录	一般记录	简单记录
存货检查频度	密集	一般	很低
安全库存量	低	较大	大量

（2）现代库存管理方法

随着库存管理新思路的产生和发展，同时，信息技术也有了很大的发展。为了适应新的形势，出现了许多能有效地减少库存、提高客户管理水平的管理方法和管理技术。例如物料需求计划（MRP）、企业资源计划（ERP）、准时制（JIT）、快速反应（ECR）等。在此，我们简单介绍 MRP、JIT 和 ERP 这三种方法。

1）物料需求计划（MRP）。物料需求计划是一种工业制造企业内物资计划管理模式。根据产品结构各层次物品的从属和数量关系，以每个物品为计划对象，以完工日期为时间基准倒排计划，按提前期长短区别各个物品下达计划时间的先后顺序。这里的物料是指在生产过程中所使用的各种物料，不仅包括与生产直接相关的原材料和零部件，还包括与生产间接相关的各种物料，广义的物料还包括在制品和制成品。物料需求计划的基本目的是在合理利用、组织资源保持生产流程畅通的前提下维持最低的库存水平。

2）JIT 准时制库存管理方法：目前人们越来越重视准时制（JIT）库存管理制度，许多专家将这种管理制度称之为"看板"管理。

3）企业资源计划（ERP）。企业资源计划是在 MRP 的基础上，通过前馈的物流和反馈的信息流、资金流，把客户需求和企业内部的生产经营活动以及供应商的资源整合在一起，体现完全按用户需求进行经营管理的一种全新的管理方法。ERP 通过加强企业间的合作，强调对市场需求快速反应、高度柔性的战略管理以及降低风险成本、实现高收益目标等优势，从集成化的角度管理供应链问题。在实际的管理活动中，ERP 的实施主要是通过系统软件来进行的，即借助于高度信息化的系统，来实现整合的生产库存管理，如今这种类型的系统有很多，诸如 SAP、Bann、Triton 等。其中用得比较多的是 SAP。

6.4 物流标准化

必备的理论知识

物流涉及不同国家、地区和不同行业的很多企业，如果每个企业都用自己的基准进行物流活动，则必然导致各个企业之间无法沟通，物流很难实现国际化。要实现国际化和通用化，必然要建立一个国际标准。

6.4.1 物流标准化概念与基本原则

1. 物流标准化概念

物流标准化是指在运输、配送、包装、装卸、保管、流通加工、资源回收及信息管理等环节中，对重复性事物和概念通过制定发布和实施各类标准，达到协调统一，以获得最佳秩序和社会效益。

2. 物流标准化的基本原则

（1）要确定标准化的基点

物流是一个非常复杂的系统，涉及面很广，从物流系统来看，要形成整个物流体系的标准化，必须从各个局部系统中寻找一个共同的基点，这个基点能贯穿物流全过程，形成物流标准化工作的核心，它的标准化可以成为衡量物流全系统标准化的基准，同时也是各个局部标准化的准绳。

（2）要研究标准化的配合性

配合性是建立物流标准化体系的必须体现的要求，衡量物流系统标准化体系的成败，配合性是重要标志。配合性不好，物流效率、经济效果便无从谈起。

（3）要考虑传统习惯及经济效果

在物流系统思想建立之前，物流大系统的子系统，如产品生产系统、车辆、设备制造系统、消费使用系统等，已经建立起各自的标准化体系，或形成了一定的习惯，在这种情况下，物流标准化体系的建立就必须适应或改变各自系统的标准化体系，这就势必会与已建立的各子系统标准产生矛盾。这些矛盾涉及到人们的传统观念与习惯，也涉及到宏观与微观的经济效果。

（4）要降低标准化对环境和社会的影响

近十几年，由于物流量的加大，物流速度的加快及物流设施和工具大型化，物流对环境的影响日益增强。这些影响与物流标准化有关，尤其是在推行标准化的过程中，只重视物流的内在标准而忽视物流对环境及社会的影响。所以，在推行物流标准化时，必须将物流对环境及社会的影响放在标准化的重要位置上，除了各种反映设备能力、效率等技术标准外，还要对安全标准、噪音标准、排气标准、车速标准等做出具体规定，否则再高的标准化水平也不会被社会接受，甚至遭到居民及社会的抵制，很难发挥作用。

（5）要确保物流安全

物流安全问题也是近年来非常突出的问题，许多恶性安全事故造成了重大经济损失和人员伤亡并被媒体曝光，因此要建立安全、可靠的统一的技术标准和工作标准。另外，物流保险也是与安全性、可靠性标准有关的标准化内容。虽然许多保险条款不是以标准化的形式出现，而是以立法的形式出现的，但其中有关保险的手续、申报、保险费等都有具体的标准化规定。

6.4.2 物流标准化的方法与形式

制定物流标准化要通过以下的形式：简化、统一化、系列化、通用化及组合化。

1. 简化

简化是指在一定的范围内缩减物流标准化对象的类型数目，使之在一定时间内满足一般需要。如果对产品生产的多样化趋势不加限制地任其发展，就会出现多余、无用和低功能产品品种，造成社会资源和生产力的极大浪费。

2. 统一化

统一化是指把同类事物的若干表现形式归并为一种或限定在一个范围内。统一化的目的是消除混乱。物流标准化要求对各种编码、符号、代号、标志、名称、单位、包装运输中机具的品种规格系列和使用特性等实现统一。

3. 系列化

系列化是指按照用途和结构把同类型产品归并在一起，使产品品种类型化；同时也把同类型的产品的主要参数、尺寸，按优先数理论合理分级，以协调同类产品和配套产品之间的关系。系列化是使某一类产品的系统结构、功能标准化形成最佳形式。

4. 通用化

通用化是指在互相独立的系统中，选择与确定具有功能互换性或尺寸互换性的子系统或功能单元的标准化形式，互换性是通用性的前提。通用程度越高，对市场的适应性越强。

5. 组合化

组合化是按照标准化原则，设计制造若干组通用性较强的单元，再根据需要进行合并的标准化形式。对于物品编码系统和相应的计算机程序同样可通过组合化使之更加合理。

知识链接

物流标准种类

1. 大系统配和性、统一性标准

1）基础编码标准。基础编码标准是对物流对象物编码，并且按物流过程的要求，转化成条形码，这是物流大系统能够实现衔接、配合的最基本的标准，也是采用信息技术对物流进行管理和组织、控制的技术标准。

2）物流基础模数尺寸标准。物流基础模数尺寸指标准化的共同单位尺寸，或系统各标准尺寸的最大公约尺寸。在基础模数尺寸确定之后，各个具体的尺寸标准，都要以基础模数尺寸为依据选取其整数倍数为规定的尺寸标准。

3）物流建筑基础模式尺寸。主要是物流系统中各种建筑物所使用的基础模数，它是以物流基础模数尺寸为依据确定的，也可选择共同的模数尺寸。

4）集装模数尺寸。集装模数尺寸是在物流基础模数尺寸基础上，推导出的各种集装设备的物流管理基础尺寸，以此尺寸作为设计集装设备三向尺寸的依据。

5）物流专业名词标准。物流专业名词标准包括物流用语的统一化及定义的统一解释。

6）物流单据、票证的标准化。以实现信息的录入和采集，将管理工作规范化和标准化，及应用计算机技术和通信网络进行数据交换和传递的基础标准。

7）标示、图示和识别标准。可以用复杂的条形码来代替用肉眼识别的标识和标准。

8）专业计量单位标准。计量单位除国家公布的统一计量标准外，在国家及国际标准基础上，确定的物流本身专门的标准。由于物流的国际性突出，专用计量标准还需考虑国际计量方式的不一致性，还要考虑国际习惯用法，不能完全以国家统一计量标准为唯一依据。

2. 分系统技术标准

分系统技术标准主要有：运输车船标准、作业车辆标准、传输机具标准及仓库技术标准；包装、托盘、集装箱标准及其系列尺寸标准，包装物标准，货架储罐标准等。

6.4.3 物流国际标准化

随着贸易的国际化，标准也日趋国际化。以国际标准为基础制定本国标准，已经成为 WTO 对各成员的要求。目前，世界上约有近 300 个国际和区域性组织，制定标准和技术规则。其中最大的是国际标准化组织（ISO）、国际电工委员会（IEC）、国际电信联盟（ITU）、国际物品编码协会（EAN）与美国统一代码委员会（UCC）联盟等，它们创立 ISO、IEC、ITU、EAN、UCC 均为国际标准。

从世界范围看，物流体系的标准化，各个国家都还处于初始阶段，标准化的重点在于通过制定标准规格尺寸来实现全物流系统的贯通，提高物流效率。

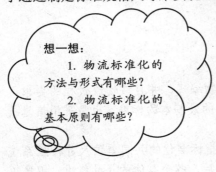

想一想：
1. 物流标准化的方法与形式有哪些？
2. 物流标准化的基本原则有哪些？

随着信息技术和电子商务，电子数据、供应链的快速发展，国际物流业已经进入快速发展阶段。而物流系统的标准化和规范化，已经成为先进国家提高物流运作效率和效益，提高竞争力的必备手段。在国际集装箱和 EDI 技术发展的基础上，各国开始进一步在物流的交易条件、技术装备规格，特别是单证、法律环境、管理手段等方面推行国际的统一标准，使国内物流与国际物流融为一体。

经 典 案 例

中外运为摩托罗拉提供的物流服务

中外运空运公司是中国外运集团所属的全资子公司，华北空运天津公司是华北地区具有较高声誉的大型国际、国内航空货运代理企业之一。下面是中外运空运公司为摩托罗拉公司提供第三方物流服务的案例介绍。

1. 摩托罗拉的物流服务要求和考核标准

（1）摩托罗拉公司的服务要求

1）要提供 24 小时的全天候准时服务。主要包括：保证摩托罗拉公司与中外运业务人员、天津机场和北京机场两个办事处及双方有关负责人通信联络 24 小时通畅；保证运输车辆 24 小时运转；保证天津与北京机场办事处 24 小时提货、交货。

2）要求服务速度快。摩托罗拉公司对提货、操作、航班、派送都有明确的规定，时间以小时计算。

3）要求服务的安全系数高，要求对运输的全过程负责，要保证航空公司及派送代理处理货物的各个环节都不出问题，一旦某个环节出了问题，将由服务商承担责任，赔偿损失，而且当过失到一定程度时，将被取消做业务的资格。

4）要求信息反馈快。要求公司的计算机与摩托罗拉公司联网，做到对货物的随时跟踪、查询、掌握货物运输全过程。

5）要求服务项目多。根据摩托罗拉的公司货物流转的需要，通过发挥中外运系统的网络综合服务优势，提供包括出口运输、进口运输、国内空运、国内陆运、国际快递、国际海运和国内提供的派送等全方位的物流服务。

（2）摩托罗拉公司选择中国运输代理企业的基本做法

首先，通过多种方式对备选的运输代理企业的资信、网络、业务能力等进行周密的调查，并给初选的企业少量业务试运行，以实际考察这些企业服务的能力与质量。对不合格者，取消代理资格。

摩托罗拉公司对获得运输代理资格的企业进行严格的月季度考评。主要考核内容包括运输周期、信息反馈、单证资料、财务结算、货物安全和客户投诉。

2. 中外运空运公司的主要做法

（1）制订科学规范的操作流程

摩托罗拉公司的货物具有科技含量高、货值高、产品更新换代快、运输风险大、货物周转及仓储要求零库存的特点。为满足摩托罗拉公司的服务要求，中外运空运公司从1996年开始，设计并不断完善业务操作规范，并纳入了公司的程序化管理。对所有业务操作都按照服务标准设定工作和管理程序进行，先后制定了出口、进口、国内空运、陆运、仓储、运输、信息查询、反馈等工作程序，每位员工、每个工作环节都按照设定的工作程序进行，使整个操作过程井然有序，提高了服务质量，减少了差错。

（2）提供24小时的全天候服务

针对客户24小时服务的要求，实行全年365天的全天候工作制度。周六、周日（包括节假日）均视为正常工作日，厂家随时出货，随时有专人、专车提供和操作。在通信方面，相关人员从总经理到业务员实行24小时的通信通畅，保证了对各种突发性情况的迅速处理。

（3）提供门到门的延伸服务

普通货物运送的标准一般是从机场到机场，由货主自己提货，而快件服务的标准是从"门到门"、"库到库"，而且货物运输的全程在严密的监控之中，因此收费也较高。对摩托罗拉的普通货物虽然是按普货标准收费的，但提供的却是门到门、库到库的快件的服务，这样既提高了摩托罗拉的货物运输及时性，又保证了安全。

（4）提供创新服务

从货主的角度出发，推出新的，更周到的服务项目，最大限度地减少损耗，维护货主信誉。为保证摩托罗拉公司的货物在运输中减少被盗的事情发生，在运输中间增加了打包、加固的环节；为防止货物被雨淋，又增加了一项塑料袋包装；为保证急货按时送到货主手中，还增加了手提货的运输方式，解决了客户的急、难的问题，让客户感到在最需要的时候，中外运公司都能及时快速的帮助解决。

（5）充分发挥中外运的网络优势

经过50年的建设，中外运在全国拥有了比较齐全的海、陆、空运输与仓储、码头设施，形成了遍布国内外的货运营销网络，这是中外运发展物流服务的最大优势。通过中外运网络，在国内为摩托罗拉公司提供服务的网点已达98个城市，实现了提货、发运、对方派送全过程的定点定人、信息跟踪反馈，满足了客户的要求。

（6）对客户实行全程负责制

作为摩托罗拉公司的主要货运代理之一，中外运对运输的每一个环节负全责。对于出现的问题，积极主动协助客户解决，并承担责任和赔偿损失，确保了货主的利益。

回顾6年来为摩托罗拉公司的服务，从开始的几票货发展到面向全国，双方在共同的合作与发展中，建立了相互的信任和紧密的业务联系。在中国入世后的新形势下，中外运和摩托罗拉正在探讨更加广泛和紧密的物流合作。

思考与练习

一、名词解释

第三方物流　　第四方物流　　核心竞争力　　物流质量管理　　物流标准化

二、单项选择题

1. 下列名词中，（　　　）与第三方物流的含义有很大不同。
   A. 合同制物流　　B. 契约物流　　　C. 物流外协　　D. 第四方物流
2. 第三方物流是指由供方与需方（　　　）的物流企业提供物流服务的业务模式。
   A. 以内　　　　　B. 以外　　　　　C.无关
3. 下列哪种方法是传统的库存管理方法？（　　　）
   A. ABC 库存管理法　　　　　B. MRP　　　C. ERP D. DRP
4. 企业资源计划的英文简写是（　　　）。
   A. ERP　　　　　B. DRP　　　　　C. MRP　　　　D. JIT
5. 物流基础模数尺寸是（　　　）。
   A. 600mm×400mm　　　　　B. 1200mm×1000mm
   C. 1200mm×800mm　　　　　D. 1100mm×1100mm

三、多项选择题

1. 第三方物流的主要职能包括（　　　）。
   A. 运输　　　　　B. 仓储　　　　C. 物料管理　　D. 辅助性管理
2. 市场经济条件下，市场需求有（　　　）特点。
   A.多品种　　　　B. 小批量　　　C. 更新快　　　D. 高频率
3. 全世界的第三方物流市场具有（　　　）的特征。
   A. 潜力大　　　　B. 渐进性　　　C. 高增长率　　D. 变数高
4. 我国较早的第三方物流企业是由（　　　）企业转型而来的。
   A. 仓储　　　　　B. 运输　　　　C. 配送　　　　D. 生产
5.物流标准化的形式有（　　　）。
   A. 简化　　　　　B. 统一化　　　C. 系列化　　　D. 通用化　　E. 组合化

四、判断题

1. 当今企业经营模式正在从"纵向一体化"向"横向一体化"转变。 （　　）
2. 第三方物流公司在货物的实际物流链中是一个独立的参与者。 （　　）
3. 无论何时，物流都不能成为企业的核心竞争力。 （　　）
4. 采用第三方物流服务提供商一定会提升企业形象。 （　　）
5. 在把物流委托给第三方的情况下，成本一定都会降低。 （　　）

五、简答题

1. 第三方物流有哪些优越性？
2. 第四方物流有哪些特点？与第三方物流有何区别？
3. 物流质量管理有哪些特点？
4. 库存质量管理的目标是什么？有哪些不同的库存质量管理目标？
5. 简述看板管理方法。

六、论述题

企业采用第三方物流的正负面效应？企业在采用第三方物流时应考虑哪些因素？

第7章 国际物流

学习目标

1. 掌握国际物流的概念及特点
2. 理解国际物流与国际贸易的关系
3. 熟悉国际物流系统
4. 了解国际物流的主要形式
5. 了解国际物流结点

案例导入

经济全球化培育了大量的全球性企业，全球性成为了企业组织结构的核心特征，他们在全球范围进行柔性组织布局，实现了经济结构从分摊固定成本的规模经济向新的经济体系范围经济转型，通过经济网络中的合作获得更大的柔性。生产、运输和信息领域的创新极大地促进了全球经济和企业结构的这种明显变化。WTO、欧盟和北美自由贸易联盟等组织采取的一系列自由政策、国际资本市场的拓展和逐步放开的放松管制进程也激励了全球性企业的涌现。其中对管制的逐步放松进程无疑也大大地促进了全球性运输业的出现。

可以说，在将来很长一段时间内，世界上大多数市场将被全球性企业所控制，他们在全球范围内采购原材料和部件、在海外制造、向世界各地销售客户定制型的产品。这样，物流流程管理将成为了全球性企业管理的一项重要内容。

全球性企业的雄心往往超越自身资源能力，因此将物流流程管理外包成为了重要的战略选择。借助外包，生产者可使固定成本不再固定，而成为可变成本，使内部资源集中投入到企业的核心活动。

全球经济中外包有三种基本形式：第一，部件生产外包。全球性企业致力于与有限数量的供应商建立稳定的长期的生产协作关系。生产组织结构实现了转型——

大型或超大型的生产企业为全球或区域范围的供应商网络所代替。第二,增值物流（VAL）。增值物流意味着生产和销售真正地整合为一体,供应链中很大一部分的价值创造转移到了物流服务供应商。增值物流甚至还可包括二次制造活动,譬如,系统装配、检测和软件安装等。第三,运输、仓储和配送外包。第三方运输已很普遍,仓储和配送活动也迅速发展为外包业务。

最近二十年,社会和文化变化极大地影响了市场环境。客户对产品的质量和服务的要求更高。这些服务包括产品的多样性、可获得性和可靠性。产品生命周期缩短、投入市场的速度加快都影响了运输流,如运输产品数量和运输频率增加,而批量却小了。

全球化和外包为运输链上的成员获得了更多的发展机遇。外包趋势大大鼓舞了物流服务供应商开展供应链管理。由于全球性企业需要的是能提供全球物流服务整合包的供应商,而不仅仅是单纯的航运或货代,运输链上的成员努力在整合物流包中提供新的增值服务,这促成了沿着供应链和运输链的整合,出现了全球物流。

请问,如何融入全球性的经营活动,开展国际物流?

国际物流是整个物流领域的一个子系统,其最大特点是物流跨越国界,物流活动在不同国家之间进行。伴随进入新世纪、加入 WTO、经济全球化的时代特点,中国正在不断融入世界经济生活,成为世界经济中最有活力的地区和国际跨国公司投资的乐园。企业的经营活动领域由地区、国内,发展到国际之间。企业的国际化战略的实施,使企业分别在不同国家中生产零件、配件,又在一些国家组装或销售整机。国际物流已成为现代物流发展的重要领域与趋势之一。

国际物流的研究范围十分广泛,对其深入研究可以促进世界范围的物流合理化。通过适当控制和科学组织,可以使国际间物资或商品的流动路线最佳、流通成本最低、服务最优、效益最大。更进一步,通过物流合理组织可以促进世界经济的发展,促进国际间的友好往来,促进国际政治格局的良性发展,使国际物流为人类的和平、稳定与发展服务。

7.1 国际物流概述

 必备的理论知识

国际物流（international logistics）伴随着国际贸易的发展而产生和发展,并成为国际贸易的重要物质基础,各国之间的相互贸易最终必须通过国际物流来实现,此外,如各国之间的邮政物流、展品物流、军火物流等也构成了国际物流的重要内容。国际物流是国内物流的跨国延伸和扩展。

7.1.1 国际物流的含义

1. 广义的国际物流

广义的国际物流包括国际贸易物流、非贸易国际物流、国际物流投资、国际物流合作、国际物流交流等领域。其中，国际贸易物流主要是指组织货物在国际间的合理流动。非贸易国际物流是指国际展览与展品物流、国际邮政物流等；国际物流合作是指不同国别的企业共同完成重大的国际经济技术项目的国际物流；国际物流投资是指不同国别的物流企业共同投资组建国际物流企业；国际物流交流则主要是指在物流科学、技术、教育、培训和管理方面的国际交流。

2. 狭义的国际物流

狭义的国际物流主要是指国际贸易物流，即组织货物在国际间的合理流动，也就是指发生在不同国家之间的物流。更具体点说，狭义的国际物流是指当生产和消费分别在两个或两个以上的国家（或地区）独立进行时，为了克服生产和消费之间的空间距离和时间间隔，对货物进行物理性移动的一项国际贸易或国际交流活动，从而完成国际货物交易的最终目的，即卖方交付单证、货物和收取货款，买方接受单证、支付货款和收取货物。

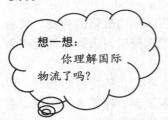

想一想：
你理解国际物流了吗？

国际物流的实质是根据国际分工协作的原则，依照国际惯例，利用国际化的物流网络、物流设施和物流技术，实现货物在国际间的流动与交换，以促进区域经济的发展和世界资源的优化配置。

国际物流的总目标是为国际贸易和跨国经营服务，即选择最佳的方式与路径，以最低的费用和最小的风险，保质、保量、适时地将货物从某国的供方运到另一国的需方。

7.1.2 国际物流的特点

国际物流与国内物流有许多相似的地方，但也有许多不同之处。国际物流是为跨国经营和对外贸易服务，使各国物流系统相互"接轨"，因而与国内物流相比，具有市场广阔、复杂性、国际性、高风险性、运输方式选择和组合的多样性等特点。

1. 市场广阔

国际物流是跨国界的物流活动，市场广阔。全世界共有 200 多个国家和地区，人口约 60 亿。这样一个范围和人口的市场是任何一个国家的国内市场所不能比拟的。此外，国际物流的需求层次多，或者说国际物流面对的是一个多层次、多维体的市场。由于种族、习惯及经济水平的差异，各国及各地区的需求层次和数量有较大差别，这为更多经济交易的开展提供了必备的条件。从市场营销的角度看,这是形成有效市场的基本前提。

2. 经营环境复杂

不同国家的物流适用法律的不同使国际物流的复杂性远高于一国的国内物流,甚至会阻断国际物流;不同国家的不同经济和科技发展水平则会造成国际物流处于不同科技条件的支撑下,甚至有些地区根本无法应用某些技术,从而迫使国际物流系统的总水平下降;不同国家的不同标准,也造成了国际间"接轨"的困难,因而使国际物流系统难以建立;不同国家的不同的风俗人文环境也使国际物流受到了很大局限。

可见,由于物流环境的差异,一个国际物流系统需要在几个不同的法律、人文、语言、科技、社会标准的环境下运行,这些无疑会大大增加物流的难度和系统的复杂性。

3. "游戏规则"国际性

国际物流中的物品交易不能只遵守某一个国家的规定,因此就有一个在国际上大家都用的规则。同样,在国际物流运输中的不同运输方式下也存在着应共同遵守的规则。这些"规则"比国内的规定可能复杂很多,例如,我国国内水路运输对承运人实行严格责任制,而国际海运中对承运人通常是实行不完全过失责任制。所以,国际物流中的"游戏规则"具有国际性。

4. 较大的风险性

物流本身的功能要素和系统与外界的沟通就已经很复杂了,而国际物流又在这一复杂系统上增加了不同国家的要素,这不仅导致了地域和空间的广阔,而且还使所涉及的内外因素更多,所需时间更长。这些因素带来的直接后果是难度和复杂性的增加,即风险增大。

国际物流的风险性主要包括政治风险、经济风险和自然风险。政治风险主要是指由于所经过国家的政局动荡,如罢工、战争等原因造成货物可能受到损害或丢失;经济风险又可分为汇率风险和利率风险,从事国际物流必然要发生资金流动,因而就必然产生汇率风险和利率风险;自然风险则是指在物流过程中,可能因自然因素,如台风、暴雨等引起的风险。

5. 更高的技术要求

在国际物流运作中,生产企业或货主企业会在很大程度上依靠第三方物流经营人提供的物流服务和情报、信息以及相关单证,这些信息交流等工作需要使用现代信息技术。为最大限度提高劳动生产率、节约物流成本,从而对国际物流运作提出了标准化的要求,标准化的实施也对相关技术提出了更高的要求。

6. 专业化、大型化的国际货物运输方式

想一想：
国际物流和国际贸易一样吗？

国际海上运输方式、国际航空运输方式以及国际集装箱多式联运组织形式是国际物流运输主要采用的方式。国际物流的运输路线较长，运输途中物品保管、存放条件要求较高，运输环境复杂，因此，采用专业化和大型化的运输工具和运输设备可以提高国际物流运输的效率、节约成本。

7.1.3 国际物流与国际贸易的关系

国际贸易与国际物流有着密切的关系。后者随着前者的发展而发展，但若后者的发展跟不上前者，又会限制和影响前者的顺利发展。只有切实做好国际物流工作，才能推动和扩展国际贸易。所以说，发展国际物流是发展国际贸易的必要条件，而发展国际贸易又是发展国际物流的前提。

1. 国际贸易的含义

国际贸易（international trade）是指国家或地区之间所进行的货物、服务的买卖或交换。如以一个国家或地区为主体，其与另一些国家或地区所进行的货物、服务的买卖或交换即为该国或该地区的对外贸易。作为出口方来说，其输出货物和服务被称为出口贸易；作为进口方来说，其输入货物和服务即为进口贸易。所以，对外贸易又被称为进出口贸易或输出入贸易。有些海岛国家，如英国、日本等，常用海外贸易（overseas tyrade）来表示对外贸易。

传统的国际贸易和对外贸易仅指有形货物的交换，即人们通常所说的狭义的国际贸易和对外贸易。而广义的国际贸易和对外贸易，则包括了货物和劳务的交换，分为有形货物贸易（visible trade）和无形货物贸易（invisible trade）。有形货物贸易是指有形的、可以看得见的货物的贸易；无形货物贸易是指无形货物即劳务的输出与输入，如运输、保险、金融、旅游、租赁、技术等劳务的交换活动，它们在通过一国海关时不必申报，也不列入海关统计。具体地讲，无形货物贸易包括：伴随着实物货物和人的国际移动而发生的劳务收支，如货物运输费、保险费、客运费、旅游费用等；由资本的国际移动而产生的投资收益项目，如利润、利息、红利、租金等；驻外机构经费、侨民汇款、专利费等其他收支项目。世界无形货物贸易主要分为国际服务贸易和国际技术贸易两大类。国际服务贸易构成国际无形货物贸易的主体，主要是指跨越国境的服务和消费以及各种生产要素的跨国境移动。

国际物流组织货物在国际间的合理流动，主要与国际货物贸易相关，即与狭义的国际贸易和对外贸易相关。国际货物贸易主要有以下种类：

（1）按货物移动的方向不同分类

1）出口贸易（export trade）：将本国生产和加工的货物运往他国市场销售，即为出口贸易或输出贸易。

2）进口贸易（import trade）：将外国货物输入本国国内市场销售，叫做进口贸易或输入贸易。把输入本国的货物再出口，被称为"复出口"；反之，把输出国外的货物再输入本国时，则被称为"复进口"。一国往往对同类产品既进口又出口，如出口量大于进口量，即为净出口；反之，进口量大于出口量则为净进口。

3）过境贸易（transit trade）：甲国经过丙国过境向乙国运送货物，这对丙国来说就是过境贸易。例如，我国与尼泊尔进行贸易，我国出口货物需通过印度转运，这对印度来说就是过境贸易。过境贸易的过境国可获得许多收入，如运费、保险费、装卸费、存仓保管费、佣金等。

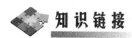 **知识链接**

过境贸易的分类

过境贸易又可分为两种：

① 直接过境贸易，是指货物运到过境国后不存入海关仓库而径直向另一国运去。

② 间接过境贸易，是指货物运到过境国后先存入海关仓库，经过一个时期再行运往另一国家。

（2）按货物运送方式的不同分类

1）陆路贸易（trade by roadway）：在国际贸易中，以陆路方式运送货物的叫做陆路贸易。陆路贸易的运输工具主要为火车、卡车等。

2）海路贸易（trade by seaway）：在国际贸易中，以海路方式运送货物的称为海路贸易。其运输工具主要为各种船舶。

3）空运贸易（trade by airway）：在国际贸易中，采用航空方式运送货物的称为空运贸易。

4）邮购贸易（trade by mail order）：在国际贸易中，采用邮政包裹的方式寄送货物的称为邮购贸易。

2. 国际物流是开展国际贸易的必要条件

世界范围的社会化大生产必然会引起国际分工，任何国家都不能够包揽一切生产活动，而需要国际间的合作。国际间的货物和劳务流动是由商流和物流组成的，前者由国际交易机构按照国际惯例进行，后者由物流企业按各个国家的生产和市场结构完成。为了克服它们之间的矛盾，就要开展与国际贸易相适应的国际物流。只有物流工作做好了，才能将国外客户需要的货物适时、适地、按质、按量、低成本地送到，从而提高本国货物在国际市场上的竞争能力，促进对外贸易。国际物流已成为影响和制约国际贸易进一步发展的重要因素。

3. 国际贸易的发展促进物流国际化，并不断对国际物流提出新的要求

跨国经营与国际贸易的发展，促进了物和信息在世界范围内的大量流动和广泛交换，物流国际化成为国际贸易和世界经济发展所要求的必然趋势。

世界经济的飞速发展和国际政治格局的风云变幻，使国际贸易不断表现出一些新的趋势和特点，从而也在不断对国际物流在质量、效率、安全、经济和信息化方面提出更新、更高的要求。

（1）质量要求

国际贸易的结构正在发生着巨大变化，传统的初级产品、原料等贸易品种逐步让位于高附力口值、精密加工的产品。高附加值、高精密度货物流量的增加，对国际物流工作的质量也提出了更高的要求。此外，国际贸易需求的多样化还造成了物流的多品种、小批量化，这就同时要求国际物流向优质服务和多样化发展。

（2）效率要求

国际贸易活动的集中表现就是合约的订立和履行。而国际贸易合约的履行是由国际物流活动来完成的，这就要求通过高效率的物流来履行合约。从输入面的国际物流看，提高物流效率最重要的是如何高效率地组织所需货物的进口、储备和供应。也就是说，从订货、交货，直至运入国内保管、组织供应的整个过程，都应加强物流管理。根据国际贸易货物的不同，采用与之相适应的巨型专用货船、专用泊位以及大型机械等的专业运输等，这对提高物流效率起着主导作用。

（3）安全要求

由于国际分工和社会生产专业化的发展，大多数货物是在世界范围内分配和生产的。例如，美国福特公司某一牌号的汽车要同约 20 个国家的 30 多个不同厂家联合生产，产品则销往 100 多个不同国家或地区。国际物流所涉及的国家多、地域辽阔、在途时间长，易受气候条件、地理条件等自然因素和政局、罢工、战争等社会政治经济因素的影响。因此，在组织国际物流，选择运输方式和运输路径时，要密切注意所经地域的气候条件、地理条件，同时还应注意沿途所经国家和地区的政治局势、经济状况等，以防止这些人为因素和不可抗拒的自然力造成货物灭失和损害。

（4）经济要求

国际贸易的特点决定了国际物流的环节多、备运期长。在国际物流领域，控制物流费用以降低成本具有很大潜力。对于国际物流企业来说，选择最佳物流方案、提高物流经济性、降低物流成本、保证服务水平，是提高竞争力的有效途径。

（5）信息化要求

第二次世界大战以来，现代信息技术得到了迅速发展，并逐步延伸和影响到社会生活的各个方面。近年来，这一技术在国际商务活动中得到了日益广泛的应用。因而，充分利用计算机技术和网络通信技术，逐步实现国际贸易活动的信息化和无纸化，已成为现代国际贸易发展的一大趋势。

想一想：
国际物流和国际贸易是什么关系？

总之，国际物流必须不断适应国际贸易结构和货物流通形式的变革，向国际物流合理化方向发展。

7.1.4 国际物流的发展趋势

20 世纪 90 年代以来，掀起了经济全球化浪潮，国际化采购、国际化生产、国际化销售格局的形成，伴随而来的是国际化物流。没有顺畅的国际物流，国际贸易不会扩大，跨国生产和全球采购也难以实现。反过来，在国际化大生产、国际资本大流动、国际贸易大发展、全球经济一体化日益进展的新经济格局中，也迫切要求国际物流走向全球化经营。21 世纪全球经济将进一步增长，伴随着经济增长的物流国际化将会得到更大的发展。根据国内外物流发展情况，国际物流的发展趋势可以归纳为以下几个方面：

1. 国际物流的运作融入全球供应链管理

物流必须与生产、采购、销售以及信息相结合，形成整体优势，才能适应不断发展变化中的经济和竞争环境。企业只有在发挥核心竞争力的同时，与自己的上游企业和下游企业结成联盟，参加由优秀的生产者、原材料供应者、产品批发商、零售商、物流企业乃至相关的金融、保险、信息、咨询等企业优势组合的同盟体，才能维持生存和发展。由于逐渐由单个企业与单个企业之间的竞争，转向了企业群与企业群之间的竞争，物流的功能便显得乏力，只有供应链才能满足这种竞争的需要，所以，作为一种发展趋势，物流渐渐地被涵盖在供应链管理之中，或者说物流进入了更高的发展阶段。由于各个企业的国际化运营，也要求国际物流的运作参与到覆盖全球的整个供应链管理之中。

2. 国际物流服务范围和服务质量的扩展

物流服务的范围和服务质量一直伴随着经济的发展、科技的进步、消费者的需要等外在因素的变化而不断地调整和完善自己。开始阶段，物流侧重于产品离开生产线以后的运输、保管、装卸搬运、包装、流通加工和信息传递，主要服务于企业的产品销售活动；后来服务的范围扩大到原材料采购和生产领域，着重降低企业物流成本，增加利润，加强用户服务；再后来物流又在增加需求预测，订货处理、退货物流、废弃物处理等内容的同时，把重点转向对物流活动的策划、控制与管理，物流的地位也提升至企业经营管理和企业经营战略的高度。随着物流需求的全球化，物流服务的范围也与企业的全球性采购、生产、分销、零售和消费紧密结合，为货主企业提供越来越多的服务内容。同时，物流本身又是直接面向顾客的一项服务性很强的工作，因此，物流服务质量以及服务的可信程度直接影响着物流业的兴衰。货主企业全球性物流服务需求水平的提高以及国际物流服务市场的激烈竞争，必然会使得国际物流服务质量和服务水平得到持续的提升。

3. 国际物流迈向信息化、电子化、科技化

由于各种信息平台、电子数据交换系统（EDI）、事务处理系统（TPS）管理信息系统（M IS）、决策支持系统（DSS）、销售时点信息系统（POS）、地理信息系统（GIS）、全球卫星定位系统（GPS）、智能交通运输系统（ITS）等信息处理和条形码技术、射频标识技术在国际物流中的广泛运用，大大增强了运输、保管、装卸搬运、包装、流通加工、配送等物流各环节的功能，使物流与商流、资金流、信息流融为一体，提升了生产、流通和消费的综合效益。没有物流的信息化，任何先进的技术装备都不可能用于物流领域，电子商务信息技术及计算机技术在物流中的应用将会彻底改变世界物流的面貌。

另外，为了提高物流自动化水平，物流的智能化已经成为物流发展的一个新趋势。除了智能化交通运输外，无人搬运车、机器人堆码、无人操作叉车、自动分类分拣系统、无纸化办公系统等现代物流技术，都大幅度提高了物流机械化、自动化和智能化的水平。同时，由于信息化、电子化、模块化、仿真化技术在物流中的应用，使利用虚拟仓库、虚拟银行的供应和管理如鱼得水、如虎添翼，同时，也把国际物流推向了一个崭新的发展阶段。

4. 绿色物流发展趋势

如今经济发展强调的是"可持续发展"，即经济的发展必须建立在维护地球环境的基础上，而物流活动过程却会对环境产生很多不利的影响，如汽车运输带来的废气污染环境商品包装物、衬垫物等会影响卫生及存在火灾隐患，等等。在环境矛盾越来越突出、环保问题越来越受到重视的现代社会，物流企业已不能只考虑经济发展，还必须遵守环保法规，减少卡车噪音、废气公害，注重社会效益，这是目前人们所经常提到的"绿色物流"。

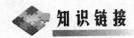 知识链接

绿色物流

在物流过程中抑制物流对环境造成危害的同时，实现对物流环境的净化，使物流资源得到最充分的利用。

为了社会效益，有的国家已考虑限制卡车运输，鼓励铁路运输。卡车在繁华市区装卸货物要求关闭发动机，以减少废气排放；有的国家做出规定，电视机、电冰箱等大件废旧家用电器，由生产企业负责回收和再生利用。从环境的角度考虑来对现有的物流体系进行改进，需要形成一个环境共生型的物流管理系统，形成一种能促进经济和消费生活同时健康发展的物流系统，即物流系统向环保型和循环型转变。

 **知识链接**

关于"绿色包装"

关于"绿色包装"，工业发达国家早在20世纪80年代叫做"3R"原则，即"减量化"（reduce）、"重复使用"（reuse）和"再循环"（recycle），90年代又增加了一个"1D"，即"可降解"（degradable）。我国从90年代初开始出现"绿色包装"的提法，这与工业发达国家对包装提出的"3R"和"1D"原则是一致的。按照上述定义和原则，"绿色包装"至少应当符合以下要求：尽量节省材料、资源和能源；废弃物能降解，不污染或少污染环境；对环境和人体健康无害等。

7.1.5 国际物流组织机构

1. 中国的主要国际物流组织机构

（1）中国远洋运输集团

中国远洋运输集团（简称中远集团）是以中国远洋运输（集团）总公司为核心组建起来的，以国际航运为主业，集船货运代理、海上燃物料供应、码头、仓储、内陆货运、空运、贸易、工业、金融、房地产、旅游、劳务输出等业务于一体的跨国家、跨地区、跨行业的大型企业集团。

中远集团已由成立之初的四艘船舶、2.26万载重吨的单一型航运企业，发展成今天拥有和经营着600余艘现代化商船、3500余万载重吨、年货运量超过2.6亿吨的综合型跨国企业集团。作为以航运、物流为核心主业的全球性企业集团，中远在全球拥有近千家成员单位、8万余名员工，其中海外机构100多个，驻外员工近5000人。在中国本土，中远集团分布在广州、上海、天津、青岛、大连、厦门、香港等地的全资子公司，经营管理着集装箱、散装、特种运输和油轮等各类型远洋运输船队；在海外，以日本、韩国、新加坡、北美、欧洲、澳大利亚、南非和西亚八大区域为辐射点，成为中国最大的船公司，并且跻身于世界最大的船公司之列，以船舶航线为纽带，形成遍及世界各主要地区的跨国经营网络。标有"COSCO"醒目标志的船舶和集装箱在世界160多个国家和地区的1300多个港口往来穿梭。

中远集团的集装箱运输由中远集装箱运输有限公司（简称中远集运）承担，经营着

120 余艘、总箱位逾 25 万 TEU 的集装箱船队。其中，13 艘 5400TEU 超巴拿马型集装箱船是当今世界最先进的船舶，5 艘新造的 8000TEU 集装箱船也于 2000 年开始陆续下水投入运营，中远集团集装箱班轮运输实力进一步增强。目前，中远集运开辟了跨太平洋、远东至欧洲等 20 多条全球运输主干航线，船舶挂靠世界上 100 多个重要港口。在全球拥有 1000 多个代理分支机构，连通五大洲各交通枢纽，辐射到全球各个角落。在中国本土，拥有货运机构 300 多个，覆盖全国铁路枢纽、公路网站、国际空港和沿海主要港口，形成以大连、天津、青岛、上海、广州、西安、武汉等地区为支点，连接各主要交通城市的联运网络和运输服务系统。中远集装箱运输的多式联运服务业务，网点遍及欧、美、亚、非、澳五大洲，做到了全方位、全天候"无障碍"服务。

中远散货船队拥有干散货船 200 多艘，1100 万载重吨，名列世界前茅。广州远洋运输公司拥有杂货船 128 艘，1753 万载重吨，位居世界前列。目前，中远的航线遍及世界150 多个国家和地区的 1200 多个港口，为世界工贸界提供全球性海上运输服务。中远各海外区域公司，也通过延伸传统海运业务，为客户提供增值物流服务。

中远船舶代理业务始于 1953 年 1 月 1 日，是中国经营最早、规模最大的国际运输代理企业。作为国际运输公共代理人，中远在中国各开放口岸设有 81 家船舶代理公司，并在日本、韩国和中国香港设有办事机构，与世界上 180 多个国家和地区的 5000 多家企业建立了密切的业务联系，形成了一个为船东、货主提供优质高效服务的网络系统，成为联结船、港、货三方的桥梁和纽带的中国外轮代理公司。发展在航运及物流业的领先地位，是中远集团的既定战略和使命。为实现这一战略目标，2002 年 1 月成立了中国远洋物流公司，以整合内部物流资源、优化全球供应链管理，为客户提供全方位物流服务。目前该公司已跻身于中国最大的专业化物流企业之列，在国内拥有 300 多个业务网点。中远在细致考察市场需求的基础上，重点开拓了汽车物流、一家电物流、项目物流和展品物流，为客户提供高附加值服务，并着力建设铁路运输、驳船运输、城际快运和航空运输四大物流通道。

1993 年成立集团以来，中远航运主业有了长足的进步，陆上产业也进一步得到开拓，业务涉及各个行业，已经发展成为中远集团的另一个重要支柱。在致力于为全球客户提供航运、物流等全球优质承运服务的同时，还能够为客户提供船舶和货物代理、船舶工业、码头、贸易、金融、房地产和 IT 等多个行业的服务。在广州、南通、大连等地，中远集团拥有实力雄厚的船舶、集装箱修造基地；在北京、上海、天津、青岛、大连等地，中远集团建造了数座远洋大厦；在上海、香港和新加坡中远集团发行了上市股票；在世界各个港口和货物集散地，印有 COSCO 字样的船舶和集装箱在繁忙地运作。

（2）中国对外贸易运输（集团）总公司

中国对外贸易运输（集团）总公司（简称中国外运）成立于 1950 年，是以海、陆、空国际货运代理业务为主，集海上运输、航空运输、航空快递、铁路运输、国际多式联运、汽车运输、仓储、船舶经营和管理、船舶租赁、船务代理、综合物流为一体的国际化大型现代综合物流企业集团，是国资委直属管理的 189 家中央企业和国务院批准的 120 家大型试点企业集团之一。

1950 年，中国对外贸易运输（集团）总公司成立，是国家对外贸易进出口货物运输的总代理。1973 年，中国外运与日本班轮公司合作，开辟了我国首条集装箱运输试运航线，开创我国集装箱运输的先河。1977 年，中国外运与铁道部和香港华夏公司合作，首次推出海铁联运服务，实现了铁路运输货物经香港中转，海运至世界各地的铁海联运业务。1980 年，中国外运开辟了经前苏联西伯利亚铁路大陆桥通往欧洲、中东等地区的大陆桥运输方式。1980 年开始，中国外运总公司先后在美国组建了华运公司、华美航务公司；在加拿大组建了中国外运加拿大公司；组建香港的宏光发展有限公司、威林行业有限公司等 4 家独资子公司。建立的合资公司共有 19 家，在国外注册的控股公司有八家。1980 年，中国外运率先在我国开办了国际多式联运业务，首次实现了"一票到底"的"门到门"服务。1980 年，中国外运与日本 OCS 合作，在我国率先引进航空快件业务。1986 年，中国外运与国际上著名的跨国公司 DHL 建立合资公司，这是我国第一家中外合资的航空快递企业。其后，又相继与 UPS 等国际知名快递企业建立合资公司，形成了遍布全国的国际空运网络。1980 年，中国外运在我国进行了挂式集装箱的首次试行，在满足货主的个性化需求方面迈出了第一步。1994 年中国外运开始贯标认证工作，截止到 2002 年底，包括集团总公司在内的 90 家企业先后获得 ISO9000 质量体系认证。1996 年，中国外运贯彻外经贸部关于加强中国外运集团化管理的决策，将国内各省市子公司的人事管理权上收，实现了人、财、物集中统一管理。

1997 年中国外运开始尝试资本运营，1999 年 10 月中外运空运发展股份有限公司正式成立。1997 年 6 月 19 日，中国外运成为大陆首批参与海峡两岸直航的运输企业，并成为海峡两岸航运交流协会的董事长单位。1997 年，中国外运集团被批准为国家 120 家试点企业集团之一，同年底，正式注册成立了中国对外贸易运输（集团）总公司。1997 年 12 月 8 日，中国外运集团重组；进行了集团结构调整、业务整合、资产重组、人员分流等改革工作，致力于把中国外运从一个传统的外贸运输企业建成由多个物流主体组成的、按照统一的服务标准流程和规范体系运作的、国际化、综合性的大型物流企业集团。1999 年底，中国外运制定了《中国外运集团发展战略纲要》，确立了在 21 世纪初叶外运集团发展的总定位、总目标和总方向，同年被确定为中央直属的 180 家国有重要企业之一。2000 年 12 月 28 日中国外运空运发展股份有限公司 A 股上市成功，募集资金 10 亿元人民币。2001 年 6 月，中国外运与中国奥委会签订为期 4 年的合作协议，成为中国奥委会货代及物流独家高级赞助商。2002 年 11 月 20 日，中国外运将沿海沿江 11 家省市子公司的主营业务和优良资产剥离出来，和 4 家专业子公司一起，共同组建成中国外运股份有限公司。截至 2003 年底，中国外运在国内设有 46 家子公司，1 家香港上市公司（中国外运股份有限公司，融资总额 5.03 亿美元）和 1 家国内 A 股上市公司（中外运空运发展股份有限公司），国内经营实体 1000 余家。在境外设有 8 个代表处，22

家海外企业，并与境外 400 多家运输企业建立了业务代理关系，形成了覆盖全国，辐射全球的优质高效的运输服务网络。根据中国国际货运代理协会（China International Freight Forwarding Association）统计，中国外运是中国最大的国际货运代理企业；根据中图海关的统计数字，以处理的包裹数量计算，中国外运是中国最大的快递服务企业；从拥有船舶吨位计算，中国外运是中国第三大远洋船公司；根据中国船舶代理行业协会统计，中国外运是中国第二大船务代理企业。

2. 世界其他国家的主要国际物流组织机构

（1）日本日通公司

日通的全称为日本通运株式会社，是世界 500 强企业之一，成立于 1937 年，其陆运、海运、空运、仓储的市场占有率均为日本第一，在世界物流行业排名第五。它在美国揽下了不少日系汽车制造厂的零部件运输，收益颇丰。此外，日通还在日本国内使用铁路运输的方式来运输轿车的零部件。

日通公司是世界上最大的综合物流服务商之一，也是日本最大的物流公司，目前在国内的营业网点达 1300 多个，在国外共设有 47 个分公司、20 个事务所，在 33 个国家的 138 个城市设有 241 个营业网点，在国外的从业人员多达 7200 人。

在日本国内，日通公司的卡车运输营业额在日本排第 1 位，比排在第 2 位的公司多 3 倍。日通公司是日本中小卡车运输公司最大的雇主；国内航空运输量占全日本航空货运总量的 33%，排第 1 位，其国际集装箱运输量排在世界第 1 位；日通公司是使用日本 JR 铁路公司运货数量最多的公司，其运量占 JR 铁路公司总运输量的 80%；日通公司的仓储面积在全国各大物流公司中排第 1 位。

日通公司拥有几个巨大的物流中心，包括：

1）成田空港物流中心。这世界航空货物处理量最大的物流中心。距东京成田机场 9 千米，占地面积达 36000 平方米。其中处理一般货物的作业现场占 5 层大楼，共 26000 平方米；处理生鲜货物的作业现场占两层大楼，其冷藏室可提供-5～20℃的冷藏服务，并可根据保鲜品的销售情况提供 2～3 次处理服务，如鲜花的重新挑拣、包装、易腐物品的加冰等。

东京大井埠头果品物流处理中心紧靠东京港（海港），储藏面积为 28000 平方米，其储藏室可设定的温度为-5～25℃。设有若干类型的仓库储存不同的果品，如可对保鲜果品进行熏蒸的仓库等。

2）配送中心。这是日通公司为美国一家隐形眼镜制造商 Johnson 提供装配、分发和投送服务建造的大型物流中心。日通公司的物流服务给这家美国的隐形眼镜制造商、医院和患者都带来了极大的方便，患者只需在就诊时提供地址，日通公司便会妥善地将镜片投送到患者手中。

据日本经济新闻报道，日本通运公司将在中国大力发展与汽车零部件运输相关物流事业。日通的第一波动作从 2004 年 10 月开始，日通揽下了日产汽车在华的零部件运输工作。此外，日通还瞄准了丰田、本田等公司。据日通方面透露，日通已经计划在 2006年度继续扩大在华的此类服务，目标销售额为 10 亿日元以上。

现在日通在中国国内汽车的主要生产基地，如上海市、武汉市、天津市和广东省的不少城市设立了共 59 个据点。

日通今后还将在华逐步引进宅急便服务系统、铁路集装箱系统、一般货物运输服务系统、海空运系统和客户物流系统等。

（2）美国总统轮船公司（APL）

成立于 1848 年的美国总统轮船公司，是东方海皇集团公司的一员，也是世界五大海洋运输与物流服务商之一。在全球，该公司的船队有 80 多艘集装箱船，可提供最宽阔的航线部署、最频繁的航次与最快速的运送时间，航线覆盖环太平洋、环大西洋、拉丁美洲、亚洲和欧洲及亚洲内部、地中海地区、澳大利亚等国家和地区。在全世界范围内，美国总统轮船公司部署拥有 25 万个集装箱可向客户提供各种尺寸与各种用途的集装箱，结合海运、空运、铁路、卡车和码头，通过一个完整的运输网络系统运送货物，保证集装箱服务的正常进行，并且提供双层集装箱铁路运输服务，以配合北美地区的多式联运业务的完成。

美国总统轮船公司的轮船自 1867 年首航中国以来，一直将中国作为业务策略的重点市场，在中国拥有最广泛的销售和服务网络。它在中国设有 39 个分公司及办事处，遍布北京、大连、福州、广州、上海、深圳、厦门等。APL 一年的营业额有超过 40%是来自大中国区。

美国总统轮船公司的美集物流向 34 个国家的 68 个办事处及仓库网络提供全方位的物流服务。美集物流的主要顾客是大零售商、在亚洲采购的公司及主要在北美和欧洲销售消费品的分销商。通常，顾客的总部设在北美和欧洲，包括纺织品、服装、配件和鞋袜、体育用品及其他消费品的购买和分销公司。美集物流是首批在华获准进行物流及国际货代营运的外资公司。

美集物流作为一个全方位的物流服务提供者，它为客户提供了全球性的、覆盖供应链中各个环节的、一体化的物流服务。美集物流将其姐妹公司的运作能力和经验与自身的优势相结合，对客户的需求进行个案分析，从而可为客户量身设计出独特而适宜的物流解决方案。美集物流将现有的经验和方法与最新的技术结合起来，可以为客户提供物流供应链解决方案并与客户建立一个统一的、长期的关系，将自己融入到客户的供应链中。

（3）美国联合包裹服务公司（UPS）

国际物流不仅仅只是商务活动中出现的物流，还存在一些面向社会的实现物品流通——社会物流。全球快递业务就属于这种物流，而 UPS 公司就是一个国际物流企业。

UPS 于 1907 年作为一家信使公司成立于美国，以致力于支持全球商业为目标，如今 UPS 已发展到拥有 300 亿美元资产的大公司。UPS 是一家全球性国际快递公司，从事信函、文件及包裹快速传递业务，在世界各国和地区均取得了进出的航空权。它除了自身拥有 700 家货物运输飞机外，还租用了几百架货物运输飞机，每天运输量 1000 多万件。UPS 在全世界建立了 10 多个航空运输的中转中心，在 200 多个国家和地区建立了几万个快递中心，公司的员工达到几十万，年营业额可达到几百亿美元，在世界快递行业中享有较高的声誉。

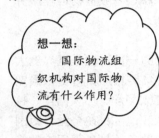
想一想：
国际物流组织机构对国际物流有什么作用？

作为世界上最大的快递承运商与包裹递送公司，UPS 同时也是专业的运输、物流资本与电子商务等服务具有领导性的提供者。例如，UPS 公司可为客户提供代理报关服务，减轻了客户报关负担及缩短了报关时间；为客户代理特殊物品的包装服务，解决了各户在物品包装上的困难及节省了包装材料费用；UPS 公司每天都在世界上 200 多个国家和地域管理着物流、资金流与信息流。以上服务的提供，说明 UPS 公司的物流内容越来越广泛，UPS 的国际第三方物流的形象越来越完美。

社会实践建议

在指导教师的组织下，分小组以不同形式调查，了解中外著名的国际物流组织机构。

7.2 国际物流系统

必备的理论知识

国际物流的服务对象是国际贸易商和跨国公司。国际贸易和国际生产系统是两个密切关联的、极其复杂的大系统，它们是由众多分系统、子系统相互连接，共同组成的一个运作协调的开放经济系统。一方面，国际贸易系统的构成有出口贸易分系统、进口贸易分系统、货物交易分系统、货物实体流动分系统和货物信息交换分系统等。相应地，从狭义而言，服务于贸易活动的国际物流系统，就由货物的包装、储存、运输、检验、流通加工和其前后的整理、再包装以及国际配送等子系统所组成。其中，运输和储存子系统是物流系统的主要组成部分，国际运输更被看作是国际物流的核心；另一方面，国际生产系统包含国际采购、原材料内部储运、国际生产加工、成品储运、国际营销、研究开发、国际企业基础结构和全球化战略等诸多环节，它们都构成了全球生产条件下的国际物流活动的内容。与单纯的国际贸易物流相比，由国际生产而产生的国际物流活动往往更复杂、更具有战略意义，它促成了全球一体化供应链过程管理。

想一想：
什么是国际物流系统？

可见，国际物流系统是一个高度综合的概念，带有明显的系统集成（一体化）特色。它是在一定的时间和空间里（包括国内、国家间、区域间和洲际间）进行物流活动，主要由物流人员、物流设施、待运物资和物流信息等要素构成的具有特定功能的有机整体。国际物流系统的基本要素包括一般要素、功能要素、支撑要素和物质基础要素。

7.2.1 国际物流系统的一般要素

国际物流系统的一般要素主要由劳动者、资金和物三方面构成。

1. 劳动者要素

它是现代物流系统的核心要素和第一要素。提高劳动者的素质，是建立一个合理化的国际物流系统并使它有效运转的根本。

2. 资金要素

交换是以货币为媒介的。实现交换的国际物流过程，实际也是资金的运动过程。同时，国际物流服务本身也需要以货币为媒介，国际物流系统建设是资本投入的一大领域，离开资金这一要素，国际物流就不可能实现。

3. 物的要素

物的要素首先包括国际物流系统的劳动对象，即各种实物。因此，国际物流系统便成了无本之木。此外，国际物流的物的要素还包括劳动工具、劳动手段，如各种物流设施、工具、各种消耗材料（燃料、保护材料）等。

7.2.2 国际物流系统的功能要素

国际物流系统的功能要素指的是国际物流系统所具有的基本能力，这些基本能力有效地组合、连接在一起，形成了国际物流系统的总功能，由此，便能合理、有效地实现国际物流系统的总目的，实现其自身的时间和空间效益，满是国际贸易活动和跨国公司经营的要求。

国际物流系统的功能要素一般认为有采购、包装、储存、流通加工、检验检疫和通关、装卸搬运、运输、物流信息处理等。如果从国际物流活动的实际工作环节来考察，国际物流也主要由上述九项具体工作构成。换句话说，国际物流能实现以上九项功能。这九项功能要素也相应地形成各自的一个子系统。

1. 采购子系统

随着国际物流管理内涵的日益拓宽，采购功能在企业中变得越来越重要。要真正做到低成本、高效率地为企业国际物流服务，采购就需要涉及企业的各个部门。采购的功能是：选择企业各部门所需要的适当物料，从适当的来源（包括全球采购），以适当的价格、适当的送货方式（包括时间和地点）获取适当数量的原材料。

2. 包装子系统

美国杜邦化学公司提出的"杜邦定律"认为，63%的消费者是根据货物的包装装潢进行购买决策的。所以，经营出口的企业应认真考虑货物的包装设计，把包装、储存、装卸和运输有机联系起来统筹规划，实现现代化国际物流系统所要求的"包、储、运一体化"，即货物的包装应综合考虑储存便捷和运输速度，以加速物流、方便储运并减少物流费用。

3. 储存子系统

货物储存、保管使货物在其流通过程中处于一种或长或短的相对停滞状态，这种停滞是完全必要的。因为，货物流通是一个由分散到集中，再由集中到分散的源源不断的流通过程。国际贸易和跨国经营中的货物从生产厂家或供应部门被集中运送到装运港口，有时需临时存放一段时间，再装运出日，这是一个集和散的过程。它主要是在各国的保税区和保税仓库进行的，主要涉及各国保税制度和保税仓库建设等方面。

从物流角度看，应尽量减少储存时间和储存数量，加速货物和资金的周转，实现国际物流的高效率运转。

4. 流通加工子系统

流通加工是为了促进销售、提高物流效率和物资利用率以及为维护产品的质量而采取的，能使物资或货物发生一定的物理和化学及形状变化的加工过程，它可以确保进出口货物的质量达到要求。出口货物加工的重要作用是使货物更好地满足消费者的需要，不断地扩大出口。同时，它也是充分利用本国劳动力和部分加工能力，扩大就业机会的重要途径。

进出口货物流通加工的具体内容包括：其一是指装袋、贴标签、配装、挑选、混装、刷标记（刷唛）等出口贸易货物服务；另一种则是生产性外延加工，如剪断、平整、套裁、打孔、折弯、拉拔、组装、改装、服装的检验和烫熨等。其中，后一种出口加工或流通加工，不仅能最大限度地满足客户的多元化需求，同时还可以实现货物的增值。

5. 货物检验检疫系统

由于国际贸易和跨国经营具有投资大、风险高、周期长等特点，这就使得货物检验成为国际物流系统中重要的子系统。通过货物检验，确定交货品质、数量和包装条件是否符合合同规定。如发现问题，可分清责任，向有关方面索赔。在买卖合同中，一般都订有货物检验条款，其主要内容有检验时间与地点、检验机构与检验证明、检验标准与检验方法等。

6. 通关子系统

国际物流的一个重要特点就是货物要跨越关境。由于各国海关的规定并不完全相同，所以，对于国际货物的流通而言，各国的海关可能会成为国际物流中的"瓶颈"。要消除这一瓶颈，就要求物流经营人熟知有关各国的通关制度，在适应各国的通关制度的前提下，建立安全有效的快速通关系统，保证货畅其流。

7. 装卸搬运子系统

装卸搬运子系统主要包括对国际货物运输、保管、包装、流通加土等物流活动进行衔接活动，以及在保管等活动中为进行检验、维护、保养所进行的装卸活动。伴随装卸活动的小搬运，一般也包括在这一活动中。在国际物流活动中，装卸活动是频繁发生的，因而是产品损坏的重要原因对装卸活动的管理，主要是确定最恰当的装卸方式，力求减少装卸次数，合理配置及使用装卸机具，以做到节能、省力、减少损失、加快速度，最终获得较好的经济效果。

8. 运输子系统

运输的作用是将货物使用价值进行空间移动，物流系统依靠运输作业克服货物生产地和需要地的空间距离阻隔，创造了货物的空间效益。国际货物运输是国际物流系统的核心。货物通过国际货物运输作业由卖方转移给买方。国际货物运输具有路线长、环节多、涉及面广、手续繁杂、风险性大、时间性强等特点。运输费用在国际贸易货物价格中占有很大比重。国际运输主要包括运输方式的选择、运输单据的处理以及投保等有关方面。

9. 信息子系统

信息子系统的主要功能是采集、处理及传递国际物流和商流的信息情报。没有功能完善的信息系统，国际贸易和跨国经营将寸步难行。国际物流信息主要包括进出口单证的作业过程、支付方式信息、客户资料信息、市场行情信息和供求信息等。

国际物流信息系统的特点是信息量大、交换频繁；传递量大、时间性强；环节多、点多、线长，所以要建立技术先进的国际物流信息系统。国际贸易中 EDI 的发展是一个重要趋势。我国应该在国际物流中加强推广 EDI 的应用，建设国际贸易和跨国经营的信息高速公路。

应将上述各主要系统有机地联系起来，统筹考虑，全面规划。其中，运输及储存分别解决了供给者与需要者之间场所和时间的分离，分别是国际物流创造"空间效用"及"时间效用"的主要功能要素，因而在国际物流系统中，这两个要素处于主要功能要素的地位。国际物流主要通过国际货物的储存保管和国际运输实现其自身的时空效应，满足国际贸易的基本需要。

7.2.3　国际物流系统的支撑要素

国际物流系统的运行需要有许多支撑手段，尤其是处于复杂的社会经济系统中，要确定国际物流系统的地位，要协调与其他系统的关系，这些要素就更加必不可少。它们主要包括：

（1）体制、制度

物流系统的体制、制度决定了物流系统的结构、组织、领导和管理的方式。国家对其控制、指挥和管理的方式，是国际物流系统的重要保障。

（2）法律、规章

国际物流系统的运行，不可避免地涉及企业或人的权益问题，法律、规章一方面限制和规范物流系统的活动，使之与更大的系统相协调，另一方面则是给予保障。合同的执行、权益的划分、责任的确定都要靠法律、规章来维系。各个国家和国际组织的有关贸易、物流方面的安排、法规、公约、协定、协议等也是国际物流系统正常运行的保障。

（3）行政、命令

国际物流系统和一般系统的不同之处在于，国际物流系统关系到国家的军事、经济命脉，所以，行政、命令等手段也常常是国际物流系统正常运转的重要支持要素。

（4）标准化系统

它是保证国际物流各环节协调运行、保证国际物流系统与其他系统在技术上实现连接的重要支撑条件。

7.2.4　国际物流系统的物质基础要素

国际物流系统的建立和运行，需要有大量的技术装备手段，这些手段的有机联系对国际物流系统的运行具有决定意义。这些要素对实现国际物流和某一方面的功能也是必不可少的。具体而言，物质基础要素主要有：

（1）物流设施

物流设施是组织国际物流系统运行的基础物质条件，包括物流站、场，物流中心、仓库，国际物流线路，建筑物，公路，铁路，口岸（如机场、港口、车站、通道）等。

（2）物流装备

物流装备是保证国际物流系统运行的条件，包括仓库货架、进出库设备、加工设备、运输设备、装卸机械等。

（3）物流工具

物流工具是国际物流系统运行的物质条件，包括包装工具、维护保养工具、办公设备等。

（4）信息技术及网络

信息技术及网络是掌握和传递国际物流信息的手段，根据所需信息水平的不同，包括通信设备及线路、传真设备、计算机及网络设备等。

（5）组织及管理

组织及管理是国际物流网络的"软件"，起着连接、调运、运筹、协调、指挥其他各要素以保障国际物流系统目的的实现等作用。

7.2.5 国际物流系统的运作

国际物流系统通过其所联系的各子系统发挥各自的功能，包括：采购功能、运输功能、储存功能、装卸搬运功能、包装功能、流通加工功能、货物检验功能以及信息处理功能等。它们相互协作，以实现国际物流系统所要求达到的低国际物流费用和高客户服务水平，从而最终达成国际物流系统整体效益最大的目标。

国际物流系统是以实现国际贸易、国际物资交流大系统总体目标为核心的。国际贸易合同签订后的履行过程，就是国际物流系统的实施过程。

国际物流系统在国际信息流系统的支撑下，借助于运输和储运等作业的参与，在进出口中间商、国际货代及承运人的通力协助下，借助国际物流设施，共同完成一个遍布国内外、纵横交错、四通八达的物流运输网络。

想一想：
如何构成国际物流系统？

7.3　国际物流的主要形式

必备的理论知识

国际物流根据管理组织方式、运输方式、物流对象、流动路径的不同有多种流动形式，本节介绍几种主要的国际物流形式。

7.3.1 国际运输

国际货物运输由于运输距离较长，涉及面广，中间环节多，情况复杂多变，加之时间性又很强，所以风险比国内运输要大。常见的运输方式有公路运输、铁路运输、海洋运输及航空运输等，不同的运输方式有各自的优缺点。国际物流对运输方式的选择主要考虑以下几个方面的问题：首先是运输成本的问题。这是选择运输方式首要考虑的因素，原因是国际运输运距长运费负担重。一般而言，大型专用船舶的运输成本较低，定期班轮则较高，包轮则更高。海运成本通常低于陆运成本，但如果海运有大迂回可利用大陆桥在运载成本方面的优势。其次应考虑运行速度。在各种运输方式中，航空货运最具速度优势；在洲际运输中，大陆桥运输比海运更有速度优势。最后，选择运输方式时还应考虑货物本身的特点，货物的数量及物流基础设施条件等各方面因素。

1. 公路运输

国际公路货物运输（international road freight transport）是指国际货物借助一定的运载工具（一般以汽车为主），沿着公路跨及两个或两个以上国家或地区的移动过程。

公路运输的主要优点有：机动灵活；直达性能好，可实现"门到门"的运输；适应性较强，受地理、气候条件影响小且运行范围广，可以穿街巷、进山区、到工厂、下田间，直接把货物运到仓库、商店、工矿企业和乡村田头；可以广泛地参与到其他方式的联运中，是港口、机场、铁路、车站物资集散的必要手段。

公路运输的主要缺点有：运量小，运输载货量有限；运输成本较高；易造成货损；另外，受地理环境结构的影响，公路运输在边境贸易中占有重要地位，在国际公路干线网络密集的欧洲国家间，公路运输的地位也很突出，但在洲际运输中，公路运输在国际贸易运输中的地位不及海运，也不及铁路运输。

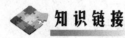 **知识链接**

浮动公路

"式转换速度加快，而且在转换时不触碰货物，从而有利于减少和防止货损。浮动公路"运输又称车辆渡船方式，即利用一般水运衔接两端陆运；衔接方式采用将车辆开上船舶，以整车货载完成这一段水运，到达另一港口后，车辆开下船舶继续利用陆运的联合运输方式。其特点是在陆运和水运之间，不需要将货物从一种运输工具上卸下再转换到另一种运输工具上，而仍利用原来的车辆作为货物的载体，这样可以使两种运输之间实现有效衔接。

2. 铁路运输

在国际货物运输中，铁路运输（rail transport）是一种仅次于海洋运输的主要方式。海洋运输的进出口货物也大多是靠铁路运输进行货物集散的。铁路运输的优点是一般不受气候条件的影响，可保障全年的货物运输；运量较大，速度较快，有高度的连续性；运转过程中的风险较小；而且办理铁路货运手续比海洋运输简单，发货人和收货人可以在就近的始发站（装运站）和目的站办理托运和提货手续。铁路运输的主要缺点是不容易像公路运输那样实现"门到门"运输，并且建筑铁路基础设施投资大、周期长、难度较高。

国际铁路货物联运是指在两个或两个以上国家铁路运送中，使用一份运送单据，并以连带责任办理货物的全程运送，在由一国铁路向另一国铁路移交货物时，无需发、收货人参加。

发货人按车站指定日期将货物搬入车站或指定货位，经车站根据运单的记载事项核实，确认符合国际联运的有关规定后予以接收。在发货人付清一切应付运送费用后，车站在所提交的运单上加盖车站日期戳。运单在加盖车站日期戳后，即标志承托双方以运单为凭证的运输合同开始生效，参加联运国铁路对货物负有从始运地运送至运单上指定的目的地的一切责任。

 知 识 链 接

大陆桥运输

大陆桥运输（land bridge transport）是指利用横贯大陆上的铁路或公路运输系统，把大陆两端的海洋连接起来的中间桥梁，一般是以集装箱为运输单位。大陆桥运输手续简便，可以一次托运、一票到底、一次结汇，极大地加快了物流的速度，并保证了货物的运输安全。目前世界上主要的大陆桥有三条，即西伯利亚大陆桥、美国大陆桥和新亚欧大陆桥。

3. 海洋运输

在国际货物运输中，运用最广泛的是海洋运输（ocean transport）。目前，其运量在国际货物运输总量中占80%以上。海洋运输之所以被如此广泛运用，是由于它与其他国际运输方式相比，主要有以下明显优点：首先，海洋运输通过能力大。它可以利用四通八达的天然航道，不像汽车、火车受轨道和道路的限制，故其通过能力很大。其次，海运运量大。海洋运输船舶的运载能力远远大于铁路和公路运输车辆，如一艘万吨船舶的载重量一般相当于250~300个车皮的载量。再次，海运的运费较低，按照规模经济的观点，因为运量大，航程远，分摊于每吨货运的运输成本较少，因而运费相对较低。海洋运输的主要缺点是受气候和自然条件的影响大，行期不易准确，而且风险大，速度较慢。

海洋运输按船舶运营方式的不同可分为班轮运输（liner transport）和租船运输（shipping by chartering）。

（1）班轮运输

班轮运输是在定期船舶运输的基础上发展起来的，其主要特点有：一是"四定"，即船舶按照固定的船期表、沿着固定的航线和港口运输，并按相对固定的费率收取运费；二是由船方负责配载装卸，装卸费包括在运费中，发货方不再另付装卸费，船货双方也不再计算滞期费和速遣费；三是船、货双方的权利、义务与责任豁免以船方签发的提单条款为依据；四是班轮承运货物的品种、数量比较灵活，货运质量有保证，而且一般采取在码头仓库交接货物，为货主提供了较便利的条件。

（2）租船运输

租船运输又称为不定期船运输（tramp），它与班轮运输的方式不同，既没有预定的船期表，船舶经由的航线和停靠的港口也不固定，有关事宜需要按租船双方签订的租船合同来安排。有关船舶的航线、停靠的港口、运输货物的种类以及航行时间等，都按承租人的要求，由船舶所有人确认而定，运费或租金也由双方根据租船市场行情在租船合同中约定。租船运输的方式又分为定程租船（voyage charter）和定期租船（time charter）两种。定程租船又称航次租船，它是由船舶所有人负责提供船舶，在指定港口之间进行一个航次或数个航次承运指定货物的租船运输。定程租船按租赁方式不同可分为单航次租船、来回航次租船、连续航次租船和包运合同四种。定期租船是船舶所有人将船舶出租给承租人，供其使用一定时期的租船运输，承租人也可将此期租船充作班轮或定程租船使用。

4. 航空运输

航空运输（air transport）与海洋运输、铁路运输、公路运输等方式相比，其主要优点是运输速度快，不受运输路程长短限制，适合鲜活易腐和季节性货物的运送；同时其运输条件好，货物很少产生损伤变质，适合贵重物品的运输；可简化包装，节省包装费用；航空运输迅速准时，在货物交易中，有利于巩固市场和提高信誉。航空运输的主要缺点是运输量小，运输费用高。

国际航空货物运输的经营方式主要有两种，即班机运输（scheduled airline）和包机运输（chartered carrier）。

（1）班机运输

班机是指在固定的航线上定期航行的航班，这种飞机固定始发站、目的站和途经站。一般航空公司的班机都是客货混合型飞机，只有一些较大的航空公司在某些航线上辟有使用全货机的货运航班。由于班机有固定的航线及始发和停靠站，并且定期开航，为收发货人提供了准确的启运和到达时间，保证货物能够安全迅速地运送到世界各地。

（2）包机运输

包机运输适用于货物批量较大而班机不能满足需要的情况。包机运输可分为整机包机和部分包机。整机包机是指航空公司和包机代理公司，按与租机人双方事先约定的条件和运价，将整架飞机租给租机人，从一个或几个航空站装运货物至指定目的地的运输方式，适合于运输大批量货物。部分包机是几家航空货运代理人联合包租一架飞机，或由包机公司把一架飞机的舱位分别卖给几家航空货运代理公司。部分包机方式适合于1吨以上但不足整机的货物。

国际航空货物运输的组织方法主要有集中托运、联合运输、送交业务和货到付款等几种：

1）集中托运（consolidation），是指航空货运代理公司把若干批单独发运的货物组成一整批，向航空公司办理托运，采用一份总运单集中发运到同一到站，或者运到某一预定的到站，由航空货运代理公司在目的地指定的代理收货，然后再报关并分拨给实际收货人。这种集中托运业务在国际航空运输业中开展较为普遍，是航空货运代理的主要业务之一。

2）联合运输，是包括空运在内的两种以上的运输方式，具体做法有陆空运输（train-air，TA）和陆空陆联运（train air truck，TAT）等。伴随着国际航空运输的快速发展，铁路直接连通机场已成为当代发展最为显著的方式，既促进了航空事业，也为铁路运输开辟了一个新的市场。

3）送交业务（delivery），是指在国际贸易中，通常出口商为了推销货物、扩大贸易，往往向顾客赠送样品、目录、宣传资料等。这些货物空运至到达国之后，委托当地的航空代理办理报关、提取、转运的工作，最后送交给收货人，在到达时花掉的手续费、税金、运费、劳务费等一切费用，均由航空货运代理先行垫付后向委托人收取。由于这一业务十分方便，许多私人物品也采用这种运输方式。

4）货到付款（cash on delivery），是发货人或其代理人与承运人之间达成协议，由承运人在货物到达后交与收货人的同时代收航空运单（air way bill）上所记载的货款，然后寄给发货人或其他代理人，承运人在办理一批货到付款时，按货到付款总额的一定百分比提取劳务费。

知 识 链 接

急 件 传 递

急件快递是由专门经营这项业务的公司与航空公司合作，设专人用最快的速度在货主、机场、用户之间进行传递。例如，快递公司接到发货人委托后，用最快的速度将货物送往机场赶装最快航班，随即用电传将航班号、货名、收货人及地址通知国外代理接货。航班抵达后，国外代理提取货物后急送收货人。这种方式又被称为"桌到桌"运输。

5. 集装箱运输

集装箱运输（container transport）是 20 世纪货运技术的重要发展，也是一次运输革命，目前已经成为国际上占有支配地位的运输方式。集装箱也称货柜，这种容器和货物的外包装不同，是进行货物运输，便于机械装卸的一种成组工具。目前，国际标准化组织共规定了 5 个系列、13 种规格的集装箱，普遍使用的是 20 英尺和 40 英尺集装箱。

集装箱运输是以集装箱作为运输单位进行货物运输的一种现代化的运输方式，它适用于海洋运输、铁路运输及国际多式联运等。同传统海运相比，它具有以下优点：

1）提高了装卸效率，提高了港口的吞吐能力，加速了船舶的周转和港口的疏港。

2）减少货物装卸次数，有利于提高运输质量，减少货损货差；节省包装费、作业费等各项费用，降低货运成本。

3）简化货运手续，便利货物运输。

4）把传统单一运输串联成为连贯的成组运输，从而促进了国际多式联运的发展。

集装箱运输方式根据货物装箱数量和方式分为整箱（full container load，FCL）和拼箱（less than container load，LCL）两种。整箱是指货方将货物装满整箱后，以箱为单位托运的集装箱。一般做法是由承运人将空箱送到工厂或仓库后，在海关人员监督下，货主把货装入箱内、加封、铅封后交承运人并取得站场收据（dock receipt），最后凭站场收据换取提单。拼箱是指承运人或代理人接受货主托运的数量不足以整箱的小票货物后，根据货类性质和目的地进行分类，整理、集中、装箱、交货等工作均在承运人码头集装箱货运站或内陆集装箱转运站进行。

6. 国际多式联运

国际多式联运（international multinomial transport 或 international combined transport）是在集装箱运输的基础上产生和发展起来的一种综合性的连贯运输方式，它一般是以集装箱为媒介，把海、陆、空各种单一运输方式有机地结合起来，组成一种国际间的连贯运输。《联合国国际货物多式联运公约》对国际多式联运所下的定义是："按照多式联运合同，以至少两种不同的运输方式，由多式联运经营人把货物从一国境内接运货物的地点运至另一国境内指定交付货物的地点。"国际多式联运最大的好处是它能集中发挥各种运输方式的优点，使国际货物运输既快又安全，同时它简化了手续，减少了中间环节，加快了货运速度，降低了运输成本，并提高了货运质量，为实现"门到门"运输创造了有利条件。

资　　料

国际主要输油管道

世界管道运输网分布很不均匀，主要集中在北美和欧洲。美国和前苏联管道运输最为发达。1993 年美国有输油管道 31.93 万千米，原油运输量达 9 亿多吨，周转量达到 8299 亿吨千米，占国内货物总周转量的约 20%。世界管道技术以美国最先进，1977 年，在高纬严寒地区修建的横贯阿拉斯加的原油管道正式输油，最引世人瞩目。前苏联管道建设发展特别快，1950 年时，前苏联共有管道 7700 千米，此后即以每年 6000～7000 千米的速度递增，目前，独联体各国管道总长度约 20 多万千米（包括输油管道 8 万多千米）。

想一想：

你知道哪些形式的国际物流运输？

除美国和独联体国家外，加拿大、西欧、中东等国家和地区管道网也很发达。加拿大输油管道 3.5 万千米，管道网把落基山东麓产油区（草原诸省）与消费区（中央诸省与太平洋沿岸）连接起来，并和美国的管道网连通。西欧的北海油田新建了一批高压大口径的管道（直径 1016 毫米），管道长度现已超过 1 万千米，成为世界上油气管道建设的热点地区之一。中东地区的输油管道最初主要为自伊拉克、沙特阿拉伯至叙利亚和黎巴嫩地中海港口的管线，由于受战争等因素影响，在 80 年代初全部关闭。另外伊拉克于 1977 年成立了以土耳其杰伊汉港为重点的新管线，年输油量达 5000 万吨，成为向西欧供应石油的中东战略原油管道；沙特也在 1981 年建成了自波斯湾横越国境中部至红海岸延布港的输油系统，年输油量达 9000 多万吨。目前，中东地区正在建设由伊朗经巴基斯坦至印度（加尔各答）的输气管道。

7.3.2 国际展品物流

为了扩大国际间货物的交往，经常会有一些国际性或区域性的博览会、展览会等，这种性质的集会上有大量的货物陈列出来，这类非交易性质的货物被称为展品，与国际贸易中正式成交的货物有着一定的区别。

1. 展品包装

展品包装、装箱的工作内容依次是小包装、大包装、打印标志。在展出地，展品破损是无法更换的，再加上展品运输往往是品种复杂、尺寸不一，所以展品包装要比普通包装要求高。

展品的直接包装是小包装，由于展览会结束后展品或回运、或赠送、或销售，还需要再包装，因此，展品小包装不能是一次性的包装。小包装外需要大包装，也称运输包装。大包装箱多是纸箱和木箱。大包装应当结实、简便，以适应长途运输的需要并便于非专业打包人员打包或拆包。同时，大包装箱也要注意尺寸，要能够出入展场的门和电梯。包装箱内衬垫物最好使用规范的化学包装材料，并要考虑到环保和重复使用的问题。包装箱都要有明确清晰的标志，内容包括运输标志、箱号、尺寸、体积、重量、展馆号、展台号及其他标志。运输标志一般打印在包装箱的顶部和两侧。

2. 展品运输

展品运输是筹办展览的主要业务工作，也是国际展览物流的最重要环节。运输工作是将展出所用的展品、道具、资料、行政用品、工具等用陆运、空运、海运或综合方式从货物原所在地运到展出所在地，并运回或运到下一个展出地点以及办理有关手续的工作。

展品运输大致可分为三个阶段：运输筹划、去程运输和回程运输。

（1）运输筹划

运输筹划是要对运输过程中的运输方式、运输路线、运输日程、运输费用等因素进行设计安排。筹划要注意以下问题：尽量将展品安排运至展览现场，即安排"门到门"运输服务；尽量使用集装箱或其他安全的运输方式；尽量不要多次发运，争取一次发运；

尽量减少搬运次数，降低破损率；尽量避免转船和转运；注意展品到达的时间，不宜过早或过晚，以免产生大笔仓储费用或延误展览。

运输工作需要统筹策划。运输筹划涉及运输方式、运输路线、运输日程、运输费用、运输公司和代理等因素。

（2）去程运输

去程运输是指展品自展出者所在地至展台之间的运输。参展者将展品装箱托运后还有很多工作要协调。展品发运后，展出者应委托或派人在目的地接运，了解展品的到达情况，如有延误，要立即采取措施与运输公司、运输代理、港务局、展览会组织者等有关单位联系，同时要了解装卸设备、办事效率、手续环节等情况，提前做好卸货及运抵展场的安排。开箱前要注意箱件是否完整，是否有被盗痕迹。展品开箱工作一般由展台人员自己做，特殊展品可以安排专业人员开箱。开箱次序要根据展台布置进度和展场情况事先安排好。拆箱时要考虑箱子的再使用，空箱要保存好，并与运输公司安排空箱在闭幕时运回展台，仍用于包装展品，或者回运，或者赠送。

（3）回程运输

回程运输是指将展品运回至展出者所在地的运输，简称"回运"。但是对于安排统一运输的集体展出组织者而言，将展品自展台运至原展品集中地的运输称作"回运"，然后将展品自展品集中地分别运回给参展者所在地的运输称作"分运"。还有一种情况是将展品运至下一个展览地，传统上称作"调运"。

（4）有关的手续

做展品和运输工作需要办理一些手续，包括办理单证、办理海关手续、办理保险等。

参加国内展览，自上而下带展品，有关手续和单证要简单一些。

想一想：
如何组织国际展品物流？

参加国际展览，运输展品，有关手续要复杂得多。出国办展览都需要办理展品和运输单证、海关手续、保险手续，但是各国、各地对单证的具体要求可能不一样，海关和保险手续的具体种类、具体程序也不尽相同，需要事先了解。

7.3.3　国际邮政物流

国际邮政物流是指通过各国邮政运输办理的包裹、函件等。每年全世界通过国际邮政所完成的包裹、函件、特快专递等数量相当庞大，因此它成为国际物流的一个重要组成部分。

1. 国际邮政运输

国际邮政运输（international postal transport）是一种较简单的运输方式。世界各国的邮件包裹业务均由国家办理，我国邮政业务由邮电部负责办理。国际上，各国邮政之间订有协议和公约,通过这些协议和公约使邮件包裹的传递畅通无阻,四通八达,形成全球性的邮政运输网,从而使国际邮政运输成为国际物流中普遍采用的运输方法之一。

2. 邮资和单证

邮资是邮政局为提供邮递服务而收取的费用,各国对邮资采取不同的政策,有些国家把邮政收入作为国家外汇收入来源之一;有些国家要求邮政自给自足,收支大致相抵;有些国家对邮政实行补贴政策。从而各国形成不同的邮资水平。

邮政运输的主要单证是邮政收据(post receipt)。邮政收据是邮政局收到寄件人的邮件后所出具的凭证,也是邮件灭失或损坏时凭以向邮政局索赔的凭证,也是收件人凭以提取邮件的凭证。

社会实践建议

在指导教师的组织下,分小组以不同形式调查,了解中外著名的国际邮政物流机构。

7.4 国际物流结点

必备的理论知识

整个国际物流过程是由多次的运动—停顿—运动—停顿所组成的。与这种运动相对应的国际物流网络就是由执行运动使命的线路和执行停顿使命的结点这两种基本元素组成的。线路与结点相互关联组成了不同的国际物流网络。国际物流网络水平的高低、功能的强弱则取决于网络中这两个基本元素的配置。由此可见,国际物流结点对优化整个国际物流网络起着重要作用。它不仅执行一般的物流职能,而且还越来越多地执行着指挥调度、信息传输等神经中枢的职能,因而日益受到人们的重视。所以人们把国际物流结点称为整个物流网络的灵魂。

7.4.1 国际物流结点的功能

物流结点(node),是物流网络中连接物流线路的收发货之处。在物流过程中,如包装、装卸、保管、分拣、配货、流通加工等,都是在物流结点上完成的,物流线路上的活动也是靠结点组织和联系的。所以说,物流结点在物流系统中居于非常重要的地位。

国际物流结点是指那些从事与国际物流相关活动的物流结点,如制造厂仓库、中间商仓库、口岸仓库、国内外中转点仓库以及流通加工配送中心和保税区仓库、物流中心等。国际贸易商品或货物就是通过这些仓库和中心的收入和发出,并在中间存放保管,来克服生产和消费在时间上的差异,实现国际物流系统的时间效益。其主要功能有以下几点:

1. 衔接功能

国际物流结点将各个物流线路联结成一个系统，使各个线路通过结点变得更为贯通而不是互不相干，这种作用称之为衔接作用。其衔接方式一般采取以下几种：

1）通过转换运输方式，衔接不同运输手段。

2）通过加工，衔接干线物流及配送物流。

3）通过储存，衔接不同时间的供应物流与需求物流。

4）通过集装箱、托盘等集装处理，衔接整个门到门运输，使之成为一体。

在物流未成系统化之前，不同线路的衔接有很大困难。例如轮船的大量输送线和短途汽车的小量输送线，两者的输送形态、输送装备都不相同，再加上运量的巨大差异，所以往往在两者之间有长时间的间隔，然后才能逐渐实现转换，这就使两者不能贯通。物流结点利用各种技术的、管理的方法，可以有效地起到衔接作用，将中断转化为通畅。

2. 信息功能

国际物流结点是整个物流系统或与结点相接的物流信息的传递、收集、处理和发送的集中地。这种信息作用在国际物流系统中起着非常重要的作用，也是使复杂的国际物流能联结点有机整体的重要保证。

在国际物流系统中，每一个结点都是物流信息的一个点，若干个这种信息点和国际物流系统中的信息中心结合起来，便形成了指挥、管理、调度整个系统的信息网络，这是一个国际物流系统建立的前提条件。

3. 管理功能

国际物流系统的管理设施和指挥机构大都设置于物流结点之处。实际上，物流结点大都是集管理、指挥、调度、信息、衔接及货物处理为一体的物流综合设施。整个物流系统的运转有序化、正常化和整个物流系统的效率高低都取决于物流结点的管理水平。

7.4.2 口岸

口岸是由国家指定对外经贸、政治、外交、科技、文化、旅游和移民等往来，并供往来人员、货物和交通工具出入国（边）境的港口、机场、车站和通道，是国家指定对外往来的门户，也是国际货物运输的枢纽。

口岸对国家而言，其地位与作用主要体现在三个方面：

1. 口岸是国家主权的象征

口岸权是国家主权的象征。口岸权包括口岸开放权、口岸关闭权和口岸管理权。其中口岸管理权包括口岸行政权、关税自主权、检查权、检验权等，这些都是国家主权的一部分。

2. 口岸是对外开放的门户

对外开放表现为政府间或民间在政治、经济、军事、文化、资源保护、制止国际犯罪、世界和平等领域的广泛合作和交流，而这种国际间的交流与合作是通过口岸得以实现的。因此，口岸是对外开放的门户。

3. 口岸是国际货运的枢纽

国际货物运输的起始点和目的地通过口岸衔接起来。口岸是国际物流的必经通道。口岸作为国际物流系统中的重要关口，起到国际货物运输的枢纽作用。

7.4.3 港口

港口是水陆空交通的集结点和枢纽，工农业产品和外贸进出口物资的集散地，船舶停泊（飞机起降）、装卸货物、上下旅客、补充给养的场所。由于港口是联系内陆腹地和海洋运输（国际航空运输）的一个天然界面，因此人们也把港口作为国际物流的一个特殊结点。

港口之所以能在现代国际生产、贸易和物流系统中发挥战略作用，主要是由以下特点决定的：

1. 港口在整个物流供应链上是最大量货物的集结点

经济全球化使国际贸易量急速增加，港口作为海洋运输的起点与终点，无论是集装箱货还是散货，远洋运输总是承担着其中最大的运量，因而港口在整个物流供应链上总是最大货物量的集结点。当需要从事附加的工业、商业和技术活动时，选择在港口这样的集结点进行往往最能取得规模经济效益。

2. 港口往往是生产要素的最佳结合点

如果两个大陆之间，或者两个相距甚远的国家之间在生产要素方面有着最大的禀赋差异，那么，要把这些生产要素以最有利的方式结合起来，港口往往是最合乎逻辑的选址。许多国家依赖于进口原材料的钢铁厂往往都建在港口地区，其原因正在于此。在港口地区建设出口工业，利用钢铁作为原材料生产汽车和机械，就可以节省大量成本，增强在国际市场上的竞争力。

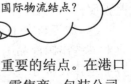

想一想：
你知道哪些国际物流结点？

3. 港口往往是最重要的信息中心

对于国际物流来说，港口仍然是不同运输方式汇集的最大、最重要的结点。在港口地区落户的有货主、货运代理行、船东、船舶代理行、商品批发部、零售商、包装公司、陆上运输公司、海关、商品检验机构及其他各种有关机构。因此，港口就成为一个重要的信息中心。

7.4.4　国际物流中心

国际物流中心是指国际物流活动中商品、物资等集散的场所，就大范围国际物流而言，某些小国家或地区可能成为物流中心，如我国香港、新加坡等就具有国际物流中心的地位。其次，自由贸易区、保税区等具有一般意义上的物流中心的功能。就小范围而言，港口码头、保税库、外贸仓库或者超级市场等都可以成为物流中心。当前人们所说的国际物流中心多指由政府部门和物流服务企业共同筹建的具有现代化仓库、先进的分拨管理系统，和计算机信息处理系统的外向型物流集散地。

1.　外贸仓库

外贸仓储工作同外贸运输一样，都是对外贸易及国际物流不可缺少的环节。不论是资本主义国家，还是社会主义国家，仓库在各国的国民经济中，在国际间的生产、分配、交换、消费过程中，或者说在一国范围和世界范围的商品生产和商品流通过程中，都有着重要的地位和作用。

（1）外贸仓库的地位和作用

外贸仓库不仅负担着进出口商品保管存储的任务，而且还担负着出口的加工、挑选、整理、包装、刷唛、备货、组装和发运等一系列的任务。仓库是对外贸易运输的基地，我们要发挥各种运输手段和仓库两个优势，把仓储和运输紧密地结合起来，做到储运结合，以路促运，力争外贸商品早出口、多出口、早结汇、多收汇。仓库还要根据库存商品货件变化和库存时间的长短、周转的快慢等资料，及时向有关单位提供信息，发现问题，并协助解决，从而起到促生产、促收购、促出口、促进外贸企业改善经营管理，以充分发挥仓库工作的能动作用。

（2）对外贸易仓库的分类

1）按照仓库在商品流通中的主要职能分。

① 口岸仓库。口岸仓库大都设在商品集中发运出口的沿海港口城市，主要职能是售出口岸和内地对外贸易业务部门收购的代运出口商品和进口待分拨的商品。因此又叫周转仓库。

② 中转仓库。中转仓库大都设在商品生产集中的地区和出运港口之间，主要职能是按照商品的合理流向，收储转运本省和外地经过口岸出口的商品。

③ 加工仓库（工厂）。其特点是将商品加工业务和仓储业务结合在一起，主要职能是对某些出国商品进行必要的挑选、整理、分装、改装和适应流通需要的加工，以方便存储运输和国际市场的需要。

④ 存储仓库。存储仓库的主要职能是用于储存代销的出口商品，援外的储备物资，

进口待分拨和出口业务需要的物资等。

2）按存储商品的性能及技术设备分。

① 通用仓库。用以储存一般没有特殊要求的工业品或农用品的仓库。在各类对外贸易仓库中占比重最大。

② 专用仓库。是专门用于储存某一类商品的仓库。在保养技术设备方面相应地增加了密封、防虫、防霉、防火以及监测等设施，以确保特殊商品的质量安全。

③ 特种仓库。用于存储具有特殊性质，要求使用特别保管设备的商品，一般指化学危险品、易腐蚀品、石油及部分医药商品等。这类仓库配备有专门的设备。如冷藏库、保温库、危险品仓库等。

3）按仓库管理体制分。

① 自用仓库。这类仓库属于各进出口专业公司经营管理。

② 公用仓库。这类仓库由外贸运输公司经营管理，为各进出口专业公司的商品流通服务。

③ 保税仓库。保税仓库是根据有关法律和进出口贸易的规定，专门保管国外进口而暂未纳进口税的商品的仓库，由海关统一进行监督和管理。

2. 保税仓库

随着国际贸易的不断发展，贸易方式日益多样化，如进口原材料、配件进行加工装配后复出口，补偿贸易，转口贸易，期货贸易等灵活贸易方式。如果进口时要征收关税，复出时再申请退税，手续过于繁琐，必然会加大货物的成本，增加国际贸易的风险，不利于发展对外贸易。建立保税仓库后，可大大降低进口货风险，有利于鼓励进口，鼓励外国企业在中国投资，是非常重要的投资环境之一部分。

（1）保税仓库的概念

保税仓库的设立需要专门批准，外国货物的保税期一般最长为两年，在这个时期中可存放在保税仓库中。这个期间，经营者可以找到最适当的销售时机，一旦实现销售，再办理关税等通关手续。如果两年之内未能销售完毕，则可再运往其他国家，保税库所在国不收取关税。

（2）保税仓库允许存放的货物范围

我国海关监管制度中，主要是保税仓库制度，保税仓库也是由海关批准并由海关监管的。我国规定，保税仓库制度允许存放的货物范围如下：

1）缓办纳税手续的进口货物。这主要包括进口国工程、生产等需要，由于种种原因而造成的预进口货物，储存在保税仓库内，随需随提，并办理通关手续，剩余的货物免税退运。也包括进口国情况变化、市场变化，而暂时无法决定去向的货物，或是无法做出最后处理的进口货物，这些都需要将货物存放一段时间。如果条件变化，需要实际进口，再缴纳关税和其他税费，这就使进口商将纳税时间推迟到货物实际内销的时间。

2）需做进口技术处置的货物。有些货物到库后，由于不适于在进口国销售，需换包装装潢，改包装尺寸或做其他加工处理，则可入保税仓库进行这一技术处置，待到符合进口国的要求再内销完税，不符合的则免税退返。

3）来料加工后复出的货物。为鼓励"两头在外"的国际贸易战略的实施，对有些来料加工，又是在保税区或保税仓库完成的，加工后，该货物复出口，则可存放于保税仓库。

4）不内销而过境转口的货物。有些货物或内销无望而转口，或在该区域存放有利于转口，或无法向第三国直接进口而需转口，货物则可存放于保税仓库中。

保税仓库在国际物流中，不仅适于进口货物，也可用于出口货物。

（3）保税仓库的类型

1）专业性保税仓库。是由有外贸经营权的企业，经海关批准而建立的自管自用的保税仓库。

2）公共保税仓库。是具有法人资格的经济实体，是经海关批准建立的综合性保税仓库。这类保税仓库一般不经营进出口商品，只为国内外保税货物持有者服务。

3）保税工厂。是整个工厂或专用车间在海关监督管理下，专门生产进料加工、进件装配复出口产品的工厂。

4）海关监管仓库。主要存放已进境而所有人未来提取的货物或行李物品，或者无证到货、单证不齐、手续不完备以及违反海关规程，海关不予放行，需要暂存海关监管仓库等候海关处理的货物。海关监管仓库的另一种类型是出口监管仓库，专门存储已对外成交，并已结汇，但海关批准暂不出境的货物。

3. 保税区

保税区是对我国 80 年代建立的"经济特区"和"经济技术开发区"等开放形式的补充和发展。保税区的建立对于我国经济发展起到很好的促进作用。

（1）保税区的概念

保税区是指中国海关境内的某一个特定的、与国际市场紧密相连的、按照国际经济惯例运作并具有自由贸易区性质的封闭式区域。外国商品在海关监管下，可暂时不缴纳进口关税存入保税区的保税仓库内。如再出口不需缴纳出口税，但如输入国内市场则必须缴纳进口税。保税区为海关监管区域，不完全等同于国外的自由贸易区（自由港）和出口加工区。对其政策的制定主要是根据中国国情，同时也参考和吸收国外类似区域的有关政策和通行做法。

（2）我国保税区的发展

1990 年，经国务院批准，中国借鉴国际通行的做法，按照自由贸易区模式建立了中国第一个保税区——上海外高桥保税区，随后又先后建立了天津港、深圳福田、深圳沙头角、大连、广州、江苏张家港、青岛、宁波、福州、厦门、汕头、海口、深圳盐田港和珠海保税区，使保税区总数达到了 15 个。设立保税区的目的是为了改善投资环境和吸收外资。保税区是中国目前开放度最大的地区，是对中国经济特区、经济技术开发区的重要补充和发展。中国的保税区发挥招商引资、出口加工、国际贸易、转口贸易和仓储等功能，在带动区域经济发展等方面显示出了独特的优势。

 知识链接

我国保税区从其性质、功能以及运作方式上看，基本上类同于国外的自由贸易区这一自由经济区形式。我国现有的 13 个保税区英文名都译为 "free trade zone"。这表明，我国保税区与国际上通行的促进对外贸易发展的自由贸易区具有本质上的共同性，是借鉴于国际通行惯例，利用特殊关税政策促进外贸发展的自由经济区形式之一。

4. 自由经济区

20 世纪 80 年代以来，自由经济区发展的一个重要特点是突破传统的自由港、自由贸易区、出口加工区的模式，由原来的单一功能向着多功能综合型方向发展，它们不仅重视对外贸易，也重视出口加工，并把金融、保险、旅游等第三产业引入自由经济区。在这一点上，我国保税区和世界自由经济区的发展趋势是一致的。在大力发展对外贸易的同时，各保税区纷纷开展出口加工、仓储、金融、保险等业务，努力走出一条有中国特色的工贸结合的综合型自由之路。

（1）自由经济区的概念

国际上一些著名经济机构从立法的角度对自由经济区进行了定义。如 1973 年 5 月 18 日海关合作理事会在日本京都制订了《关于简化和协调海关业务制度的国际公约》（简称京都公约）。其中的自由经济区定义为："指一国的部分领土，在这部分领土内运入的任何货物，就进口税及其他各种税而言，被认为在关境之外，并免于实施惯常的海关监管制度。"1975 年联合国贸发大会也对自由经济区下了这样的定义："指本国海关关境中，一般设在口岸或国际机场附近的一片地域，进入该地域的外国生产资料、原材料可以不办理任何海关手续，进口产品可以在该地区内进行加工后复出口，海关对此不加以任何干预。"

（2）自由经济区的分类

1）地理位置分类法。

① 港口型自由贸易区。在港口内划出一个封闭式的隔离区辟为自由经济区。它或直接与专用码头联为一体，或通过专用通道与码头相连。这种类型的自由经济区数量最多，国际上许多成功的自由经济区都紧靠国际运输港。如德国的汉堡港和不莱梅港自由贸易区、美国的纽约布鲁克林对外贸易区、韩国的马山出口加工区等都属于这种类型的自由经济区。

② 机场型自由经济区。国际上有一些自由经济区是以邻近的国际机场为依托的,属于这种类型较著名的有爱尔兰香农自由贸易区、美国肯尼迪国际机场对外贸易区等。

③ 内陆边缘口岸型自由贸易区。这类自由经济区利用其地处两国（或多国）边境的特殊地理位置发展边境贸易、转口贸易和出口加工。例如,墨西哥在美墨边境上的加利福尼亚、金塔纳罗尔自由边境区就是典型的例子。

2）功能分类法。

① 自由港。这是世界上最早出现的自由经济区,是自由资本主义发展的结果。自由竞争是这一历史时期的普遍现象,资产阶级要求自由贸易,反封建割据和闭关自守,要求开辟广阔的国内市场和世界市场,主张国家不干预经济生活,商品自由进入,减免关税。因此,自由港便应运而生。自由港是指划在本国边境以外的,不属于任何一国海关管辖的港口或海港地区。在这里外国商品可以免税进口,可以在此装卸、储存、加工、包装、再出口,也能供自由港内的居民消费。这种自由港凭借自身所具有的良好的码头港口条件,有利的地理位置,先进的运输装卸设施,以及豁免进出口货物关税,免受海关监督等优惠条件,发挥国际商品集散地和转运中心的作用,达到促进本国和本地区经济发展的目的。以开放地区的范围,自由港可分为两类:一是将港口及其所在城市完全划为自由港;二是限定在港口或毗邻港口的一小块区域。以海关监管范围和贸易管制程度来看,又有完全自由港和有限自由港之分。完全自由港不属于海关管制范围,一切外国商品可免税进出口,在自由港内进行储存、整理、加工、分级、包装或其他作业不受海关监督,外国商品只在从自由港进入所在国海关管制区时才要纳税。现在世界上的完全自由港很少。有限自由港只对少数指定进出口商品征收关税或实施不同程度的贸易管制,其他商品则可享受免税待遇,如中国香港地区、新加坡、马来西亚的槟榔屿等,均属于有限自由港。

 资　　料

根据党中央和国务院的战略部署,上海国际航运中心将在 2020 年建成,而上海航运中心建设的重要内容就是建设上海的自由港——芦洋航运特区,具体标志是拥有能够全天候接纳第五、第六代集装箱船舶的深水航道与深水泊位,成为亚洲一流的航运交易中心、航运信息中心和亚洲最大的物流转运中心。

② 自由贸易区。又称为免税贸易区、自由关税区、保税区。这种类型的自由经济区已有近 300 年的历史,数量多,分布广。它以国际贸易为主要职能。外国商品可以免税进入,在该区内自由储存、分类、包装和简单再加工,然后免税出口。目前,自由贸易区也准许经营出口加工,开设工厂企业,乃至经营房地产、金融、商务、信息咨询等各项业务。从发展过程看,有些自由贸易区是由自由港扩展而成的,但有的自由贸易区

与自由港并无直接联系。自由贸易区可以不设在港口或港口地区，但必须距离国际航空线、航海线、铁路干线不远，并且与区外的现代化的交通、通信设施相连。自由贸易区除实行特殊的关税政策，提供各种优惠条件外，还必须拥有先进的、完善的基础设施，以提供优质、高效的服务，吸引本国或国外的投资者前来投资、开展贸易等。同自由港一样，自由贸易区的设区目的也是为了发展贸易和转口贸易，以便通过发展贸易、增加商业收入来繁荣经济。

自由贸易区（free trade zone）也称为对外贸易区、自由区、工商业自由贸易区等。自由港（free port）有时也被称为自由口岸。自由港或自由贸易区都划在关境以外，对进出口商品全部或大部分免征关税，并且准许在港内或区内开展商品自由储存、展览、拆散、改装、重新包装、整理、加工和制造等业务活动，以便于本地区的经济和对外贸易的发展，增加财政收入和外汇收入。其对国际贸易和国际物流的促进作用主要体现在以下两个方面：

首先，优越的地理位置和优惠的条件吸引大量商品、物品聚集。

自由贸易区的最大优势是提供了方便商品进出、储存及整理的条件以及提供了可以使投资者降低产品成本并增加市场竞争能力的优惠政策。各国的自由贸易区不仅普遍豁免关税和减免真他税收，还在土地使用、仓库、厂房租金、水电供应、劳动工资等方面采取低收费的优惠政策。这是大量商品、物品聚集于此的重要原因。

其次，多功能的综合物流结点为投资者提供各种经营选择。

自由贸易区是国际物流中多功能的综合物流结点。在自由贸易区内，可以提供仓储、再加工、展示及各种服务，未售出的各种商品可以前来储存，或针对市场需要对商品进行分类、分级和改装，或进行商品展销，以便选择有利时机就地销售或改运临近市场销售。许多自由贸易区都直接经营转口贸易，大量货物是在流经自由贸易区后投放世界市场的。自由贸易区各种功能的发挥，极大地促进了国际贸易和国际物流的发展。

（3）自由经济区分布

据统计全世界目前大约有各种形式、各种名称的自由经济区 700 多个，遍及五大洲100 多个国家和地区。其中 1/3 是由发达国家设立的，其余 2/3 是由发展中国家和地区设立的。

1）欧洲的自由经济区。欧洲已有 20 多个国家和地区设立了 100 多个自由经济区。其中以南欧、中欧、西欧最为集中，东北欧密度较低。南欧的西班牙、意大利、希腊、直布罗陀四个国家和地区共设立了 32 个自由经济区，其中西班牙最多，为 18 个；中欧的瑞士有 28 个自由经济区；西欧的英国、法国、德国、爱尔兰和荷兰共设有自由经济区 24 个。

2）美洲的自由经济区。北美洲以美国设区最多，到 1990 年已超过 200 个，遍及全国各个地区。拉丁美洲的自由经济区基本上呈从南到北的线状分布，到目前为止已发展到 26 个国家共约 100 多个自由经济区。其中较为成功的主要有巴西玛瑙斯自由贸易区、墨西哥的下加利福尼亚自由边境区、巴拿马的科隆自由贸易区和海地太子港自由区等。墨西哥在拉美国家中设立的自由经济区最多。

3）亚洲的自由经济区。世界上的一般出口加工区集中在亚洲本地区，其中东盟地区（菲律宾、马来西亚、新加坡、印度尼西亚和泰国）的出口加工区密度很高，在世界自由经济区中占有重要地位。近年来，整个亚太地区的发展中国家和地区的出口加工区中，技术密集型的电子工业发展迅速，正逐步取代劳动密集型的纺织、成衣业而成为最大的出口产业。

4）非洲的自由经济区。自20世纪70年代起，非洲共有20个国家设立130多个自由经济区，主要集中在毛里求斯、突尼斯和埃及3个国家。

5）大洋洲的自由经济区。1986年6月澳大利亚政府在达尔文市创办了大洋洲第一个自由经济区；1988年，斐济宣布设立自由贸易区。自由经济区在大洋洲正处于日益发展之中。

我国自由经济区起步较晚，改革开放以来相继建立经济特区、经济技术开发区等，但这些区域在运作和形式上与国际上通行的自由经济区还有很大差别。1990年开始设立了严格意义上的保税区，短短几年时间，已发展到了15个保税区。

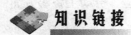 知识链接

世界自由经济区的分布特点

自由港、自由贸易区多分布在西欧、北美等发达的资本主义国家；出口加工区多分布在亚洲和非洲的发展中国家；以我国台湾新竹高科技工业园为代表的发展中国家或地区的出口加工区的升级转型产物——科学工业园区，在科技革命的推动下正蔓延到越来越多的发展中国家和地区。

5. 出口加工区

出口加工区又称为工业型自由贸易区。它是指一个国家或地区划出某一区域，准许外国厂商在区内办企业，享受关税优惠待遇，外资企业可以免税进口原材料、机械设备及其他零部件，制成品出口也享受免税待遇。它以开拓远洋市场为目标，利用外资和外国技术高产品加工出口，以促进本国（或地区）工业和经济的发展。

出口加工区是专为发展加工贸易而开辟的经济特区。出口加工区的产生和发展是国际分工的必然结果，是全球经济一体化的重要表现。第二次世界大战后，西方工业国家的经济出现了相对稳定的发展时期，特别是科学技术的巨大进步，使西方工业国家的生产力和对外贸易空前发展，并导致了资本与技术过剩。同时，国际分工从过去的产业间分工发展为产业内部的分工，劳动密集型产业从发达国家逐步向发展中国家（地区）转移。一些工业发达国家和地区从输出商品到输出资本，进而发展到在东道国开办工厂。

资　料

20世纪60年代前后，不少发展中国家（地区）大力发展出口加工制造业，以增加外汇收入，出口加工区应运而生。1959年，爱尔兰在香农国际机场创建了世界上第一个出口加工区。此后的40多年来，出口加工区在全球遍地开花，成为所在国或地区吸引外资最多、对外贸易最为活跃的区域，有力地促进了各国家或地区经济的发展。

20世纪80年代以来，全球出口加工区出现了新的发展趋势。部分出口加工区的出口加工业由劳动密集型转向技术密集型，纷纷建立新的科技型的出口加工区。部分出口加工区的企业和高等院校、科研机构密切结合，形成雄厚的科技力量，以科技为先导，大力开发技术、知识密集型的新兴产业和高附加值的尖端产品，成为世界注目的知识型出口加工区——科学工业园区。科学工业园区同出口加工区一样，通过划出一个地区，提供多方面的优惠条件，吸引外国的资本和技术，但它从事的是高技术产品的研制，主要促进技术、知识密集型产品的发展和出口。

近年来，为了适应世界经济一体化和多元化发展的需要，自由贸易区和出口加工区开始互相渗透，呈现出向工贸结合的综合型经济自由区发展的趋势。

6. 科技工业园区

二战后，随着资本主义生产国际化和新科技革命的发展，各国经济和产业结构不断调整与升级，一些发达国家与发展中国家为促进各自高新技术产品的研制、生产与贸易，其所拥有的自由经济区开始逐步向多元化、高层次方向发展。一种将科研、教育、生产与贸易相结合的新型自由经济区——科学工业园区脱颖而出。科学工业园区是指在科研机构和名牌科技大学比较集中、居住环境和教育环境比较优越的大城市或城市近郊辟出一块地方，提供比出口加工区更大的租税优惠，吸引外国资金和高技术人才，研究和开发尖端技术产品，促进科技和经济发展，将智力、资金高度积聚的特定区域，是从事高科技研究，并对其成果进行测试、生产的新型开发区。世界上较著名的科学工业园区有美国的"硅谷"、日本的"筑波科学城"及我国台湾的"新竹科学工业园区"等。这种科学工业园区采用了一般自由经济区的开发管理手段，对原料、零部件及仪器设备的进口和高技术产品的出口给予关税优惠，并通过其他优惠措施吸引外资、高技术和专门人才，进行高技术产品的研究、开发和生产。它是自由经济区的一种特殊形式。

社会实践建议

在指导教师的指导下，了解当地国际物流结点的建设、发展情况，写出调研报告。

经典案例

美国的物流中心

美国的物流配送业发展起步早，经验成熟，尤其是信息化管理程度高，对我国物流发展有很大的借鉴意义。美国的物流配送形式包括：批发型会员制依靠网管、零售型连锁店配送、仓储型委托仓储式配送。

一、美国配送中心的类型

从20世纪60年代起，商品配送合理化在发达国家普遍得到重视。为了向流通领域要效益，美国企业采取了以下措施：一是将老式的仓库改为配送中心；二是引进电脑管理网络，对装卸、搬运、保管实行标准化操作，提高作业效率；三是连锁店共同组建配送中心，促进连锁店效益的增长。美国连锁店的配送中心有多种，主要有批发型、零售型和仓储型三种类型。

1. 批发型

美国加州食品配送中心是全美第二大批发配送中心，建于1982年，建筑面积10万m^3，工作人员2000人左右，共有全封闭型温控运输车600多辆，1995年销售额达20亿美元。经营的商品均为食品，有43000多个品种，其中有98%的商品由该公司组织进货，另有2%的商品是该中心开发加工的商品，主要是牛奶、面包、冰激凌等新鲜食品。该中心实行会员制。该配送中心本身不是盈利单位，可以不交营业税。所以，当配送中心获得利润时，采取分红的形式，将部分利润分给会员店。会员店分得红利的多少，将视配送中心的送货量和交易额的多少而定，多者多分红。

该配送中心主要靠计算机管理。

该配送中心与制造商、超市协商制定商品的价格，主要依据是：

① 商品数量与质量。

② 付款时间，如在10天内付款可以享受2%的价格优惠。

③ 配送中心对各大超市配送商品的加价率，根据商品的品种、档次不同以及进货量的多少而定，一般为2.9%～8.5%。

2. 零售型

美国沃尔玛商品公司的配送中心是典型的零售型配送中心。该配送中心是沃尔玛公司独资建立的，专为本公司的连锁店按时提供商品，确保各店稳定经营。

在沃尔玛各连锁店销售的商品，根据各地区收入和消费水平的不同，其价格也有所不同。总公司对价格差价规定了上下限，原则上不能高于所在地区同行业同类商品的价格。

3. 仓储型

美国福来明公司的食品配送中心是典型的仓储式配送中心。它的主要任务是接受美国独立杂货商联盟加州总部的委托业务,为该联盟在该地区的 350 家加盟店负责商品配送。该配送中心建筑面积为 7 万平方米,经营 8.9 万个品种,共中有 1200 个品种是美国独立杂货商联盟开发的,必须集中配送。在服务对象店经营的商品中,有 70％左右的商品由该中心集中配送,一般鲜活商品和怕碰撞的商品,如牛奶、面包、炸土豆片、瓶装饮料和啤酒等,从当地厂家直接进货到店,蔬菜等商品从当地的批发市场直接进货。

二、美国配送中心的运作流程

美国配送中心的库内布局及管理井井有条,使繁忙的业务互不影响,共主要经验是:

① 库内货架间设有 27 条通道、19 个进货口。

② 以托盘为主,四组集装箱为一货架。

③ 商品的堆放分为储存的商品和配送的商品,一般根据商品的生产日期、进货日期和保质期,采取先进库的商品先出库的原则,在存货架的上层是后进的储存商品,在货架下层的储存商品是待出库的配送商品。

④ 品种配货是数量多的整箱货,所以用叉车配货;店配货是细分货,小到几双一包的袜子,所以利用传送带配货。

⑤ 轻量、体积大的商品(如卫生纸等),用叉车配货,重量大、体积小的商品用传送带配货。

⑥ 特殊商品存放区,如少量高价值的药品、滋补品等,为防止丢失,用铁丝网圈起,标明无关人员不得入内。

思考与练习

一、名词解释

国际物流　　国际展品物流　　国际邮政物流　　国际物流系统　　物流结点
口岸　　保税区　　保税仓库

二、填空题

1. 广义的国际物流包括_____、_____、_____、_____、_____等领域。

2. 非贸易国际物流是指_____、_____、_____等。

3. 国际物流与国内物流相比,具有_____、_____、_____、_____等特点。

4. 按货物运送方式的不同国际贸易分为_____、_____、_____、_____。

5. 国际物流是开展_____的必要条件。

6. 世界经济的飞速发展对国际物流在_____、_____、_____、_____方面提出更新、更高的要求。

7. _____是在物流过程中抑制物流对环境造成危害的同时，实现对物流环境的净化，使物流资源得到最充分利用。

8. 国际物流系统的基本要素包括_____、_____、_____和_____要素。

9. 国际物流系统的一般要素主要由_____、_____和_____三方面构成。

10. 国际物流系统的功能要素有_____、_____、_____、_____、_____、_____、_____、_____等。

11. 在国际货物运输中，运用最广泛的是_____。

12. 海洋运输按船舶运营方式的不同可分为_____和_____两种。

13. 国际航空货物运输的经营方式主要有_____和_____两种。

14. 国际多式联运一般是以_____为媒介，把_____、_____、_____运输方式有机地结合起来，组成一种国际间的_____。

15. 国际物流结点的主要功能有_____、_____、_____等。

16. 对国家而言口岸的地位与作用主要体现在_____、_____、_____个方面。

三、判断题

1. 国际贸易不一定通过国际物流来实现。 （　　）
2. 国际物流就是组织货物在国际间的合理流动。 （　　）
3. 伴随经济全球化，国际物流的运作融入全球供应链管理。 （　　）
4. 国际铁路货物联运是在两个或两个以上国家铁路中运送货物，分别使用不同国家的运送单据。 （　　）
5. 集装箱运输只适用于海洋运输。 （　　）
6. 国际展品物流只是国际间展览品的运输。 （　　）
7. 港口是船舶停泊的场所。 （　　）
8. 在国际物流中，保税仓库仅适于进口货物。 （　　）

四、问答题

1. 国际物流有什么特点？
2. 国际物流与国际贸易有什么关系？
3. 国际物流的发展趋势是怎样的？
4. 国际物流是由哪些要素构成的？
5. 国际物流形式有哪几种？
6. 国际运输有哪些？各有何特点？
7. 国际展品物流如何运输？
8. 国际物流结点有什么功能？
9. 你知道哪些国际物流结点？各有何特点？

第8章 供应链与供应链管理

学习目标

1. 掌握供应链及供应链管理的概念、特点
2. 清楚供应链的结构
3. 理解供应链管理与物流管理的关系
4. 了解供应链的产生及发展的背景
5. 掌握供应链的主要内容、原理及目标
6. 熟悉供应链的实施以及效益分析

案例导入

立丰公司地处香港，为全世界约 26 个国家（以美国和欧洲为主）的 350 个经销商生产制造各种服装。但说起"生产制造"，它却没有一个车间和生产工人。但它在很多国家和地区（主要是中国内地、中国台湾地区、韩国、马来西亚等）拥有 7500 个生产服装所需要的各种类型的生产厂家（如原材料生产运输、生产毛线、织染、缝纫等等），并与他们保持非常密切的联系。该公司最重要的核心能力之一，就是它在长期的经营过程中所掌握的、对其所有供应厂家的制造资源进行统一集成和协调的技术，它对各生产厂家的管理控制就象管理自家内部的各部门一样熟练自如。立丰公司是全球供应链管理中著名的创新者。

你了解供应链吗？学习本章会对供应链有新的认识。

在生产上对所有供应厂家的制造资源进行统一集成和协调，使他们能作为一个整体来运作。企业往往有很多的供应厂家，为了满足某一个具体的用户目标，就必须对所有这些供应厂家的生产资源进行统一集成和协调，使它们能作为一个整体来运作。这是供应链管理中的重要方法。香港的立丰公司就是这方面的典范。

8.1 供应链概述

传统物流主要局限在一家企业中，从原材料、零部件到最终产品全过程的物流活动被人为地割裂开来，极大地制约了物流活动的整体效果。物流供应链则是从物流全过程的角度，统一考虑物流各环节之间的连贯和协调等问题，将彼此分割的物流活动集成起来加以统一管理。供应链是社会化大生产的产物，是重要的流通组织形式和市场营销方式。它以新产品为中心，以市场组织化程度高、规模化经营的优势，有机地联结生产和消费，对生产和流通有着直接的导向作用。

8.1.1 供应链的概念

我国的国家标准《物流术语》（GB/T18354－2001）中规定：供应链是指生产及流通过程中，涉及将产品或服务提供给最终用户活动的上游与下游企业所形成的网链结构。

供应链分为内部供应链和外部供应链。

1. 内部供应链

内部供应链是指企业内部产品生产和流通过程中所涉及的采购部门、生产部门、仓储部门和销售部门等组成的工序网络。

2. 外部供应链

外部供应链是指企业外部的，与企业相关的产品生产和流通过程中，涉及的原材料供应商、生产厂商、储运商、分销商、零售商以及最终消费者组成的供需网络。

内部供应链和外部供应链共同组成了企业产品从原材料到产成品到消费者的供应链。实际上，内部供应链是外部供应链的缩小，如对于生产厂商，其采购部门就可以看作是外部供应链中的供应商，区别只在于外部供应商范围大，涉及企业众多，非企业能直接控制。

在全球制造、全球竞争加剧的环境下，对供应链的理解不应仅仅是一条简单的从供应商到用户的链，而是一个范围更广阔的网链结构模式，包含所有加盟的节点企业；供应链不仅是一条连接供应商到用户的物流链、信息链、资金链，而且还是一条增值链，物料在供应链上因加工、包装、运输等过程而增加其价值，给相关企业带来收益。

8.1.2　供应链的结构

根据供应链的定义，其结构可以简单地归纳为如图 8.1 所示的模型。

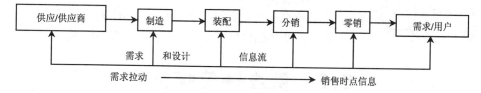

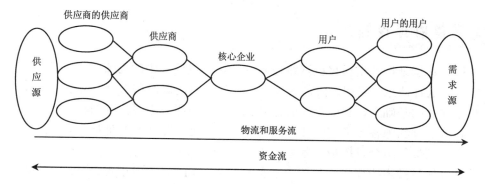

图 8.1　供应链的网链结构模型

从图 8.1 中可以看出，供应链由所有加盟的节点企业组成，其中一般有一个核心企业（可以是产品制造企业，也可以是大型零售企业，如美国的沃尔玛），节点企业在需求信息的驱动下，通过供应链的职能分工与合作（生产、分销、零售等），以资金流、物流和服务流为媒介实现整个供应链的不断增值。

8.1.3　供应链的特征

从供应链的结构模型可以看出，供应链是一个网链结构，节点企业和节点企业之间是一种需求与供应关系。供应链主要具有以下特征：

（1）复杂性

因为供应链节点企业组成的跨度（层次）不同，供应链往往由多个、多类型甚至多国企业构成，所以供应链结构模式比一般单个企业的结构模式更为复杂。

（2）动态性

供应链管理因企业战略和适应市场需求变化的需要，其中节点企业需要动态地更新，这就使得供应链具有明显的动态性。

（3）面向用户需求

供应链的形成、存在、重构，都是基于一定的市场需求而发生的，并且在供应链的

想一想：
供应链还有哪些特点？

运作过程中，用户的需求拉动是供应链中信息流、产品/服务流、资金流运作的驱动源。

（4）交叉性

节点企业可以是这个供应链的成员，同时又是另一个供应链的成员，众多的供应链形成交叉结构，增加了协调管理的难度。

8.2　供应链管理概述

 必备的理论知识

供应链管理是指利用计算机网络技术全面规划供应链中的商流、物流、信息流和资金流等，并进行计划、组织、协调与控制。它是人们在认识和掌握供应链各环节内在规律和相互联系的基础上，利用管理的计划、组织、指挥、协调、控制和激励职能，对产品生产和流通过程中各个环节所涉及的物流、信息流和资金流以及业务流程进行合理调控，以期达到最佳组合发挥最大效率，提升顾客价值的过程。

它是以信息技术为支撑，依附电子数据交换（EDI）和电子资金传送（EFT）等现代管理技术，采用包括制造资源计划及精细生产等新的生产模式，实现了供应链管理信息的集成、技术的集成、组织的集成等，从而使整个供应链形成了一个扩展企业。扩展企业包括供应商、生产商和分销商，扩展企业的出现使供应链各节点企业实现为一种"共赢"的关系，同时也使企业之间的竞争转化为供应链与供应链之间的竞争。

想一想：
供应链管理是用什么管理什么？

8.2.1　供应链管理的概念

供应链管理是在现代科技条件下，产品极其丰富的条件下发展起来的管理理念，它拆除了企业的围墙，将各个企业独立的信息化孤岛连接在一起，建立起一种跨企业的协作，并且企业之间作为贸易伙伴，为追求共同经济利益的最大化而共同努力。

 知识链接

供应链管理

想一想：
供应链还可以怎样解释？

我国《物流术语》国家标准是这样定义的："供应链管理，即利用计算机网络技术全面规划供应链中的商流、物流、信息流、资金流等，并进行计划、组织、协调与控制。"

8.2.2 供应链管理产生的时代背景

随着信息时代的到来，全球市场正在趋于一体化，全球经济和信息也在趋于一体化，企业面临更为复杂多变的竞争环境挑战。随着微电子技术、计算机软硬件技术、光纤和卫星通讯技术、多媒体技术、虚拟实现技术、信息压缩技术和系统集成技术等的迅速发展，对大量信息进行迅速、准确、高效地传递和处理已成为现实。因此，国外企业纷纷通过研究、开发、应用信息技术来提高企业的竞争力。信息技术在技术创新、产品开发与设计、生产制造、销售、组织结构、管理思想、企业文化、人际关系、战略目标等多方面对企业管理产生重大影响。

1. 世纪之交的企业面临的市场竞争环境的变化

在短缺经济时代，量的供给不足是主要矛盾，所以企业的管理模式主要以提高效率、最大限度地从数量上满足用户的需求为主要特征。现在，随着人们经济生活水平的提高，个性化需求越来越明显，一个企业靠一种产品打天下的时代已不复存在，多样化需求对企业管理的影响越来越大，而品种的增加必然会增大管理的难度和对资源获取的难度。企业快速满足用户需求的愿望往往受到资源获取的制约。从产品开发转向批量化生产的速度，再从批量化生产转向市场销售的速度，都需要新的资源来支持。使企业既要考虑自己的经济利益，还要考虑社会利益，而有时候社会利益和企业经济利益是不相协调的。

2. 传统管理模式的主要特征及其在新环境下的不适应性

传统管理模式是以规模化需求和区域性的卖方市场为决策背景，通过规模效应降低成本，获得效益。在这种决策背景下，它所选择的生产方式，必然是少品种、大批量，采用刚性和专用的流水生产线，因为这种生产方式可以最大限度地提高效率，降低成本，其规模化效益是最好的。但是它的致命弱点是适应品种变化的能力很差，一旦外界发生新的需求，原有的生产系统很难适应。从组织结构的特征来看，它是一种多级递阶控制的组织结构，管理的跨度小、层次多。管理层次的增加必然影响整个企业的响应速度。再从管理思想和管理制度的特征看，主要是以一种集权式管理，以追求稳定和控制为主。就是说，过去为了控制影响企业生产的这些资源，企业要么是自己投资建设，要么是参资控股，目的只有一个，就是要控制可能影响自己生产和经营的资源。要最大限度地来控制这些资源，必然走向集权式，因为只有集权式管理才能最大限度地实现企业对资源的控制。

3. 传统管理模式在新环境下显现的主要弊端

传统"纵向一体化"管理模式至少有以下四方面的弊端：

（1）增加了企业的投资负担

无论企业是自建控股还是兼并，都需要企业自己筹集必要的资金。这一工作给企业带来许多不利之处。首先，企业必须花费人力、物力设法在金融市场上筹集所需要的资金。其次，资金到位后，随即进入项目建设周期（假设新建一个工厂）。为了尽快完成基本建设任务，企业还要花费精力从事项目实施的监管工作，这样一来又消耗了大量的企业资源。由于项目有一个建设周期，在此期间内企业不仅不能安排生产，而且还要按期偿还借款利息。显而易见，用于项目基本建设的时间越长，企业背负的利息负担越重。

（2）要承担丧失市场时机的风险

因为随着市场竞争的加剧，即使可能发现一个新的市场机会，但是由于企业要自己投资进行扩建或改建，而这都需要时间（如基本建设周期），这段时间很可能就是企业丧失市场时机的风险期。

（3）有限的资源消耗在众多的经营领域中，企业难以形成突出的核心优势

"纵向一体化"模式还迫使企业去从事自己并不擅长的业务活动。这就是说：如果一个企业把核心业务和非核心业务都抓在自己手里，就不得不从事那些自己并不擅长的业务。不仅如此，还要在每个业务领域都直接面临众多的竞争对手。

想一想：
供应链是如何产生的？

（4）对于复杂多变的市场需求无法做出敏捷的响应

"纵向一体化"模式增大了企业的行业风险，因为按照这种模式经营，一旦企业主导产品被市场淘汰，为它配套的辅助性的上游企业也都跟着倒闭。因为它们是为上游企业配置的，没有社会上专业厂的产品有竞争力和生存力。

8.2.3 供应链管理模式的产生与发展

1. 供应链管理模式的产生

由于"纵向一体化"管理模式的种种弊端，从20世纪80年代后期开始，国际上越来越多的企业放弃了这种经营模式，随之是"横向一体化"思想的兴起，即利用企业外部资源快速响应市场需求，本企业只抓最核心的东西：产品方向和市场。至于生产，只抓关键零部件的制造，甚至全部委托其他企业加工。例如，美国福特汽车公司在推出新车Festiva时，就是新车在美国设计，在日本的马自达生产发动机，由韩国的制造厂生产其他的零配件，最后再运往美国和世界市场上销售。福特作为制造商这样做的目的，是利用其他企业的资源促使产品快速上马，避免自己投资带来的基建周期长等问题，显然是追求低成本高质量，提高自己的竞争力。Festiva从设计、制造、运输、销售，采用的就是"横向一体化"的全球制造战略。福特在制造汽车的过程中，形成了一个企业群体。在体制上，这些群体组成了一个主体企业的利益共同体；在运行形式上，构成了一条从供应商、制造商、分销商到用户的链。由于链上相邻节点企业都是一种供应和需求的关系，因此称之为供应链。

为了使加盟供应链的企业都能受益，并且要使每个企业都有比竞争对手更强的竞争

实力，就必须加强对供应链的构成及运作研究，由此形成了供应链管理这一新的经营与运作模式。供应链管理强调核心企业与世界上最杰出的企业建立战略合作关系，委托这些企业完成一部分业务工作，自己则集中精力和各种资源，通过重新设计业务流程，做好本企业能创造特殊价值、比竞争对手更擅长的关键性业务工作，这样不仅大大地提高本企业的竞争能力，而且使供应链上的其他企业都能受益。

供应链管理利用现代信息技术，通过改造和集成业务流程，与供应商以及客户建立协同的业务伙伴联盟、实施电子商务，大大提高了企业的竞争力，使企业在复杂的市场环境下立于不败之地。

 知 识 链 接

供应链的数字

根据有关资料统计，供应管理的实施可以使企业总成本下降 10%；供应链上的节点企业按时交货率提高 15%以上；订货—生产的周期时间缩短 25%～35%；供应链上的节点企业生产率增值提高 10%以上。

这些数据说明，供应链企业在不同程度上都取得了发展，其中以"订货 — 生产的周期时间缩短"最为明显。能取得这样的成果，完全得益于供应链企业的相互合作、相互利用对方资源的经营策略。试想一下，如果制造商从产品开发、生产到销售完全自己包下来，不仅要背负沉重的投资负担，而且还要花相当长的时间。采用了供应链管理模式，则可以使企业在最短时间里寻找到最好的合作伙伴，用最低的成本、最快的速度、最好的质量赢得市场，受益的不止一家企业，而是一个企业群体。因此，供应链管理模式吸引了越来越多的企业。

2. 供应链管理的发展

供应链随着商品经济的出现就开始萌芽，但供应链管理的概念和应用却只有几十年的历史。在过去短短的几十年间，无论是供应链管理的理念还是供应链管理的应用技术都有了长足的发展。它的形成与发展主要经历了四个阶段。

（1）供应链管理的萌芽阶段

第一阶段大致是从 20 世纪 60～70 年代。在这一阶段，供应链管理还只处于萌芽状态，供应链，更确切地说还只能称之为业务链，而且链上的每个成员的管理理念基本上都是"为了生产而管理"，企业之间的竞争是产品在数量上和质量上的竞争，企业间的业务协作是以"本位主义"为核心的，即使在企业内部，其组织结构也是以各自为攻的职能化或者区域性的条条框框为特征。此时，供应链上各成员之间的合作关系极为松散，供应链成员之间时常存在利益冲突，阻碍了供应链运作和管理的形成。

（2）供应链管理的初级阶段

第二阶段大致是从 20 世纪 80 年代初到 20 世纪 90 年代初。在理论研究界的不断探索下，供应链管理的理念已形成了基本的雏形，并开始指导企业进行初步的实践，同时在学术研究上得到了较快的发展。

实际上，供应链管理这一名词最早出现于 20 世纪 80 年代，最初是由咨询业提出的，后来逐渐引起了人们的巨大关注。在此阶段，企业的竞争重点已转向了追求生产效率。企业的组织结构和内部职能划分也发生了转变，大多数企业开始进行企业组织机构的精简和改革，并开始从分散式的部门化和职能化转变为集中的计划式以及更关注业务流程的变革。企业已开始认识到最大的机会存在于企业之外。Stevens 在 1989 年提出了供应链管理的概念，包括在企业内部集成和在企业外部集成的集成思想，标志着供应链管理的萌芽阶段已经完成。

供应链管理的实践始于供应链上末端的零售行业，为获得更多的销售利润等问题，零售商需要更好地与供应商共享销售和市场资料，当时，ECR 和 QR 是两种典型的供应链策略和模型。信息技术的发展和大量应用也为供应链管理的初步形成奠定了基础。企业内部逐渐实现了信息集成，企业间的业务联系方式也随着通信技术的发展而不断改善。但传统的供应链的运作多局限于企业内部，在供应链上仍然存在着大量的企业之间的目标冲突，无法从整个供应链的角度出发来实现供应链的整体竞争优势，从而导致供应链管理的绩效低下，尚无法实现整体供应链的运作和从供应链向价值链的根本突破。

（3）供应链管理的形成阶段

第三阶段大致是从 20 世纪 90 年代初到 20 世纪末。特别是从 20 世纪 90 年代中期开始，供应链管理无论是在理论上还是在实践应用上都有了突飞猛进的发展。在新的经济一体化的竞争环境下，企业开始将竞争重点转向市场和客户，更加注重在全球范围内利用一切能够为己所用的资源，企业纷纷将目光从管理企业内部生产过程转向产品全生命周期中的供应环节和整个供应链系统，渐渐认识到客户与产品之间的关联是供应链上增加生存能力和获利能力的一种有效方法，供应链管理逐渐受到高度的重视。

 知识链接

在 20 世纪 90 年代末，强调建立合作伙伴关系和协调供应链运作的理论，以及因特网和电子商务及其相关技术的出现和发展更为供应链管理提供了指导和支持，使供应链管理又再一次发生了重大的变化，实现了一个新的飞跃。

（4）供应链管理的成熟和发展阶段

21 世纪初期将是供应链管理发展的第四阶段。进入 21 世纪后，基于 Internet 的供应链系统在发达国家已得到了较广泛的应用，电子商务的出现和发展是经济全球化与网络技术创新的结果，它彻底地改变了供应链上原有的物流、信息流、资金流的交互方式和实现手段，能够充分利用资源、提高效率、降低成本、提高服务质量。客户把以前梦寐以求的功能当成现在理所当然应该提供的服务而对供应商提出要求，这将要求上游的企业采用专门的技术来解决这些新的需求，来满足客户。许多企业开始把它们的努力进一步集中在供应链成员之间的协同，特别是与下游成员业务间的协同上。

该阶段供应链管理的核心任务可归纳为：①供应链协同运作的系统化管理；②生产两端的资源优化管理；③不确定性需求的信息共享管理；④快速的决策管理。这一时期的供应链管理在计划和决策上特别强调的是，实时的可视性和前向的可预见性，以及供应链流程管理和事件管理的能力，以减少不良影响，快速响应，使整个供应链都取得最理想的目标效益。

想一想
供应链管理经过这几个阶段有怎样的变化？

8.2.4 供应链管理的基本特征

供应链管理的基本特征可归纳为以下几方面：

1）"横向一体化"的管理思想。强调每个企业的核心竞争力，这也是当今人们谈论的共同话题。为此，要清楚地辨别本企业的核心业务，然后就狠抓核心资源，以提高核心竞争力。

2）非核心业务都采取外包的方式分散给业务伙伴，和业务伙伴结成战略联盟关系。

3）供应链企业向形成的是上神合作性竞争。合作性竞争可以从两个层面理解。一是过去的竞争对手相互结盟，共同开发新技术，成果共享；二是将过去由本企业生产的非核心零部件外包给供应商，双方合作共同参与竞争。这实际上也是体现出核心竞争力的互补效应。

4）以顾客满意度作为目标的服务化管理。对下游企业来讲，供应链上游企业的功能不是简单的提供物料，而是要用最低的成本提供最好的服务。

5）供应链追求物流、信息流、资金流、工作流和组织流的集成。这几个流在企业日常经营中都会发生，但过去是间歇性或者间断性的，因而影响企业间的协调，最终导致整体竞争力下降。供应链管理则强调这几个流必须集成起来，只有跨企业流程实现集成化，才能实现供应链企业协调运作的目标。

6）借助信息技术实现目标管理。

7）更加关注物流企业的参与。过去一谈到物流，好像就是搬运东西。在供应链管理环境下，物流的作用特别重要，因为缩短物流周期比缩短制造周期更关键。

 **资　　料**

美国曾经有人对早餐用的麦片粥从生产厂到超级市场这一过程做过一个统计，结果

是完成这个过程要用 104 天。而 104 天里面真正用于生产的时间很短，大部分的时间是用于分销、运输、仓储、再分销、再仓储。

过去谈到快速响应市场时，大部分情况下都把注意力放在制造业上，似乎能够快速制造出来就能快速响应用户的需求。实际上，最终给用户的产品不是由单独一家企业完成的，而是从原材料开始一级一级制造并传递过来的，响应周期是多级的"链式周期"，而不是点式周期（即单个企业的制造周期）。因此，缩短物流周期所取得的效益往往更大。比如制造商投资数百万元买一台新设备，使加工一个零件的时间从原来一分钟缩短到 30 秒，工效提高一倍，但是它对缩短整个供应链周期的贡献很小。如果说能把二级供应商到一级供应商的物流周期从七天缩短到五天，就节约出两天的时间。两个工作日该等于多少个 30 秒啊！所以，供应链管理强调的是一种从整体上响应最终用户的协调性，没有物流企业的参与是不可想象的。

想一想：
供应链与物流有什么关系？

8.2.5 供应链管理与物流管理

供应链管理的研究最早是从物流管理开始的，已伸展到供应链的各个环节、各个角落。因此，不能把供应链管理简单地与物流管理等同起来，这会造成供应链管理与物流管理概念上的混淆，从而影响其管理的正确实施。当然，供应链管理的成功实施，也必然以成功的物流管理为基础，两者之间存在着密切的关系。所以，正确认识供应链管理与物流管理的关系很有必要。

1. 供应链管理与物流管理的联系

现代物流管理是置于供应链管理背景之下的，物流管理与供应链管理之间有着不可割裂的联系。这种联系，主要表现如下：

（1）供应链管理为物流管理提供新的管理理念和方法

在当今的市场竞争中，企业必须把物流管理延伸到企业外部实行横向一体化管理。而供应链管理强调合作双赢、整合优化，为物流管理的创新提供了新的管理理念和方法，它建立了一条从供应商到最终顾客的跨越企业的物流通道，形成了一种供应链内持续提高效率、降低成本的运营机制，可以将企业的物流管理置身于其中，获取更大的收益。因此，应明确，现代物流已经成为供应链的一部分，物流管理必须顺应供应链管理的需要，这是现代物流管理的客观要求。

（2）供应链管理必须从物流流程的实际出发

物流活动过程相当复杂，它贯穿了生产和流通的全过程，包括了原材料、零部件、成品半成品及废弃物等所有物资实体在生产、流通过程中运动的各种活动，如采购、运输、进出库、保管、包装、验收、流通加工以及配送等。

在现代社会经济条件下，提高劳动生产率和降低原材料等生产物料消耗已经几乎到了极限，所以，供应链管理过程中，要想通过降低成本而提高利润，只有从降低物流成本去考虑。可见，物流是供应链中最具实质意义的流程，其管理水平的高低，直接影响整个供应链运营和管理效率和效益，供应链管理必须把物流管理放到基础的地位，从物流流程的实际出发，建立高效的物流管理体系，才能有成效。

2. 供应链管理和物流管理的区别

供应链管理是物流管理的创新和发展，但是，供应链管理已经大大超出了物流管理的范围，因此，两者表现在学科研究、理论基础、活动范围等方面存在着本质的区别。

（1）从学科研究来看，供应链管理与物流一体化不同

由于供应链管理与物流管理之间有着十分密切的关系，这两者的研究又往往联系在一起，于是便有部分学者把供应链管理看作是物流一体化的代名词。应该指出，从学科研究的角度看，供应链管理与物流一体化是有区别的，不能把供应链管理简单地理解为一你化的物流管理。

首先，供应链管理是物流管理的扩展，其研究的视角也要从物流活动过程的集约优化，扩展到供应链系统中生产制造、市场营销、物流配送、供求信息及财务管理等所有方面的活动的集约优化，这样就使得供应链管理学科的研究内容比物流管理学科的研究内容要广泛得多。

其次，物流管理是供应链管理的一部分，可以说，物流管理是局部，供应链管理是全局，物流一体化要研究的是企业内部和外部物流战略资源的整合，供应链管理则是要以物流一体化为基础，研究整个供应链中商流、物流与信息流、资金流的协调与配合，以在更高的层次上，提高供应链系统的效率和效益。可见，供应链管理学科的研究层次比物流管理学科的研究层次更高。

（2）从理论基础来看，供应链管理比物流管理更宽广

供应链管理思想的形成与发展，是建立在多个学科体系基础上的，如在生产运作管理、战略管理、市场营销及渠道理论、经济学、企业组织及业务流程再造、物流管理等管理学和经济学的原理中，都可以找到供应链管理的理论依据。同时，系统论、控制论、信息论和计算机、信息网络等现代科学理论和技术的发展，也为供应链管理提供了更为科学的思想方法和技术手段。当然，物流管理的发展，也需要建立在多门学科发展的基础之上，但相比较而言，供应链管理的理论根基要比物流管理更宽广，涉及的理论内容更丰富，覆盖面更广泛。

（3）从活动范围来看，供应链管理比物流管理涉及面更大

在实践中，一般而言，供应链管理的活动范围涉及从原材料到产品交付给最终用户整个过程的所有生产制造和物流配送及其相应的商业和财务管理各个方面的问题，物流

管理的活动范围只涉及企业的非制造领域，即物流及其相应的商业和财务管理各个方面的问题，而不涉及生产制造过程的活动。可见供应链管理的活动范围比物流管理的活动范围大。

（4）从管理重点来看，供应链管理与物流管理也有不同

从管理重点来看，供应链管理在于采用系统方法来进行整体供应链管理，对包括从供应商到制造商，再到配送中心、零售商，最后到消费者等方方面面的影响产品成本和顾客需求满足程度的因素都考虑在内，而物流管理的重点在于如何使运输成本达到最小或减少库存，主要考虑自己路径范围的业务。

3. 供应链管理中物流管理的特点

与传统物流管理比较，供应链管理中的物流管理具有如下特点：

（1）系统——整合性

供应链管理强调"横向一体化"管理模式以及对现代科学和信息技术的应用，使置身于其管理环境之下的物流管理的管理对象，跨越了传统物流管理一个企业的物流活动过程，已扩展到整个供应链的物流活动全过程，从而具有有效配置资源，提高整体物流效率和效益的强大功能。由于这个管理过程的背后涉及了整个供应链所有节点上的企业或组织，它们之间是相互依存的有机体系，要想发挥供应链管理中的物流管理的这个潜在作用，必须注意对涉及到的所有要素进行系统整合。

（2）动态——创新性

快速变化是现代社会经济发展的主旋律，在供应链管理环境下，时间和速度已被看作是提高整体竞争优势的主要来源，从而要求供应链中的物流、信息流紧密连接，以达到对最终用户的要求的快速反应。另外，随着市场条件、竞争环境的变化，供应链的参与者也需要进行相应的调整和变换。因此，供应链管理环境下的物流系统应该是一个具有适应环境能力的动态系统。为提高物流系统对市场需求回应的敏捷性，必须对物流系统的各组成部分和作业流程作经常不断地修改、完善，甚至需要重新进行系统设计。

（3）立体——信息性

供应链管理下的物流系统跨企业、跨行业、跨国家（或地区），形成了多层面、多维度的立体网络结构。这个物流网络是由制造工厂、仓库、物流中心（配送中心）、零售商以及各组织通过物资实体的流动联结而成。这些制造工厂、仓库、物流中心（配送中心）、零售商以及各个组织是分属于不同的企业，而且还可能分属于不同的行业和区域，各自都有自己的内部运营和管理体系。如何才能有效地协调这个网络上各个节点企业或组织的行动，达到互动，这就需要有快捷的信息沟通来完成。在供应链管理环境下，物流网络上的不同环节的供求信息必须是、而且有条件实现网络式传递，这样，不仅速度快，而且可以信息共享。这方面的功能，需要通过设置并强化供应链物流信息管理系统来实现。

（4）高效——经济性

由于可以做到物流一体化管理，供应链管理下的物流系统有能力跟踪并有效控制整个供应链上的跨企业的所有物流活动，持续地提高运营效率，达到在需要的时候，以最好的质量，最低的成本提供适合客户需要的产品和服务的要求。当然，这需要在实际工作中建立敏捷而高效的物流供应链管理系统，实行准时供应和准时采购等运作方式，消除物流活动中不增加价值的过程和时间，使物流系统进一步降低成本，实现敏捷性、精细化运作过程。

8.3 供应链管理的内容

 必备的理论知识

8.3.1 供应链管理的主要领域

供应链管理主要涉及四个领域：供应、生产计划、物流、需求。由图 8.2 可见，供应链管理是以同步化、集成化生产计划为指导，以各种技术为支持，尤其以 Internet/Intranet 为依托，围绕供应、生产作业、物流（主要指制造过程）、满足需求来实施的。供应链管理主要包括计划、合作、控制从供应商到用户的物料（零部件和成品等）和信息。供应链管理的目标在于提高用户服务水平和降低总的交易成本，并且寻求两个目标之间的平衡（这两个目标往往有冲突）。

这四个领域中，需求又是关键的要素。恰当的供应链设计将取决于顾客的需求和满足这些需求所涉及环节的作用。任何一个供应链存在的主要目的，都是为了满足顾客需求，并在这一过程中赢利。

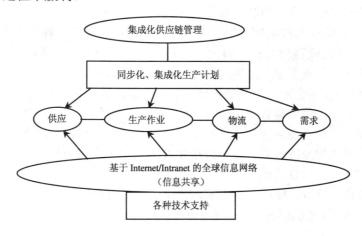

图 8.2 供应链涉及的领域

在以上四个领域的基础上,我们可以将供应链管理细分为职能领域和辅助领域。职能领域主要包括产品工程、产品技术保证、采购、生产控制、库存控制、仓储管理、分销管理。而辅助领域主要包括客户服务、制造、设计工程、会计核算、人力资源、市场营销。

由此可见,供应链管理关心的并不仅仅是物料实体在供应链中的流动,供应链管理注重总的物流成本(从原材料到最终产成品的费用)与用户服务水平之间的关系,为此要把供应链各个职能部门有机地结合在一起,从而最大限度地发挥出供应链整体的力量,达到供应链企业群体获益的目的。

8.3.2 供应链管理的主要内容

一个企业的管理无非集中于四个方面(或四个流程)的管理:商流(买卖的流通)、物资流(物资实物的流通)、信息流(信息、知识的流通)、资金流(货币的流通),企业供应链管理即是运用供应链管理的指导思想对上述四流所进行的规划、组织和控制活动,即对生产过程中的物流,管理过程中的信息流以及决策协调过程中的商流、资金流进行控制和协调。因而供应链管理的主要内容可以归纳为:

1. 供应链网络结构设计

供应链网络结构设计即供应链物理布局的设计,其内容具体包括:供应链伙伴选择、物流系统设计。

2. 集成化供应链管理流程设计与重组

集成化供应链管理流程设计与重组具体又分为:

(1)各节点企业内部集成化供应链管理流程设计与重组

主要包括三大核心作业流程的设计与重组:

1)客户需求管理流程,如市场需求预测、营销计划管理、客户关系管理。

2)客户订单完成管理流程,如生产计划与生产作业管理、新品研发计划管理、物料采购计划管理、品质管理、运输与配送计划与作业管理、资金管理。

3)客户服务管理流程,如产品售前、售中、售后管理;客户退货管理。

(2)外部集成化供应链管理流程设计与重组

供应链核心主导企业的客户订单完成管理流程与其原材料供应商、产成品销售商、物流服务提供商(物流外包商)等合作伙伴管理流程之间的无缝对接。

(3)供应链交互信息管理

市场需求预测信息、库存信息、销售信息、新品研发信息、销售计划与生产计划信息等的交互共享,以及供应链各节点企业间的协同预测、计划与补给的库存管理技术等。

3. 供应链管理机制的建设

合作协商机制、信用机制、绩效评价与利益分配机制、激励与约束机制、监督预警与风险防范机制等。

想一想：

为什么要实施供应链管理？

8.3.3 实施供应链管理的必要性

传统管理模式将企业管理的重点放在产品质量和产品成本上，通过采取先进的管理方法和技术来提高产品的质量、降低产品的成本来赢得市场。这种管理模式在市场环境相对稳定、客户需求较为单一的条件下，能够产生较好的市场效应。但是，在 20 世纪 90 年代以来科技迅速发展、世界竞争日趋激烈和顾客需求不断变化的条件下，这种管理模式则逐渐显露出它的一些缺陷：

1）经过市场竞争的洗礼，企业在实施成本战略时，单个企业生产成本已被控制在很低的水平上，在企业内部进一步大幅度降低成本的潜力已经很小。

2）传统企业为了提升自己的市场地位，往往通过扩大企业规模形成企业自有的、庞大的物料采购系统、生产制造系统和产品分销系统，或通过对为其提供原材料、半成品或零部件的企业实施投资控股、兼并收购；这种"大而全、小而全"的"纵向一体化"管理模式面临新的竞争环境时，就会出现以下问题：

① 企业变更业务的成本加大。

② 削弱了企业的核心竞争力。

③ 增大了企业经营风险。

供应链管理的实施弥补了上述缺陷，它基于"横向一体化"的管理思想，通过同供应商建立合作伙伴关系，形成了企业之间既独立运行又紧密合作的战略关系；通过选择最优秀的合作伙伴，实现了"强强联合"，提高整个供应链的竞争力；通过 EDI、Internet/Intranet 等先进技术，实现了供应链企业之间信息共享，增强了供应链的快速反应能力；通过供应商管理用户库存、联合库存管理、多级库存优化控制，实现零库存目标；通过实施准时制造制和全面质量管理达到供应链无缝连接，实现由精细制造向精细供应链转化。

想一想：

如何才能实施供应链管理？

8.3.4 供应链管理的原理及目标

1. 供应链管理的原理

供应链管理是从最终用户直到原始供应商的关键业务流程的集成，它为客户和其他有关者提供价值增值的产品、服务和信息。

供应链的第一环节是制造商，制造商从原料供应商那里得到生产资料后加工成成品。然后，其产品由供应链的第二环也是最关键的一环——独家物流配送中心负责某一特定范围的销售。在独家代理商后又分流到供应链的第三环——各区域的分销商,由其负责各大区域的销售工作。在各区域的分销商下游又分布着供应链的第四环——众多的零售商,由它们销售给最终客户。这是供应链的最简单的基本构架。

2. 供应链管理的目标

供应链管理的目标,并不仅仅是关心物料的实体在供应链中的流动,它是运用一种集成的管理思想和方法,对一系列活动进行跟踪管理,是通过前馈的信息流和反馈的物料流及信息流,将供应商、制造商、分销商和零售商,直到最终客户连成一个整体的管理模式。

供应链管理的最终目标是为了满足顾客需求和盈利能力实现最大化。供应链管理注重总的物流成本(从原材料到最终产品的费用)与客户服务水平之间的关系,为此要把供应链各个职能部门有机地结合在一起,从而最大限度地发挥出供应链整体的力量,达到供应链企业群体获益的目的。因此,对供应链流程进行集成以及积极的重组行动的目的,应该在于提升横跨供应链成员的总体流程的高效和有效性。

8.3.5 供应链管理的运营机制

供应链运作的表象是物流、信息流、资金流(即人们通常所说的"三流"),但是供应链的成长过程实质包含两方面的含义:一是通过产品(技术、服务)的扩散机制来满足社会的需求;同时,通过市场的竞争机制来发展壮大企业的实力。因此,供应链管理实际上是一种基于"竞争—合作—协调"机制的、以分布企业集成和分布作业协调为保证的新的企业运作模式。

在考查一个供应链成长过程时,不仅应该看到企业有形的力量在壮大,更应该看到企业无形的能量在升华,因此供应链的成长过程既是一种几何(组织)生长过程,也是一种能量的集中过程和思想文化的变迁过程。

供应链成长过程体现在:企业在市场竞争中的成熟与发展之中。通过供应链管理的合作机制、决策机制、激励机制和自律机制等来实现满足顾客需求、使顾客满意以及留住顾客等功能目标。从而实现供应链管理的最终目标:社会目标(满足社会就业需求)、经济目标(创造最佳利益)和环境目标(保持生态与环境平衡)的合一,这可以说是对供应链管理思想的哲学概括。

1. 合作机制

供应链合作机制体现了战略伙伴关系和企业内外资源的集成与优化利用。基于这种企业环境的产品制造过程,从产品的研究开发到投放市场,周期大大地缩短,而且顾客导向化程度更高,模块化、简单化产品、标准化组件,使企业在多变的市场中柔性和敏捷性显著增强,虚拟制造与动态联盟提高了业务外包(out-sourcing)策略的利用程度。

企业集成的范围扩展了，从原来的中低层次的内部业务流程重组上升到企业间的协作，这是一种更高级别的企业集成模式。在这种企业关系中，市场竞争策略最明显的变化就是基于时间的竞争和价值链（value chain）及价值让渡系统管理或基于价值的供应链管理。

2. 决策机制

由于供应链企业决策信息的来源不再仅限于一个企业内部，而是在开放的信息网络环境下，不断进行信息交换和共享，达到供应链企业同步化、集成化计划与控制的目的，而且随着 Internet/Intranet 发展成为新的企业决策支持系统，企业的决策模式将会产生很大的变化，因此处于供应链中的任何企业决策模式应该是基于 Internet/Intranet 的开放性信息环境下的群体决策模式。

3. 激励机制

归根到底，供应链管理和任何其他的管理思想一样都是要使企业在 21 世纪的竞争中在"TQCSF"（T 为时间，指反应快，如提前期短，交货迅速等；Q 指质量，控制产品、工作及服务质量高；C 为成本，企业要以更少的成本获取更大的收益；S 为服务，企业要不断提高用户服务水平，提高用户满意度；F 为柔性，企业要有较好的应变能力）上有上佳表现。缺乏均衡一致的供应链管理业绩评价指标和评价方法是目前供应链管理研究的弱点和导致供应链管理实践效率不高的一个主要问题。为了掌握供应链管理的技术，必须建立、健全业绩评价和激励机制，使我们知道供应链管理思想在哪些方面、多大程度上给予企业改进和提高，推动企业管理工作不断完善和提高，也使得供应链管理能够沿着正确的轨道与方向发展，真正成为能为企业管理者乐于接受和实践的新的管理模式。

4. 自律机制

自律机制要求供应链企业向行业的领头企业或最具竞争力的竞争对手看齐，不断对产品、服务和供应链业绩进行评价，并不断地改进，以使企业能保持自己的竞争力和持续发展。自律机制主要包括企业内部的自律、对比竞争对手的自律、对比同行企业的自律和比较领头企业的自律。企业通过推行自律机制，可以降低成本，增加利润和销售量，更好地了解竞争对手，提高客户满意度，增加信誉，企业内部部门之间的业绩差距也可以得到缩小，提高企业的整体竞争力。

8.3.6 供应链管理的实施

实施供应链管理要求有扩展企业的新思维，跨越传统企业的界限，依托先进的信息技术支撑体系，实施全面的生产计划和控制、库存控制、从全局的角度提高产品和整个供应链的竞争力。

1. 生产计划和控制

供应链作为一个整体，其最根本目的和要求是以核心企业为龙头，把各个参与供应链的企业有效地组织起来，优化整个供应链资源，以最低的成本，最快的速度生产最好的产品。

在顾客驱动的环境下，生产企业必须要具有适应不确定性事件不断修改计划的能力，为此，企业的生产加工过程、信息系统和通讯基础设施、数据格式必须紧密衔接实时地运作。供应链同步化计划地提出是企业最终实现敏捷供应链管理的必然选择。

同步化计划要求供应链有透明的信息共享平台，这是实施同步化计划的前提。在此基础上通过改进 MRP II 或在 ERP 中加入新的技术来实现。同步化计划的提出突破了供应链的采购、生产和销售约束，实现了各个环节的同步、协作运作。

供应链是一个动态联盟，在制定生产计划时仍要体现其动态性，即要具有柔性和灵活性，如某企业再生产过程中的生产进度可能比事先承诺的进度慢，或其生产能力比预期的差等，要弥补这些问题，就要求在制定生产计划时考虑柔性、生产进度和生产能力等因素，解决预期和实际有差异的矛盾，保证供应链的畅通运行。

供应链的生产控制包括：进度控制、生产节奏控制、提前期管理、成品和半成品及在制品控制。

2. 库存控制

（1）VMI 管理系统

VMI 是供应商管理用户库存的简称，它是供应商在用户的允许下设立库存，确定库存水平和补给策略，拥有库存控制权。它突破了传统的条块分割的库存管理模式，以系统的、集成的思想进行库存管理，使供应链系统实现同步化运作。

（2）联合库存管理

VMI 是通过将库存控制权交给供应商来实施集成化管理的。如果系统设计不合理，往往使供应商面临较大的风险和承担较大的损失。联合库存管理是一种风险共担的库存管理模式，即将库存在供应商、生产商和分销商之间进行分担，但它却有别于传统的库存管理模式，而是通过供需双方共同制定库存计划，使供应链过程中的每个库存管理者（供应商、制造商和分销商）都从相互之间的协调性考虑，保持供应链相邻的两个节点之间的库存管理者对需求的预期保持一致，从而消除需求变异放大现象。任何相邻节点需求的确定是双方协调的，库存管理不再是各自为政的独立运作过程，而是供需连接的纽带和协调中心。

基于这种思想，出现了分销中心、第三方物流等专门从事产品运输、库存管理的组织，更加便利了供应链企业将精力集中于自己的核心业务，提高业务水平和运作效率。

（3）多级库存优化和控制

多级库存优化和控制策略是对供应链全局性进行优化与控制，它根据不同的配置方式有串行系统、并行系统、纯组织系统、树形系统、无回路系统和一般系统。

想一想：
实施供应链管理会有怎样的结果？

具体方法有两种：分散式策略和集中式策略。前者在管理上比较简单，但如果信息共享度低、并不能保证整体优化的供应链优化，因此分布式策略需要更多信息共享。对于后者，所有库存点的控制参数是同时决定的，考虑各个库存点的相互关系，通过协调的方法获得库存的优化。

8.3.7 供应链管理的效益分析

供应链管理的突出效益表现在两个方面，一是提高对顾客的服务水平；二是降低企业的经营成本。实施供应链管理的第一步，就是实现供应商与零售商之间，企业内部各部门之间的信息沟通与共享，使供应链的各个环节都能对顾客的需求变化迅速作出反应，从而最大限度地满足顾客的需求。由于信息沟通方式的变化，导致了交易方式及交易流程的变化，从而大大地缩短了交易周期，同时降低供应链各环节的库存，减少浪费（例如食品过期）或降价（过季商品），降低企业经营成本。

因此实施供应链管理的两个关键的技术问题：一是如何实现企业间的信息共享；二是如何实现企业间的协同工作。供应链管理是所有的企业提高经营效率的关键。虽然供应链管理的概念对所有的企业来说都是共同的，但每个企业都将根据市场及顾客需求来确定各自的供求关系，以不同的方法来实现各自的供应链管理。

经 典 案 例

案例一 麦德龙公司的商品供应链管理

随着国外优秀商业企业的大量涌入，越来越多的中国商家认识到商品管理和商场管理是企业提高经营效率、创造竞争优势的关键。麦德龙进入中国近 8 年的成功运作和它的高效供应链管理，能给我们带来一些启示。

1. 动态管理

供应链管理的目标之一，就是要降低商品库存。因此，有效的物流跟踪与库存控制，是整个供应链在最优化状态下运行的基本保证。在麦德龙，电脑控制系统掌握了商品进销存的全部动态，将存货控制在最合理的范围。当商品数量低于安全库存，电脑就能自动产生订单，向供货单位发出订货通知，从而保证商品持续供应和低成本经营。

当然，进行电脑控制还需要人工的监督和决策配合：麦德龙有专门监督人员检查整个系统。电脑根据顾客的需求信息，提出采购预测，管理者根据电脑的预测并参考其他的因素，如季节的变化、促销计划、社会上的大型活动，以及整个供应链各个环节的负荷能力等，结合经验做出最后决定。

2. 标准化操作

麦德龙的经营秘诀就是所有麦德龙的分店都一个样，麦德龙将很成功的模版复制到每个商场，包括商场的外观和内部布置及操作规则，所有商场实施标准化、规则化管理。这些规则包括购买、销售、组织等各个方面。从与供应商议价开始，立到下单、接货、上架、销售、收银整个流程，都是由一系列很完善的规则控制这套动作。

3. 客户分类

麦德龙主要针对专业客户，如中小型零售商、酒店、餐饮业、工厂、企事业单位、政府和团体等。其供应链管理的特色之一就是对顾客实行不收费的会员制管理，并建立了顾客信息管理系统。

麦德龙选择那些愿意一箱一箱购买的客户，而不是那些希望一件一件零买的客户，送样可以减少操作成本。操作成本的减少就意味着人员成本的减少，因此商店不需要太多的人。

麦德龙的信息系统不但能详尽反映销售情况，提供销售数量和品种信息，而且还记录了各类客户的采购频率和购物结构，准确反映了客户的需求动态和发展趋势，使麦德龙能及时调整商品结构和经营策略，对顾客需求变化迅速做出反应，从而最大限度地满足顾客需求。

别人是等待客户，麦德龙则是主动接近客户。在中国，每家店有 15 个客户咨询员。他们每天都跑出去拜访客户，了解客户需求。按照客户离麦德龙商店的路程远近，将客户进行分类，对他们进行重点分析和研究。同时，麦德龙还对其客户（特别是中小型零售商）提供咨询服务。除定期发送资料外，他们还组织"客户顾问组"，对客户购物结构进行分析，同主要客户进行讨论，帮助客户做好生意。

4. 与供应商双赢

在整个供应链上，不仅仅需要企业内部各个环节能有效地完成各自的工作，更需要供应商与企业之间、企业与客户之间的无缝对接。麦德龙的价格优势，来自于从采购到销售有一套严谨的、标准化的管理程序。而这一套标准化管理顺着供应链一直延伸到供应商处的供货流程。麦德龙专门为供应商制作了供货操作手册，包括凭据、资料填写、订货、供货、价格变动、账单管理、付款等过程的方方面面。麦德龙通过这种规范化采购运作的延伸，把供应商纳入自己的管理体系，将供应商的运输系统组合成为它服务的社会化配送系统，从而大大降低了企业的投资，实现了低成本运营。为了进一步降低供应商的成本，麦德龙还为供应商提供某些管理协助，如选择最快、最节省成本的送货路线。麦德龙在同供应商交易时，能严格遵守合同所规定的交易期限，按时结算，而且批量大、周转快，加上它奉行的双赢策略，所以供应商都愿意以最低价位向其出售商品。

案例二　海尔：从供应链最前端开始

作为中国家电行业的龙头企业，海尔很早就认识到供应链竞争的重要性，1998 年 9 月，海尔开始在集团范围内进行以订单信息流为中心的业务流程再造。现任海尔流程 &IT 事业部 T-N 信息部部长的詹丽当时就在这个部门工作，7 年多来，她见证了海尔供应链建设的全过程。

海尔流程整合完成后，物流推进本部推进的第一项工作是统一采购。实现统一采购后，海尔供应商网络不断优化，那些竞争力较弱的供应商 80% 以上遭到淘汰，供应商数量也从最初的 2330 余家一度降至 2002 年的 700 余家（随着企业规模的不断扩大，现在海尔的供应商数量保持在 1000 家左右）。供应商质量也得到了质的改变，现在，国际化供应商（海尔把能够参与产品前端设计与开发的供应商定义为国际化供应商）占到海尔供应商总数的 70% 左右，这其中，包括 85 家世界 500 强供应商。

海尔认为，供应链上所有企业都必须明白的道理是：对消费终端需求的有效了解与及时反应并不是海尔这样的终端产品生产企业的"专利"，事实上，整个供应链都应对消费需求做出共同反应。不断降低成本、提高响应速度的压力需要供应链上所有环节共同承担。

海尔加快供应链响应速度的另一大策略是实现产业集群。目前海尔在全国有 10 个工业园，这些工业园周围又聚集着大量供应商自己的工业园区，而供应商之所以踊跃在海尔周边建厂，主要是由于海尔的制造规模很大，整机产量基本都在千万级以上，大规模稳定的定单来源足以对供应商构成足够的吸引力。而大型供应商又会引来供应商的供应商，比如海尔引来压缩机供应商建立压缩机总装厂，随着压缩机产业规模的逐步扩大，又吸引来为压缩机配套的零件厂在压缩机总装厂周边建厂，而这些零件厂又吸引来相关的原材料与原材料基加工工厂，从而在海尔周边形成了以家电总装厂为核心的完整产业链格局。目前，海尔在青岛及周边地区累计引进配套企业 86 家，其中部件配套企业 15 家、零部件配套企业 63 家、原材料配套企业 8 家。据调查，青岛海尔制造基地的产业链条能够垂直整合 5 层的上下游供应商。

与供应商"近距离接触"的一个最大好处是：由于距离缩短，供应商可以按订单、根据海尔生产线的节拍从自己的生产线直接配送到海尔生产线，实现线到线（line to line）供货。在这种供应链方式下，物料可以经由工装车从供应商的工位直接运送到海尔的工位，既大大加快了响应速度，又大量节省了包装和运输费用，同时也减少了装卸、运输过程中可能造成的零部件损坏。

对于供应商，海尔还定期进行优化与评级，并根据评级结果调整供应商配额。通过 Haier 的网站，供应商可是动态地了解自己的配额变化情况，并与其他供应商展开网上竞价。由于所有这些过程全部都是公开、透明的，因此最大限度地防止了人为因素对供应链公平性的非正常干预。

供应商管理库存有不同的模式，有供应商将库存放在自己的仓库（或租用的仓库）里的，也有将库存放在整机制造厂的仓库里的，这两种 VMI 模式在海尔都存在。有些供应商认为自己的仓库管理水平不够好，而且租仓库的成本又太高，就会把库存放到海尔工业园的公用立体仓库中，由海尔根据生产线看板的拉动，直接进行配送。

海尔并不硬性要求供应商建立"完善"的信息系统，海尔认为，信息化建设是一个循序渐进的过程，完善的信息系统建设与应用肯定是建立在相对完备的企业基础管理条件之上的，如果供应商本身并未真正意识到 IT 的重要性，对它进行硬性要求，只能是事倍功半。因此，对于信息系统建设相对完善、信息化程度相对较高的供应商，海尔采取信息联网模式，与供应商内部的 ERP 等管理系统进行交互，实现高度的信息集成。而对于那些信息化程度较低的供应商，海尔的要求底线则是：必须能上网，能够登录到 Haier 的网站，及时察看海尔的指令信息并执行。

海尔认为，公平、互动、双赢的合作伙伴关系绝不是空洞的口号，战略合作伙伴关系实质上体现的是企业双方或多方为共同规避风险达成的一种合作策略，海尔与诸多核心供应商之间建立的正是这样一种战略合作关系。举例来说，宝钢是海尔最大的钢板供应商，在前年和去年国内钢材供应最为紧张，许多企业因钢板供应不足不得不减产、停产的情况下，宝钢优先保证了对海尔的供应，使海尔的家电生产没有因钢材供应紧张而受到丝毫影响。当然，双赢关系总是互利的，在钢材市场需求不景气的情况下，海尔也会给予作为战略合作伙伴的供应商以更加优厚的采购政策。

在外向物流方面，海尔制造基地周边并没有成品仓库，成品下线后，立即直接发送。除了直发到客户，海尔还在全国设立了 42 个配送中心进行直发中转。通过尽量减少任何一次多余的搬运、装卸与存储，海尔的供应链速度获得了进一步的提升。

目前，海尔正在对供应链管理系统进行更加深入的优化，原来供应商能够了解"到天"的信息就已经感觉很及时了，而现在海尔正力图通过看单管理，使供应商实时了解海尔生产线每分每秒的节拍，并进而使供应链响应速度提高到"分"、提高到"秒"，这一努力对海尔的 IT 系统提出了更高的要求。

作为海尔供应链策略 IT 系统的主要执行人，詹丽认为供应链优化首先是一种战略改进，在这一过程中，IT 的作用首先在于支持先进的流程思想"落地"，但归根结底，IT 只是支撑战略的工具，如果没有集团的业务流程再造，没有企业自身对于供应链改进的强烈需求，也就不会有对供应链信息系统的急迫要求。当然，从另外一个角度来说，先进管理软件中的先进管理理念当然也会极大地促进海尔战略理念的实现，这其实是一个相辅相成的过程。

思考与练习

一、名词解释

供应链　　供应链管理

二、填空题

1. 供应链是指生产及流通过程中,涉及将_____提供给最终用户活动的上游与下游企业所形成的_____。

2. 供应链分为_____和_____。

3. 供应链主要具有_____、_____、_____、_____特征。

4. 供应链管理中的物流管理具有_____、_____、_____、_____特点。

5. 供应链管理主要涉及_____、_____、_____、_____四个领域。

三、判断题

1. 供应链是指生产及流通过程中,只涉及将产品提供给最终用户活动的上游与下游企业所形成的网链结构。　　　　　　　　　　　　　　　　　（　　）

2. 供应链仅仅是一条连接供应商到用户的物流链。　　　　　　　（　　）

3. 供应链是一个网链结构,节点企业和节点企业之间是一种供应关系。（　　）

4. 供应链管理的研究最早是从物流管理开始的,供应链管理实质就是物流管理。

　　　　　　　　　　　　　　　　　　　　　　　　　　　　　（　　）

四、问答题

1. 供应链有什么特征?

2. 供应链管理是如何产生和发展的?

3. 供应链管理具有哪些基本特征?

4. 供应链管理的主要内容是什么?

5. 简述供应链管理的基本原理和目标。

6. 供应链管理通过什么机制运营?

7. 为什么要实施供应链管理? 如何实施?

8. 供应链管理的效益如何分析?

五、分析说明题

用图形说明供应链的网链结构。

附录 中华人民共和国国家标准 物流术语

1. 范围

本标准确定了物流活动中的基本概念术语、物流作业术语、物流技术装备与设施术语、物流管理术语及其定义。

本标准适用于物流及相关领域的信息处理和信息交换，亦适用于相关的法规、文件。

2. 引用标准

下列标准所包含的条文，通过在本标准中引用而构成本标准的条文。本标准出版时，所示版本均为有效。

所有标准都会被修订，使用本标准的各方应探讨使用下列标准最新版本的可能性。

GB/T1992-1985　集装箱名词术语

GB/T14122.1-1996　包装术语基础

GB/T17271-1998　集装箱运输术语

3. 基本概念术语

3.1　物品　article

经济活动中涉及实体流动的物质资料。

3.2　物流　logistics

物品从供应地向接收地的实体流动过程。根据实际需要，将运输、储存、装卸、搬运、包装、流通加工、配送信息处理等基本功能实施有机结合。

3.3　物流活动　logistics activity

物流诸功能的实施与管理过程。

3.4　物流作业　logistics operation

实现物流功能时所进行的具体操作活动。

3.5　物流模数　Logistics modulus

物流设施与设备的尺寸基准。

3.6　物流技术　logistics technology

物流活动中所采用的自然科学与社会科学方面的理论、方法以及设施、设备、装置与工艺的总称。

3.7　物流成本　logistics cost

物流活动中所消耗的物化劳动和活劳动的货币表现。

3.8　物流管理　logistics management

为了以最低的物流成本达到用户所满意的服务水平,对物流活动进行的计划、组织、协调与控制。

3.9　物流中心　logistics center

从事物流活动的场所或组织。应基本符合下列要求:

(1) 主要面向社会服务。

(2) 物流功能健全。

(3) 完善的信息网络。

(4) 辐射范围大。

(5) 少品种、大批量。

(6) 存储、吞吐能力强。

(7) 物流业务统一经营、管理。

3.10　物流网络　Logistics network

物流过程中相互联系的组织与设施的集合。

3.11　物流信息　logistics information

反映物流各种活动内容的知识、资料、图像、数据、文件的总称。

3.12　物流企业　logistics enterprise

从事物流活动的经济组织。

3.13　物流单证　logistics documents

物流过程中使用的所有单据、票据、凭证的总称。

3.14　物流联盟　logistics alliance

两个或两个以上的经济组织为实现特定的物流目标而采取的长期联合与合作。

3.15　供应物流　supply logistics

为生产企业提供原材料、零部件或其他物品时,物品在提供者与需求者之间的实体流动。

3.16　生产物流　production logistics

生产过程中,原材料、在制品、半成品、产成品等,在企业内部的实体流动。

3.17　销售物流　distribution logistics

生产企业、流通企业出售商品时,物品在供方与需方之间的实体流动。

3.18　回收物流　returned logistics

不合格物品的返修、退货以及周转使用的包装容器从需方返回到供方所形成的物品实体流动。

3.19 废弃物物流 waste material logistics

将经济活动中失去原有使用价值的物品，根据实际需要进行收集、分类、加工、包装、搬运、储存等，并分送到专门处理场所时所形成的物品实体流动。

3.20 绿色物流 environmental logistics

在物流过程中抑制物流对环境造成危害的同时，实现对物流环境的净化，使物流资源得到最充分利用。

3.21 企业物流 internal logistics

企业内部的物品实体流动。

3.22 社会物流 external logistics

企业外部的物流活动的总称。

3.23 军事物流 military logistics

用于满足军队平时与战时需要的物流活动。

3.24 国际物流 international logistics

不同国家（地区）之间的物流。

3.25 第三方物流 third-part logistics（TPL）

由供方与需方以外的物流企业提供物流服务的业务模式。

3.26 定制物流 customized logistics

根据用户的特定要求而为其专门设计的物流服务式。

3.27 虚拟物流 virtual logistics

以计算机网络技术进行物流运作与管理，实现企业间物流资源共享和优化配置的物流方式。

3.28 增值物流服务 value-added logistics service

在完成物流基本功能基础上，根据客户需求提供的各种延伸业务活动。

3.29 供应链 supply chain

生产及流通过程中，涉及将产品或服务提供给最终用户活动的上游与下游企业，所形成的网链结构。

3.30 条码 bar code

由一组规则排列的条、空及字符组成的、用以表示一定信息的代码。

同义词：条码符号 bar code symbol（GB / T4122.1-1996 中 4.17）

3.31 电子数据交换 electronic data interchange（EDI）

通过电子方式，采用标准化的格式，利用计算机网络进行结构化数据的传输和交换。

3.32 有形损耗 tangible loss

可见或可测量出来的物理性损失、消耗。

3.33 无形损耗 intangible loss

由于科学技术进步而引起的物品贬值。

4. 物流作业术语

4.1　运输　transportation

用设备和工具，将物品从一地点向另一地点运送的物流活动。其中包括集货、分配、搬运、中转、装入、卸下、分散等一系列操作。（GB/T4122.1-1996 中 4.17）

4.2　联合运输　combined transport

一次委托，由两家以上运输企业或用两种以上运输方式共同将某一批物品运送到目的地的运输方式。

4.3　直达运输　Through transport

物品由发运地到接收地，中途不需要换装和在储存场所停滞的一种运输方式。

4.4　中转运输　transfer transport

物品由生产地运达最终使用地，中途经过一次以上落地并换装的一种运输方式。

4.5　甩挂运输　drop and pull transport

用牵引车拖带挂车至目的地，将挂车甩下后，换上新的挂车运往另一个目的地的运输方式。

4.6　集装运输　containerized transport

使用集装器具或利用捆扎方法，把裸装物品、散粒物品、体积较小的成件物品，组合成为一定规格的集装单元进行的运输。

4.7　集装箱运输　container transport

以集装箱为单元进行货物运输的一种货运方式。

4.8　门到门　door-to-door

承运人在托运人的工厂或仓库整箱接货，负责运抵收货人的工厂或仓库整箱交货。

4.9　整箱货　full container load（FCL）

一个集装箱装满一个托运人同时也是一个收货人的货物。

4.10　拼箱货　less than container load（LCL）

一个集装箱装入多个托运人或多个收货人的货物。

4.11　储存　storing

保护、管理、贮藏物品。

4.12　保管　storage

对物品进行保存和数量、质量管理控制的活动。

4.13　物品储备　article reserves

储存起来以备需的物品。有当年储备、长期储备、战略储备之分。

4.14　库存　inventory

处于储存状态的物品。广义的库存还包括处于制造加工状态和运输状态的物品。

4.15　经常库存　cycle stock

以集装箱为单元进行货物运输的一种货运方式。

在正常的经营环境下，企业为满足日常需要而建立的库存。

4.16　安全库存　safety stock

为了防止由于不确定性因素（如大量突发性订货、交货期突然延期等）而准备的缓冲库存。

4.17　库存周期　inventory cycle time

在一定范围内，库存物品从入库到出库的平均时间。

4.18　前置期（或提前期）　lead time

从发出订货单到收到货物的时间间隔。

4.19　订货处理周期　order cycle time

从收到订货单到将所订货物发运出去的时间间隔。

4.20　货垛　goods stack

为了便于保管和装卸、运输，按一定要求分门别类堆放在一起的一批物品。

4.21　堆码　stacking

将物品整齐、规则地摆放成货垛的作业。

4.22　搬运　handling / carrying

在同一场所内，对物品进行水平移动为主的物流作业。

4.23　装卸　loading and unloading

物品在指定地点以人力或机械装入运输设备或卸下。

4. 24　单元装卸　unit loading and unloading

用托盘、容器或包装物将小件或散装物品集成一定重量或体积的组合件，以便利用机械进行作业的装卸方式。

4.25　包装　pac/packaging

为在流通过程中保护产品、方便储运、促进销售，按一定技术方法而采用的容器、材料及辅助物等的总体名称。也指为了达到上述目的而采用容器、材料和辅助物的过程中施加一定技术方法等的操作活动。

4.26　销售包装　sales package

又称内包装，是直接接触商品并随商品进入零售网点和消费者或用户直接见面的包装。

4.27　定牌包装　packing of nominated brand

买方要求卖方在出口商品/包装上使用买方指定的牌名或商标的做法。

4.28　中性包装　neutral packing

在出口商品及其内外包装上都不注明生产国别的包装。

4.29　运输包装　transport package

以满足运输贮存要求为主要目的的包装。它具有保障产品的安全，方便储运装卸，加速交接、点验等作用。

　　4.30　托盘包装　palletizing

　　以托盘为承载物，将包装件或产品堆码在托盘上，通过捆扎、裹包或胶粘等方法加以固定，形成一个搬运单元，以便用机械设备搬运。

　　4.31　集装化　containerization

　　用集装器具或采用捆扎方法，把物品组成标准规格的单元货件，以加快装卸、搬运、储存，运输等物流活动。

　　4.32　散装化　in bulk

　　用专门机械、器具进行运输、装卸的散状物品在某个物流范围内，不用任何包装，长期固定采用吸扬、抓斗等机械、器具进行装卸、运输、储存的作业方式。

　　4.33　直接换装　cross docking

　　物品在物流环节中，不经过中间仓库或站点，直接从一个运输工具换载到另一个运输工具的物流衔接方式。

　　4.34　配送　distribution

　　在经济合理区域范围内，根据用户要求，对物品进行拣选、加工、包装、分割、组配等作业，并按时送达指定地点的物流活动。

　　4.35　共同配送　joint distribution

　　由多个企业联合组织实施的配送活动。

　　4.36　配送中心　distribution center

　　从事配送业务的物流场所或组织。应基本符合下列要求：

　　（1）主要为特定的用户服务。

　　（2）配送功能健全。

　　（3）完善的信息网络。

　　（4）辐射范围小。

　　（5）多品种、小批量。

　　（6）以配送为主，储存为辅。

　　4.37　分拣　sorting

　　将物品按品种、出入库先后顺序进行分门别类堆放的作业。

　　4.38　拣选　order picking

　　按订单或出库单的要求，从储存场所选出物品，并放置在指定地点的作业。

　　4.39　集货　goods collection

　　将分散的或小批量的物品集中起来，以便进行运输、配送的作业。

　　4.40　组配　assembly

　　配送前，根据物品的流量、流向及运输工具的载重量和容积，组织安排物品装载的作业。

4.41 流通加工 distribution processing

物品在从生产地到使用地的过程中，根据需要施加包装、分割、计量、分拣、刷标志、拴标签、组装等简单作业的总称。

4.42 冷链 cold chain

为保持新鲜食品及冷冻食品等的品质，使其在从生产到消费的过程中，始终处于低温状态的配有专门设备的物流网络。

4.43 检验 inspection

根据合同或标准，对标的物品的品质、数量、包装等进行检查、验收的总称。

5. 物流技术装备与设施术语

5.1 仓库 warehouse

保管、储存物品的建筑物和场所的总称。

5.2 库房 storehouse

有屋顶和围护结构，供储存各种物品的封闭式建筑物。

5.3 自动化仓库 automatic warehouse

由电子计算机进行管理和控制，不需人工搬运作业，而实现收发作业的仓库。

5.4 立体仓库 stereoscopic warehouse

采用高层货架配以货箱或托盘储存货物，用巷道堆垛起重机及其他机械进行作业的仓库。

5.5 虚拟仓库 virtual warehouse

建立在计算机和网络通讯技术基础上，进行物品储存、保管和远程控制的物流设施。可实现不同状态、空间、时间、货主的有效调度和统一管理。

5.6 保税仓库 boned warehouse

经海关批准，在海关监管下，专供存放未办理关税手续而入境或过境货物的场所。

5.7 出口监管仓库 export supervised warehouse

经海关批准，在海关监管下，存放已按规定领取了出口货物许可证或批件，已对外买断结汇并向海关办完全部出口海关手续的货物的专用仓库。

5.8 海关监管货物 cargo under custom's supervision

在海关批准范围内接受海关查验的进出口、过境、转运、通运货物，以及保税货物和其他尚未办结海关手续的进出境货物。

5.9 冷藏区 chill space

仓库的一个区域，其温度保持在 0～10℃ 范围内。

5.10 冷冻区 freeze space

仓库的一个区域，其温度保持在 0℃ 以下。

5.11 控湿储存区 humidity controlled space

仓库内配有湿度调制设备，使内部湿度可调的库房区域。

5.12　温度可控区　temperature controlled space

温度可根据需要调整在一定范围内的库房区域。

5.13　收货区　receiving space

到库物品入库前核对检查及进库准备的地区。

5.14　发货区　shipping space

物品集中待运地区。

5.15　料棚　goods shed

供储存某些物品的简易建筑物，一般没有或只有部分围壁。

5.16　货场　goods yard

用于存放某些物品的露天场地。

5.17　货架　goods shelf

用支架、隔板或托架组成的立体储存货物的设施。

5.18　托盘　pallet

用于集装、堆放、搬运和运输的放置作为单元负荷的货物和制品的水平平台装置。

5.19　叉车　fork lift truck

具有各种叉具，能够对货物进行升降和移动以及装卸作业的搬运车辆。

5.20　输送机　conveyor

对物品进行连续运送的机械。

5.21　自动导引车　automatic guided vehicle（AGV）

能够自动行驶到指定地点的无轨搬运车辆。

5.22　箱式车　box car

除具备普通车的一切机械性能外，还必须具备全封闭的箱式车身，便于装卸作业的车门。

5.23　集装箱　container

集装箱是一种运输设备。应满足下列要求：

a. 具有足够的强度，可长期反复使用；

b. 适于一种或多种运输方式运送，途中转运时，箱内货物不需换装；

c. 具有快速装卸和搬运的装置，特别便于从一种运输方式转移到另一种运输方式；

d. 便于货物装满和卸空；

e. 具有 1 立方米及以上的容积。

集装箱这一术语不包括车辆和一般包装。

5.24　换算箱　twenty-feet equivalent unit（TEU）

又称标准箱。Twenty-feet equivalent unit（TEU）以 20 英尺集装箱作为换算单位。

5.25　特种货物集装箱　specific cargo container

用以装运特种物品用的集装箱总称。

5.26 全集装箱船 full container ship

舱内设有固定式或活动式的格栅结构，舱盖上和甲板上设置固定集装箱的系紧装置，便于集装箱作业及定位的船舶。

5.27 铁路集装箱场 railway contaner yard

进行集装箱承运、交付、装卸、堆存、装拆箱、门到门作业，组织集装箱专列等作业的场所。

5.28 公路集装箱中转站 inland container depot

具有集装箱中转运输与门到门运输和集装箱货物的拆箱、装箱、仓储和接取、送达、装卸、堆存的场所。

5.29 集装箱货运站 container freight station（CFS）

拼箱货物拆箱、装箱、办理交接的场所。

5.30 集装箱码头 container terminal

专供停靠集装箱船、装卸集装箱用的码头。

5.31 国际铁路联运 international through railway transport

使用一份统一的国际铁路联运票据，由跨国铁路承运人办理两国或两国以上铁路的全程运输，并承担运输责任的一种连贯运输方式。

5.32 国际多式联运 international multimodal transport

按照多式联运合同，以至少两种不同的运输方式，由多式联运经营人将货物从一国境内的接管地点运至另一国境内指定交付地点的货物运输。

5.33 大陆桥运输工 land bridge transport

用横贯大陆的铁路或公路作为中间桥梁，将大陆两端的海洋运输连接起来的连贯运输方式。

5.34 班轮运输 Liner transport

在固定的航线上，以既定的港口顺序，按照事先公布的船期表航行的水上运输方式。

5.35 租船运输 shipping by chartering

根据协议，租船人向船舶所有人租赁船舶用于货物运输，并按商定运价，向船舶所有人支付运费或租金的运输方式。

5.36 船务代理 shipping agency

根据承运人的委托，代办与船舶进出港有关的业务活动。

5.37 国际货运代理 international freight forwarding agent

接受进出口货物收货人、发货人的委托，以委托人或自己的名义，为委托人办理国际货物运输及相关业务并收取劳务报酬的经济组织。

5.38 理货 Tally

货物装卸中，对照货物运输票据进行的理（点）数、计量、检查残缺、指导装舱积载、核对标记、检查包装、分票、分标志和现场签证等工作。

5.39 国际货物运输保险 international transportation cargo insurance

在国际贸易中，以国际运输中的货物为保险标的的保险，以对自然灾害和意外事故所造成的财产损失获得补偿。

5.40 报关 customs declaration

由进出口货物的收发货人或其代理人向海关办理进出境手续的全过程。

5.41 报关行 customs broker

专门代办进出境报关业务的企业。

5.42 进出口商品检验 commodity inspection

确定进出口商品的品质、规格、重量、数量、包装、安全性能、卫生方面的指标及装运技术和装运条件等项目实施检验和鉴定，以确定其是否与贸易合同、有关标准规定一致，是否符合进出口国有关法律和行政法规的规定。简称"商检"。

6. 物流管理术语

6.1 物流战略 logistics strategy

为寻求物流的可持续发展，就物流发展目标以及实现目标的途径与手段而制定的长远性、全局性规划与谋略。

6.2 物流战略管理 logistics strategy management

物流组织根据已制定的物流战略，付诸实施和控制的过程。

6.3 仓库管理 warehouse management

对库存物品和仓库设施及其布局等进行规划、控制的活动。

6.4 仓库布局 warehouse layout

在一定区域或库区内，对仓库的数量、规模、地理位置和仓库设施、道路等各要素进行科学规划和设计。

6.5 库存控制 inventory control

在保障供应的前提下，使库存物品的数量最少所进行的有效管理的技术经济措施。

6.6 经济订货批量 economic order quantity（EOQ）

通过平衡采购进货成本和保管仓储成本核算，以实现总库存成本最低的最佳订货量。

6.7 定量订货方式 fixed-quantity system（FQS）

当库存量下降到预定的最低的库存数量（订货点）时，按规定数量（一般以经济订货批量为标准）进行订货补充的一种库存管理方式。

6.8 定期订货方式 fixed-interval system（FIS）

按预先确定的订货间隔期间进行订货补充的一种库存管理方式。

6.9 ABC 分类管理 ABC classification

将库存物品按品种和占用资金的多少分为特别重要的库存（A 类）、一般重要的库存（B 类）和不重要的库存（C 类）三个等级，然后针对不同等级分别进行管理与控制。

6.10　电子订货系统　electronic order system（EOS）

不同组织间利用通讯网络和终端设备以在线联结方式进行订货作业与订货信息交换的体系。

6.11　准时制　just in time（JIT）

在精确测定生产各工艺环节作业效率的前提下按订单准确的计划，消除一切无效作业与消费为目标的一种管理模式。

6.12　准时制物流　just-in-time logistics

一种建立在准时制（JIT）管理理念基础上的现代物流方式。

6.13　零库存技术　zero-inventory Technology

生产与流通领域按照 JIT 组织物资供应，使整个过程库存最小化的技术的总称。

6.14　物流成本管理　logistics cost control

对物流相关费用进行的计划、协调与控制。

6.15　物料需求计划　material requirements planning（MRP）

一种工业制造企业内物资计划管理模式。根据产品结构各层次物品的从属和数量关系，以每个物品为计划对象，以完工日期为时间基准倒排计划，按提前期长短区别各个物品下达计划时间的先后顺序。

6.16　制造资源计划　manufacturing resource planning（MRPⅡ）

从整体最优的角度出发，运用科学的方法，对企业的各种制造资源和企业生产经营各环节实行合理有效的计划、组织、控制和协调，达到既能连续均衡生产，又能最大限度地降低各种物品的库存量，进而提高企业经济效益的管理方法。

6.17　配送需求计划　distribution requirements planning（DRP）

一种既保证有效地满足市场需要又使得物流资源配置费用最省的计划方法，是 MRP 原理与方法在物品配送中的运用。

6.18　配送资源计划　distribution resource planning（DRPⅡ）

一种企业内物品配送计划系统管理模式。是在 DRP 的基础上提高各环节的物流能力，达到系统优化运行的目的。

6.19　物流资源计划　logistics resource planning　（LRP）

以物流为基本手段，打破生产与流通界限，集成制造资源计划、能力资源计划、分销需求计划以及功能计划而形成的物资资源优化配置方法。

6.20　企业资源计划　enterprise resource planning（ERP）

在 MRPⅡ 的基础上，通过前馈的物流和反馈的信息流、资金流，把客户需求和企业内部的生产经营活动以及供应商的资源整合在一起，体现完全按用户需求进行经营管理的一种全新的管理方法。

6.21　供应链管理　supply chain management（SCM）

利用计算机网络技术全面规划供应链中的商流、物流、信息流、资金流等并进行计划、组织、协调与控制。

6.22　快速反应　quick response（QR）

物流企业面对多品种、小批量的买方市场，不是储备了"产品"，而是准备了各种"要素"，在用户提出要求时能以最快速度抽取"要素"，及时"组装"，提供所需服务或产品。

6.23　有效客户反应　efficient customer response（ECR）

以满足顾客要求和最大限度降低物流过程费用为原则，能及时做出准确反应，使提供的物品供应或服务流程最佳化的一种供应链管理战略。

6.24　连续库存补充计划　continuous replenishment program（CRP）

利用及时准确的销售时点信息确定已销售的商品数量，根据零售商或批发商的库存信息和预先规定的库存补充程序确定发货补充数量和配送时间的计划方法。

6.25　计算机辅助订货系统　computer assisted ordering（CAO）

基于库存和客户需求信息，利用计算机进行自动订货管理的系统。

6.26　供应商管理库存　vendor managed inventory（VMI）

供应商等上游企业基于其下游客户的生产经营、库存信息，对下游客户的库存进行管理与控制。

6.27　业务外包　outsourcing

企业为了获得比单纯利用内部资源更多的竞争优势，将其非核心业务交由合作企业完成。

参 考 文 献

北京科技大学物流研究所. 2003. 中国物流与装备指南. 北京: 中国社会出版社

陈文安, 胡焕绩. 2003. 新编物流管理. 上海: 立信会计出版社

丁立言, 张铎. 2000. 国际物流学. 北京: 清华大学出版社

傅锡原. 2006. 物流成本核算. 北京: 中国物资出版社

甘卫华, 尹春建. 2005. 现代物流基础. 北京: 电子工业出版社

解云芝. 2006. 集装箱运输与多式联运. 北京: 中国物资出版社

解云芝. 2006. 物流技术实务. 北京: 机械工业出版社

李建成. 2004. 现代物流概论. 北京: 中国财政经济出版社

刘凯. 2004. 现代物流技术基础. 北京: 清华大学出版社, 北方交通大学出版社

刘志学. 2001. 现代物流手册. 北京: 中国物资出版社

刘宗凤. 2006. 现代物流管理概论. 北京: 中国物资出版社

门峰. 2006. 现代物流概论. 上海: 上海财经大学出版社

彭望勤, 刘斌. 2003. 物流实务手册. 上海: 立信会计出版社

王之泰, 沈慧民, 王伟. 2005. 物流基础. 北京: 高等教育出版社

翁心刚. 2006. 物流管理基础. 北京: 中国物资出版社

吴清一. 2005. 物流实务. 北京: 中国物资出版社

吴清一. 2005. 现代物流概论. 北京: 中国物资出版社

向欣. 2000. 电子商务与流通革命. 北京: 中国经济出版社

易华. 2005. 物流成本管理. 北京: 清华大学出版社

曾剑. 2004. 现代物流学基础. 北京: 电子工业出版社

翟光明. 2006. 现代物流基础. 北京: 中国物资出版社

朱金玉. 2003. 现代物流基础. 北京: 中国物资出版社

www.edit56.com